SPORTS 運動休閒系列

現代體育學原理（上冊）
基本概念

**Contemporary Theories of
Physical Education, Exercise, and Sport (I):
Foundational Concepts**

許義雄 / 著

序

從1971年公費負笈東瀛，師承日本東京教育大學（筑波大學前身）淺田隆夫博士，專攻「體育學原理」以來，到目前，已達四十五年之久。回顧自1958年臺南師範畢業（臺南大學前身），任教小學四年後，再到國立臺灣師範大學體育學系就讀，則是近一甲子的事。

這當中，經歷過不同階段的學習，受過不少老師及親朋好友的提攜與指導，得到一些珍貴的經驗，都融入生命中的美好體驗，轉化為寫這本書的重要內容。

我1938年出生於臺灣雲林，剛好是盧溝橋事變後的第二年。小時候，躲過盟軍空襲，戰後，受過黨國體制的教育，當過預備軍官。教過小學、初中、高中及大學體育課程，擔任過不同層級學校體育組的行政工作，更主導過民間體育學術團體，以及全國最高體育行政機關的政策研訂與執行。這些過程，就歷練而言，有歷史的機運，有順應社會的變遷，更有力求突破的作為。都是很好的寫作素材，增添不少撰述本書的靈感與動機。

寫這本書，重在對過去學習與工作的反省，提出個人在專業領域的心得，供為同道友人分享。期待以本書為平臺，交換彼此觀念，形成更有利於臺灣體育發展的智慧，使臺灣體育有更臻理想的成長。

傳統以來，《體育學原理》一直都是體育專業學校的必修學科，並列為升學或國家體育文官考試的科目之一。因此，本書在資料取捨與落筆論述時，不得不有更慎重的考量，以及更細緻的設計。

本書的立論基礎，植基於臺灣主體性的思維，從基本概念到議題規劃，無不以追尋臺灣體育的出路為依歸。起心動念間，率皆以探索問題原點開始，認識國際體育的潮流脈動，掌握解決問題的關鍵所

在，藉能導出臺灣體育發展的具體可行方向。

　　本書主要內容，區分基本概念及議題與對策等上下兩冊，共十二章。上冊著重體育用語脈絡的解析，探討近代體育的誕生及其本質；下冊則配合臺灣社會的新興議題，提出因應的策略。各章重點為：

　　第一章〈從勞動到體育〉：由人類謀生的身體勞動，到競技運動的出現，再納為近代學校課程的體育，有一段漫長的過程。此歷程，順著人類的文明進程而發展，以學校為據點，才有今天體育‧運動的百花齊放，眾聲喧譁。

　　第二章〈體育的概念〉：體育的用語，並不統一。理由固在於語言習慣不同，語意的指涉對象，亦非一致。從兵操到遊戲，從體操到體育，華語先天的含混不明，使得體育與運動的概念，糾纏不清，提醒我們用字遣詞，需要更嚴謹的思考。

　　第三章〈體育的目標──基本學力與素養〉：每一個人都需要學力與素養，以能安身立命，俯仰無愧。體育的核心素養，在身體素質的提升，除形體上技能的雕塑外，更要心智上、靈性上的圓滿。身體素養強調身體的探索，以激發潛能，獲得面對壓力的解決能力。

　　第四章〈體育的內容──運動術科〉：體育涵蓋相當廣泛的內容，可以從理論學科分類，更可以從實踐的操作區別。不過，分類縱有不同，體育課程，除運動術科的實踐外，需要更多的認知學習，這是體育發展的必要條件，更是個人成長所不可或缺。

　　第五章〈體育的學術化〉：體育的學術研究，從依附於教育、醫學，到體育本位的研究；從綜合學科到分化的科學；從實踐知識到理論知識的建構，不論體育的人文、社會與自然科學，都有一套嚴謹的方法，呈現體育學術研究的演進與意義。

　　第六章〈體育的主體──身體論〉：從不定型身體的探究出發，釐清身體技術的形成及其屬性，掌握身體作為資本，瞭解其類型與轉化過程，開發更多的身體知覺，累積更多的身體智慧，以回應科技的

千變萬化，解決層出不窮的社會難題。

第七章〈身體運動與健康促進〉：運動有益健康，任人皆知，不過，運動不是健康的唯一條件，也無人不曉。健康可以是一種論述，必須從生活中養成。以運動促進健康，知易行難，運動在日常生活中落實，形成習慣，適足以提升健康體適能。

第八章〈身體運動與政治〉：體育之所以離不開政治，不只因為人是政治的動物，更因為體育是國家施政的重要環節，難免受國家機器意識形態的影響。近代奧運會，是人類大家庭的盛會，作為你爭我奪的競技場域外，更是族群間認同的重要舞臺。

第九章〈身體運動與消費社會〉：運動作為商品，體現運動的使用價值，更揭露運動消費者的社會階層或身分地位。從職業運動的興起，到奧運會的商機，有其正面的效益，更有值得檢討的課題，都亟待更深入的省思，開發更多運動價值，貢獻消費社會。

第十章〈身體運動與性別平等〉：女性主義的興起，為性別多元論述奠下基礎。從「生為女人」到「成為女人」之間，釐清性別角色的扮演，強調性別平等的潮流，銳不可當。體育課程融入性別平等，喚醒身體活動場域，宜更重視身體的自主權力。

第十一章〈身體運動與環境〉：人的生活，離不開環境。身體運動需要環境的支持，卻也因大量興建運動場地，破壞了自然環境。地球資源不再取之不盡，用之不竭，友善運動環境，使能永續發展，應是你我運動時，所不能忽視的重要課題。

第十二章〈運動權利與社區運動發展〉：身體運動是人的基本權利，需要為政者立法保障。運動基本法的必要，在順應國際體育‧運動潮流，解決舊有法律之侷限，更補充憲法對體育‧運動規定的不足。在社區全民運動，風起雲湧之際，自宜有適當之因應。

本書為便於瞭解設題的意旨，各章均訂有學習目標及學習內容，並在各章之後，提供討論問題，方便在讀完全章之餘，重新思考核心

概念，建構自我的知識體系。

　　寫作過程裡，蘇志榮老師的試讀意見，莊珮琪老師的書稿及文獻整理，以及2017臺北世大運執委會與諸多友朋的圖片提供，費神費事，衷心感謝。付梓之前，內人黃瑩淨教授，詳細校稿，備極辛勞，感激莫名。揚智文化事業股份有限公司葉忠賢總經理慨允出版，總編輯閻富萍及編排人員的辛勞，一併申銘謝忱。惟書中疏漏在所難免，尚祈先進賢達，不吝指正，以匡不逮，是為序。

國立臺灣師範大學名譽教授
私立實踐大學榮譽教授

許義雄　謹識

2017年8月

目 錄

Chapter 1

從勞動到體育

➤ 本章學習目標

- · 瞭解身體運動與勞動的概念
- · 瞭解身體勞動的形式與意義
- · 瞭解休閒與體育的關係
- · 瞭解目的化身體運動之性質

➤ 本章學習內容

- · 從勞動到體育
- · 休閒（leisure）的誕生
- · 遊憩（recreation）的形成
- · 近代體育的成立

　　體育作爲學校的課程之一，是19世紀以後的事。在華文世界裡，遲至1897年，在報刊雜誌上，才有「體育」乙詞的出現，且是譯自日文。[1]所以，常有人提及，有了人類就有體育的說法，不無商榷餘地。[2]

　　不過，原始社會的人類，基於謀生的需要，捕魚打獵的身體活動，應爲日常生活的一部分，與制度化以後的體育活動雖同屬身體活動性質，意義上，卻有不同的指涉。這也就是，身體活動的類型，常因其活動目的，而有不同分類的道理所在。

　　本章即基此背景，試圖從勞動的身體出發，說明體育現象的出現以及身體的勞動形式與體育活動的差異，藉以認識體育誕生的背景及其過程。

第一節　從身體勞動到體育活動

　　人類以自然爲對象，透過身體的勞動，利用自然的材料，改變了自然，獲得了謀生的環境，而有了生存的機會，創造了文明，也改變

---

[1] 按日本「體育」乙詞，最早於1876年（明治9年）出現，當時由近藤鎮三提出，除強調相對於「精神之教育」之外，尚應重視「身體之教育」。詳見：近藤鎮三，〈獨乙教育論抄〉，《文部省雜誌》，6（東京：1876）：3。其後於1883年（明治16年），始由伊澤修二將英文physical education譯成身體教育，後來簡稱為「體育」。詳見：佐藤臣彥，〈体育とスポーツの概念的区分に関するカテゴリー論的考察〉，《體育原理研究》，2（東京，1991）：4。至於華文體育用語請參閱：許義雄，〈中國近代體育概念之形成〉，《臺灣體育》，51（臺北，1990）：25-35。

[2] 國內部分體育史資料，常提及，「體育為人類生活中的要素，故有人類即有體育」或說「任何生物欲適應其環境，必須有運動，此種運動，即為『體育』」。吳文忠，《體育史》（臺北：正中，1961），9。事實上，就體育的用語標記看，英語語系始自1863，德語語系則在16世紀。顯見「體育」並未與人類同起源。再說，生命的本質，雖係運動，但所有運動，並非全是「體育」範圍。所以說生物適應環境的運動，即為「體育」，似未盡周延。

了人類。體育現象之顯現，應在有了基本的生活條件，免於拘束的勞動形態後，才得以體現身心放鬆的體育活動。[3]換句話說，勞動過程中休閒的出現，提供了體育紮根的土壤，開展了體育的生機，打開了體育的發展空間，應是不言可喻。

一、勞動先於體育活動

我們不妨將現代生活拉回到蠻荒的極度貧困狀態。比如，「食不足以果腹，衣不足以蔽體」，所考慮到的事，可能有比「體育活動」更迫切需要的東西。比如是生命維持的生存問題，或者是維持生存的生活問題。因此，不難想像，在初民時期，人類最急需解決的事，應是得以保命的食物，謀取安全棲身的住所，以及遮蔽日曬雨淋的衣物。這些生活必需品，都有賴身體的勞動生產，才有可能獲得舒緩或徹底解決生存與生活所面臨的問題。

進一步說，人類在現實生活安頓前，捨實際勞動生產而不由，去從事非生產性的體育活動，不只是異想天開，不切實際，更是無法想像，也幾乎不可能。就此而言，人類必得在獲得基本生活條件，體育活動庶幾能應運而生，應是合理的推論。因此，就人類生活的層面看，勞動現象與體育現象，雖然難以截然劃分，但兩者之間，有其先後不同，層次互異的關係，應可一目瞭然。具體而言，兩者雖同屬身體活動範圍，但本質上，前者為謀取生活必需品的勞動形式，屬第一層次的身體活動；後者則是遠離勞動過程的自足的身體活動，係在第一層次得到某種程度的滿足之後的活動形式，應為第二層次的身體活動性質。[4]

---

[3]高部岩雄，《體育學原論》（東京：逍遙書院，1967），10-11。
[4]淺井淺一編，《體育通論》（東京：日本辭書，1969），211。

狩獵是人類重要謀生活動

資料來源：《長榮中學百年史》。

二、謀生活動與生活保障

就人類演進看，謀生活動始終扮演重要角色，比如從類猿人轉變為人類的好幾十萬年的過程中，不論是從匍匐前進，四肢爬行，或雙手解放，昂首闊步，都莫不受謀生活動的影響。尤其，在獲得生活必需品方面，諸如摘取食物以果腹，築巢、穴居以避難；持棒、擲石以禦敵，無一不是人類經由謀生活動而完成。其實，在進化未完全成熟的人類，並沒有計畫性的謀生，所可能有的是，聽天由命，與自然爭生死，靠著靈活健壯的身體，向自然的野草樹木，飛禽走獸討生活，攀山越嶺，顛躓之中，堅忍跋涉，捕魚、狩獵，過著所謂茹毛飲血的野性生活。當然，人類這種謀生方法，隨著石器的製作，工具的創

射箭曾是人類維生工具

資料來源：2017臺北世大運執委會提供。

造，而有了重大的改變。至少，在進入了新石器時代以後，開始了農業生產，因而一向靠天吃飯的生活形態，邁向計畫性的勞動方式。[5]

　　這個時候的人類，除了計畫性的播種、採食外，另一重要的改變是，懂得了飼養家畜。這種將動物化敵爲友，加以飼養的作法，對人類而言，至少有兩方面的意義：(1)人類可以有計畫的儲備動物性的糧食，擴大了植物性食物以外的糧食範圍；(2)人類可以藉助動物的力量，解決人力所不能及的勞動負荷，使得人類有養精蓄銳、休養生息的機會。

---

[5]就人類學的分法，自原始時代至現代，約可分為石器、舊石器及新石器時代等三個時期。楊希震，《教育的起源與發展》（臺北：幼獅，1976），4。

不過，人類雖然已進入了農耕、畜牧時代，但人類生活必需品，並沒有獲得充分的滿足。這個事實，可以從人類還不能有效提高生產性的勞動，以致不能有大量的剩餘物資，得到解釋。因此，仍然過著日出而作，日入而息的傳統勞動生活，致使非生產性的體育活動，還沒有得到大量顯露的機會。當然，要提高生產量，不能不改變勞動形式與勞動手段，使能增進勞動效果。勞動工具的改良，即基此背景應運而生。比如，農業生產中，藉助動物力量解決了人力所不能及的粗重勞動，如耕田、採收或重物的搬運等工作；鑄造法的發明，產生了金屬的勞動用具，方便了諸多鏟、挖、犁、鑽、探勘等作業方式，而有利於產量的增加，都有其特殊的意義。

事實上，勞動形式或勞動手段的變化，不只引發了勞動用具的改變，也改變了勞動結果與勞動目的。[6]在這種變化的過程中，產量增加的結果，除能自給自足外，更有了剩餘物資，供為非勞動期間的生活保障。所以，在剩餘物資的消費期間，人類開始有餘裕的能力，從事勞動以外的身體活動，這種身體活動的本質，當然有別於一般為謀生而勞動的形式。體育活動之能從勞動過程中，遠離勞苦的身體操作方式，展演自主的活動內容，基此不難想見端倪。

三、勞動現象與體育現象辨歧

比較體育現象與勞動現象，可從不同角度分析，不過，一般而言，大概可分為：(1)活動的對象；(2)活動的形式；(3)活動的手段等三方面加以討論，試列表說明（**表1-1**）。

---

[6]早期的勞動是為了溫飽，現代的勞動是為了獲得更多的休閒。詳見：尤瑟夫·畢柏（Josef Pieper），《閒暇：文化的基礎》（劉森堯譯）（臺北：立緒，2003），54。

表1-1 勞動現象與體育現象的比較

區分 內容	勞動現象	體育現象
活動對象	1.自然（第一次資源），如農、林、漁（但養殖、造林除外）等。 2.自然加工之原料（第二次資源），如鋼鐵、棉花等。	身體本身，止於至善，作為一個有教養的人。
活動形式	勞動力的表現，即物質生產過程中，人體體力、智力及技術能力、意志力表現。	身體潛能（potentiality）的展現，在身體活動過程中，促進身心靈全面發展。
活動手段	1.直接手段：人體透過道具、機械等直接參與活動。 2.間接手段：發揮直接勞動手段機能之環境因素，如運輸系統、河川、道路等。	1.直接手段：球、器材等運動用具。 2.間接手段：運動場館等運動設施。 3.身體運動在運動場域中，藉助器材、用具形成運動形態（pattern）。

(一)就活動對象言

因勞動現象以改變自然或原料加工為對象，所以，勞動生產物必然獨立自存，離勞動者而異化。[7]但體育現象，以人體為對象，藉運動形態（pattern）為手段，其生產物為人體本身之身體技術（含心智、技能與體力等），必然內存於身體，使能止於至善。

---

[7]異化（alienation）又稱疏離或隔離，在歷史上，有幾種不同的解釋。大體而言，異化指的是與自然之間的距離感，和他人的疏離，以及現今社會普遍存在的無助感。在馬克斯主義的理論中，異化是資本主義的一種特殊情境，人們在其中感受到自己與自己的勞動產品，以及包括人際關係在內的所有面向都處於一種隔離狀態。即所謂勞動者與自己、產品、勞動過程及他人等的異化。在精神分析學的理論中，異化指的是分裂的主體性，以及發現到下列事實：因為無意識的存在，所以人們無法有效掌控自己的思想、行為和欲望。詳見：瑪莉塔・史特肯（Marita Sturken）和莉莎・卡萊特（Lisa Cartwright），《觀看的實踐：給所有影像世代的視覺文化導論》（陳品秀譯）（臺北：三言社，2009），393。

(二)就活動形式言

從活動外顯的形式看，勞動現象與體育現象，都在透過人體活動，謀求人體身心能力的表現。不過，勞動依工作性質或需要，著重局部能力的發達，所以難免有勞心或勞力的不同勞動形式，也就有所謂白領階級或藍領階級之分。而體育活動，雖有職業與業餘運動之別，或競技運動與休閒運動之異，但除表現水準有高低之差外，在力求身體全面的成長與發展方面，並無不同。

(三)就活動手段言

可分兩方面說明：

第一，從技術觀點看，勞動手段的進步，使勞動生產技術趨於齊一化、普遍化及標準化，亦即，在同樣條件下，可以相同手段，大量生產同一產品，達到同一要求。但，體育現象雖以同樣手段，不只難以獲得完全同一的結果，尤其無法達到前後的絕對一致，也就是說，運動技術的生產，不只因人而異，尤其越是成熟的技術，越是個別化、差異化。

第二，從體力負荷看，勞動現象常以消耗最少的體力，成就最大的工作效益，生產最多的產量為理想，機器代替人力，按鈕遙控作業，即為最好說明。但，體育現象，因以改造身體為依歸，旨在身體技術的展演效益，增減身體負荷，以因應演出的需要，是所必然，超載訓練[8]即是明證。

---

[8]超載訓練（overload），係阻力訓練原則之一，亦即肌耐力經由訓練的過程來改善並增強，必須進行一種超越平常可習慣負荷的阻力訓練。藉由反覆的進行此超載負荷的運動模式，使肌力或耐力產生逐漸適應的作用，而達到個體肌力或耐力的增強，這就稱為超載。Tudor O. Bompa、G. Gregory Haff，《運動訓練法》（林正常等譯）（臺北：藝軒，2011）。

總而言之，勞動現象與體育現象，雖同為身體活動之表現，惟勞動以謀生為訴求，體育以身體改造為目的，無論就活動對象、形式與手段，均各有所指，亦各有所屬，自宜清楚分辨，以免混淆不清，徒增困惑。

四、勞動與體育相輔相成

就上文所述，勞動現象與體育現象，雖各有所屬，卻不相互排斥，更能相輔相成，相得益彰。

理由之一，在於人類的發展，必賴勞動過程，求得經濟的富裕，滿足人類的基本需求，保障安定的生活，作為推展體育事業的重要基礎。另一方面，透過體育活動的實施，直接促進身體健康，有利於提升勞動力，延長勞動年齡，提高勞動績效，兩者相互支援，共蒙其利。

理由之二，就現代科技文明的社會看，因勞動形態的改變，不只勞動時間逐日減少，且因坐式或靜態的生活，以及機械化和單調枯燥的作業方式，使身體活動機會，大量流失，造成文明病急速攀升。因此，加強體育活動，藉以抒解勞動過程中的壓力，維護起碼的身體健康與基本的勞動力，殆為刻不容緩的重要課題。

理由之三，社會進步一日千里，績效主義抬頭，競爭激烈，「拚命三郎」俯拾皆是，以致人成了工作的奴隸，為工作所異化，人際疏離，人性喪失，甚至失去了生命意義，忽略了生存價值，糟蹋了生活品味。因此，有需要從愉悅的體育活動中覺醒，換回自己的主體性，作自己的主人，盡情呼喊，大聲歡笑，找到生活的樂趣，感受快樂的歲月，欣賞幸福的時光。

第二節　休閒的誕生

　　勞動確保了人類生存與生活條件，使得人類可以不必終日勞苦，而得有「偷得浮生半日閒」的機會。休閒的出現，對人類而言，具有深遠的意義。首先是有休閒階級與勞動階級之區分，其次是有了休閒，人類文化有了發展的基礎，第三，休閒讓人類活動內容更開放也更多元，第四，休閒讓人類體悟到了人生的意義及幸福的滋味。本節從休閒的起源談起，說明休閒的概念，休閒的發展及休閒與生活的關係。

一、休閒的起源

　　休閒（leisure）乙詞，係由拉丁語licere而來，意指自由、被允許或合法的意思。licere的類似用語license則指由法定許可的自由。換句話說，拉丁語的休閒，強調自由的特性，並區分自律性的自由與法定的他律性的自由，甚至認為，休閒是個人私領域的生活，公部門不宜管太多。[9]

　　而古希臘則以schole標示休閒的概念，含有school（學校）、scholar（學者）的意思，在古代，也當作一種場所，並非單純只指自由時間，而有學習或教養的意涵。換一個角度看，有閒的人，在這些場所因學習而獲得教養。不過，也有認為，讀書是有閒人做的事，所

---

[9]松田義幸，〈脫產業社会に向けての課題（Ⅳ）－レジャー概念檢討の自分史－〉，《生活科学部紀要》，41（廣島，2004）：61。

婆娑起舞迎晨光

以認為學者是閒人的代表,更有「高等遊民」[10]之說。漢字標示休閒的用語,頗不一致,有用休閒(閑)[11]、餘暇、閒暇或余暇。傳統以來,漢語有句「小人閒居,常為不善」的說法,閩南話更有「閑閑無代誌」,表示閒空著無所事事,顯見「遊手好閒」的語意,負面看法居多。總之,不論東西方,休閒的語源縱有不同,其用法概指一種非勞動的自由時間,或是一種閒空、一種休養生息的狀態,則頗一致。

至於休閒之起源,一般認為,在經濟水準尚未成熟的社會,大部

---

[10] 日本作家夏目漱石在其小說《我輩は猫である(我是貓)》,諷刺日本知識分子的許多弱點:不諳世事,缺乏行動力;過著清貧的生活,無權無勢,唯一的本錢,就是一套書本知識和發達異常的頭腦。他將這些受過高等教育的有閒的人,稱為「高等遊民」。

[11] 休閒的漢語,按《說文》的解釋,「休,息止也,從人依木」,指人在勞動之餘,依靠樹木或在樹下休息;「閒(閑),闌也,從門中有木」,表示範圍的概念。

分的人都得直接參與生產行列，所謂的休閒當然相當有限。然而，在沒有產生經濟上的剩餘之前，民眾的集體聚會或不需要從事直接的生產勞動，或是被禁止從事直接生產勞動的時間，如參與類似宗教性的活動或是節日慶典，應都可列為休閒的範圍考量。再說，只有身在閒暇之中，才會有時間去沉思上帝的本質，因此，休閒源之於宗教的說法，也就有了合理的解釋。[12]

當然，宗教來自於人類對神靈的信仰與自然的崇拜，以及對人類生死莫測的敬畏。在人類文明未開化的時代，面臨生存的苦難或不測的風雲，常利用聚會或祭典，透過各種不同的儀式、巫術、法器及咒語，向千變萬化的自然神靈，祈求遠離天災地變，瘟疫人禍，以緩和精神的不安，減低生活壓力，轉換積極的生活態度，面對生死的考驗；或藉吟詩、歌詠、手舞足蹈，表達對風和日麗，天賜良辰美時，五穀豐收的歡天喜地，以對萬物神靈的感恩。舉例來說，在古希臘的泛神論中，祭典中的舞蹈，就是表達對神的一種崇拜。尤其，誠如克羅德在其《從野蠻到文明的歷程》乙書中所說，「跳舞是初始民族的一種娛樂，也是最原始表現情感，發洩內心的一種方式。他們結婚、生子、或者出征、或求助於神靈、或獻媚於神祇，常以跳舞表達內心的虔誠。」[13]基此不難想見，聚會與祭典，儀式的進行，活動的展演，都不是生產的工作場域，也只有這樣的方式，休閒才能隱然成形，自是不言可喻。

---

[12]畢柏在《閒暇：文化的基礎》的序言指出：「文化的真實存在於休閒，反過來，如果不與祭禮、神聖的禮拜有一個長久的活生生的聯繫，休閒也不可能存在。祭禮意味著進行有關公開祭品的典禮。……祭禮是人類自由、獨立和在社會中得以免除重負……的最初的來源。」尤瑟夫・畢柏（Josef Pieper），《閒暇：文化的基礎》，2003，17-18。

[13]克羅德（Edward Clodd），《從野蠻到文明的歷程》（牧野譯）（臺北：源成文化，1976），19-25。

二、休閒的概念

休閒的概念，因時空不同，而有不同的說法，且每一種說法，因其立論或觀點的不同，也有各異其趣的主張，還都能言之成理。其實，從起心動念，舉手投足，到行住坐臥，食衣住行，無一不與休閒有關。理由有下列幾點：第一，休閒與生存密不可分，更與生活交融在一起，是一種生命體驗。談生存或生活，必然離不開休閒，因為休閒可以是一種存在的體驗，可以是一種生命態度，也可以是一種生活的愉悅感受。休閒從日常生活出發，從凡事擁有（to have）的心態，邁向與萬物共存（to be）的生活；從緊張的競爭歲月，邁向和諧的合作日子；從焦躁難安的慌亂，邁向怡然自得的安定；從斤斤計較的有用態度，邁向無用之用的恬淡心境；從無事不爭的外求，邁向捫心自問的內省，都是一種體驗，一種休閒，都需要從日常生活中不斷的反省，才能對真正的休閒有所體悟。

再說，休閒本來就是生命意義的參透，是意義的生產與文化的創造，是一種感動、愉悅與滿足的生命體現。因此，在休閒生活中，從生命的感覺出發，感受了無牽掛、放鬆、忘我的生命感動，體會休閒中的成就感、自我實現的爽快與生命的滿足。

第二，休閒從時間角度看，可以是一種工作後的放鬆時間，一種遠離拘束的逍遙自在的空閒。工作雖是保命所不可或缺，但更重要的是，工作是為了獲得更多的休閒，已有更多的論述。[14]

休閒社會的到來，最明顯的現象是生活時間的改變。一般而言，

---

[14] 畢柏引用了一系列哲學、宗教和歷史上的例證，說明休閒遠重於工作，並呼籲人類若繼續以「工作至上」，作為工作的奴隸，而忽略了休閒的知性、靜觀與默想，終將帶來毀滅性的後果。尤瑟夫‧畢柏（Josef Pieper），《閒暇：文化的基礎》，2003，52-132。

林間舞劍自得其樂

一天24小時的生活時間，可區分爲工作時間、睡眠時間、生理、飲食用餐、瑣事及休閒時間。從休閒的發展而言，平均每日的勞動時間，從1850年爲11.7小時，1900年代爲10.0小時，1950年代爲6.6小時，[15]進入21世紀初期，若以國際相關國家法定工時計算，則每週以最高47小時到最低33.2小時爲範圍，平均每天的工作時間應爲6.3到5小時之間。顯見，由於人類的努力，使工作時間約比百年前減少了一倍以上，相對而言，每天扣除工作、睡眠、生理時間、用餐及瑣事等時間，可利用的休閒時間量，與百年前相比，可看成是倍數增加，應不過言。甚至早期休閒時間由少數人所獨占，到今天大眾休閒的來臨，使休閒爲人人所共享，應是眾所共知，自無庸贅述。

---

[15]清水幾太郎，《現代思想（下）》（東京：岩波全書，1970），364-365。

　　第三，休閒是文化的基礎，[16]因為相對於自然，人類之能創造文化，延續文化，無一不是因為享有休閒的賜予。有休閒的自由自在，思考才能活潑開展，創意才能蜂擁而至，源源不絕，也才能啟發知識，形成智慧，才更有機會從自然人的狀態，邁向成為文化人。

　　所謂文化，素有不同的指涉對象與範圍，有說生活的總體即是文化，或說文化即泛指人類精神與物質的產物。[17]不論如何界定文化，日常生活實踐中的食、衣、住、行、育、樂等項目或內容，無一不是以休閒為媒介而生產文化，或由文化創發出不同的休閒風格與品味。具體來說，享用米食或饅頭，燒餅油條或披薩；穿著長袍馬褂或西裝袴褲；住瓦房茅屋或洋樓帝寶；行以赤腳健步或凱迪拉克風馳電掣；育以利己為重或以利他優先；樂以獨樂樂或眾樂樂等等的選擇與踐行，都可因休閒的認知、時間、空間與體驗的不同，而形成不同的文化活動或產物，甚至不同的文化活動產物，影響了休閒的體驗、時間、空間與形態。

　　第四，休閒是自為目的的知性活動，是人生最高的榮光，探索人生的意義。就哲學的觀點認為：「幸福寓於休閒，休閒為內觀的知性生活」。[18]幸福的概念雖無法一般化，不過，洛克（John Locke）認為幸福的構成要素，可包含：財富之擁有（身體之外）、健康之獲得（身體之內）、靈性之提升（身體之上）。亞里斯多德（Aristotle）則提出，幸福的生活形態，有政治的生活、娛樂的生活及觀想的生活。

---

[16]尤瑟夫・畢柏（Josef Pieper），《閒暇：文化的基礎》，40-48。

[17]文化在不同時空，與不同詞彙組合後，延伸出眾多的解釋。聯合國教科文組織（UNESCO）為「文化」所下的定義為：「文化是一系列關於精神與物質的智能以及社會或社會團體的情緒特徵。除了藝術和文學，它還包含了生活形態與共同的生活方式、價值傳統、傳統與信仰。」詳見：陳澄巧，《圖解文化研究》（臺北：城邦，2006），12-14。

[18]松田義幸，〈脫產業社會に向けての課題（Ⅳ）－レジャー概念檢討の自分史－〉，2004，64-68。

其中，觀想生活，即是內觀的生活方式，可說是一種內省、觀照、冥想的生活方式，以一種知性感受，追求最高道德善的幸福生活為依歸。其意義在於：(1)觀想生活是休閒生活中最高的生活方式；(2)是一種連續性的生活；(3)幸福必含愉悅因素，知性是一種純粹性及連續性的愉快感受；(4)觀想是自足性的（self sufficiency）；(5)觀想是自為目的的活動；(6)休閒的理想即是觀想；(7)是人類活動中接近神性的活動；(8)觀想直接探索自身的生命意義。[19]

第五，以宗教學的觀點，則認為，節慶祭典為休閒核心所在，休閒是「聖」與「俗」共榮的體現。舉例而言，古代奧林匹克競技賽會，是一種敬神、拜神的宗教儀式，是一種休閒的體現，更是以休閒為平臺，藉運動競技為媒介的宗教祭典。[20]競技賽會首日，與會者即從世俗塵世，進入神聖場域。先由裁判團、選手、訓練員及家長魚貫進入評議廳內，在宙斯神像前，擺上豬公牲禮貢品，進行宣誓儀式。接著哲學家、詩人及歷史學家或著名文化學者，分別在運動場內的不同場地，進行演講或文化交流，同時進行競賽。到第三天，拂曉時分，正式舉行祭典，裁判團、各城邦大使、選手及一百頭公牛牲禮，列隊到宙斯神殿北側的大祭壇前（高7公尺，周圍40公尺），依序進行獻禮儀式。旋即在祭壇下，宰殺一百頭公牛，支解腿肉擺上祭壇，加火燒烤敬神，隨著裊裊清煙上升，一如親眼目睹神靈享用牲禮的聖境。此時，聖歌響起：

---

[19]亞里斯多德認為觀想是凝視真理與事物本質的理性認識活動，與實踐或實際操作有別，為人類最高的知性活動。他指出，打開眼睛，仔細看、凝視、觀看外在世界，然後是使其理論化（theoria）的精神或心智的活動。休閒是知性的生活方式，所以，才會說是觀想活動。這種活動是自足的，沒有外在的目的，高貴的生存意義，無涉於權力與名譽，這就是幸福。松田義幸，〈脱産業社会に向けての課題（Ⅳ）－レジャー概念検討の自分史－〉，2004，65。

[20]許義雄，〈遊戲與狂歡──古代奧運的身體意涵〉，《運動文化研究》，2（臺北，2007.09）：7-26。

古代不朽之神，

美麗、偉大而正直的聖潔之父。

祈求降臨聖世以彰顯自己，

讓受人矚目的英雄在這大地蒼穹之中，

作為你榮耀的見證。

請照亮跑步、角力、與投擲項目，

這些全力以赴的崇高競賽。

把用橄欖枝編成的花環頒贈給優勝者，

塑造出鋼鐵般的軀幹，

溪谷、山岳、海洋與你相映生輝，

猶如以色彩斑斕的岩石建成的神殿。

這巨大的神殿，

世界各地的人們都來膜拜，

啊！永遠不朽的古代之神。[21]

於是，運動員在競技場域中，一如進入聖境，以神所愛的健碩身體，展現在神的面前，並以神的形式，接受英雄橄欖冠。人神以運動為媒介，相互溝通，身心交融，以運動將俗世的肉身轉化為神聖的身體。人因運動而成英雄，立碑塑像，永垂不朽，隱然成神，供人間膜拜，生生不息，永不滅絕。所以，競技賽會，運動作為聖與俗的轉換空間，由俗界迎向聖境，意識到聖境的到來，進入聖界，渾然忘我。一旦賽事結束，即由神聖的非常時空，返回俗境，進入日常的生活場域，來去自然天成，了無鑿痕。

---

[21] 佟洵，〈古希臘奧林匹克運動與宗教文化〉，《體育文化導刊》，3（北京，2005）：32-36。

三、社會發展與休閒特色[22]

　　社會形態的發展，歷經傳統社會、工業社會，到後工業社會，各不同階段，有其不同的經濟基礎，各異其趣的產業屬性，展現別具意義的休閒風貌（**表1-2**）。亦即，從傳統的農耕社會、狩獵社會到工業革命後的現代社會，不只勞動方式起了重大改變，生活方式也有了極大的差異，尤其進入後工業社會，一般俗稱後現代社會，一切講求信息的改

表1-2　社會發展與休閒特色

區分	經濟基礎	產業屬性	勞動形態	休閒特色
傳統社會	農、林、漁、牧業和自然資源	1.以傳統產業為核心。 2.天然生產業為範圍。 （第一類產業）	1.日出而作，日入而息。 2.面對自然的勞力操作。	1.儀式性的宗教祭典。 2.宮廷遊戲之出現。 3.休閒區分階層。
工業社會	從事工業或產品製造業	1.以加工業為主。 2.利用能源與機械大量產製物品。 （第二類產業）	1.機器代替人力。 2.標準化、規格化、合理化、自動化。 3.管理社會。	1.從「工作至上」到「休閒第一」。 2.從貴族邁向庶民 3.炫耀性休閒。 （有閒階級論）
後工業社會	由知識技術形成的產業	以信息與知識為主軸，程式處理為重點。 （第三類產業）	1.服務業取代工業生產。 2.腦力替代勞力的生產關係。	1.差異化、虛擬化、資訊化。 2.體驗的休閒文化。 3.創意與象徵文化。
備註	1.是共時性也是歷時性，亦即三種社會形態同時並存於世界，分布於不同地區，同時，也是人類社會發展與進步的規律。 2.每一階段是發展過程，而非後者取代前者。			

---

[22]許義雄，〈休閒社會的形成及其因應〉，《休閒社會學——議題與挑戰》（臺北：揚智，2010），4。

變、傳輸與應用的快速、便捷與效率，比起早期的傳統社會，進步之神速，變化之鉅大，真可說是不能以道里計。具體來說，傳統社會，因係面對大自然的勞動形式，「日出而作，日入而息」的休閒特色，莫不以儀式性的宗教祭典為核心，休閒侷限於支配階級，而有宮廷休閒遊戲的出現。及至工業社會成形，機器代替了人力，資本主義興起，大量休閒湧現，惟「工作至上」、「有閒階級論」問世，批判炫耀性休閒的不當，少數休閒邁向大眾休閒。

進入後工業社會時代，知識經濟抬頭，資訊社會突飛猛進，服務業掛帥，網路傳播無遠弗屆，全球化、虛擬化、差異化、體驗性的休閒大行其道。

四、休閒改變生活樣貌

休閒的發展，不只隨社會的變遷，展現不同的特色，甚至也因休閒生活的影響，區分了社會階層，改變了社會結構，同時，休閒活動的增加，也改變了勞動工具的轉化，更改變了日常生活的內容，分述如下：

(一)階層的分化與融合

著名經濟與社會學家凡勃倫（Thorstein B. Veblen）於1899年出版《有閒階級論》乙書，[23]對上流社會的炫耀性生活，提出了嚴厲的批判。凡勃倫認為，隨著社會的進化，就會產生參與直接生產的人與藉

---

[23]凡勃倫（Thorstein B. Veblen），《有閒階級論》（趙秋巖譯）（臺北：臺灣銀行經濟研究室，1969）。另有錢厚默譯本，附有250幅的精美插圖，詳見：凡勃倫（Thorstein B. Veblen），《有閒階級論》（錢厚默譯）（中國：海南，2007）。

由社會剩餘而寄生的特權階層。前者為勞動生產階層，後者為不事生產的休閒階層，換句話說，是否從事勞動生產，區分了社會階層，亦即休閒的有無，成為階層劃分的重要基礎。

事實上，在文化未開化的社會，特別是封建時代，因從事業務的不同，而有嚴格的階層劃分。這種階層的分化情形，隨著社會的發展而演化。比如，凡勃倫在《有閒階級論》的序論中指出：「這種階級的區別在經濟方面，最有顯著意義的一個特徵就是各個階級悉皆保持其特有的適當職業。凡是地位較高的階級照例都可以豁免或被擯除於生產的職務之外，而為其保留的通常是附帶著相當榮譽的工作。」[24]

不過，隨著社會的發展，經濟到達某種富裕情況時，不需直接參與勞動生產的人數，自然水漲船高，形成有閒階層與勞動階層之區別，越趨明顯，自是不言可喻。當然，如凡勃倫所言，「早期的社會，在統稱為有閒階級之中，又細分為若干品級，而這些品級亦各有其職業上的相當差別。整個的有閒階級包括貴族與教士以及其統轄的扈從」，[25]也就不難理解。

其實，觀察社會階層之分化，也可以從社會的組織關係看，比如，古代部族社會，也有酋長、神職人員，或是以長老為領導，形成上、下的階層關係。從狩獵採集邁向農耕畜牧，一旦勞動生產有了餘裕，這些上層階級，不僅可以從事其他與生產勞務無關的工作，甚至支配生產或剩餘物資，也支配下層階級的勞動方式與勞動力量。其中，粗重勞動的工作，大半委由下層階級族民代勞，無關生產勞務的

---

[24] 在任何一個封建社會裡，最主要的榮譽工作是戰爭；僅次於戰爭的通常是教士的業務。假如這個社會不是以好戰著稱，則教士的業務可能居於領先的地位，而以戰爭次之。榮譽的工作，是一種優越地位在經濟上的表徵，形成一項定則，很少例外。不過，無論軍事或教士，都免於勞務，都屬有閒階級。凡勃倫（Thorstein B. Veblen），《有閒階級論》，2007，1。

[25] 凡勃倫（Thorstein B. Veblen），《有閒階級論》，2007，1。

休閒娛樂遊戲，則由上層階級所獨享，因此，不同的階層，影響了休閒的有無，更左右了個人的勞務性質，有其脈絡可循。

不過，從時代潮流看，大眾休閒的到來，使得人人能休閒，時時有休閒及處處可休閒的環境，已隱然成形。加以教育普及，民主意識高漲，人人平等的觀念，洶湧澎湃，藉休閒調和階層的劃分，促進不同族群之融合，加強國際和平發展，以實現全體人類和諧進步之共同理想。誠如，近代奧林匹克宗旨所標榜，「通過沒有任何形式的歧視，並按照奧林匹克精神，無分種族、性別、宗教、政治、膚色等之不同，通過公平運動競技，建立一個和平而更美好的世界。」對休閒與階層融合之關係，當亦可作如是觀。

(二)勞動工具的轉化

休閒的出現，改變了人際關係，也改變了勞動形態。特別是促進了勞動工具的轉化，為人類身體活動，開啓了嶄新的局面。進一步說，人類生活，在勞動之餘，閒來無事時，嬉戲玩鬧，手舞足蹈之間，投石不再是禦敵；標槍不為獵取食物，登山涉水，不以覓食求溫飽，而是利用手邊的用具器材，較量目標的射準、舉起重量的大小或跑跳距離的遠近，活動本身不再是外在目的的達成，而是自得其樂的愉悅滿足，休閒活動的非謀生本質，帶著人類往另一個生活形式邁進，形成不一樣的生活世界，於是，一種歡樂、放鬆與解脫的生活，次第展開。

人類生活的改變，最顯著的事實是，在休閒生活中，勞動或戰鬥用具的遊戲化。換句話說，本質上，雖是勞動用具，但不再以勞動方式加以使用，而是用以展示各種操作花樣的戲耍，或是作為勞動力的儲備，勤於練習用具的操作方法，這樣的轉化現象，對身體活動的演

變，自有其重要的意義。[26]

再深入觀察，勞動工具的轉化，從簡單的謀食用具到戰鬥爭伐的刀槍棍棒，不只成爲休閒把玩的道具，更發展成爲以物易物的商品。具體而言，以現在的眼光看，單以交通工具而言，原是勞動運輸的重要手段，爲了滿足不同的休閒需求，從獨輪腳踏車到雙輪自行車，從三輪車到四輪汽車，從陸地到空中，從竹筏到輪船，光以水上休閒類而言，滑板、獨木舟、帆船、汽艇、豪華遊艇、水上摩托車等等，率皆因應休閒的需要，以挑戰自然的侷限，展現人類遠離工作的奔放與豪邁，種類之多，不勝枚舉。

(三)休閒與工作相互補足

如眾所周知，在初民社會，生活困窘的歲月，休閒與工作，並未截然劃分，甚至傳統農耕時代，靠天吃飯，含辛茹苦，入不敷出，勤儉持家，勞動至生命終點，奉爲圭臬，難有餘閒可言。等到勞動生產創造了餘裕，使得休閒遠離了工作，逐步形成休閒與工作的分道揚鑣。不過，經過工業革命，機器替代了人力，工作中的異化現象，激發了個人主體意識的抬頭，警覺到作爲人的尊榮，終究不能成爲工作的奴隸，因此，藉休閒以回復人性，以休閒的自由開放，找回愉悅的人生，休閒重於工作，遂成爲主流觀念與價值。及至進入後現代，休閒時間大量增加，商業化的休閒藉助網路科技的發達，傳播媒體與企業行銷，休閒設施更多元，休閒內容更豐富，逸樂傾向，一日千里，蓬勃發展，休閒娛樂場所如雨後春筍，櫛比鱗次，紛紛現身。如歌

---

[26]H. G. ウェルズ，《世界文化史概觀（上）》（長谷部文雄譯）（東京：岩波，1956），60；G. チャイルド，《文明の起源（上）》（ねずまし譯）（東京：岩波，1951），95；S. リリー，《人類機械歴史》（小林秋男和伊藤新一譯）（東京：岩波，1968），2。

廳、舞廳、PUB、MTV、KTV、網咖等，聲光化電，琳瑯滿目，幾到眼花撩亂的境地，讓人沉迷，流連忘返，影響所及，不只是生活品質受到汙染，更形成社會的沉重負擔，並挑戰了諸多傳統道德規範。

事實上，從勞動的角度看，工作原本就是作爲人的天職，除了創造有形的財富，維持基本的生計外，工作也可以表現個人的價值，獲得心理的滿足，甚至工作使人在團體中表現自己，提高個人的社會地位，獲得眾人的肯定，而有自我實現的尊榮感。因此，在工作與休閒之間，不論是休閒是爲了工作，亦或是工作是爲了休閒，在權衡輕重的前提下，工作與休閒宜有適當的平衡，使能工作中有休閒，休閒中有工作，庶幾能有樂在工作的機會，甚至，享受休閒之歡樂，更不忘工作之價值，使休閒不致偏離應有的軌道，工作得以自我實現，兩者相互補足，並生共榮。

第三節　休閒活動（遊憩）之形成

休閒不論是遠離工作的自由時間，抑或是上帝所賜予的禮物，[27]休閒都必須在日常生活中實踐，也會在日常行爲裡體現。簡單來說，休閒可以是自由時間，可以是一種態度、一種自足的感受、一種知性的觀想，不過，也只有融入生活中，才能凸顯休閒的具體存在，

---

[27]休閒有不同的詮釋角度，有說休閒是從工作中爭取的自由時間，有說是上帝的賜予，因爲卡爾・巴斯（Karl Barth）認爲，按照《舊約全書》，人是在創世的第六天被創造出來的。這樣，上帝的第七天是人的第一天。因此，安息日是神的恩典之禮物，是先於勞動，而不是勞動的回報。所以，我們是從自由和節日慶典開始的，然後才著手去勞動、服務和從事這個世界上重要的事情。作爲對神賜禮物的慶祝，安息日與休閒是結合在一起的。托馬斯・古德爾（Thomas L. Goodale）和杰弗瑞・戈比（Geoffrey C. Godbey），《人類思想史中的休閒》（成素梅等譯）（昆明：雲南人民，2000），72-73。

因此，幾乎所有的人類活動都可能成為休閒活動，[28]也就是說，任何事情都可能在休閒時光裡完成。所以，我們概括的說，只要以休閒為媒介，經由身體活動表達出來，這樣的活動，我們通常稱之為休閒活動。

當然，休閒活動的用語及其概念，常因人、因時、因地而有不同的界定，本文試就休閒活動的語意、本質及其形成背景與內容，說明如下：

一、遊憩的語意

休閒活動乙詞，係譯自英文recreation而來，早期國內將其譯為「康樂活動」或「娛樂活動」，及至1970年代以「遊憩」（recreation）乙詞慢慢定型，並與「休閒」（leisure）有所區隔。

事實上，就語源看，遊憩（recreation）乙詞，係由拉丁語recreare所由來，而recreare則由recreo所轉化，有重新創造、更新、恢復、甦醒的意思，再經法語的récréation，而至英語的recreation乙詞，意指休閒中的活動，含有享樂（enjoyment）、娛樂（amusement）及愉悅（pleasure）的特質，並充滿樂趣（fun）或玩笑的意味。[29]這個語意與畢柏在《閒暇：文化的基礎》乙書所強調，「閒暇的真正核心在節日慶典，節日慶典中的慶祝活動，觀念性的要素在：輕鬆、不賣力、以及閒暇創造」，不無異曲同工之妙。舉例而言，節日即是休閒（leisure），慶典是一種休閒活動（recreation），像嘉年華是一種活動

---

[28]杰弗瑞・戈比（Geoffrey C. Godbey），《你生命中的休閒》（康箏譯）（昆明：雲南人民，2000），15-17。

[29] "Recreation," Online Etymology Dictionary, http://www.etymonline.com/index.php?allowed_in_frame=0&search=recreation, 2016.12.20.

老年人休閒健身延年益壽

一樣。如以遠近馳名的「臺南鹽水蜂炮」[30]而言，原是廟會神轎遶街祈福燃放鞭炮的助陣方式，演變到今日，每逢元宵蜂炮來臨，成千上萬中外民眾，寧願頭戴鋼盔、面罩及全副武裝，甘冒生命危險，湧入「槍林彈雨」中，體驗煙霧瀰漫，火光四射的「狂歡」奇觀。在幾近瘋狂的極度興奮中，歡呼、驚叫、嘻笑、玩鬧，以及「炮來身擋」、百炸不退，視死如歸的勇猛，享受休閒活動之「驚悚洗禮」，近乎「開玩笑」的真髓，當可飽覽無遺。

　　進一步說，觀察歐洲語系對休閒活動乙詞的用法，大多有學校課

---

[30]蜂炮為臺南鹽水元宵節慶。相傳清朝鹽水一帶流行霍亂瘟疫，造成地方居民恐慌，地方仕紳藉助關聖帝君在農曆正月十五日前夕出巡遶境，各住戶店家隨著神轎遶街燃放鞭炮助陣，清除瘟疫消災解厄，祈求安居樂業，六畜興旺。維基百科，〈鹽水蜂炮〉，https://zh.wikipedia.org/wiki/%E9%B9%BD%E6%B0%B4%E8%9C%82%E7%82%AE，2016.12.20檢索。

程內休息時間的涵義，如法國慣以heure de récréation說明上課休息時間的休閒活動，西班牙語的recreacion及義大利ricriazion也都意涵有休息時間的意思，顯示休閒活動與學校上課時間並立的事實，也說明休閒活動是在休閒時間實踐的具體解釋。[31]更明白的說，學校上課，必然安排休息時間，亦如日常生活的自由時間，雖是一段閒空，卻並非百無聊賴，一無作用的時間，而是利用這樣的閒空，作為轉換身心的空檔，調整上課的疲勞或日常生活的壓力，使能產生新的活力，回復原有的體力，也成為休閒活動的最好說明。

不過，早期recreation乙詞的解釋，與現在的語意略有不同。當時拉丁語的recreatio即為英語的recreation，意指健康回復，一種身心的爽快感或疾病療後復原的寬慰，與英語的restore及refresh相當。亦即，從身體虛弱不健康或疲憊狀態，回復（refreshment）到身心正常狀況的意思。[32]其後進一步轉化為疲勞工作後的消愁解悶，疏鬆筋骨，恢復體力。這樣的延伸，與recreation的造語不無關連。

recreation由re + creation組合而成，re是接頭語，有再、重新、更加的意思。creation則泛指創出、造出、創造之意。所以，將recreation解釋為恢復、重新創出，應可以理解。比如工作時勞心勞力，精疲力竭後，放下身心的拘絆，從事休閒娛樂活動，得到一種解放，重新精神飽滿，幹勁十足，這就是休閒活動的涵義。

再就recreation的讀法看，因recreation的讀法有兩種，一為[riːkrieiʃən]有改造、重新、再作的涵義；另一的讀法是[rɛkriˊeiʃən]有修養、保養、娛樂、消遣的意思。兩者即使讀法不同，卻也共同指出，在休閒時，藉助娛樂、消遣的方式，達到重新創造身心的理想狀況。

---

[31]薗田碩哉，〈レクリエションの構造論（2）－「外延」をめぐる論議─〉，《レクリエーションの科学》（東京：不昧堂，1975），69-73。

[32]浅田隆夫，《現代職場レクリエーション基礎理論》（東京：勞務研究所，1972），32-33。

　　總而言之，遊憩活動用語的本質，在於閒暇時間實踐輕鬆愉快的活動，並經由活動，解除工作所積累的勞苦，重新創發新動力的意涵。

二、遊憩的成立條件

　　遊憩活動之成立，必以休閒爲前提，論者所在都有，自無庸贅述。惟遊憩活動宜以愉悅身心或樂趣爲依歸，則不無討論空間。蓋休閒之有無，純屬客觀之存有，任人均可體會，而遊憩活動能否引發樂趣，或身心是否感受愉悅，率皆個人主觀價值判斷，難有一致衡量標準。以電影觀賞言，有的喜歡悲情故事，有的爲滑稽鬧劇著迷。即以音樂爲例，嗜好古典有之，專挑民謠小調，更不乏其人。再說籃、排、足、棒等運動賽事，或攀、爬、跑、碰等遊憩活動，不分男女老少，各自擁有球迷，也各有死忠擁護者，各據陣地，各自浸淫其中，渾然忘我，難分軒輊。

　　當然，遊憩活動係以休閒爲基礎，惟並非所有遊憩行爲均能爲人所接受，相對而言，也並非所有休閒皆能投入遊憩活動。換句話說，以今日科技之進步，文化創意之普及，活動內容推陳出新，不只是眞假莫辨，更甚者，可能好壞難明。因此，遊憩活動之成立，須有下列的可能條件：

(一)是自由時間的樂趣活動

　　一般而言，從日常生活時間看，約可含生活必需時間、拘束時間及自由時間。生活必需時間（necessary time of life），含睡眠、飲食、生理時間等，俗話說吃、喝、拉、撒的時間，爲人所必要的時間。拘束時間（restricted time），則指受限制的時間，如學生上學、讀書、上班族的工作或家庭主婦的家事等時間，即受制於外在環境所左右的

時間。自由時間（free time）即指扣除上述時間之外，可以自行掌握的時間，也就是能隨心所欲的自主時間。遊憩活動，基本上與工作相對應，唯有在毫無工作拘束下的自由時間，始有可能從事遊憩活動。不過，基於一般的文化背景與社會規範，所有的遊憩活動，不盡然全為眾人所接納。比如：肆無忌憚的飆車族，夜深人靜的狂飆活動，對飆車族而言，雖是他們的自由時間，也能自得其樂，興奮異常，卻因干擾鄰近住家的安寧，街道行人的安全，自難成為健康的遊憩活動。再說色情媒合、酗酒滋事、聚賭抽頭，當然是個人的休閒行為，卻因違反善良風俗，缺乏正面的價值，而為社會所排斥。

(二)是自願自發的活動

　　遊憩活動取決於個人的自願自發，而非受制於他人的被動活動。自願自發，一方面顯現個人的自由選擇，是出自於自己意願作決定。一方面表達個人的獨立意志，體現獨當一面，自我作主的尊榮，不因威脅利誘而曲意承歡，做自己不喜歡做的事。換句話說，自願自發的活動，不僅足以強化活動的動機，尤能激發活動的樂趣，反之，被迫參與活動，常要委屈求全，壓抑自己的本性，曲從於外在的要求，徒增內心的怨懟與不滿，難有樂趣可言，自有違遊憩的本意。舉例而言，打球本是一件充滿樂趣的遊憩活動。可是，若非出自自願，僅為了外在目的，在背負太多的負擔下，手腳可能打結，動輒得咎，活動成了苦差事，不但興趣索然，甚至望而卻步，退避三舍。

　　自願自發的活動，並不是胡作非為，硬幹蠻幹的活動。比如，閒來無事，結黨成幫，到處興風作浪，打架滋事，或終日飲酒作樂，聲色犬馬，放浪形骸，導致玩物喪志，樂極生悲，自非遊憩活動的本意。積極的說，自願自發，貴在依自己的意願、興趣及能力，選擇自己喜歡的活動類型，依自己的時間、條件等情況，決定參與的可能

性，能有這樣的自我選擇及決定，當然較能獲得活動的滿足。

(三)是建設性的活動

一般所謂建設性，係指與破壞性相對，意指對事態的正常發展有促進作用的性質而言。舉例來說，遊憩活動種類之多，不勝枚舉，其中有正面效益者，難免也有負面影響的活動類型，一如俗話所說，「水能載舟，亦能覆舟」，遊憩活動亦可作如是觀。具體而言，如紙牌、麻將、骰子等用具，可以是娛樂身心的遊憩，也可以是傾家蕩產的賭具，正負效用之間，端看主事者的動機與目的而決定。

當然，作為遊憩活動，當以發揮正面功能為最佳考量，而捨去負面功能之作法。理由固在於遊憩活動本身，即在創發身心平衡自在的舒適感受，期望經活動而能洗滌身心之困頓，回復清明之心智，因此，凡有違健康發展之活動，概屬無益於活動效能之破壞行為，應非遊憩活動之本意，自不足取。再擴大範圍說，盱衡舉世關心地球暖化現象的此刻，一些足以浪費能源、破壞生態環境的遊憩活動，如因遊憩活動而造成的噪音、空氣汙染、自然資源的破壞等，宜有適當之節制，以能克盡保護地球枯竭之職責，展現遊憩活動中萬物並生、物我共榮之理想，使生態環境得以永續發展，人類保有幸福快樂的歲月。

(四)是非謀生的活動

非謀生的活動，意指活動性質不在謀取生活的必需品，或活動本身與生產勞動無關的活動，均可稱之為非謀生的活動。簡單的說，遊憩活動的本身即是目的，而不受外在目的所約束。反之，勞動既是為生活打拚，獲得溫飽即是重要目的。

進一步看，遊憩與勞動的基本差異，在遊憩以樂趣為取向，不計報酬之有無，而勞動則在意報酬之多寡，無從計較勞苦之有無。概

驚濤駭浪衝破難關

括的說，遊憩以自我觀照居多，較重內在精神之滿足，勞動則以外求之酬庸為尚，重在物質之獲取。不過，謀生與否，不在活動形式是否為謀生現象，而在活動者的態度與動機。比如，以釣魚為例，釣魚可說是相當普遍的遊憩活動，可是，一旦釣魚成了維生的手段，則釣魚即成為工作，是謀生所必要，更是生存之所繫，釣魚就不是輕鬆愉快的遊憩。再以導遊為例，陪著旅客遊山玩水，上山下海，本是怡情遣性的事，卻因是工作，從訂票、啟程到平安返國，從旅客的食、衣、住、行、娛樂的安排，突發狀況的處理，維持服務品質的掛心，一路走來，為了爭取更多旅客的犒賞，打躬作揖，忍氣吞聲，怕是看山不是山，看海不是海，工作與遊憩心境有極大的差距。

要而言之，遊憩活動的類別繁多，項目尤其錯綜複雜，其中難免包含謀生項目，如藝文與體育活動等類，即含有業餘玩家，更有職業高手，前者向以自娛娛人，偏向業餘發展，屬遊憩活動自不過言；後

者之展演，常有一定價位，演出者即在執行工作，心境大相逕庭，遊憩與工作之差異，不難想見。

三、遊憩的類型

遊憩活動之功能，應是在遊憩過程中，從自我開發，人際關係的和諧，到止於至善世界的打造，所以，人人是遊憩的主人，處處是遊憩的空間，時時是遊憩的平臺，應爲眾人所共認。具體而言，從場域看，家庭、學校、社區到職場，無一不是遊憩的處所。就對象言，包含肢體殘障者，無論聽障、視障、聾啞、腦性麻痺等行動不方便者，從幼童、少年、青年到中老年人，不論性別、不計族群，都有參與遊憩的權利。

事實上，因遊憩活動的對象，無所不包，活動的項目可說包羅萬象，其中可以活動內容分類，也可以活動器材分類，或從活動功能分類，或以活動場域分類，各有依循，也各有優劣，爲說明方便，僅以活動性質區分如下類別，藉供參考。

(一)體育運動

本類型之活動，以體育運動爲代表，大部分均爲學校體育運動教材，一般接受過學校體育課程者，均可駕輕就熟，適合個人或團體實施，可因人、因時、因地制宜。如基本運動（走、跑、跳、拋、擲等）、舞蹈（土風舞、踢踏舞、創作舞、現代舞等）、體操（徒手操、器械操等）、戶外運動（登山、定向越野、滑雪、溜冰、飛行、滑翔等）、競技運動（田徑、籃、排、足、棒、壘、游泳、體操等）等。

(二)藝文活動

藝文活動,從收集、典藏,到實地操作、觀賞與食物品嚐等,都可包含在內,主要是個人自得其樂,並養成操作能力,成就感、表現與審美能力。如:美術(繪畫、攝影、版畫、雕刻、圖案設計等)、工藝(陶器、手工、木工等)、演劇(話劇、木偶、電影製作等)、音樂(創作、管樂、弦樂、聲樂等)、文學(創作、詩歌等)、料理(中式、日式、洋式等)、其他(服飾、花藝等)。

(三)學習型活動

利用自由時間,進行自我精進之學習型活動,時有所聞,不過,從表面看,此類活動似與放鬆娛樂的距離較遠,惟均為自發自願選擇或參與,納入遊憩活動,更顯意義深遠,且學習社會到來,終生學習概念,已蔚為風氣,學習型活動更值得推廣。如:語文學習(英、日、德、法等)、實用技術(美容、速記、電腦、飲食料理等)、身心靈養生(瑜伽、氣功、靜坐、禪修等)。

(四)社交活動

社交活動是建立人際關係的重要舞臺,透過不同的場合、活動內容以及不同方式與對象,經由和諧與友善的交流,常有預想不到的效果。在遊憩活動中,從團康活動的舉辦、歌唱活動、舞會、各種比賽活動等,都是社交活動的絕佳場合,在嬉笑玩鬧中,在婆娑舞影裡,舉手投足之間,不只是坦誠相見的真情流露,更是毫無遮掩的貼身告白,緊密關係之建立,常能達到無心插柳柳成蔭的境界。

(五)自然體驗型活動

　　工業文明的社會，機器代替了人力，人口都市集中化以後，遠離喧囂吵雜的都市，走向郊區野外，享受自然原野風光，呼吸沁人心脾的清涼空氣，回歸自然，體驗鄉村的生活方式，隱然成為當前文明人的風潮。自然體驗型的遊憩活動，內容相當豐富，如：徒步旅行（郊遊、史蹟巡禮、探險、野餐、賞花等）、作物（園藝、農園、動物飼養、雪雕、沙雕等）、觀察（天體觀察、野鳥觀察、戶外寫生等）、採集（野草採集、釣魚、植物採集、昆蟲採集等）。

(六)其他遊憩活動

　　上述分類，僅就大略區分，其他未列入者，概屬其他類，如社會服務類，以愛心、無私奉獻、利他精神為訴求之志願服務，亦可作為重要的遊憩活動。社會服務或志願服務，正為國際所推崇，一在強調，人生以服務為目的，一在盡己所能奉獻社會，誠如一般所定義，所謂志願服務，是出於自由意志，非基於個人義務或法律責任，秉誠心以知識、體能、勞力、經驗、技術、時間等貢獻社會，不以獲取報酬為目的，以提高公共事務效能及增進社會公益所為之各項輔助性服務。[33]如體育運動之義務指導、教練、裁判、大型賽會之志願服務（翻譯、嚮導、交通指揮、環境整潔、接待等）。

四、遊憩倫理之建立

　　大眾休閒社會的到來，不只逢年過節，家家戶戶，熱鬧非凡，

---

[33]「志願服務法」：90年1月20日，華總一義字第9000011840號令。

即使是週末假日，街頭巷尾，更是人滿為患。從觀光景點，到娛樂設施；從地攤小吃，到餐廳美食；從白天秀場到夜店舞廳，或笙歌曼舞，或逞凶鬥狠，看到了休閒大眾的消費能量，更瞭解到遊憩活動背後的潛在陰影，如：遊憩內容的色情誘惑，遊憩廣告的誇大行銷，遊憩設施的因陋就簡，以及遊憩環境的破壞等，都是遊憩活動發展過程中所必須面對的嚴肅問題。因此，遊憩倫理亟待建立，也就順理成章，刻不容緩。

(一)遊憩需要教育

遊憩的基礎在休閒，有了休閒時間，才有可能從休閒時間裡選擇遊憩活動，道理甚為清楚。所以，遊憩之需要教育，牽涉多方面的考量，比如從休閒意義的認識，休閒的有無，到休閒內容的選擇，休閒方法的確定，以及休閒習慣的建立等，都不是天生所具有的能力，需要經過學習過程，才有可能懂得休閒、會休閒、享受休閒、到表現休閒品味，養成日常生活的休閒行為。

遊憩活動，當可作如是觀。從遊憩活動意義的瞭解、內容的判斷、方法的選擇，到成為個人的遊憩習慣，可以說，是一連串的學習行為。進一步說，體育目標上，常要人「善用閒暇，養成好習慣」。其實，所謂「善用閒暇」，在語意上，即隱含誤用「閒暇」的危險。所謂「水能載舟，亦能覆舟」，「閒暇」本身並無善惡之分，功過之有無，恆受「善用」與「惡用」之區別，其理至明，無用贅言。

因此，遊憩之需要教育，理由不出下列幾點：

1.認知上的需要：對活動的瞭解，有助於活動的實踐，而實踐經驗，更有利於活動意義的深化，都對活動的覺察，有積極的作用。遊憩的認知，應是遊憩教育的重要基礎。

2.技能上的需要：遊憩活動的範圍，相當廣泛，無論海、陸、

空，不計徒手或器具，個人或團體，種類之多，不勝枚舉。活動樂趣的體驗，活動功能的獲得，常需要經由教育而具備起碼的活動技能。

3. 情意上的需要：傳統上，常有「勤有益，戲無功」的觀念，事實上，休閒娛樂的調劑，不只消愁解悶，抒解困境，更能增進信心，肯定自我，創新思考，增進工作效率，開拓新視野。

4. 資訊上的需要：時代進步，科技文明，千變萬化，不只知識生產，應接不暇，尤其休閒生活型態，瞬息萬變，休閒內容更是無奇不有，隨時掌握資訊資源，藉以增進遊憩需求，豐富遊憩內涵，提升生活品質，都需要教育。

(二)情色氾濫，青少年受害

色情之所以氾濫，原因固然很多，最重要的應該是民智已開，自我意識的抬頭，身體的自主權高漲，加以逸樂取向的社會成形，笑貧不笑娼的風氣使然。所謂飽暖思淫慾，食色本屬人類本性，尤其，在開放的民主社會，只要當事人情投意合，嚴守個人的行為規範，否則除非作奸犯科，很少會受到限制。一句俗話說：「只要我喜歡，有什麼不可以」，充分顯示，個人憑著感覺走，個人敢做的行為，自應個人勇敢承擔。

問題是，少不更事的青少年，一方面是好奇，再方面是好玩，更多的是，禁不起誘惑，尤其是環境因素的影響，成群結幫，相互比酷、比炫、比狠。蹺家，逃學，閒來無事，街頭遊蕩，處處無家，處處家，伺機尋找對象，以吸毒為媒介，藉色情影帶模仿，猛吃禁果的結果，懷孕生下無辜的小孩，扶養的責任拋給棄養之家，造成社會的無形負擔。

尤有甚者，即使年輕力壯，或好逸惡勞，或紙醉金迷，或流連

賭場，或燈紅酒綠，沉迷情色場所，或外遇，或援交，或騷擾，或買春，或賣春，形形色色，無奇不有。再者，酒足飯飽之餘，稍不如意，滋事鬥毆，刀光劍影，刀刀見骨，真槍實彈，不置於死地，不輕言罷休。情色氾濫，青少年遭殃，莫此為甚。

(三)資訊公害影響休閒品質

　　一般所謂公害，常泛指因工業發展使環境受到破壞，生態遭到汙染，而加害於公眾之基本人權及造成社會損失者。

　　具體而言，公害的類型，可以是生產作業形成之公害，如聲光化電或農林漁牧等產業公害，也可以是交通、資訊、教育及醫療等公害。[34]就資訊公害看，電視、收音機、新聞傳播、雜誌報導等大眾媒體的信息傳播，或有意或無意，造成個人隱私受損，語言或文字暴力，使個人身心受害，均足以形成個人權益之損失。

　　當然，資訊為知識來源，傳播媒體向來扮演傳播告知的功能，具有教育、娛樂及監督的作用，不過，科技發達之後，資訊傳播，除了正面效能外，也常有負面影響。尤其傳播媒介，如影隨形，無處不有，無時不在，為達目的，常無所不用其極。如不良商業廣告，置入性行銷，商品、醫藥、美體美姿、情色網站、低俗娛樂、垃圾信息、色情刊物、電影、電視、黃腔、髒話等百般挑逗，不只汙染閱聽環境，更左右休閒生活品質。更有甚者，公然製造假新聞，顛倒是非，興風作浪，混淆視聽，任令社會不得安寧，公平正義飽受影響。

---

[34]許義雄，〈休閒生活中的公害性及其防止之道〉，《健康教育》，51（臺北，1983.06）：10-12。

(四)遊憩設施安全第一

多元化的休閒生活，自宜有多樣化的休閒設施。其中，有自然天成，有人爲加工，如海濱大洋、溪澗河谷、鄉間小道、森林原野，都屬自然的休閒好去處。至於人爲加工者，小自兒童玩具，大到電動摩天輪，都對休閒深具吸引力。不過，無論是自然天成的休閒場域，也不管人爲加工的休閒園地，安全管理，平安使用，應是休閒設施的起碼要求。

可是，詳細觀察國內一些商業化娛樂設施，雖都有一定水準的維護，然而，仍然不無因欠缺適當管理，或因利益考量，因陋就簡者有之，潛藏危險者，仍時有所聞。以水上休閒娛樂活動而言，每年海上、河川、游泳池意外喪亡者，何其多！再說，電動器械遊樂園的設施，或年久失修，或操作失當，所造成的意外，豈止是偶然的事件而已？**35**

再說，年輕人所趨之若鶩的網咖、PUB、舞廳或夜店及特殊休閒場所，或燈光幽暗不明，或場地狹隘、空氣流通不佳，或龍蛇雜處、藏汙納垢，常發生社會治安問題，自宜清楚認識，妥善因應。

第四節　近代體育的成立

就身體運動形態而言，近代體育的成立，有一段制度化的發展過程。比如從拘束性的勞動身體，到開放的自由遊戲；從戰鬥的軍事訓

352015年6月27日約20時32分，八仙樂園派對粉塵爆炸事故，造成重大傷亡，社會震驚。自由時報綜合報導，〈八仙樂園哀鴻遍野，現場記者報新聞哽咽〉，《自由時報》，2015.6.28。

練，到養生保健的身體操練術；從宮廷王侯的娛樂活動，到組織化的運動競技；從身體文化的累積，到納為教育的重要內容，是人類身體運動發展的歷史痕跡，有其自然的演化，社會的背景，以及文化的形成。[36]不過，隨著社會的變遷與時間的改變，在不同的國家或地區，有各異其趣的呈現樣貌。只是，在華語中，類此身體運動形態，向來習慣概稱為「體育」，致使體育與運動之間，未有清楚的分辨，導致概念混淆，造成不必要的困擾。是略作說明。

一、遊戲的出現

人類學家懷金格（Johan Huizinga），在其名著《人‧遊戲者——人類文化與遊戲》[37]乙書中指出，人類文化無一不是由遊戲所組成，更在結論說：「古希臘的論辯、競技運動，古羅馬的城市建築、競技場、劇院，中世紀的比武會、騎士精神與制度、文藝復興的詩歌、繪畫、田園生活情趣，17世紀的巴洛克風格、服飾、假髮，18世紀的「洛可可」風格，俱樂部、文學沙龍、藝術團體、音樂表演、古典主義、浪漫主義、感傷主義、政治中對權術的玩弄等，都是遊戲精神的體現。」[38]這種說法，後來有動物學家莫里斯的引伸。莫里斯

---

[36]岸野雄三，《体育史講義》（東京：大修館，1984），9-71。

[37]有關Johan Huizinga及Roger Caillois的譯名，日文用J.ホイジンガ及ロジエ‧カイヨワ標記。本人於1971年負笈東瀛，先後購得高橋英夫譯自Huizinga著：《人‧遊戲者——人類文化與遊戲》（中央公論社，1971），以及Caillois著，多田道太郎、塚崎幹夫譯《遊戲與人》乙書（講談社，1973）。1974年返國後，因教學需要，講義或論著，均將J.ホイジンガ音譯為懷金格（Johan Huizinga），並將カイヨワ音譯為凱窪（Roger Caillois），沿用至今。
至1996年以後，發現中國學者將Johan Huizinga音譯為赫伊津哈或胡伊青加者，不一而足。本書為求一致用法，內文有關遊戲之相關論述，對Huizinga及Caillois之中譯名稱，仍以日文音譯為懷金格及凱窪，尚請指教。

[38]胡伊青加（Johan Huizinga），《人‧遊戲者——對文化中遊戲因素的研究》（成窮譯）（貴州：人民，1987），1-17。

沙土遊戲中啓發創意

（Desmond Morris）在《人這種動物》乙書中提及，人類一切起源於遊戲。他說：「只要一等到我們的基本需求被滿足了，一等到我們超越『生存』後，我們就開始衝鋒了。在最佳情況下，我們能夠保持天眞爛漫的童心，隨時準備以任何藉口從事成熟的遊戲。」又說：「今日的成人遊戲有許多不同的名稱。我們用不同的名稱如藝術、詩歌、文學、音樂、舞蹈、戲劇、電影、哲學、科學及運動等來加以區分。……所有成人遊戲都是人類部落生活的一部分。」[39]

　　基此不難想見，人類學家從文化的組成因素，談人類遊戲之重要，動物學家，則從人類行爲談遊戲的生成，立論互異，卻都認爲，人類勞動之後，溫飽之餘，經由遊戲創造了文化，也因文化而促進了

---

[39]戴思蒙・莫里斯（Desmond Morris），《人這種動物》（楊麗瓊譯）（臺北：臺灣商務，1999），220-250。

文明的發展。所以懷金格更在該書的結論指陳：「文明是在遊戲中並作為遊戲而產生和發展起來。……真正的文明離開遊戲乃是不可能的。」又說：「在某種意義上，文明將總是根據某些規則來遊戲，而真正的文明將總是需要公平遊戲的。欺騙或破壞遊戲就是摧毀文明本身。」[40]

顯而易見的是，遊戲從種族繁衍開始，從亞當與夏娃的神話遊戲，到想像與象徵遊戲，從觀賞到實作遊戲，如捕獲動物與動物間的戲耍，到人與獸的生命搏鬥遊戲，小到鬥雞、鬥狗、鬥蟋蟀，大到鬥牛、鬥人，甚或龍爭虎鬥，不分大小，不計性別，有冒險、有追逐、有器械，有模仿，可說形形色色，無奇不有。這就是人類的演進，也是文化的形成。

換一個角度看，人類在超越「生存」之後，蠢蠢「欲」動，隨時隨地，在慾望中求滿足，在滿足中又衍生了慾望，於是，在實際的慾望與想像世界中，藉創造的遊戲得到解放，也在自由的遊戲中學習實際的因應。比如說，玩命的遊戲受到克制，身體安全需要保護，人倫關係有一定的界線，於是遊戲有了節制，進而思考遊戲的目的，設想遊戲的方法與玩具，考慮對象與場域的選擇，所以，遊戲從雜亂無章中，理出頭緒，從了無秩序中建立規則，從毫無約束的散漫到有板有眼的組織，從原始的非理性到現代化的合理性，經過協商、折衝與妥協，做出共同合宜的遊戲，從少數人到多數人，由小地方到大範圍，經由紀錄、傳授與宣揚，終至成就了可以保留的文化，成為學校教育的內容，自是水到渠成，體育之應運而生，更是順理成章。

---

[40]胡伊青加（Johan Huizinga），《人‧遊戲者——對文化中遊戲因素的研究》，1987，1-17。

二、從野蠻到文明

就資料所得，近代運動競技規則的成文化，應是18世紀以後的事，在這之前的競技比賽，並不如想像中的平和。誠如埃利亞斯（Norbert Elias）依其《文明的進程》[41]理論，在〈運動起源〉的論述中，特別提及，經過自己詳細調查古代奧林匹克的紀錄，有出乎意料之外的驚人發現。他說，目前大家耳熟能詳的摔角，是由古希臘時期的格鬥技術所發展而來。在當時，是被認可的暴力，甚至殘暴到置對手於死地而取得勝利，也在所不惜。埃利亞斯進一步指出，早期的奧林匹克，並非如我們想像的是競技，而是一種搏命的「決鬥」。特別是斯巴達出場的選手，勇猛果敢，一遇上對手，或打，或踢，不問身體部位，有時殘酷到挖出對手眼珠的戰法，才肯罷休。而且，當時的比賽，只限制不能啃咬對方，並無時間限制，且裁判權力有限，無視規則是司空見慣的事。這樣的奧林匹克約持續一千年。其間，雖然暴力的程度偶有不同，不過，傷害對方或殺害對手卻是時有所聞，視如常事。所以，埃利亞斯說，將當時的競技，視同目前的運動競賽，可說是失之毫里，差之千里的錯誤想法。[42]

不過，從身體運動形態的發展看，近代運動雖可視為是文明進程的一部分，其過程並不是直線性的進行，而是歷經許多分歧的多樣行動、轉變與衝突。[43]如中世紀騎士教育的軍事訓練，以培養戰爭的

---

[41] 諾貝爾‧埃利亞斯（Norbert Elias），《文明的進程：文明的社會起源和心理起源的研究》（王佩莉、袁志英譯）（上海：上海譯文出版社，2009）。

[42] ノルベルト‧エリアス（Norbert Elias）和エリック‧ダニング（Eric Dunning），《スポーツと文明化－興奮の探求》（大平章譯）（東京：法政大学出版局，2010），217-252。

[43] 中村敏雄編，《スポーツ教育》（東京：大修館書店，1978），51-52。

技術為訴求。古代中國的角觝，為角力與拳術之濫觴，相傳是黃帝戰蚩尤的戰技，[44]都有其不同的演變過程。埃利亞斯認為，從一個較大的時間間隔觀察，在文明化的過程中，可以清楚發現，武力威脅與肌體暴力的直接迫害已逐漸消失，取而代之的是各式各樣的社會依賴，讓社會以自制的方式實施管理，加以個人也因從小學習的自制，使得衝突與暴力，相對減少。[45]所以，近代運動的發展動力，應是17世紀英國內戰結束，推翻君主政體之後的社會變遷。隨著官僚體系建立，傳統常規瓦解，協議與調停機制形成，標準化、條理化的行為舉止規範、制度與國家機器扮演的監督角色，隱然成形。運動規範與價值的發展，與文明化過程的規則，相輔相成，次第呈現。直到18世紀時，運動的規則架構更完備、更嚴格，內容更明確、更翔實，在鬥爭與競爭之間，兼顧公平與安全，避免運動傷害也更受到合理保護與重視。[46]

同時，社會發展快速，消費主義與時尚風氣的普及，加上人們所得增加，大量閒暇湧現，階層流動頻繁，近代運動在主管機關訂定的模式下，諸如規則、設備、成績紀錄、賽程與項目等，更具制度化，更能吸引不同階層的參與者，運動風氣自然水漲船高。

另一方面，運動的文明化過程中，隨著社會背景的變遷，政治與經濟條件的影響，難免左右運動發展方向的取捨。最具體的例子是，英國依頓公學校藉近代運動培養英國社會領導人。學生參加團隊運動項目，全體住校，加強推展學長制，以高年級管理低年級，訓練絕對的服從，自信、忠誠、忍耐、團隊合作、犧牲小我等綜合特質，使離開學校的學生，腦海中永遠記得兩大信念：第一，他們代表了英

---

[44]吳文忠，《體育史》，1961，275。

[45]T. Schirato，《運動的文化分析》（何哲欣譯）（臺北：韋伯文化，2009），19-20。

[46]T. Schirato，《運動的文化分析》，2009，20-21。

國紳士；第二，英國紳士的認同，與道德、身體、文化的優越性，是軍事、社會、政治與經濟上的成功。有如英國威靈頓公爵（Arthur Wellesley）一句名言：「滑鐵盧戰役是在伊頓公學校的操場上打贏的。」[47]基此不難想見，身體運動的目的化，是體育的重要基礎，自是不言可喻。

三、競技運動組織林立

18世紀末期與19世紀初期，競技運動與戶外活動，在英國學生的生活中，占有重要的地位。1880年的《19世紀雜誌》，報導一項事實指出，德國及法國官員，對英國公立學校的熱衷運動訓練比對學校的知識成就更具有深刻印象。[48]甚至，古柏坦（Baron Pierre de Coubertin）於1883年考察英國教育之後，除肯定英國公立學校採用了運動競賽制度之外，對法國的教育問題，提出了針砭；並認為解決法國的教育問題，不是急躁的課程改革，而是應重視身心教育的運動競技。[49]進一步說，英國人認為，歐洲大陸所盛行的體操，是組織化的身體運動，並不適合英國。一方面是，英國人民自1215年大憲章之

---

[47]馬丁‧范克勒韋爾德（Matin van Creveld），《戰爭的文化》（李陽譯）（北京：生活‧讀書‧新知三聯書店，2010），65-85。

[48]C. W. Hackensmith，《西洋體育史》（周恃天譯）（臺北：黎明文化，1971），223。

[49]古柏坦（Baron Pierre de Coubertin）生於1863年，20歲時，考察英國公立學校教育，先後於1887年及1888年，在法國《社會改革》雜誌，發表〈英國之教育〉及〈在英國的教育〉，強調英國學生具有法國學生所看不到的自由、快樂的運動競技生活，認為運動足以影響道德，尤有益勇氣之培養。力主法國應導入運動競技制度，促使法國教育部長於1888年成立「身體運動普及委員會」，著手調查運動設施，運動場與公園計畫、運動競技活動之舉辦、學生運動俱樂部之獎勵等措施。小石原美保，《クーベルタンとモンテルラン－20世紀初頭におけるフランスのスポーツ思想》（東京：不昧堂，1995），38-46。

沙灘排球風氣興起

後，崇尚自由，自認不只有權決定自己的政治命運，更有權決定自己的生活行為，同時，體操是人為刻板的操作，缺乏生動活潑與社會價值。他們認為，社會價值隱藏於競技運動與戶外運動。尤其，英國的氣候與地理環境，以及工業革命後所爭取到較短的工作時間，讓英國的競技運動與戶外運動，如虎添翼蓬勃發展。這樣的風氣，隨著帝國主義版圖的擴張，影響所及，幾近無遠弗屆。

當然，1850年代前後，近代體育中的競技運動項目，大多由英美上流社會之有閒階級仕紳主導，率皆為日常生活中的休閒娛樂或運動競技，從室內遊戲，邁向戶外活動；從個人對抗，到成隊較量；從校內到校際；從國內到國與國間的比賽。各種競技運動的組織，或基於擴張運動人口，或便於進行交流及展現競爭實力，也如雨後春筍，次第成立（**表1-3**）。充分顯示，競技運動從隨意性的推廣，邁向組織性發展的趨勢。

表1-3　競技運動組織相繼設立[50]

年代	項目	國家	組織設立	備註
1845	棒球	美國	棒球協會	1876年棒球聯賽開始
1848	體育	美國	體育協會	由德裔美人赫克創立
1858	棒球	美國	棒球聯誼會	1850年代棒球已風靡全國
1860	體操	德國	體操聯盟	1811年楊氏於柏林近郊教體操
1861	射箭	英國	射箭協會	1787年喬治四世贊助皇家射箭社
1863	足球	英國	足球協會	1900年納入奧運項目
1866	曲棍球	英國	曲棍球協會	1875年加拿大有室內比賽紀錄
1869	游泳	英國	游泳協會	1837年倫敦世界游泳比賽
1872	橄欖球	英國	橄欖球協會	1823年出現橄欖球賽
1874	業餘運動	美國	全美運動協會	1885太平洋海岸業餘運動協會成立
1875	大學業餘	美國	校際業餘協會	創立會員共12所大學校院
1876	美式足球	美國	大學足球聯盟	普林斯大學啓其端
1880	田徑	英國	田徑協會	風靡歐洲，1896列為奧運項目
1881	草地網球	美國	網球聯盟	1873英國軍人創發
1882	划船	英國	划船協會	1775年曾在泰晤士河舉行比賽
1892	保齡球	英國	保齡球協會	18世紀期間英國已有不少俱樂部
1895	羽球	英國	羽球協會	1873年英國莊園公開表演
1895	排球	美國	排球協會	1896於美國春田學院舉行比賽

　　另一方面，自文藝復興之後，不少歐洲人開始重新讚揚古奧林匹克的運動精神，倡議恢復奧運會者時有所聞，[51]直至1894年古柏坦號召各國有志之士，於巴黎聚會，促成1896年近代奧運之舉辦，提供世界運動競技舞臺，強調人類和平賽會之重要，重視運動教育之價值，對近代體育的影響，既深且鉅，值得密切關注。

---

[50]丹下保夫，《体育技術と運動文化》（東京：大修館，1987），11-22；C.W. Hackensmith，《西洋體育史》，1971，204-218。

[51]1852年德國考古學家發掘了古希臘奧林匹克遺跡，喚醒世人關心古代奧林匹克競技大會。當時，歐洲地區性小規模的運動競技，打著「奧林匹克競技賽會」的名稱，已次第展開。日本オリンピック委員会，〈古代オリンピックへの関心の高まり〉，http://www.joc.or.jp/olympism/coubertin/，2016.03.25檢索。

四、近代體育隱然成形

事實上，近代體育的成立，應以目的化的身體運動為前提，論者所在都有，自無用贅述。換句話說，所謂目的化，係將身體運動形態，依目的之不同，加以規劃、設計、組織，並以適當之方法，經有意之作業程序，滿足既定之意圖者，體育始成為教育的一環。這樣的背景，可追溯到初民社會的農耕時期，成年禮的身體鍛鍊，豐收時的手舞足蹈，甚至古代中國禮、樂、射、御、書、術之六藝，都具有體育之雛形；即連古希臘、羅馬時代的戰爭需要，對身體健康、勇氣、力量、持久性與技術之身體訓練，亦可作如是觀。及至18世紀之後，歐洲諸國在新教育的論述中，特別就教育或醫學觀點，強調身體運動在教育中的重要性，體育才慢慢在教育體系中受到應有的重視。如英國洛克力主「健全的精神寓於健全的身體」，意指心智教育，不能無視於身體鍛鍊，並認為多習劍術及騎術，對自己、對國家，都有效益。[52]法國盧梭（Jean-Jacques Rousseau）則強調運動競賽，不只作為精神活動的手段，更不只是身體強壯的健康訴求，而是要及早導入守法精神、平等觀、同胞愛，體會競技心，實踐市民不可或缺的愛祖國的精神。[53]德國巴賽斗（Johann Bernhard Basedow）及沙爾曼（Christian Gotthilf Salzmann）先後成立汎愛學校（Philanthropinum），積極推動身體訓練，成為德國體育之濫觴，或被認為是近代體育教學的先驅。

---

[52]山田岳志，〈ロックとルソー：身体形成のとらえ方について〉，《愛知工業大学研究報告》，10（愛知，1975.03）：239-248。

[53]西尾達雄，〈ルソーの身体形成論〉，《体育学研究》，28.1（東京，1983.06）：13-22。

　　一般而言，最早將體育納入為學校課程的國家，當非德國莫屬，其代表性人物，以顧茲姆斯（J. C. F. GutsMuths）、楊氏（Friedrich Ludwig Jahn）及斯比次（Adolf Spiess）等人的貢獻最為顯著。顧茲姆斯在沙爾曼的汎愛學校擔任體育教學，歷經長年的努力，先後出版《青年體操》（1793）及《身心訓練與保養的遊戲》（1796）等書，建立體操與遊戲理論，影響歐美體育發展甚鉅。[54]尤其所著《青年體操》乙書，由英國（1799）、丹麥（1799）、美國（1802）、法國（1803）、奧地利（1805）、荷蘭（1806）、瑞典（1813）、義大利（1827）、希臘（1837）、日本（1979）等國翻譯使用外，丹麥、瑞典、瑞士等國，更以顧茲姆斯的體操模式，積極推動國內學校的身體教育，影響之廣闊，可見一斑。[55]

　　至於斯比次，不只是德國學校體操系統化及女子體操的推動者，更是整合德國體操理論與教學經驗的貢獻者。斯比次一方面補充顧茲姆斯與楊氏體操理論的不足，一方面考察現場體操教學的實際經驗，統合德國學校體育的理論與實際，出版《學校體育書》。[56]全書依學生年齡，區分6-7歲、8-9歲、10-11或12歲、12-13歲等四階段，配合學生的發達程度、學校種類、區域特性等條件，將學生的《體操技能》從簡單動作到複雜運動，作適度的排列，建立完整的教材系統。[57]

　　同時，德國楊氏，基於愛國行動，提倡全民身體訓練的德式體操

---

[54]顧茲姆斯《青年體操》出版後，經多國翻譯，影響遍及歐美亞各國。顧茲姆斯認為運動的第一作用在身體，第二作用在精神，體育所追求的個人，從生物性、身體的角度，即在體力、技能與美的獲得，從教育性及人格的角度，即是明朗、克己、勇氣與自信的個人之養成。岸野雄三、成田十次郎、山本德郎、稻垣正浩，《体育スポーツ人物思想史》（東京：不昧堂，1979），111-145。

[55]東京教育大学体育史研究室編，《図説世界体育史》（東京：新思潮社，1964），100-106。

[56]東京教育大学体育史研究室編，《図説世界体育史》，1964，117-119。

[57]東京教育大学体育史研究室編，《図説世界体育史》，1964，117-119。

（turnen），[58]以培養衛國的青年壯士，除在德國風行一時外，並於1819-1820年間，傳入英國，造成風潮。另外，19世紀初期，立基於生理學、解剖學的林氏（Pehr Henrik Ling）瑞典操，[59]素稱為合理體操，有稱之為醫療體操或矯正體操，經其後繼者的推廣，分別傳入德國、英國、法國、美國與日本，廣為學校制度化所運用，並建立了各該國的體操體系。

要而言之，18世紀之後，近代體育逐步成形，從德國發其端，體操作為身體運動的重要媒介，或為愛國行動，或為達成教育功能，或為強身保健，風氣所及，從德國、法國、英國而丹麥、瑞典到美國，甚至亞洲的日本，設立課程，訂定法案，[60]校園運動競技勃興，競技運動組織相繼成立，體

沙井特時期哈佛大學體育館內景
資料來源：図説世界体育史。

---

[58]德國體操之父楊氏，基於愛國行動，於1810年開始實施德式體操（turnen），係以體育活動為核心的國民教育運動，重在養成政治、道德的意志，重在強調德國國家統一的改革行動。就近代體育的定位，一般認為楊氏是繼承顧茲姆斯加以發揚光大，不過，也加入顧茲姆斯所未有的類似當前的鞍馬、跳馬、單槓、平衡木等運動項目，並取消顧茲姆斯主張的發聲運動與感覺運動。岸野雄三，《体育史講義》，1984，87-88；岸野雄三、成田十次郎、山本德郎、稻垣正浩，《体育スポーツ人物思想史》，1979，226-227。

[59]林氏素有「瑞典國民體育之父」或「瑞典體操創始者」之雅號。林氏的體操重視身體組織的法則，強調運動的科學性與合理性。林氏的體操，常配合口令，團體一齊，重複操作。林氏於1834年出版《體育的一般原理》乙書，詳述瑞典國民體育的基礎理論，提倡醫療體操、教育體操、兵式體操、美的體操等。成田十次郎，《スポーツと教育の歴史》（東京：不昧堂，1992），37。

[60]美國加州於1866年開風氣之先，在學校法明文規定，學生應實施「有益於身心活潑健康的正規體育訓練」，其後，經由體育協會及教育協會的竭力鼓吹，美國若干州制訂了體育法。Dudley S. DeGroat, "Physical Education in California, 1854-1900," *Journal of Health and Physical Education, 10*(2) (Tokushima, 1939.02): 67-68.

操師資需求相應增多，體育師範學校或體操學校陸續開設（**表1-4**）。近代學校體育制度，更向前邁進了一步。其重要背景，約如下列：

表1-4 近代體育專業師資培育之興起[61]

年代	養成機關	課程內容	代表人物	備註
1861	教師講習會（為期十週）	新體育學	劉易士（Dio Lewis）[62]	自哈佛醫學院聘任師資
1881	劍橋大學（麻州）	人體測量	沙井特（D. A. Sargent）	Sanatory Gymnasium
1886	春田學院	競技運動	羅伯茲（R. J. Robert）	國際基督教青年會訓練學校
1886	奧柏林學院女子體育師範課程	德國體操 瑞典體操	韓娜（Delphine Hanna）[63]	Normal Course in Physical Training for Women
1886	布魯克林體育師範學校	積極推動師範教育	安德生（W. G. Anderson）	Brooklyn Normal School for PE
1886	波斯頓體操師範學校	瑞典體操制度	亨門偉夫人邀請波西擔任第一屆校長（Baron Nils Posse）	Boston Normal School of Gymnastic
1887	哈佛大學	五週講座（男女合班）	沙井特（D. A. Sargent）	Harvard Summer School of PE

---

[61]川口智久，〈ジェシー・フェイリング・ウィリアムズ：身体を媒介とする教育について〉，《一橋論叢》，57.4（東京，1967.04）：476-479；C. W. Hackensmith，《西洋體育史》，1971，223。

[62]劉易士（Dio Lewis, 1823-1886）於1845年入哈佛醫學院，未得到學位，1860年定居波士頓。當時美國體育制度，有德國、瑞典及戴爾沙德（Francois Delsarte）爭議並起，乃提倡「新的體育制度」，擬定開辦體育師範學院。遂於1861年7月4日創設教師講習會，並自哈佛醫學院延聘四位醫學人才，分授解剖學、心理學與衛生學等課程，劉易士則親授新體育學及瑞典體操。

[63]韓娜（Delphine Hanna）為美國近代婦女體育專家，受教沙井特，主持奧柏林學院女子體育師範課程，網羅伍德（Thomas D. Wood）、丘立克（Luther Halsey Gulick）、雷歐納德（Fread E. Leonard）及其學生威廉（Jesse Feiring Williams），均受其影響。

(一)社會環境因素

18世紀末葉，歐洲已從專制君主的封建社會，逐步邁向人民主權抬頭的近代社會，同時，隨著工業革命與市民革命相繼並起，市民社會的潮流次第展開，激發了近代國家意識，促成了國民國家的誕生。同時，藉身體訓練與健康養生，以培育市民社會的優秀人才，蔚為國用的論述，此起彼落，風起雲湧，國民體育的提倡，也就應運而生。這些事實，可從德國汎愛學校的陸續設立，以及從業人員的顯著績效，獲得佐證。

進一步說，經由德國的帶動，各國也競相學習或模仿，並依各國的理念與條件，展開國民體育的推廣。如法國、瑞典、英國、北歐等，名稱雖有不同，各國也都有其各自的發展脈絡，但在相互的影響下，共同推動了近代體育的發展。

(二)身體的重視

近代體育的誕生，除社會背景的影響外，市民階層的抬頭，各相關領域對身體健康與身體教育的重視，厥功甚偉。

就教育觀點而言，康美紐斯（John Amos Comenius）、洛克、盧梭、裴斯塔洛齊（Johann Heinrich Pestalozzi）對體育的論述，炙手可熱，大家耳熟能詳，無庸贅述。他如斯賓塞（Herbert Spencer）所著[64]《教育論：知育、德育、體育》乙書，於1860年成書。全書由四章構成。第一章〈何種知識最有價值〉，第二章〈知育〉，第三章〈德

---

[64]斯賓塞（Herbert Spencer）所著*Education: Intellectual, Moral and Physical*於1860年成書，日文譯本於明治13年（1880）由尺振八譯成《斯氏教育論》，未有附題。目前日文已另有譯本：ハーバート・スペンサー（Herbert Spencer），《知育・德育・体育論》（三笠乙彥譯）（東京：明治図書，1969）。

育〉，第四章〈體育〉。在〈體育〉乙章，內容分：一、科學與身體
的訓練原則；二、膳食；三、衣著；四、運動；五、知識訓練與身體
訓練；六、身體化的道德六段。全書就生理學角度論述兒童身體發達
的特性，除對兒童飲食、衣著常識及習慣之不合理性提出批評外，並
指出運動之重要，指陳男女不平等對待與過度訓練之不當，強調遊戲
優於形式體操，應重視兒童自然欲求與感覺，認為健康是一種義務，
身心應同等加以重視。即使當下重讀此書，斯賓塞的立論，仍能發人
深省。

　　至於醫學方面，梅盧克李愛理斯（Hieronymi Mercurialis）[65]於
1569年就希臘六大卷《體育研究》中彙整出版《體育論》。另外，
《醫學體育論》（1705）、《藥用‧外科運動論》（1780）、六大卷
的《醫學警察大系》（1779-1819）等書，[66]或強調運動的醫學效果，
或主張在國民教育中導入體育的重要性。

(三)女性體育登場

　　1820年代，瑞士體育之父克立雅斯（P. H. Clias）實際調查英國、
法國與瑞士的體育實施概況，於1829年特別以社會上流階層的少女為
對象，私自用德文於瑞士出版《女子美容體育論》。[67]克立雅斯曾學
過顧茲姆斯的德式體操，但為配合少女的體育目的，特別出書介紹女
子美姿美容操。所提倡的少女運動內容，約有上、下肢的徒手運動，
利用手具的繩子、棒子、環圈、球等，更有掛棒及支柱用的器械運動

---

[65]梅盧克李愛理斯（Hieronymi Mercurialis, 1530-1606），義大利人，專攻醫學，
為希臘醫聖Hippocrates研究者，譯過Hippocrates作品，所留遺作甚多，《體育
論》係古希臘‧羅馬各種運動之集大成，為其代表作。日本神奈川大學存有該
書1601第四版。
[66]成田十次郎，《スポーツと教育の歴史》，1992，33。
[67]成田十次郎，《スポーツと教育の歴史》，1992，40-41。

等，有別於一般少年的運動形態，因此，女子禁止一般少年所使用的單槓、鞍馬、平衡木等運動，更禁止女子身體的激烈振動的運動。

專書雖在瑞士出版，竟影響到德國於1830年代開始注意到學校女子體育的發展，並於1834年由韋納（J. A. L. Werner）出版《少女之體育》乙書，因運動內容強調禮儀作法的重要，引發批判。再由斯比次於1840年代整合團體秩序運動為中心的學校體育論述，主張女子學校體育，團體舞蹈的重要性。這種舞蹈於19世紀後期，已在德國各邦成為女子學校體育的主要教材。[68]

至於美國方面，於1830年由畢契兒（C. E. Beecher）展開一系列的女子體育推廣活動。[69]畢契兒原是女子學校經營者，一位尊重男女特性，實踐女子教育的女性解放論者。她認為，女子教育追求的是健康、智慧的妻子、母親、主婦理想的女性形象。

1832年，畢契兒出版以促進健康與保持身體健美的《少女健美操教程》，到1850年代，更作為美國男女共用的體操，並影響了美國學校體育的發展。其後繼者劉易士（Dio Lewis）將其改編為男女老少均可施用的「新體操」，日本近代的學校體育，曾引進這種新體操。[70]

(四)軍事上的需要

德國是近代首創體育系統的國家，其日耳曼民族的特性，剛健、勇猛、實際、奮鬥的精神，聞名於世。不過，德國地處狹小的中歐，四周環境並無自然邊界可為屏障，毗鄰的國家甚多，大小糾紛不斷，可以說，德國受盡侵擾，歷經長久民族鬥爭的洗禮，深知身體強壯對

---

[68]成田十次郎，《スポーツと教育の歷史》，1992，42。
[69]成田十次郎，《スポーツと教育の歷史》，1992，41。
[70]健美操有譯為「美容操」、「美容體操」、「整容體操」、「柔軟體操」等，作為體操常在學校與軍隊實施。

國家防衛的重要。如1806年，耶拿（Jena）普法戰役，法軍席捲日爾曼地區，獲得大勝。德國被迫於1807年簽訂了提爾西特投降條約，備受拿破崙凌辱。[71]德國為掙脫霸權統治，亟欲解除異族支配，而有菲希特（Johann Gottlieb Fichte）為了鼓舞士氣，表達反抗，冒生命危險，在法國占領軍的監視下，發表《告德意志國民書》，力主振興德意志國民教育，倡導民族精神，提升對祖國的愛心。同時，楊氏提倡國民體操（turnen），以呼應新國家的統一，藉身體運動培育優秀新市民的重要性。強調結合意志與身體鍛鍊，透過身心均衡，活用身體能力，提高道德性，凝聚國民共同體，追求人格的養成。即以斯比次的學校體育制度，亦莫不以指向「順從臣民」的培養，建構集體意志，陶冶規律與秩序的教育本質為鵠的。

如眾所周知，德法兩國，為爭取歐洲大陸霸權，時有爭端，以普法戰爭法國戰敗與巴黎公社之興起（1870-1871）為例，[72]法國為報復德國，及鎮壓巴黎的反動勢力，學校引進軍事教育，並制訂體操為必修課程，明訂徒手體操、器械體操及軍事教練三大領域為內容，顯見體育在軍事教育中的重要地位。

---

[71]內山治樹，〈ドイツ語圈における体育概念〉，《体育の概念》（東京：不昧堂，1995），44-45。

[72]巴黎公社（Paris Commune）係指普法戰爭（1870.7-1871.2），法國戰敗後，巴黎市民、勞動階級為對抗國防政府所成立之自治政府（革命政府）。一般認為是世界最早之社會主義政權。惟不出兩個月即被政府軍鎮壓，而建立了法國第三共和政府。

? 本章問題討論

1. 何以勞動先於體育？勞動現象與體育現象，有何異同？勞動與體育有何關係？如何相輔相成？試申論之。

2. 何謂休閒（leisure）？「小人閒居，常為不善」，究係何所指？何以休閒是文化的基礎？不同的社會發展有何休閒特色？試申論之。

3. 何謂遊憩活動（recreation）？成立條件如何？有何類型？遊憩有何倫理？遊憩倫理有何必要？試申論之。

4. 身體運動如何從野蠻到文明？有何意義？文明是在遊戲中並作為遊戲而產生和發展，究係何所指？近代體育如何誕生？有何背景？試申論之。

參考文獻

"Recreation," Online Etymology Dictionary, http://www.etymonline.com/index.php?allowed_in_frame=0&search=recreation, 2016.12.20.

C. W. Hackensmith，《西洋體育史》（周恃天譯）（臺北：黎明文化，1971）。

Dudley S. DeGroat, "Physical Education in California, 1854-1900," *Journal of Health and Physical Education, 10*(2) (Tokushima, 1939.02): 67-68.

G. チャイルド，《文明の起源（上）》（ねずまし譯）（東京：岩波，1951）。

H. G. ウェルズ，《世界文化史概觀（上）》（長谷部文雄譯）（東京：岩波，1956）。

S. リリー，《人類機械歷史》（小林秋男、伊藤新一譯）（東京：岩波，1968）。

T. Schirato，《運動的文化分析》（何哲欣譯）（臺北：韋伯文化，2009）。

Tudor O. Bompa、G. Gregory Haff，《運動訓練法》（林正常等譯）（臺北：藝軒，2011）。

ノルベルト・エリアス（Norbert Elias）、エリック・ダニング（Eric Dunning），《スポーツと文明化－興奮の探求》（大平章譯）（東京：法政大学出版局，2010）。

ハーバート・スペンサー（Herbert Spencer），《知育・德育・体育論》（三笠乙彦譯）（東京：明治図書，1969）。

凡勃倫（Thorstein B. Veblen），《有閒階級論》（趙秋巖譯）（臺北：臺灣銀行經濟研究室，1969）。

凡勃倫（Thorstein B. Veblen），《有閒階級論》（錢厚默譯）（中國：海南，2007）。

小石原美保，《クーベルタンとモンテルラン－20世紀初頭におけるフランスのスポーツ思想》（東京：不昧堂，1995）。

山田岳志，〈ロックとルソー：身体形成のとらえ方について〉，《愛知工業大学研究報告》，10（愛知，1975.03）：239-248。

川口智久，〈ジェシー・フェイリング・ウィリアムズ：身体を媒介とする教育について〉，《一橋論叢》，57.4（東京，1967.04）：476-479。

中村敏雄編，《スポーツ教育》（東京：大修館書店，1978）。

丹下保夫，《体育技術と運動文化》（東京：大修館，1987）。

内山治樹，〈ドイツ語圏における体育概念〉，《体育の概念》（東京：不昧堂，1995）。

尤瑟夫・畢柏（Josef Pieper），《閒暇：文化的基礎》（劉森堯譯）（臺北：立緒，2003）。

日本オリンピック委員会，〈古代オリンピックへの関心の高まり〉，http://www.joc.or.jp/olympism/coubertin/，2016.03.25檢索。

成田十次郎，《スポーツと教育の歴史》（東京：不昧堂，1992）。

托馬斯・古德爾（Thomas L. Goodale）、杰弗瑞・戈比（Geoffrey C. Godbey），《人類思想史中的休閒》（成素梅等譯）（昆明：雲南人民，2000）。

自由時報綜合報導，〈八仙樂園哀鴻遍野，現場記者報新聞哽咽〉，《自由時報》，2015.6.28。

西尾達雄，〈ルソーの身体形成論〉，《体育学研究》，28.1（東京，1983.06）：13-22。

佐藤臣彦，〈体育とスポーツの概念的区分に関するカテゴリー論的考察〉，《體育原理研究》，2（東京，1991）：4。

佟泃，〈古希臘奧林匹克運動與宗教文化〉，《體育文化導刊》，3（北京，2005）：32-36。

克羅德（Edward Clodd），《從野蠻到文明的歷程》（牧野譯）（臺北：源成文化，1976）。

吳文忠，《體育史》（臺北：正中，1961）。

岸野雄三，《体育史講義》（東京：大修館，1984）。

岸野雄三、成田十次郎、山本德郎、稻垣正浩，《体育スポーツ人物思想

史》（東京：不昧堂，1979）。

杰弗瑞・戈比（Geoffrey C. Godbey），《你生命中的休閒》（康箏譯）（昆明：雲南人民，2000）。

東京教育大学体育史研究室編，《図説世界体育史》，（東京：新思潮社，1964）。

松田義幸，〈脱産業社会に向けての課題（Ⅳ）－レジャー概念検討の自分史－〉，《生活科学部紀要》，41（廣島，2004）：61。

近藤鎮三，〈獨乙教育論抄〉，《文部省雜誌》，6（東京：1876）：3。

浅田隆夫，《現代職場レクリエーション基礎理論》（東京：勞務研究所，1972）。

胡伊青加（Johan Huizinga），《人：遊戲者──對文化中遊戲因素的研究》（成窮譯）（貴州：人民，1987）。

馬丁・范克勒韋爾德（Matin van Creveld），《戰爭的文化》（李陽譯）（北京：生活・讀書・新知三聯書店，2010）。

高部岩雄，《體育學原論》（東京：逍遙書院，1967）。

淺井淺一編，《體育通論》（東京：日本辭書，1969）。

清水幾太郎，《現代思想（下）》（東京：岩波全書，1970）。

許義雄，〈中國近代體育概念之形成〉，《臺灣體育》，51（臺北，1990）：25-35。

許義雄，〈休閒生活中的公害性及其防止之道〉，《健康教育》，51（臺北，1983.06）：10-12。

許義雄，〈休閒社會的形成及其因應〉，《休閒社會學──議題與挑戰》（臺北：揚智文化，2010）。

許義雄，〈遊戲與狂歡──古代奧運的身體意涵〉，《運動文化研究》，2（臺北，2007.09）：7-26。

陳澄巧，《圖解文化研究》（臺北：城邦，2006）。

楊希震，《教育的起源與發展》（臺北：幼獅，1976）。

瑪莉塔・史特肯（Marita Sturken）、莉莎・卡萊特（Lisa Cartwright），《觀看的實踐──給所有影像世代的視覺文化導論》（陳品秀譯）（臺北：

三言社，2009）。

維基百科，〈鹽水蜂炮〉，https://zh.wikipedia.org/wiki/%E9%B9%BD%E6%B
0%B4%E8%9C%82%E7%82%AE，2016.12.20檢索。

諾貝爾・埃利亞斯（Norbert Elias），《文明的進程：文明的社會起源和
心理起源的研究》（王佩莉、袁志英譯）（上海：上海譯文出版社，
2009）。

戴思蒙・莫里斯（Desmond Morris），《人這種動物》（楊麗瓊譯）（臺北：
臺灣商務，1999）。

薗田碩哉，〈レクリエションの構造論（2）－「外延」をめぐる論議－〉，
《レクリエーションの科学》（東京：不昧堂，1975）。

Chapter 2

體育的概念

本章學習目標

- ·瞭解體育用語及其發展
- ·瞭解體育概念及其意義
- ·瞭解國際體育概念的演變
- ·瞭解我國體育概念的形成

本章學習內容

- ·體育的原點
- ·體育的重整
- ·體育的第三次改革
- ·我國體育概念的意涵

　　一般而言，現代體育已超越學校教育的範圍，廣泛的指涉到身體活動的特定場域，其精準的體育概念及其蘊含的意義，常面臨不同的立場，而有不同的論述，造成眾說紛紜，莫衷一是的窘境。作為體育的愛好者或從業人員，釐清體育概念，未始不是一件亟待解決的重要課題。

　　如眾所周知，所謂概念，涵義有二：(1)係指事物概括的意義內容；(2)概念是探討事物本質的思考形式。[1]前者指對事物概略意義的掌握，即是概念。後者強調，概念是指掌握事物本質的思維方法。進一步的說，體育作為事物的對象，其概念的掌握，即在透過思考方法，瞭解其概略意義或本質。

　　不過，概念常是抽象、普遍的想法或觀念，必藉語言或符號表達。而語言或符號是概念的載體，而非概念本身，概念雖藉語言表達，但概念與語言之間，並未有必然關係。如一個詞語表達多個概念者有之，或一個概念以數種語言表達者，亦所在多有。顯見藉語言以掌握概念，說來簡單，實非想像中容易。舉例而言，以「體育」之抽象概念，常識上，都看成是身體活動，可是，身體活動類型何其繁多，何種性質的身體活動，才能說是「體育」，就有不同的思考。所以，想藉精確語言掌握正確的體育概念，不只涉及漢字使用的精確問題，也關連到表達時的思維形式。體育概念之掌握，語言表達之方法，實不能掉以輕心，道理在此。尤其，每一概念均有其內涵概念與外延概念，[2]若未詳加分辨，想經由語言表達概念的精確性，就難免指

---

[1]山崎正一・市川浩，〈概念〉，《現代哲學事典》（東京：講談社，1971），122-123。

[2]所謂內涵概念，係指個別事物中的共同特徵，是事物的同一性，就是反映在概念中事物的本質屬性，即概念質的規定性。如以「人」的概念為例，人共同擁有的特質，即為內涵概念。外延概念則指適合概念的一切事物之範圍，是具有概念所反映的本質屬性的全部事物，即概念量的規定性。如：男人、女人；黑人、白人；大人、小孩等人的總和，即為「人」的外延概念。

鹿爲馬，或畫虎不成反類犬。[3]

　　具體來說，近代體育成立初期，不只不同的國家或地區，以不同的文字標記體育；甚至不同的時代背景，對體育概念，也各有不同的解讀。前者如英語、德語、俄語等，或就身體生理觀點，或就身體文化觀點，描述身體教育或身體鍛鍊的現象，作爲體育的用語。後者則因時間的演進，從19世紀前後的體操到體育，20世紀前期自然體育與新體育的興起，到20世紀後期，體育的改名風潮，此起彼落，風起雲湧，運動教育乘勢而起，備受重視，都展現了體育概念的不同面向，而有各異其趣的指涉意涵，都有待嚴肅面對，進一步的釐清、認識與瞭解。

　　本章即基此背景，試圖依體育概念的形成過程，瞭解體育用語的指涉對象與範圍，藉以掌握體育概念的意義與內涵。

第一節　體育的原點

　　體育概念的發展，在不同階段，常有不同的用語，表達相近或相異的概念。其中，在國際上，最先出現且爲人所耳熟能詳的應是體操（gymnastik），[4]用以說明身體的操作或鍛鍊的技術，藉以達到身體的健康，如古希臘時代的「體操術」。其後經由德國汎愛學校的推廣，

---

[3]嚴格而言，語言不能反映現實，只能創造現實。再說，即便是親眼目睹的事物，也常因意識形態、知識素養、文化背景或先入為主的觀念，未能觀看得真切或說得清楚，講得明白，何況再經由語言的表達，難免有隔靴搔癢，抓不到癢處的遺憾。詳見周華山，《意義——詮釋學的啓迪》（臺北：臺灣商務，1995），180-194；瑪莉塔·史特肯（Marita Sturken）、莉莎·卡萊特（Lisa Cartwright），《觀看的實踐——給所有影像世代的視覺文化導論》（陳品秀譯）（臺北：三言社，2009），65-91。

[4]Gymnastik乙詞，中、日文都習慣譯成「體育」，本文為區分兩者概念之發展，直接標明原文或譯為「體操」，以示區隔。

到近代學校體育課程的設置，以及社會體育制度的形成與發展，再由各自國家的國情或文化背景，相互的交流、傳播與取捨，陸續出現各國不同的用語，展現各自的體育概念與意涵。如身體活動（physical activity）、身體運動（physical exercise）、身體教育（physical education）、身體鍛鍊（physical training）及身體文化（physical culture）等[5]紛然雜陳，各顯神通。

　　本節即基此背景，就體育概念的形成，依其相映的用語，分別以從體操到體育、身體教育、身體文化等三部分，略述如下。

一、從體操到體育

　　體操（gymnastik）乙詞，在古希臘時期，常泛指具有教育功能的體育相關用語，係源自希臘的gymnad+techne而成，含有裸體訓練或身體照護的技術。[6]當時的gymnastik約有跑、跳、投擲、摔角或搏擊（pankration）等項目，其後，除身體運動外，並含入浴、塗油及按摩的身體照護等內容。當時，有聖醫之稱的希波克拉底（Hippocrates）的養生方法中，特別有食物的養生術和運動的養生術，使用gymnastik乙詞，論述膳食與運動對身體的影響，可說是開風氣之先，也奠定了醫療體操的先河。[7]

　　事實上，體操在柏拉圖（Plato）與亞里斯多德（Aristotle）的著作

---

[5]相對英語語系，德語用以標記體育的用語則為：體操（Gymnastik）、身體活動（Körperliche betätigung）、身體運動（Leibes-"körper" übungen）、身體教育（Leibes-"körper" erziehung）、德國操（Turnen）、身體文化（Körperkultur）等。

[6]林英彰，〈古代ギリシアにおけるギュムナステイケーの成立とその体育史思想史的展開〉，《体育の概念》（東京：不昧堂，1995），18-20。

[7]岸野雄三，《ヒポクラテースの養生法：食養生と体操》（東京：杏林書院，1971），1-8。

台灣早期體操課

資料來源：金湘斌提供。

中多所出現。如柏拉圖在《論辯術》、《理想國》及《法律》等著作
中，都先後提及體操的功能與作用。舉例來說，在《辯論術》裡，柏
拉圖認為以膳食及生活習慣為基礎，體操可促進身體的健康。嚴密的
說，強調體操對身體健康照護技術的重要性，與醫術有密切關係，且
其價值並不亞於醫術的價值。[8]在《理想國》裡，柏拉圖指陳，國家守
護者（軍人及政治指導者）的素質，在愛智、富氣概、機敏與力強。
體操即是國家守護者的基礎教育，並說，體操雖是以改善身體狀態為
目的，卻不是以競技運動的優越身體為訴求，而是以能延緩自己死亡
的期限為考量。換句話說，不在病弱身體的苟延殘喘，而是以適合

---

[8]岸野雄三，〈プラトン—ヒューマニズム体育の理想と現実〉，《体育・スポ
ーツ人物思想史》（東京：不昧堂，1979），36-44。

國家守護者角色活動的健康身體為目的。甚至進一步指出，體操不僅止於身體技術的獲得，尤應與音樂共同為心靈的技術融合，兩者的和諧，就有節度、勇氣及心靈的安適。身體技術的訓練或鍛鍊，旨在增強體力，即是氣概素質的提升。進一步說，身體技術正確的培養，即成勇氣，過當的施為，則形成頑固，蒙受苦難。同樣道理，音樂是關係於愛智的素質，正確的培養，即溫和端莊，過當時，將成柔弱怯懦。[9]柏拉圖之所以強調體操與音樂的重要，重在心靈素質與勇氣的培養，藉能滿足國家守護者的任務扮演，自是不言可喻。尤其，在《法律》，除強調理想國家的建設，維繫國家制度法律的理論建構外，柏拉圖並提出歌舞的重要性。柏拉圖認為歌舞由聲音的秩序、歌曲、律動及舞蹈所組成，作為基礎教育，對勇敢年輕人的培育，在快樂與痛苦的修練過程，是不可或缺的課程。選擇歌舞，重在人本性上的運動衝動，可以透過韻律與和諧的感覺作調和，甚至與體操相互應用，進而達到胎教、男女的共同學習、軍事訓練等身體訓練的目的。[10]

　　當然，柏拉圖認為身體與心靈是二元對立，善惡之分，在於心靈，與不正的心靈同在，即便是健康美善的身體，仍可能轉惡。不過，柏拉圖認為，靈魂離開身體，無法行動，身體沒有了靈魂，也動彈不得，因此，培養美善的人，就必須要有身體的教育，使身體與心靈密切的融合。體操作為身體的照護，要身體消化好，要會跑步，培育美麗、善良的人們為第一要務。換句話說，體操的目標，在健康、身體美以及體力等的身體卓越性，並與靈魂同在，邁向正義的靈魂，提高人的善德。[11]

　　至於亞理斯多德對體操（gymnastik）的論述，則出現在《政治

---

[9]林英彰，〈古代ギリシアにおけるギュムナステイケーの成立とその体育史思想史的展開〉，《体育の概念》，1995，23-30。

[10]岸野雄三，〈プラトンーヒューマニズム体育の理想と現実〉，《体育・スポーツ人物思想史》，1979，53-54。

[11]岸野雄三，〈プラトンーヒューマニズム体育の理想と現実〉，《体育・スポーツ人物思想史》，1979，53-54。

論》及《尼各馬科倫理學》等著作中。在《政治論》著作中，論及教育科目，亞理斯多德認爲，應有讀書、體操、音樂及圖畫四科。亞理斯多德強調，設定這四科，不是因爲有用性，或是必要性，而是基於要成爲自由人，卓越的人。[12]他舉例說，讀書不只在於有益生活，而是要透過有益生活，超越於生活，而有更多學習的可能性。體操也是一樣，亞理斯多德指出，體操常被認爲有益於「勇氣」或「健康或勇武」培養，視同爲有用的教育科目。他的看法則略有不同。他力主，身體的培育，端賴體操術及訓練術。[13]

不過，所謂教育，「習慣優於理智，身體優於靈魂」，這些都有賴小孩的「體操術」與「訓練術」，使得身體的狀態或身體的機能，透過體操與訓練術形成某種身體的素質。亞理斯多德對把小孩置於如野獸般的過勞訓練，提出了批判，冷靜反省體操術對勇氣的有用性，且認爲並未發現體操作爲實現勇氣的手段或方法。因此，他主張，小孩5歲以前，因食物影響身體，宜從小做運動或從小習慣寒冷天氣，不只對健康有好處，也有益於軍事。進一步認爲，習慣的養成，要趁早，要給予運動，更要給遊戲。甚至提出，5歲以前，身體依自然充分照顧。5-7歲，要學習應學習的事物。而在教育體系中體操的具體實施及其原則，則有如下的階段劃分：[14]

1.思春期（14歲左右）：不妨礙身體的成長，防止不合理的膳食或過勞。適用輕度的身體運動。
2.思春期之後的三年間（約14-17歲左右）：要學習體育以外的學科。
3.前述年齡之後：勞苦的體操訓練或強制性的膳食訓練。

---

[12]林英彰，〈古代ギリシアにおけるギュムナステイケーの成立とその体育史思想史的展開〉，《体育の概念》，1995，32-35。
[13]佐藤臣彥，〈身体論序説：アリストテレスを中心に〉（筑波：筑波大學博士論文，1999），237。
[14]佐藤臣彥，〈身体論序説：アリストテレスを中心に〉，1999，237。

在原則方面，約有兩點：

1. 低年齡階段，不實施激烈負荷的訓練。
2. 身體的勞苦影響心靈，心靈也會妨礙身體，要避免身體與心靈的同時受苦。

進一步說，亞理斯多德認為，體操不只是適用於運動競技的身體，也不只為虛弱的身體，更不只是為軍事目的的身體訓練。極端的說，體操的目的，在符映自由人的體質，在追求卓越的人。具體而言，亞理斯多德的體操概念，不僅是一種活動的有用性，而是適應各種活動的身體素質，因此，就身體的卓越性而言，競技運動的身體，就是卓越身體的具體展現。

綜合而言，柏拉圖與亞理斯多德的體操概念，可說同中有異，異中有同。具體的說，都認為體操有益於身體健康、善德的培養與城邦安全的保護，同時，都批判斯巴達式的強制訓練，並主張體操要有知識作基礎，且不僅止於競技運動身體的培養，而是具良善美德的卓越身體。

二、身體教育

漢語「身體教育」乙詞，或簡化為「體育」，一般認為是日本首先創用，其後引進中國，作為學校體育課程名稱，或一般社會體育用語，這些都是19世紀後半的事。事實上，日本體育用語，始自明治時期，[15] 係譯自西方語彙，仍屬舶來品，本文為窮本追源，擬就西方體育用語與概念的形成，略述如下。

---

[15] 一般而言，日本「體育」乙詞，係先由箕作麟祥將physical education譯為「體之教」，其後陸續有「身體的教育」、「身教」（明治8年，1875年），最後才由近藤鎮三將「身體教育」，簡化為「體育」（明治10年，1877年），沿用至今。

近代學校體育之父顧茲姆斯（左）

資料來源：図説世界体育史。

(一)德語語系的體育概念

◆身體的教育

以近代學校體育的成立看，早在18世紀初期，歐洲即有「身體教育」的用法。顧茲姆斯即使用了七種不同的用語，[16]用以說明身體教

---

[16]顧茲姆斯素有「近代體育之父」的雅號。在其名著《青年體操》（*Gymnastik für die Jugend*）乙書中，用了七個不同用語說明體育概念，即：(1)physische Erziehung（身體教育）；(2)physikalische Erziehung（身體的教育）；(3)körperliche Erziehung（身體的教育）；(4)Körpererziehung（身體教育）；(5)pädagogische Leibesübungen（身體運動教授學）；(6)erziehliche Leibesübungen（教育性的身體運動）；(7)Leibesübungen Erziehung（身體運動教育）等。佐藤臣彥，《身体教育を哲学する》（東京：北樹出版，1993），218-219。

育、身體的教育運動及身體運動教育，其核心概念仍以身體與教育爲關鍵的用語，譯成爲「身體教育」，堪稱妥適。

具體來說，近代體育的源頭，一般都不否認是德國的汎愛學校啓其端，即使當時汎愛學校，都以富家子弟爲受教對象，但其身體運動師資的培育、施教的內容及方法，都對後來歐洲體育有著無以倫比的重要影響。

進一步說，1786年，「近代體育之父」顧茲姆斯，也是最後一個汎愛學校教育家，在教學之餘，發現「……傳統以來的體操，只徒有其名，而未將體力的成長與發展列爲目的；只重視飲食，而未重視教育，只關心醫學，而忽略其他重要事物……」，[17]有了具體的評論。

甚至指出，「因爲學校與家庭不重體育，導致力量不足，靈敏性不夠，市民社會弊病叢生，人民體弱多病，意志消沉。文化界的教養階層，陷入無力感、逸樂取向而厭惡對身體的關注」。[18]他認爲，「新時代的訴求，是誠實及信賴，強韌的性格，堅定不移的愛情、快樂、勇氣及男子氣概的意識。」[19]他說，「無法獲得這些能力，不是時代文化因素，而是無視於身體教育，以及青少年力量強度不夠及慵懶的生活所促成。」[20]

因此，顧茲姆斯傾其心力，研究希臘以來有關教育及體操的相關文獻，蒐集各國現行身體運動資料，並經實際實驗，而編成體系化的

---

[17]東京教育大学体育史研究室編，《図説世界体育史》（東京：新思潮社，1964），99。

[18]森田信博，〈グーツムーツの遊戯論（その1）〉，《秋田大学教育学部紀要教育科学》，32（秋田，1982）：154。

[19]成田十次朗，〈市民体育論の確立〉，《体育スポーツ人物思想史》（東京：不昧堂，1983），121-128。

[20]釜崎太，〈近代ドイツトウルネンに見る「身体」と「権力」〉，《弘前大学教育学部紀要》，98（弘前，2007）：45-58。

教材，[21]希望透過身體教育，培育市民社會有用且幸福的人。

　　顧茲姆斯認為gymnastik是充滿愉悅的作業，其唯一的眞正目的在精神與身體的調和；並於1793年發表舉世聞名的重要著作《青年體操》乙書，力主「教育之意圖，在全人之形成，若只以醫藥與養生為手段，而不以身體各資質之發達與完成為基礎，則難以竟全功。更指陳，唯有根據活潑的、教育性的身體運動之教育，始能成就教育之意圖。」[22]從顧茲姆斯的立論中，不難看出他對希臘時代的體操概念，有了反省，也有一些引伸。

　　顧茲姆斯的《青年體操》專書出版後，備受重視，在19世紀初期，或翻譯，或變形，或盜印，可說一時洛陽紙貴，不只影響德國近代體育的形成與發展，同時，各國近代體育的成立，也莫不受其波及。如奧地利（維也納，1793）、丹麥（哥本哈根，1799）、英國（倫敦，1800）、美國（費城，1802）、法國（巴黎，1803）、荷蘭（海牙，1806）、義大利（羅馬，1827）、希臘（雅典，1837）等國，都先後有其著作的譯本，接受其體育的概念與作法，在各該國次第展開，即連德國國民體育之父楊氏、瑞典近代體育創始者林氏、丹麥近代體育之父拿哈迪卡爾（F. Nachtegal）、瑞士近代體育之父克立雅斯等人，或受教其門下，承其指導，或間接接受其理念，實踐履行，顯見其動靜觀瞻，遐邇聞名，深受景仰。[23]

---

[21]顧茲姆斯Gymnastik之體系含：(1)本來的體育運動：a.跳躍；b.跑；c.投；d.格鬥；e.攀登；f.平衡；g.舉上、運搬、背部運動、牽引、長繩、短繩、圈舞、轉輪；h.舞蹈、步行、軍事訓練；i.沐浴、游泳；j.耐久訓練；k.朗讀、朗誦；l.感覺訓練；(2)手工作業：a.雕塑作業；b.車床作業；c.造園作業；d.裝訂作業；(3)共同體的青少年遊戲：a.運動遊戲；b.大風吹遊戲；c.扮演遊戲。成田十次郎，《青少年の体育》（東京：明治図書，1979），126-174。
[22]東京教育大学体育史研究室編，《図説世界体育史》，1964，100-106。
[23]東京教育大学体育史研究室編，《図説世界体育史》，1964，106。

◆體操的轉向

　　1806年耶拿戰役，德國戰敗，建國聲浪興起，民族意識高漲，隨著費希特發表《告德意志國民書》（1806），愛國氣勢沸騰，祖國統一呼聲崛起。顧茲姆斯發表「愛國教育」（1814），以過去以來以「世界人」為理想的教育立場，轉向「國家市民」的理想，提倡「吾等子孫為確保祖國的命運與民族的自由」，提倡「身體教育與精神教育，為培養國民軍人所不可或缺」，並先後發表《為祖國子弟之體育書》（1817）、《體育問題書》（1818）等，[24]宣揚體育培養國家市民的理念，並採用了德國國民體育之父楊氏的德國體操用語turnen乙詞，將體育作為培養「政治人」的手段。自此，顧茲姆斯以培養未來祖國防衛者的特別目的，考慮完全作為軍事訓練的基本身體運動，區分為基本身體運動與主要運動，在各不同團體實施，並強調服從、秩序、遵守時間及紀律，以配合信號、口令動作，完全是軍事化的走向。換句話說，顧茲姆斯的身體教育，因應時勢及國家與社會處境，將自由、愉悅的體操（gymnastik）轉向為容易進入士兵任務的德國體操（turnen），也為各國軍事或國防體育，找到出路，起了作用，並見證了歷史的發展脈絡。[25]

(二)英語語系的體育概念

◆從身體運動到體育

　　英語語系國家，最先以physical education乙詞，標示漢語「體育」概念的應是馬克拉仁（Archibald Maclaren）。[26]他堅信「身體與

---

[24]成田十次郎，《青少年の体育》，1979，216-222。

[25]東京教育大学体育史研究室編，《図説世界体育史》，1964，104-105。

[26]馬克拉仁（Archibald Maclaren），1820生於英格蘭的Alloa，1836赴法國學體操及擊劍，返英後，1850於牛津的奧麗爾街（Oriel Lane）開辦擊劍學校，後

精神」是相互維繫與支持，不可分割的完美整體（oneness），任何年齡層的人，都必須注意身心問題。他強調，體育的目的，不只是肌力的發展，軍人的需要，更重要的是健康。他指出，現代人的要求，健康甚於強韌，要在體力、活動及疲勞上，能有更大的能耐。當然，健康不在可以旅行多遠，扛多少負擔，舉多大的重量，或超越多少障礙物，而是身體條件和多少肺活量，足以適應所處的環境及工作生活，滿足於自己和有益於人類社會。[27]

　　基於自己的醫學背景，馬克拉仁批判了古希臘羅馬及歐洲的體操系統。他認為古希臘羅馬的體操，侷限在健壯或活動的人，而未注意及虛弱、多病或運動不足的對象，甚至對這些人，愛莫能助。他指出，這是因為未能瞭解呼吸、循環、發汗作用的科學原理，也就是對心臟、肺臟及皮膚的構造與功能不清楚所由致之。至於歐洲體操系統，他則舉出德國與法國體操系統，雖然網羅了各國系統的一連串的運動，達到了一定身體訓練的目的，卻包含了一些錯誤、缺陷與矛盾。比如，運動的意義，運動對身體的作用、運動的方法等都欠缺明確的理論依據。[28]因此，馬克拉仁依據科學理論，研訂人體測驗方法，著手進行體育指導的理論與實際的推展工作。同時，著書立說，發表一系列的體育教學與運動訓練專書，其中，以1869年的《體育系統：理論與實際》，最具代表性。

擴及牛津體育館。1858年授命指導軍事體操。先後出版《軍事體操運動系統導論》（1862）、《軍隊擊劍教程》（1964）、《體育系統：理論與實際》（1969）、《訓練的理論與實際》（1874）等，奠定了英國學校體育的基礎。有認為其貢獻可媲美近代體育之父顧茲姆斯。淺田隆夫，〈Archibald Maclarenの体育観とその影響〉，《東京教育大学：体育学部紀要》，7（東京，1968）：13。

[27]Ellen W. Gerber, "Archibald Maclaren," *Innovation and Institutions in Physical Education* (Philadelphia: Lea & Febiger, 1971), 215-219.

[28]淺田隆夫，〈Archibald Maclarenの体育観とその影響〉，1968，2。

　　首先，他論述運動（exercise）的定義，運動、肌肉、呼吸的生理基礎及其產生的效果，進一步，將運動的類型加以區分，再詳論不同運動種類的不同意義。

　　在馬克拉仁的觀念裡，認為運動可分為兩類：休閒運動類及教育運動類。前者包含學校的遊戲（game）、競技運動（sports）、消遣（pastimes）等，素為英國人所喜愛，也有益於體格與性格的養成。不過，他認為，這些運動可以達到忘我的境界，雖屬重要，卻不以身體的發達與身體的健康及肌力的培育為目的，且這些運動雖也有一定的效果，也僅止於間接的附帶效果。他認為競技運動，常因特殊能力的表現，造成身體特定部位的發達，而排除其他部位的正常成長。他指出，英國競技運動的特徵，不重視上半身的發達，就難以避免下半身的發達傾向，結果形成下肢粗大強健，上肢弱小發達不全，甚至是纖細扁平，可說是壓縮的體型。他也認為，休閒活動，大部分都是下半身的活動，即使有上肢及身體軀幹的活動，幾乎限於右側運動，就此運動性質而言，對正需要全身調和的青少年並不適合。[29]

　　馬克拉仁特別從教育的運動結構、運動處方及運動效果，作了理論的分析與實際的操作。他強調，教育的運動系統，對培育青少年的身體，日益重要。具體的說，教育的運動系統，著重在呼應身體各部位的運動，使身體的潛在能力資源（sources），得以均衡分配到身體各部位，以有助於身體的成長與發展。不過，系統裡的組織化運動（systematized exercise），不能說已完全理解並充分認識。原因在於運動本身所持有的特殊性質及其目的，滿足個人要求的單位（grade）難以決定，以及對人體各結構所形成的效果，都有待進一步的釐清。確切的說，肌肉組織以外的效果，尚須深入研究，特別是呼吸及血液循環過程中養分對各器官的影響，理解得相當有限。

---

[29]浅田隆夫，〈Archibald Maclarenの体育観とその影響〉，1968，3-4。

　　馬克拉仁期待，若能證明，肌力發展不只是運動的單一結果，則運動不只有益於肉體勞動者，對腦力勞動者應也有價值，亦即，身體運動系統若能對個人的知性發達有積極的作用，則身體運動應可提升到不同的層級。[30]

　　總而言之，馬克拉仁，一方面強調身體運動應是自然的累進，身體訓練要適應個人的能力，一方面更主張，體育的目的在健康，是任何學校的必要課程，只要有效的組織與管理，身體所有潛能將可實現。同時，他以豐富的生理學知識，以合理的科學精神，開發了教育的運動系統；並研訂測驗方法，導入實際的指導工作，就近代體育概念的啓發而言，有其不可忽視的重要地位。

◆體育是教育的根源

　　英國斯賓塞即曾於1860年出版*Education: Intellectual, Moral and Physical*乙書，漢語直譯為《教育論：知育、德育、體育》或所謂《知‧德‧體三育論》，[31]影響頗廣，對體育概念的發展也頗多啓

---

[30]國人謝維玲於2009年出版《運動改造大腦》乙書，係譯自John J. Ratey and Eric Hagerman, *Spark: The Revolutionary New Science of Exercise and the Brain*（《革命性的運動大腦新科學》）（Boston: Little, Brown and Company, 2008）。論證運動時產生與學習有關的多巴胺（dopamine）、血清素（serotonin）和正腎上腺素（norepinephrine）等神經傳導物質的臨床經驗，一時洛陽紙貴。事實上，運動有益身心發展，論者所在多有，即以馬克拉仁為例，在一百五十年前，即期待有相關研究，藉以提升運動的地位，顯見馬克拉仁非等閒之輩。詳見：約翰‧瑞提（John J. Ratey）、艾瑞克‧海格曼（Eric Hagerman），《運動改造大腦：IQ和EQ大進步的關鍵》（謝維玲譯）（臺北：野人，2009）。

[31]斯賓塞本書原為四篇論文結集而成。第一章What Knowledge is of Most Worth? 發表於*The Westminster Review*（July 1859）；第二章Intellectual Education原以The Art of Education為題發表於*The North British Review*（May 1854）；第三章Moral Education原以Moral Discipline of Children為題發表於*The British Quarterly Review*（April 1858）；第四章Physical Education原以Physical Training為題，發表於*The British Quarterly Review*（April 1859）。Hideto Sugiyama, The System of Spencer's Thought in Its Entirety: The Foundation of His Educational Ideas，《体育‧スポーツ哲学研究》，13（長崎，1991）：55-68。

發，在我國更不例外。[32]

斯賓塞在「三育論」中，批判傳統教育只重虛飾身分，而忽略實質效用，致使弊端叢生；並批評當時社會資產者、仕紳、鄉民等熱衷動物的繁殖、飼養與訓練，卻無視於小孩的食物、成長與體質發育。[33]他指出，戰爭之勝敗在士兵之強弱與士氣之高低，商業競爭亦在生產者身體之能耐。他認為，英國民族已不具與其他民族競爭的能力。[34]

斯賓塞主張，教育的目的，在為完滿的生活作準備，而人類完滿生活，即是最高善德的幸福。其內容則有五類活動：(1)直接自我生存的活動；(2)從取得生活資源的間接自我生存活動；(3)子女的養育與訓練活動；(4)維持社會關係的活動；(5)休閒娛樂活動。[35]教育的任務，即在實現這些活動的完滿，需要藉「知育」設定目標，由「內在行為規範」控制感情，建立「實踐行為」培養身體。斯賓塞指出，教育雖可分「知育」「德育」與「體育」三個領域，培養各種能力，實際上，各領域相互之間是一種彼此適度調和的狀態，以作為生活營運的基礎，達到理想的人。[36]

具體來說，斯賓塞認為體育是教育的根源。主要理由在於體育的

---

[32]清末國勢垂危，社會達爾文主義甚囂塵上，「適者生存」觀念深植人心，嚴復列舉斯賓塞所提一國盛衰之道，特別於1895年，借用斯賓塞的「三育」論，發表「民力」、「民智」及「民德」的〈原強〉乙文，強調民力、民智、民德三者，為生民之大要，斷民種之高下。許義雄，《中國近代體育思想》（臺北：國立編譯館編，1996），63。

[33]ハーバート・スペンサー（Herbert Spencer），《知育・德育・体育論》（三笠乙彥譯）（東京：明治図書，1969），171-172。

[34]ハーバート・スペンサー（Herbert Spencer），《知育・德育・体育論》，1969，173。

[35]ハーバート・スペンサー（Herbert Spencer），《知育・德育・体育論》，1969，18-20。

[36]杉山英人，〈英国における体育概念－その一特質としてのH.スペンサー〉，《体育の概念》（東京：不昧堂，1995），68-69。

最高目的在健康，而身體各種能力（含知育及德育）的養成，也都以
健康爲訴求。斯賓塞說，沒有健康的身體或身體的各種能力，則無法
執行生活上的各種活動。換句話說，虛弱或不健康的身體，將有礙上
列五種活動的完成。再說，從進化論的角度，這樣的狀態，不只關係
到本人，甚至持續遺傳後代子孫。因此，體育目的的達成，是實現最
高善德幸福（完滿生活）的第一條件。[37]

　　至於斯賓塞對體育概念的論述，則分：(1)科學與身體的訓練原
則；(2)膳食（營養）；(3)服裝；(4)運動；(5)知的訓練與身體訓練；
(6)身體性的道德等六部分，詳細分析其內容，有下列幾點，值得重
視：

　　第一，身體訓練需要科學知識。

　　斯賓塞在批判社會風氣之餘，特別嚴肅的提議，要成功培育小
孩長大，須經理論的提示，到實踐的保證，呼籲比照豢養動物一般，
好好照顧青少年的身體。斯賓塞指出，人與比他低等的動物一樣，有
機體的法則，並無不同。甚至力陳，無論解剖學、生理學、化學，
動物的生命過程事實的一般原則，人的生命過程，亦可作如是觀。換
句話說，經動物觀察與實驗確立的原則，都可作爲人的生活指導。他
認爲，「生命科學」雖方興未艾，人的有機體的發達基礎，其根本原
理，已略能掌握。因此，著手青少年的身體訓練，可依此基本原理，
按圖索驥。[38]

　　斯賓塞的體育論述中，從食物營養到衣著的關注，係植基於身
體的照護理念，而這樣的體育概念，與古希臘以來側重醫學的體操
（gymnastik），作爲身體健康照護的技術，更進一步力主科學事實的

---

[37]杉山英人，〈英国における体育概念－その一特質としてのH.スペンサー〉，
《体育の概念》，1995，70-71。

[38]ハーバート・スペンサー（Herbert Spencer），《知育・德育・体育論》，
1969，174-175。

訓練依據，可說是體育知識邁向科學化的重要里程碑。當然，斯賓塞作為一個實證主義者，在重視科學知識的前提下，從五種生活內容，論述科學知識保全身體，使生命得以健康，生活獲致幸福，為商業活動設計，正確處理盈虧，都是科學知識的重大價值，這也印證了自己的提問：什麼知識最有價值的最好答案。[39]

第二，身體運動的反省。

斯賓塞對運動的論述，從實際參觀學校所得，對男女生運動場地、空間條件與活動表現的差異甚大，提出批評。他認為受傳統及教師的偏見觀念影響，女生為了顯現淑女形象，受了太多的壓抑，而無法像男生一樣，充分表達運動熱情與享受戶外的遊戲樂趣。

同時，斯賓塞對以人為的體操替代自然運動，也不以為然。他認為形式運動的體操比起自然的遊戲，其缺點在：(1)只集中某部分的肌肉運動，容易產生疲勞；(2)運動量不足且運動不均衡；(3)枯燥、單調，興趣索然無味；(4)樂趣低，效果大打折扣。[40]他認為，雖然形式運動，偶而也有競爭刺激的事實。不過，他指出，那只有在變化無窮的遊戲中，才能感受到持續的刺激。遊戲的樂趣，足以振奮精神，增進活力。因此，他主張，不論男女生，鼓勵本能的遊戲活動是身體幸福的本質。

第三，身體道德的重視。

斯賓塞在《教育論》中，特別將「體育」列為第一要務，也可從他的身體道德觀看出端倪。首先他論述了過去以來，對體育的忽視，諸多面向值得商榷。比如營養不良、衣物不關心，以及運動的不足，精神的耗損。他認為，教育的強制化，對青少年而言，是要求的太

---

[39] ハーバート・スペンサー（Herbert Spencer），《知育・德育・体育論》，1969，11-17。

[40] ハーバート・スペンサー（Herbert Spencer），《知育・德育・体育論》，1969，201-202。

多，而給的過少，就其生命的負荷而言，儼然是將青少年的生活成人化。[41]尤其，在競爭社會，人人壓力逐日增加，成人爲了承擔重擔，成全下一代，身體負荷過重，健康受到傷害；同時，青少年的力求上進，用功過度，面黃肌瘦，身心備受煎熬，失去健康照顧，屢見不鮮。

　　斯賓塞指出，隨著時代的演進，過去未開發的社會，攻擊與防禦是主要的社會活動，所以伴隨身體活力的勇氣視爲必要能力，教育幾以體育爲重心，知性的開發，僅限於特定階級。相對於文明和平社會，除手的操作工作外，肌力幾無用武餘地，且社會各類功成名就的人，幾乎是知能取勝，以致教育以智育爲導向，從過去重視身體輕忽精神，演變成今天的重視精神而輕忽了身體。事實上，身體是精神的基礎，健康的維持是人的義務，身體與精神適切配合的時代已到來，要深切認識身體的道德，違反健康的法則，其實是身體的罪惡。[42]

三、身體文化

　　「身體文化」乙詞，一般認爲是蘇聯等東歐國家，常用以標記相關「體育」的用語，其實，並不盡然。德國在提及身體運動的概念時，也常提到身體文化的用語。大致而言，身體文化概念的用語，相當多元，爲便於釐清，簡述其發展過程如下。

　　首先是1874年韋茲（G. U. A. Vieth）在《體育百科全書——體育史》中，[43]曾首度出現身體文化（Körperkultur）用語，意指蘇聯人

[41]ハーバート・スペンサー（Herbert Spencer），《知育・德育・体育論》，1969，220-221。

[42]ハーバート・スペンサー（Herbert Spencer），《知育・德育・体育論》，1969，222。

[43]岸野雄三，《体育史：体育史学への試論》（東京：大修館，1973），1973，26。

入浴或按摩的意思，且含消極保健衛生概念，其指涉涵義則與英語physical culture相近，有身體養護的意涵。如《韋伯大辭典》所註釋：身體文化是有關身體的系統養護。[44]

其實，在1880年代之後，美國女子體操風行雷沙德（François Delsarte）的身體文化（physical culture）系統。[45]雷沙德係法國演劇家，經觀察不同場域中，人類日常生活的行為與情感表達，發現人體運動，係身體與精神的一體化展現。認為，身體表達，不只是外表的機能或動作，而應是內心的表現。因而，開發了舉世聞名的應用美學的科學理論（science of applied aesthetics）。其所考慮的是，包含身體的語音、呼吸、動作機轉（movement dynamics）以及所有表現的因素。一般認為，這個系統，有助於平衡、優雅、美麗與健康，力主確實的身體運動，必有益於劇場表演與歌唱。不過，顯而易見的是，雷沙德的身體文化系統，重在情感表達之姿勢與行為展示的身體形塑，對成長中的青少年或成人之需要大活動量而言，並不適合。[46]尤其，當時美國男孩的身體文化，傾向健美運動（body building），以致盛極一時的雷沙德系統，導向女子體操並成為現代舞蹈的理論基礎，而影響後來舞蹈家鄧肯（Isadora Duncan）的舞蹈創作與拉邦（Rudolf Von Laban）的動作系統。

不過，相對於健美運動，英國的馬克拉仁則以身體文化（bodily

---

[44]Philip Babcock Gove, ed., *Webster's Third New International Dictionary of the English Language* (Springfield: Merriam-Webster, 1993), 1706.

[45]雷沙德（François Delsarte）原為歌手，1830年出道，因訓練錯誤，一度失聲，為求突破，加以發現當時演技均非自然之表達，深入觀察人體日常生活之表現，並參考克立雅斯（P. H. Clias）女子美容體操之觀念，自創身體表現系統。1839-1859聲名大噪，慕名求教者，不計其數。1960年迅速被遺忘，潦倒中去世。其弟子將其理論發揚光大，引起風潮。1880年代更造成轟動。海野弘，《モダンダンスの歴史》（東京：新書館，1999），65-72。

[46]櫛田芳美，〈身体表現としての舞踊教育：アメリカ、イギリス、日本を中心に〉，《総合人間科学》，7（山口，2007）：21-30。

culture）加以區隔，用以就生物的角度，說明身體的成長與發育，包含空氣、食物及衣服等的保健衛生的概念。甚至布拉克（C. B. Black）認爲身體文化，應含治療機關等比教育更廣的意義。[47]德國方面，第一次大戰後，傳統德國體操備受批評，認爲過去體操都以解剖、生理學的立場，由部分身體動作所構成，過於機械化、形式化、人爲化，有如關節的玩偶運動。改革者，呼籲應就人的生命整體考慮生命身體的特質，採用有機的、自然的、韻律的身體運動體系。[48]因此，身體文化的用語也由Körperkultur改爲Leibeskultur，意指以身體或身體活動爲基礎，從消極的生物軀體的健康、體能的培育，擴大爲生命力的提升，身體律動美的表現，其所形成的文化的總稱，即爲身體文化。換句話說，德國身體文化所指涉的範圍，不只含有生物性的身體健康保護，更扣連文化性的生命美學倫理，以及社會性的身體運動文化，是更廣於體育的大概念（**圖2-1**）。[49]

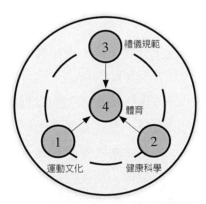

圖2-1　身體文化之系譜及其關係圖

[47]岸野雄三，《体育史：体育史学への試論》，1973，27。

[48]菅井京子，〈ドイツ体操とルードルフ・フォン・ラバン〉，《スポーツ開発・支援センター年報》，8（大津，2012）：36-40。

[49]近藤英男，〈スポーツの文化論的探究〉，《体育学論叢》（東京：タイムス，1981），261-263。

　　至於蘇聯的身體文化（Культура тела）乙詞，則在1917年蘇聯革命之後，有較系統的論述。[50]其中，除了有黨的政治考量外，特別注意到運動科學理論的發展，與社會大眾身體活動的文化現象，因此而有1925年決定了黨中央委員會對身體文化領域中黨的課題。依此決定，黨指示要深入研究身體文化。黨認為，身體文化不只是文化、經濟及青年軍事訓練的重要一環，更不只是身體教育（體育）與健康促進，而是作為大眾教育及勞動者及農民大眾團結的手段，更是農民大眾投入社會政治生活的手段。

　　具體來說，就身體文化的發展趨勢看，蘇聯學界整合社會現象的體育實踐，競技運動的文化現象，及科際發展對學科的影響等範圍，整合成三個系譜，論述身體文化的概念，即：(1)從社會學角度，探討體育基礎的身體文化理論；(2)就競技運動（sport）的角度，建構身體文化的理論；(3)科際整合的觀點，論述身體文化的理論。[51]分述如下：

　　第一，就第一系譜而言，首先批判過去以來的體育理論，沒有明確的概念，認為體育既是社會現象，對體育的社會意義，體育的發生與發展的社會原理，體育與勞動的功能，教育與體育的關係等都應有相映的理論基礎；同時直陳，目前的體育理論已不足以形成科學理論，必須轉向更廣泛的範疇。尤其認為「所謂身體文化，應是身體全面發達的社會活動，及因其活動而生產的物質性、精神性的總體產物（依規範的身體運動及其技術）及其利用的過程。身體文化的『身體』，是社會性、生物性、精神性及物質性面向的綜合物，其文化屬社會現象的特別文化。」定位為一般文化的次文化。

---

[50]高津勝，〈スポーツ科学論の一系譜：「身体文化」概念をめぐる論争を中心に〉，《一橋論叢》，83.4（東京，1980.04）：571-589。

[51]田中良子，〈ソ連の身体文化理論の確立をめざす三つの系譜〉，《体育学研究》，28.1（東京，1983.06）：1-11。

　　第二，在運動（sport）領域的理論方面，長久以來，都認為是體育的分化領域，不過，1960年代之後，隨著運動急速的發達，運動已累積相當的專門知識，其理論更逐步離開體育而形成獨立的科學系統，且有分殊化的發展傾向，同時，在科際之分化與綜合的相互作用下，持續進行著科際整合。

　　事實上，運動向來作為體育的手段，且運動已朝大眾化或競技化發展，其運動的知識體系，無不以運動訓練的理論與方法為核心，且其理論與方法論均已略具基礎，並反映在運動指導與學習，而形成運動教育學領域的知識體系。因而體育理論與運動科學的關係，勢必要重新思考。

　　第三，隨著科技的發達，生活環境的改變，人類生成的性質、特性與能力，無不仰賴科學的基礎，求得最有效的改善。就以運動的領域而言，一流選手的科學訓練，可說突飛猛進，日新月異。甚至人類身體組織能力的極限開發，以及健康身體最大潛能的研究，已次第展開，人類正建構有關所謂「人類最高能力開發學」，[52]探討提高人類潛力的可能方法與條件，藉能發揮日常生活能力最大活用的共同通則。基於開發身體運動潛能的運動科學，自宜有所因應。

　　綜上所述，身體文化，旨在厚植學校體育的理論基礎，深化運動科學的理論，並期能有利於人類最高能力的發展，落實於日常生活的實踐，如圖2-2。[53]

　　進一步說，身體文化係指「一般文化的特殊領域，為社會活動的

---

[52]人類睿智之開發，隨著科技之進步，形成不同的知識領域，如航太醫學、天體生物學等，蘇聯正致力於「人類最高能力開發學」的研究，期能有助於人類潛能之發展。田中良子，〈ソ連の身体文化理論の確立をめざす三つの系譜〉，1983，11。
[53]田中良子，〈ソ連の身体文化理論の確立をめざす三つの系譜〉，《体育学研究》，1983，1-11。

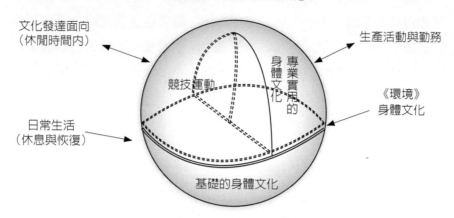

圖2-2　身體文化基礎要素之結構

一部分，同時是國民大眾身體能力發達之科學與實踐成果的總體。身體文化是一連串結構的統一體，爲複雜且機動的系統，多層面的社會現象。同時，身體文化，由一定的歷史條件所生產，爲國民全體的資產，個人全面性調和發達的重要手段。」[54]

第二節　體育的重整——新體育與自然體育

近代體育成立以來，歷經不同的變革，尤其，第一次世界大戰後的20世紀初期，席捲世界的傳統體操，批判聲音此起彼落，體育改革的浪潮，更是風起雲湧。其中，如美國的「新體育」、法國「自然方法的體育」、奧地利的「自然體育」、德國的「新體操」等，或從根

---

[54]田中良子，〈ソ連の身体文化理論の確立をめざす三つの系譜〉，1-11；クク
シキン（G. I. Kukushkin）編，《ソ連の体育システムをめぐって－理論と実
践－》（川野辺敏、田中良子、梅田和伸譯）（東京：ナウカ，1984），14。

本理念檢討，或從形式改變，更有從內容更易者，形形色色，不一而足。[55]及至1960年代，隨著科際的進步，人類知識的發展，體育的學科屬性，備受質疑，導致體育課程的名實問題，爭議不歇，終至課程或學科改名，理論知識與實踐知識，壁壘分明，堪稱為體育概念發展的重要印記。本文僅就新體育之興起、自然體育抬頭等兩部分，分述如下，藉供參考。

一、新體育的興起背景

「新體育」源之於1900年代初期的體育改革，最初由賀林頓（C. W. Hetherington）、丘立克（Luther Halsey Gulick）、麥肯治（R. T. McKenzie）及伍特（T. D. Wood）等醫師所倡導，後經其學生輩威廉斯（J. F. Willams）、那許（J. B. Nash）、卡西迪（R. F. Cassidy）等人，參考杜威（John Dewey）、桑代克（Edward Lee Thorndike）及霍爾（Stuart McPhail Hall）的教育學、心理學及社會學的理論，建構了新體育的哲學基礎。[56]賀林頓指出，體育應該貢獻於兒童的全面教育。他強調，體育課程應該紮根於美國社會並培育孩子成為民主社會的公民。他認為，以當前的德國體操及瑞典體操，由於出自明顯不同的文化與價值，已無作此訓練的可能。[57]而丘立克則強調體育的社會價值，特別設計了系列有關體育、休閒活動與露營等前瞻性的課程。他為社區組織和青少年團體提供新體育課程，提倡「從高工業化社會

[55]東京教育大学体育史研究室編，《図説世界体育史》，1964，175-182.

[56]C. D. Ennis, "Curriculum: Forming and Reshaping the Vision of Physical Education in a High Need, Low Demand World of Schools," *Quest, 58*(1) (London, 2006.02): 41-59.

[57]C. W. Hetherington, *School Program and Physical Education* (New York: World Book Co., 1922).

的緊張中獲得健康放鬆和休閒自由。」[58]賀林頓與丘立克相信，體育可以轉化個人的心理、生理、情感及社會素質的固有價值，使能更接近理想的有教養的人。[59]

19世紀末到20世紀初期，是美國社會改變最大的時代，一方面是產業急速發展，資本主義社會隱然成形，一方面是新移民大量湧入，雖有利於產業的增能效益，卻也因新舊住民間，異族宗教團體間的衝突，形成社會的不安與緊張。面對大量移民的勞動群眾，部分地方都市利用公共資源，開闢運動休閒遊憩公園，提供學校設施作為社區活動中心，推展住民運動休閒遊憩活動，鼓勵並保障住民踴躍參加，藉以協助新住民適應美國社會，同化在地生活，進而保障勞動力，維持生產效率。其後，全美各地工業都市，競相仿照，並大力推動，更以培養善良市民為訴求，融入學校教育計畫，期能達成下列預期目的：[60]

1. 教育內容密切結合在地生活，培育愛鄉愛土情懷，融入美國社會生活，達到美國化的目的。
2. 培養同學相互之間的友愛精神，增加親密友誼。
3. 重視實用性，及早養成學生融入社區，成為活躍的一員。
4. 認同校內學生的自治。

另一方面，作為族群大熔爐的美國社會，在教育計畫之中，也注意到，體育與遊戲培養友愛精神的重要，強調兒童「自我控制、協力、勇氣、自尊心、同理心與正義感」等性格，甚至引進福祿貝爾式

---

[58]A. Weston, *The Making of American Physical Education* (New York: Appleton Century Crofts, 1962), 52.

[59]A. Weston, *The Making of American Physical Education*.

[60]宮本健市郎，〈アメリカ進步主義教育運動におけるコミュニティと学校：1910年代のゲーリースクールの研究〉，《東京大学教育学部紀要》，23（東京，1984.03）：275-285。

女子足球方興未艾

資料來源：2017臺北世大運執委會提供。

遊戲法，及擴大學校課程之應用，備受全國重視。[61]其實，當時美國對民主社會公民的期待，也可從教育的改革看出端倪。

　　具體的說，1900年代初期，美國先有新教育運動，企圖突破傳統的讀、寫、算的所謂3R（reading, writing, arithmetic）教育的窠臼，認為形式主義的教育，已不足以應付當時快速進展的美國資本主義社會。特於1917年訂下：(1)健康與安全；(2)工具與技術的掌握與熟練及學習心態；(3)家庭圓滿的人際關係；(4)職業與經濟面的效率；(5)市民性；(6)善用閒暇；(7)道德的性格等七個原則，作為教育目標。[62]其

---

[61]D. B. ヴァンダーレン（D. B. Van Dalen）、B. L. ベネット（B. L. Bennett）《体育の世界史：文化的・哲学的・比較研究的》（加藤橘夫譯）（東京：ベースボール・マガジン社，1969），396-397。

[62]D. B. ヴァンダーレン（D. B. Van Dalen）、B. L. ベネット（B. L. Bennett）《体育の世界史：文化的・哲学的・比較研究的》，1969，393-394。

中，大半以上的目標，無一不與培養美國社會公民的習性相扣連，顯見當時美國體育所扮演的重要角色。

　　換句話說，當時在體育的改革上，一方面加強體育的科學性、教育性與社會性，一方面實施課程改革。前者如體育計畫中，完成競技成就測驗、成就尺度之訂定、姿勢測量、新統計技術與客觀評量、循環機能的研究等，均已逐步展開；其他如師資培育、大學體育課程之開設及學術研究團體之成立等，也莫不積極推展；尤其校舍、體育館等均依科學基準，配備經科學檢查之器具。[63]在課程內容上，除批判傳統體操之缺失外，推出新體育的理念及其策略。

二、傳統體操的轉向

　　傳統體操之所以無法回應美國社會的實際需要，誠如1927年，伍特與卡西迪在《新體育論》乙書所提，[64]約有下列幾點：

(一)傳統體操的侷限

1.傳統體操，僅止於形式訓練，以肌肉與身體意識的形式運動，著重姿勢或身體矯正。
2.過度強調以身體生理為中心，未考慮精神態度、性格、人格及其影響。
3.僅是發展與人實際生活無關的能力，未注意培育真正的「人」。

　　伍特認為，以身體健康為直接目的的運動，反而達不到目的。

---

[63]D. B. ヴァンダーレン（D. B. Van Dalen）、B. L. ベネット（B. L. Bennett）《体育の世界史：文化的・哲学的・比較研究的》，1969，390-391。

[64]T. D. Wood and R. F. Cassidy, *The New Physical Education* (New York: Macmillan, 1927), 2-3.

亦即，體育目的若只透過肌肉運動的生理反應，認為即可獲得健康，則不無商榷餘地。換句話說，兒童若能在健康的衛生條件與方法的基礎上，有滿意的精神、道德及社會的環境，健康本身即為垂手可得的附產品。[65]伍特意指，傳統的體育所實施的形式體操，其文化特質，是一個盲目、無思考的個人，適應於獨裁專制的命令，培養服從的個人。其實，當前最需要認識的是，培育適應美國生活方式的個人，才是刻不容緩的重要課題。因此，傳統體操必須轉向新體育的發展。如：[66]

1.從形式運動的教材，轉換為自然運動的遊戲・運動。
2.將身體調塑，健康被定位為次要產物。
3.培育民主社會的善良市民，社會資質的養成。

這樣的轉向，一方面是透過運動（sport），加強社會性的養成，一方面是遊戲理論實際應用在現實的社會生活，發揮遊戲的功能，替代傳統僵化的體操。進一步說，20世紀美國社會的潛在矛盾，有賴學校教育等於體育積極推動國民大眾的融合，以及塑造國民意識。所以，新體育的身體運動，重在：[67]

1.經由遊戲的團體行為，提高相互的理解、協力與同心及共同精神。
2.透過遵守運動競技規則、服從社會規範、提升社會成員的資質、充實未來支持美國經濟社會的勞動力。
3.在運動技術的練習、發展的過程中，發揮自發性、創造性的資質，以有利於參加社會的積極行為。

---

[65]川口智久，〈スポーツとアメリカ化運動：新体育論の登場〉，《一橋論叢》，105.4（東京，1991.04）：125-126。
[66]T. D. Wood and R. F. Cassidy, *The New Physical Education*, 1927, 2-3.
[67]T. D. Wood and R. F. Cassidy, *The New Physical Education*, 1927, 51.

(二)新體育是全人教育

新體育之自然課程，旨在達成團體生活社會特性的發展目標。誠如賀林頓所主張，「新體育的教育重點，不只是生理的，更不只是精神的，而是整體個人的所有能力的發展。」同時，更具體指出，新體育的定義，應包含四部分的教育過程，即：[68]

1. 有機體的教育（organic education）：是生命力的培養過程。不只是骨骼肌肉的發達，而是有機體所有能力的開發。
2. 心理運動的教育（psychomotor education）：藉神經與肌肉的相關活動，促進個體技術與能力的充分發展。
3. 性格教育（character education）：道德性、社會性、精神性等各種能力的發展。
4. 知性教育：兒童在做中學，從遊戲中學習。

(三)新體育的特徵

一般認為，新體育的特徵，約可歸納三點：[69]

1. 發展協同、自我犧牲、友情及其社會生活必要之資質。
2. 發展民主主義社會善良市民的習慣與態度。
3. 發展良好運動風度與道德行為之理想與實踐。

進一步說，新體育的概念，是從傳統的「身體的教育」（education "of" the physical）過渡到「透過身體的教育」

---

[68] D. B. ヴァンダーレン（D. B. Van Dalen）、B. L. ベネット（B. L. Bennett）《体育の世界史：文化的・哲学的・比較研究的》，1969，394-395。
[69] D. B. ヴァンダーレン（D. B. Van Dalen）、B. L. ベネット（B. L. Bennett）《体育の世界史：文化的・哲学的・比較研究的》，1969，395-396。

（education "through" the physical）。此一概念，係由威廉斯（Jesse Feiring Williams）所提出。[70]他指出，過去常認為，身體活動是身體的，所以體育活動，習慣上就指稱為身體的教育，實在是體育的不幸。他說，若身體（生理）與精神（心理）是存在的兩個實體，體育明顯的就是身體的教育，同樣道理，精神教育當然單指精神面向的教育。事實不然，隨著人是整體有機體的事實，已昭然若揭，顯示「體育」已成為是「透過身體」的教育。換句話說，身體不再只是生理的現象，而是整體不可分割的呈現。這樣的看法，不難看出，體育會有情緒反應，個人的人際關係，團體行為，心理學習，和其他智力、社交、情感及審美能力。不可否認的是，這些事實，有助於發展肌肉的強壯，骨骼和韌帶，獲得運動技能，確保身體耐力。其實，除了這些，並無法窮盡。

威廉斯論及，科學界早已捨去身體與精神的二分法。包括生理學、心理學、社會學及現代哲學，都已認可人是整體有機體的事實。尤其，個人不只是一個整體，甚至與環境也是一個整體，個人與環境之間，是相互影響，彼此呼應，且互相發生作用。[71]

基於這樣的認識，人有機的整體性與環境的依存關係，顯示體育既是透過身體的教育，體育應該不只是身體經驗的技術學習，而應該涵蓋身體所涉及的個人的認知、社會性、情緒性及美感表現。身體與環境之間，所認為合適的對象，都值得學習，這也就是所謂的全人教育。

當然，第一次世界大戰後，將社會價值與善良市民之養成，列為體育的重要目標，在其他體育相關單位，如美國體育學會及美國大學體育指導者學會等，亦曾多所論述。惟新體育試圖從德國、瑞典等歐

---

[70]Ellen W. Gerber, "Archibald Maclaren," *Innovation and Institutions in Physical Education*, 1971, 414.

[71]J. F. ウイリアムス（J. F. Williams），《体育の原理》（川村英男譯）（東京：逍遙書院，1967），15-16。

封網瞬間僵持不下

資料來源：2017臺北世大運執委會提供。

洲傳統體操脫胎換骨，作為美國體育的改革指標，影響美國體育教師與師資培育制度，可謂既深且鉅。

　　尤其，新體育推出之後，課程內容除以遊戲與競技運動取代傳統體操，成為普及化課程之外，他如團隊運動、舞蹈、水上運動、戶外活動等，也陸續納為學校體育計畫裡，擴大了學習範圍，豐富了學校體育內容。同時，體育概念也從過去的身體教育，轉向為透過身體的教育，使身體的議題突破了科學理性的侷限，更左右20世紀前期體育的主流思潮，影響體育的發展近八十年。[72]

---

[72]C. D. Ennis, "Curriculum: Forming and Reshaping the Vision of Physical Education in a High Need, Low Demand World of Schools", 2006, 45.

三、自然體育抬頭

自然體育（natürliches Turnen）係奧地利於20世紀初期，第一次世界大戰後，由素有現代歐洲體育之父的郭霍華（K. Gaulhofer）及歐洲體育之母的舒特霞（M. Streicher）兩人所倡導。[73]郭霍華與舒特霞關心體育的改革，在1920年代之後，開始有較進一步的具體行動。在1920年以前，兩人為求深入瞭解鄰近國家體育推展現況，分別訪問北歐各國，並積極進行交流。其後，新教育改革運動興起，奧地利大力改革教育，任命郭霍華擔任教育部體育官員，負責主導體育改革工作。郭霍華時任高校及師範學校教職，並得到舒特霞的協助，兩人攜手並肩，投入體育重建任務，備受重視。[74]

1922年，郭霍華與舒特霞共同具名，出版自然體育啟蒙之《基礎課程》專書，論述改革之背景，自然體育之概念、本質、目標及其具體策略，引起廣泛注意，競相仿效。[75]分述如下：

(一)自然體育興起背景

◆回歸教育本質

在自然體育《基礎課程》乙書中，開宗明義，力主體育的目標，係植基於裴斯塔洛齊（Johann Heinrich Pestalozzi）的教育學、最新的

---

[73]東京教育大学体育史研究室編，《図説世界体育史》，1964，176-177。
[74]稲垣正浩、岸野雄三，〈自然体育（Naturliches Turnen）の研究－"Grundzuge"出版をめぐる諸問題〉，《体育学部紀要》，11（東京，1972.03）：1-2。
[75]稲垣正浩、岸野雄三，〈自然体育（Naturliches Turnen）の研究－"Grundzuge"出版をめぐる諸問題〉，1972，3-5。

生理學與心理學的基礎，且針對德國傳統體操思想家・實踐者顧茲姆斯等人以降的體育功過，作批判與檢討。

　　具體而言，過去以來，學校體育對人的存在，未有正確的認識，造成教育的偏差。誠如早期裴斯塔洛齊的看法，認爲人是身體、精神與知性的不可分的結合體，但當前學校只強調知性教育，而輕忽其他教育，這是扭曲學校教育的最大原因。因此，應重新站在人存在的原點，思考教育的理想作法。亦即，要隨時考慮兒童的本性所在。換句話說，要經常思考調和兒童的身體、精神與知性，使能適度成長與發展。這意味著體育的重建（根本的改革）是教育改革的中心問題。[76]

　　基此不難想見，自然體育的原點，在於掌握人是自然的存在，教育是從人的本性出發，以形成全人爲目標的綜合教育。體育當可作如是觀。也就是說，體育即使以身體爲起點，仍以密切結合精神與知性的全人教育爲鵠的。自然體育即在於深入認識兒童的本性，適應兒童成長與發展或運動需求，活用生物學上有益身體運動的刺激，實施身體的鍛鍊。

　　至於身體鍛鍊的目標，則在調和表現（performance）、形式（form）及內容（content），亦即，三者若有所偏頗，形成畸形發展，則有礙兒童自然的成長與發展。因此，自然體育的本質目標，是經常保持優美、良好的形式，充實飽滿的精神，達到身體鍛鍊的眞正和諧。

◆擺脫制式體育

　　1910年1月，奧地利教育部即曾廣邀體育專家、醫師、教育學者，組成「體育諮詢委員會」，針對：(1)青少年的健康及其發育問題，教

---

[76]稻垣正浩、岸野雄三，〈自然体育（Naturliches Turnen）の研究－"Grundzuge"出版をめぐる諸問題〉，1972，2。

師之責任；(2)學校衛生的改善；(3)體育上課時數的增加；(4)比賽、課後戶外活動，學校遠足及其他措施；(5)體育教師培育制度之改革等提案討論，並於1912-1913年間，作成體育改革方案。惜因第一次世界大戰爆發，未能付之實施。[77]

戰後1919年，奧國政府重提1912-1913年之教育改革案，3月郭霍華就任教育部官員，並負責教育改革中體育部分之督學，主導體育改革工作，並以「新‧體育指導計畫」，為核心任務，並於1920年陸續公布體育改革方針，至此，得以終止影響八十年之久的德國斯比次與莫爾之制式體操系統。[78]

其實，郭霍華關心體育的事，緣起甚早。一方面，他本身是運動選手，18歲（1903）時，曾獲得柏林國際五項運動第二名，同時大學時期專攻體育與自然科學，以植物學取得博士學位，於1907-1914年間，當過體育教師。任職期間，對顧茲姆斯及韋茲[79]等人的書，相當瞭解。另一方面，受當代進步思想的影響，如《我們身體》、《從自然運動形式之教學出發》、《藝術體操》、《女性體操》及《普魯斯兒童體操》等論著，[80]都有深入的認識。所以，他批判獨領風騷的斯比次體操系統，範圍過於狹隘，而且僵化、缺乏彈性，太過呆板。郭

---

[77]稻垣正浩、岸野雄三，〈自然体育（Naturliches Turnen）の研究－"Grundzuge"出版をめぐる諸問題〉，1972，5。

[78]稻垣正浩、岸野雄三，〈自然体育（Naturliches Turnen）の研究－"Grundzuge"出版をめぐる諸問題〉，1972，1-12。

[79]韋茲（G. U. A. Vieth）為優秀數學者，編有《運動辭典》三大卷，第一卷〈身體運動的歷史〉，記錄從原始到當時的各國身體運動史料，收集驚人的文獻，以初步的體育史觀為基礎，以國別排列。第二卷〈身體運動體系〉，以當時有限的運動分類，富有運動的解剖學、生理學基礎，尤其嘗試以數學、物理學解釋。第三卷為前兩卷之補卷。東京教育大学体育史研究室編，《図説世界体育史》，1964，96。

[80]稻垣正浩、岸野雄三，〈自然体育（Naturliches Turnen）の研究－"Grundzuge"出版をめぐる諸問題〉，1972，7。

霍華自編課程，內容採取廣泛的教材，包括各種不同的活動，甚至允許個人的表現。

郭霍華強調，教育是和諧的教育，是全方位的教育。他說，「教育如何做，比教做什麼更重要」，「教育成就事情，比教做什麼事情更重要」。[81]意指啓發思考方法，自我探索，比指導固定的內容，更要受到鼓勵。他認為，自然體育的自然，最簡要的定義就是：[82]

1.是一個過程（路徑），一個表現的方式，而不是一個系統，一個特定的運動練習。
2.是基於生物學原則。
3.應用於動作（movement），用最少的能量，表現由此到彼的平衡。
4.自然運動，是身心的整合概念，反應個人表現風格的自我表達。

(二)自然體育的策略

第一次世界大戰之後，由於郭霍華的才華與領導能力，任職教育部期間，爲了改革體育，擴充設備，到處演講，宣揚理念，在維也納成立師資培訓機關擔任主任，積極落實改革工作。

當然，新改革方案，並非一蹴可幾。由於當時斯比次體育系統根深蒂固，現場老師，不只習慣因循舊制，不想改變，甚且對新公布的改革方案，茫然不知所措，不無面臨手忙腳亂的窘境。因此，郭霍華與舒特霞兩人，聯袂帶著公布的方案，到各地舉辦在職進修說明會，

---

[81]Ellen W. Gerber, "Archibald Maclaren," *Innovation and Institutions in Physical Education*, 1971, 235-241.

[82]Ellen W. Gerber, "Karl Gaulhofer and Margarete Streicher," Innovation and Institutions in Physical Education (Philadelphia: Lea & Febiger, 1971), 235-241.

舉行各種研討會，傾其全力介紹新體育的發展方向，同時，兩人經由親身指導的過程，體認編撰「入門指導用書」的重要性。[83]

◆復興傳統體育

郭霍華在研究顧茲姆斯、楊氏體操、韋茲及斯比次等人古典著作之餘，著手開發民族固有的傳統遊戲、民族舞蹈。一般認為，這是德國前所未有的教材。郭霍華與舒特霞探索鄉土與國民生活的深層意義，自信的打破傳統與習慣，採取與眾不同的課程。評論者指出，[84]生物學不只可看出人與民族的個人發展，甚至認識祖先與子孫的連結點，個人與民族的關係。認為郭霍華創造以生物學為基礎的體育系統，結合了過去幾千年熟悉的民族遊戲與民族舞蹈，值得肯定。認為郭霍華的自然體育新系統，所在意的是兒童的身心成長、學校共同體、國民生活、風土習慣，以及復興尚保留於南歐的草坪遊戲、鬥爭遊戲與民族舞蹈等，補充德國體育的不足，對當時歐洲體育的發展，開啓了一定程度的影響。

◆確立原則

實際上，奧地利的教育改革運動，起自1919年2月，時任教育部長的葛洛科（Otto Glockel）所提出，認為教育改革的要旨，在學校制度、教育內容與教育方法三部分。葛洛科進一步指出，並確立教育應從兒童本身出發的三項原則，經由中、小學課程及指導方法遵循三原

---

[83]稲垣正浩、岸野雄三，〈自然体育（Naturliches Turnen）の研究－"Grundzuge"出版をめぐる諸問題〉，1972，5-6。

[84]1924德國當時著名雜誌*Leibesübungen*主編哈特（E. Hart），以「自然體育」為專輯，認為郭霍華與舒特霞兩人的書，德國無人能比。這書結合鄉土民情，呼籲德國應以自信學習效法。稲垣正浩、岸野雄三，〈自然体育（Naturliches Turnen）の研究－"Grundzuge"出版をめぐる諸問題〉，1972，3。

則進行。其三原則為：[85](1)自我活動原理（作業原則）；(2)鄉土原理（教學鄉土化原則）；(3)合科教學原理（教科相關原則）。

　　葛洛科明確訂出改革的基本理念，並強力主導改革的進行。一般認為：「這是以生命哲學、文化哲學為基礎的國民文化中心的改造，依據連貫中‧小學精神的教育內容與教育方法，隨同新教育精神，重視圖畫、手工、歌唱、體操，力主統合個性與自我活動與體育的內部改造。」[86]

　　郭霍華與舒特霞兩人就依據教育改革方針，把握上述三原則，進行體育改革工作。

1. 自我活動原理：在思考兒童的教學過程中，發現只有練習不一定可以解決兒童的運動課題，若能配合勞動教學或勞動遊戲，反而可以引起兒童的運動欲求。根據舒特霞1920年的不少實驗，發現以兒童教學方法為中心的研究，不只更深刻認識到自我活動原理的重要性，認為兒童的成長與發展，取決於滿足兒童生理的身體運動。顯見，自我活動的原理比強制性的活動，更符合教育的改造理想。

2. 鄉土原理：兒童身心發展恆受環境所影響。在考慮活用傳統（民族）遊戲或導入地方特色兒童遊戲作為體育教材時，要充分認識到，我們生活環境（氣候、風土、習慣）等對全部學校體育的影響。同時，宜考慮不只是借用形式上的傳統（民族）遊戲，而是要透過民族傳統核心的實施方式，努力讓活動的生命栩栩如生地展現。這樣，才能真正理解種族的韻味，也才能

---

[85] 岸野雄三、成田十次郎、山本德郎、稻垣正浩，〈現代学校体育の源流：自然体育〉，《体育‧スポーツ人物思想史》（東京：不昧堂，1983），582-586。
[86] 岸野雄三、成田十次郎、山本德郎、稻垣正浩，〈現代学校体育の源流：自然体育〉，《体育‧スポーツ人物思想史》，1983，582-586。

達到新時代國民教育的改革。

3.合科教學原理：合科教學，對小學低年級教學，是中心課題。就教育的角度看，體育是技能科目，發現能與其他學科一視同仁，值得重視。

郭霍華與舒特霞認為，體育不只是特定的身體運動，應是廣義的有利於兒童的成長與發展，是全人教育的重要領域。合科教學的原理，一者提升體育在教育的地位，一者在擴大體育的概念，明確自覺是人的教育，這也是郭霍華與舒特霞兩人所想完成的任務。

🏃 第三節　體育的第三次改革

一般認為，近百年來，體育的發展，約歷經三個階段的變革，第一階段是19世紀後期，從健康養生術到體操的形成，並作為身體訓練的重要內容，第二階段則在20世紀初期，擺脫人為機械化體操，朝自然與新體育轉向，有關體育的定義，雖各有立場或主見，卻仍有一些共同或一致性的看法，認為：體育是透過身體活動，達到個人全面性發展的教育。第三階段則是體育的認同與學術化的論辯，認為「體育」的學術屬性薄弱，宜以精確的用語，表達身體活動的知識體系。每一階段的改變，是一種持續新觀念的形成與轉化，造成對體育發展產生重大的影響。本文以第三階段的改革為論述重點，區分體育的認同危機[87]、運動教育（sport education）的興起、運動教育學（sport

---

[87]F. Mason, "Losing Ground in the Run Towards Science? The Liberal Arts and Social Sciences in Kinesiology", Proceedings of the International Conference of the Liberal Arts, St. Thomas University, 2011. http://w3.stu.ca/stu/academic/departments/social_work/pdfs/Mason.pdf

pedagogy）之形成等。分述如下：

一、體育的認同危機

體育（physical education）作為學校課程之一，已超過百年的歷史。其走過的軌跡，有過概念與標記符號的糾纏，也有實踐與理論的抗衡。前者如國際上，體育的關鍵用語，形形色色，導致體育的認同，出現了危機。就後者看，體育終究是透過身體活動的實踐課程，在實務經驗與學術研究之間，追求高度學術化，始終主導著體育的發展方向。

以美國為例，從1904-1905年間，丘立克即曾號召同道友人進行科學研究，協助訓練及提供學術服務，並於1926年籌組了美國運動與體育學術組織（American Academy of Kinesiology and Physical Education, AAKPE）。[88]其間，1930年代起，美國學者史達勒（S. C. Staley）檢討美國傳統以來體育用語的不適切性，而主張以運動（sport）替代體育（PE）的呼聲，[89]後因現實問題，未被採用。不過，名稱的爭議，始終甚囂塵上，造成統一概念的困難。其後，隨著時代演變，加以社會變遷，學校體育師資、運動教練需求日殷，體育專業單位，如雨後春筍，競相設置，系所名稱千差萬別，致使院系特色難以彰顯。同

---

[88]1926年丘立克邀集的五位創始人為：R. Tait McKenzie、Clark W. Hetherington、Thomas A. Storey、William Burdick、Jay B. Nash，並於紐約聚集達三十人後，成立AAKPE。

[89]1930年代以前，美國的體育用語分別有gymnastics、physical culture、physical training、health education、physical education等，史達勒認為過去體育名稱之訂定，失之於主觀性及任意性，宜將PE更改為運動教育（sport education），後因現實問題，未被採納。詳見：浅田隆夫、片岡曉夫、近藤良享，〈"スポーツ教育"論に関する比較序説：現代日本の諸論とS. C. Staleyの所論について〉，《筑波大学体育紀要》，1（筑波，1978.03）：1-14。

運動教育從小開始

資料來源：翁士航提供。

時，大學校院將體育列爲必修課程，修課學生對其學科屬性質疑聲浪
四起。尤其，大學校院體育學術研究的壓力，與日俱增，體育專業發
展備受考驗。特別是1957年，蘇聯人造衛星成功發射，威脅到美國國
際學術研究的領導地位，學界呼籲要加強學校的科學與數學課程，甚
至引發前哈佛大學校長科南特（J. B. Conant）批判體育研究所缺乏科
學的嚴謹度，籲請重新評估體育研究所的課程，確認美國十大聯盟學
校體育系所的知識體系。[90]

　　及至1964年，亨利（F. M. Henry）發表〈體育的學術性〉乙文，
論述體育的學科屬性，定義「體育是匯集身體有機體的知識，而成爲
一門正式的學科，這樣的知識是適當且富價值。其理論與學術性，則

---

[90]C. B. Corbin and B. J. Cardinal, "Conceptual Physical Education: The Anatomy of
an Innovation," *Quest, 60*(4) (London, 2008.02): 467-470.

有技術與專業之分。」[91]他指出,「這個概念獲得大部分大專院校系所普遍認同。如果體育作為跨學科的知識結構,即能符合該定義的要求。」[92]不過,亨利的論點,卻引發體育究竟是一門學術學科?亦或是一門需要關注焦點與特殊研究方式的專業?頓成正反雙方廣泛論辯的議題。同時,十大聯盟會議,更試以「運動研究」(sport studies)為名,建構新興學科及其次領域,以取代「體育」。另一方面,美國體育學術院(American Academy of Physical Education, AAPE),則著手確立體育理論的構成依據,以及試圖建立體育的根本知識領域及其替代名稱的可能性。[93]

　　具體來說,亨利的論述,對體育概念的發展,至少有了三項重大變化:[94]

1. 專業團體與學術團體之間的分裂,是「體育」與「運動」的對立,是「實務教師」對抗「學術研究者」,相互之間互相質疑對方的重要性與合理性。
2. 新專業社群藉由創立全國研討會,參與活動或出版專著,提升了專業領域的學術成就。
3. 湧現大量的學術研究與著作,學術的成長,為體育與運動注入了活力,並呈現新領域,開拓了新視野。

---

[91]Franklin M. Henry, "Physical Education: An Academic Discipline," *Journal of Health, Physical Education and Recreation, 35*(7) (London, 2013.03): 32-69.

[92]亨利(Franhlin M. Henry)先後發表文章論述體育學科屬性的問題。1964年於美國大專男生體育協會年會(NCPEAM),第一次提出體育作為跨領域的論述,引起正反論辯。事隔十四年後,在讀到1977 NCPEAM/NAPECW會議報告書,由Locke、Norrie、Siedentop等三人所寫的文章,心有所感,再提筆論證體育作為跨領域的道理。Franklin M. Henry, "Physical Education: An Academic Discipline," 32-69.

[93]W. H. Freeman, *Physical Education and Sport in a Changing Society* (Boston: Allyn and Bacon, 1997), 22.

[94]W. H. Freeman, *Physical Education and Sport in a Changing Society*, 1997, 23.

其實，早在1950年代末期，國際上，即有呼聲認為，體育學術化的第一步，應從基本概念的檢討開始，因而有60年代國際體育術語的統一行動，並於1962年召開國際體育文獻收錄與整理會議，翌年（1963）成立國際體育術語統一研究會。[95]

如眾所周知，美國體育用語的混亂，由來已久，時有不同論述，藉為因應。如1973年，美國體育學術院的報告指出，為了精確釐清領域的定義，考慮了幾個可能的新名稱，並擬將動作（movement）視為是這個領域不可或缺的基本特質，以Kinesiology為名的討論，陸續出現。另一方面，仍有不少體育從業人員，雖不滿意以「體育」為名，卻認為與其選用眾所陌生的新名稱，不如沿用舊名，裝上新形象。[96]惟時勢所趨，1970年代前後，不只美國大專院校體育系所，捨體育之名而另起爐灶者，趨之若鶩，即連歐洲的體育改名風潮，更不遑多讓。[97]例如，西德於1960年代，將「體育」的名稱，改為「運動」，並將素以實踐導向的「體育理論」改為「運動科學」，並自1970年代起，全國綜合大學或教育大學的體育系課程，更改為運動科學系，「體育教師聯盟」改為「運動教師聯盟」，雜誌「體育」改為「運動教學」；並由教育部公布「運動科」課程指導要領。同時，西歐各國更熱衷於國際運動教育學會的設立；並於1975年由西德運動教師聯盟主辦了國際運動教育學研討會，邀請了十七個國家五十名專家與會，顯見西歐國家，「體育」乙詞，面臨取而代之的命運，已無轉寰餘地。[98]

---

[95]岸野雄三，《体育史：体育史学への試論》，1973，4-6。

[96]W. H. Freeman, *Physical Education and Sport in a Changing Society*, 1997, 21.

[97]許義雄，〈日本運動教育學的興起與發展〉，《學校體育》，12.1（臺北，2002.02）：107-122。

[98]許義雄，〈正視運動教育學的興起〉，《學校體育》，4.5（臺北，1994）：4-5。

　　至於美國方面，1988年12月，美國十大聯盟會議，討論更名問題。會議中提出，「體育一詞，不能表示我們科學領域中的知識體系，為了解決用語的混亂，維護體育學術領域的統一性，經過辯論，決定向全國推薦用『人體運動學』（kinesiology）乙詞取代體育。」[99]

　　要而言之，美國體育學界，喧騰一時之後，從1990年代起，在逐漸擴大的共識中，「人體運動學」作為體育之廣闊領域的可行名稱，終成定局。誠如尼威爾（K. Newell）所指陳，「人體運動學為一個研究動作（movement），或更廣泛的說，是身體活動的研究」。[100]更如史碧度莎（Waneen W. Spirduso）所言：「人體運動學，真的是sport、exercise、人體工學（ergonomics）、生物力學和其他人體動力學學者研究的共同基礎。」[101]

　　事實上，深入瞭解美國體育的更名過程，不難看出，背後充滿權力的角逐，牽涉到大學課程選習的勢力，也可以說是研究型大學的產物，而非專業應用層級名稱的爭議。[102]當然，人體運動學，是一門跨學科的研究領域，而非一門嚴格定義的單一學術科目。[103]從美國人體運動協會的歷史演進看，人體運動學的目的，在鼓勵和促進人體動作和身體活動的藝術與科學的研究與教育應用。身體活動則包含：改善健康的運動（exercise）、體適能、動作技能學習、從事日常生活的活動、工作、運動（sport）、舞蹈、遊戲等。在對象方面則含兒童、成人（老人）、失能者、受傷者、疾病者和競技運動員。其所包含的次

---

[99]R. Renson, "From Physical Education to Kinesiology: A Quest for Academic and Professional Identity," *Quest, 41*(3) (London, 1989.12): 235-256.

[100]Karl M. Newell, "Kinesiology: The Label for the Study of Physical Activity in Higher Education," *Quest, 42*(3) (London, 1990): 269-278.

[101]Waneen W. Spirduso, "Commentary: The Newell Epic- a Case for Academic Sanity," *Quest, 42*(3) (London, 1990): 297-304.

[102]W. H. Freeman, *Physical Education and Sport in a Changing Society*, 1997, 23.

[103]W. H. Freeman, *Physical Education and Sport in a Changing Society*, 1997, 24.

領域，相當廣泛，舉凡傳統體育學術所涉及的學科均涵蓋在內。[104]

至於體育之所以更改名稱，因素錯綜複雜，有受歷史條件所左右，也有社會環境的影響，大致而言，約有幾點，略述如下：

(一)歷史條件的改變

近代體育興起之後，從身體操練（physical drill）或身體訓練（physical training）到身體教育（physical education），是經過一段相當漫長的時間演變。其中，從傳統形體健康養生到現代身心整體發展的觀念，已有迥異不同的變形，尤其是從體育作為富國強兵，集體意識的強調，到民主社會，個人意願的尊重，不只擺脫了歷史的桎梏，更彰顯了自我作主的尊嚴。再者，從身體作為工具的絕對控制與利用，到身體自主的自由開放，使得體育的價值追求，不得不面臨更多元的選擇。

因此，從體操到體育，再從體育到人體運動學或運動教育學，是歷史帶動了體育不斷的往前挺進，也是體育形式與內容的不斷擴張，造就了歷史的不同樣貌。體育名稱的改變，似是偶然形成，實是必然的結局。

(二)「身體教育」用語的限制

傳統以來，將體育稱之為「『身體』教育」，難免偏向生理的身體教育，而輕忽與「『精神』教育」相呼應，缺乏統整的全面關照。

---

[104]根據美國人體運動學會的說明，在人體運動學下之次領域有（並未限制）：生物力學、身體活動心理學、運動生理學、身體活動史、身體活動測量、動作發展、動作學習與控制、身體活動哲學、大眾健康與身體活動、體育教學、運動管理、運動醫學、身體活動社會學。重要社會問題，常運用各領域的科際整合解決。National Academy of Kinesiology, http://www.nationalacademyofkinesiology. org/, 2014.08.20.

誠如麥肯錫（M. M. Mackenzie）所指陳，人的整體性或統一性，教育考慮的是全體存在的人，沒有身體教育與精神教育之區別，且教育的完成，植基於認知、情緒與運動行為的學習模式，所以，所謂身體教育，嚴謹的說，並不存在。[105]

再說，早期的體育概念，常以身體健康為訴求，都從生理、解剖學的自然科學角度，觀察身體的訓練效果，無法彰顯教育的作用及其與教育的關係，「身體教育」的說法，並不妥適。

(三)精確表達知識的主體

體育是透過身體運動的教育，身體運動是主體，身體運動的知識體系是關鍵，不宜置若罔聞或捨近求遠，況且，不論何種身體運動，不只現實存在，且易於掌握，選擇人體運動為研究對象，既具體且明確。

舉例而言，通常教導或學習，常以知識主體（教材）為媒介，而形成該學門或學科，如以生物為對象的生物學或生物科，以地理為對象的地理學或地理科，以歷史為對象的歷史學或歷史科；而體育本以人體運動為媒介（教材），其學科名稱，竟未以知識對象的「人體運動」為名，而以抽象的「體育」標記，不無捨本逐末，備受訾議，自屬難免。

(四)反應現代課程特色

社會進步，職業分工更細緻，體育教師市場已呈現飽和，人體運動學及其次領域的學術背景及其就業分布，除師資外，尚有研究人員、教練、體適能指導、運動醫學、健康促進、高水準競技教練、復

---

[105]M. M. Mackenzie, *Toward a New Curriculum in Physical Education* (New York: McGraw-Hill, 1969), 9.

健及企業運動管理等，涵蓋多元取向，甚至就業場域，除各級學校外，公／私立機構、臨床環境、政府、商務及軍事等，形形色色，不一而足。[106]

同時，在課程結構上，從單一主修轉化為跨領域的科際整合，甚至修習方式有雙主修、學分學程等，且課程的多樣化，從技術操作型轉向智能型、綜合型與應用型。課程已從固定化轉化到彈性多元化，適度反應社會需要，滿足學習意願。

(五)區隔學術化與專業化

傳統上，「體育」乙詞的用法，相當曖昧。有時指涉課程內容，有時又意指學科名稱，尤其，學術化的體育（physical education as discipline）與專業的體育（physical education as profession）亦常混用，而不加區分，致使語意不明，概念不清。

美國大學校院的體育相關系所，改以「人體運動學」（kinesiology）為名的領域，追求科學化，讓身體運動的知識體系更嚴謹，身體運動的事實基礎更穩固，掌握運動知識的價值中立，並避免偏見，以建構科學知識的客觀性。另一方面，以體育教學（physical education pedagogy）作為人體運動學的次領域，重視學校體育課程、教學與師資訓練等體育專業的應用研究，強調教育的應然問題，對科學事實的應用，及試圖解決問題，或對特定族群價值取向的尊重。顯見美國體育的科學化過程，除追求學術卓越之外，在知識的取向上，仍保有傳統體育專業的發展空間，可謂雙軌並重，各司其職，並行不悖，相互支援，互相為用，共創身體運動學術化與專業化的共同願景。

---

[106]National Academy of Kinesiology, http://www.nationalacademyofkinesiology.org/, 2014.08.20.

二、運動教育的興起

(一)運動教育釋義

體育的改名，影響較大者，除美國將體育改為學術取向的「人體運動學」，已如上述外，西德徹底以運動教育（sport education）替換了傳統的體育，並以運動教育學（sport pedagogy）取代了舊有的「體育理論」，動作之大，影響之廣，引起國際側目。

談起運動教育，其實並非自今日始，素為眾所周知。英國素有運動（sport）母國之稱，傳統上，英國人喜好運動，不只運動是生活的重要組成部分，甚至運動成為上流社會有閒階級的文化象徵。[107]十九世紀初期，英國資產子弟就讀的公共學校（public school），所盛行的運動（sport），一般常認為是運動教育的源頭。當時，資產階級為造就傳統的紳士風度，及培養領導人才與商業競爭能力，特別藉運動場域，發揮倫理道德規範，以彰顯運動家風度（sportsmanship），突顯異於常人的優越特質，備受國際肯定。[108]其後，法國古柏坦將英國運動教育的優良傳統，引進法國，如法炮製，並於1896年創立近代奧林匹克運動會，作為教育青少年的最佳模式，即是體現運動教育理想的具體典範。[109]

---

[107]鈴木秀人編，《スポーツの国イギリス》（東京：創文企画，2002），140-189。

[108]安部生雄，〈スポーツ教育の歴史〉，《スポーツ教育》（中村敏雄編）（東京：大修館，1978），27-58。

[109]古柏坦（Baron Pierre de Coubertin）於1884年訪視英國公共學校，對英國宗教與運動的結合，甚受感動。認為1870年普法戰爭，法國敗在教育，因而，矢志以改革法國國民之身體與精神，藉以強盛法國。詳見：オモー・グルーペ（Ommo Grupe）和ミヒャエル・クリューガー（Michael Krüger），《スポー

　　不過，1960年代興起的運動教育熱潮，可說是風起雲湧，舉世矚目，特別是西德從學術理論、課程綱要、師資職稱等，徹底將「體育」改以「運動教育」為名，影響層面深遠，涉及因素頗多，值得探討，分述如下：

(二)運動教育的興起背景

　　1960年代，是國際上終生教育開始啟動的年代，也是先進國家發動終生運動・全民運動的年代。[110]西德適時於1965年推出以運動基礎建設為主軸的「黃金計畫」後，並繼續推動普及全民運動的「第二條路」計畫，[111]重在反應社會的需要，鼓勵全民運動，力主：「國民依個人之自由，進行目的性的自由運動」，意圖至為明顯。其目的在：(1)保持與增進健康；(2)防止不良青少年；(3)充實生活等三大施政重點。實際上，「黃金計畫」之研擬，早在1917年，卡爾丁姆（Carl Diem）即已提出構想，並在1920年提出運動教育之建言，且公開發表運動教育的「教材體系」。具體而言，西德的運動教育，可說是歷經五十年的準備，至1970年代，才真正落實，並順勢替代了體育的名稱。[112]

ツと教育－ドイツ・スポーツ教育学への誘い》（永島惇正等譯）（東京：ベースボール・マガジン社，2000），134；小石原美保，《クーベルタンとモンテルラン－20世紀初頭におけるフランスのスポーツ思想》（東京：不昧堂，1995），8-11。

[110]國際生涯教育係於1965年聯合國聯教組織（UNESCO）成人教育委員長寧格藍（P. Lengrand）所創導，引起國際重視，各國競相推動。1960年代鑑於工業化社會，經濟條件改善，休閒時間增多，認為運動應不限於運動能力優越者，更不區分性別、年齡、階層等條件，人人應有運動權力。全民運動（sports for all）頓成國際熱潮。

[111]許義雄，〈西德黃金計畫1-5〉，《臺北體育》，89-93（臺北，1981）：30-36、27-36、35-39、33-34。

[112]稻垣正浩，〈ヨーロッパ諸国にみる「スポーツ教育」の動向と課題－西ドイツ、ソ連、東ドイツ、オーストリア、スウェーデンの場合－〉，《奈良教育大学紀要》，32.1（奈良，1983.11）：129-148。

◆學校體育教材的定位

西德之所以更改體育的名稱，一般認為，是基於教材與學科屬性的考量：

1.學校體育教材內容，概屬運動項目，以運動教育為名，名實相符。

2.德國體育用語，雖以身體教育為訴求，但對身體乙詞，Körper或Leibes爭議不斷，不如選用國際慣用的運動（sport）乙詞，較屬實際。

3.作為終生運動的橋樑，用「體育」乙詞不如用「運動教育」貼切。

4.就科學屬性看，體育科學屬教育科學的一環，不如運動教育學屬運動科學的次領域，對象具體明確，概念清晰。

◆Sport的解釋更寬廣

Sport的語意，一般常意指競技運動。不過，隨著社會的變遷，以及人人運動的需求，對運動的解釋也略顯變化。尤其，西德學界的看法，認為從體操到遊戲，應該都屬運動（sport）的下位概念，[113]甚至有學者指出，運動（sport）的概念，「包含休閒、遊憩，為保持或增進作業能力的目的，以遊戲或競技態度所進行的各種運動的總體，都屬運動（sport）」。[114]顯見，運動（sport）涵蓋傳統以來的競技運動、組織性的運動及非正式性的運動或新興運動。

事實上，1975年「歐洲全民運動憲章」裡，對運動概念（sport）

---

[113]高橋健夫、稲垣正浩，〈スポーツ教育の基本問題の檢討（I）－スポーツ教育の論拠と基本的性格－〉，《奈良教育大學紀要》，32.1（奈良，1983.11）：149-166。

[114]高橋健夫、稲垣正浩，〈スポーツ教育の基本問題の檢討（I）－スポーツ教育の論拠と基本的性格－〉，《奈良教育大學紀要》，1983，154。

所指涉的範圍，界定爲：(1)競爭性的團隊比賽與運動；(2)戶外活動；(3)美的運動；(4)調整運動等四大身體運動範疇，都屬運動（sport）的涵蓋對象。

　　總而言之，不只社會影響了運動概念的改變，運動概念也促進了社會生活的變化，從競爭運動比賽的觀看，到實際參與賽會的興奮，甚至運動體驗中的愉悅，或汗流浹背的享受運動樂趣，不論室內戶外，也不在乎有形無形，運動已成爲人人生活的一部分，更是社會文化的重要基礎。因此，人人運動、時時運動及處處運動的實踐履行，扣緊運動教育的連結，成爲一種教育形式，自是水到渠成，順理成章。

　　當然，運動教育，並非無往不利，其中，講求爭強鬥勝，揠苗助長的過度訓練；績效主義的勝利至上，導致爲目的而不擇手段；國家主義盛行，引起政治不當的介入，造成運動的負面影響，甚至商業主義的推波助瀾，色情節目的氾濫；職業運動裡的偏差行爲，以及不當的藥物飲用，形成運動倫理道德的淪喪，都是運動教育所必須面對，且亟待解決的重要課題。

◆運動教育的可能性

　　教育的定義，因人而異，相當多元。教育，可以是上行下效，也可以是工作成效，或成爲人的社會化過程。不過，一般以經驗傳承與文化創新，作爲教育本質上的定義，應爲眾所共認。準此以論運動足以扮演教育的角色，應是具有下列經驗的承襲與傳遞。

　　第一，擴大身體運動經驗。

　　運動是身體與環境關係經驗的擴大與發展的源泉，從舉手投足，到攀爬跑跳，無一不是身體適應或改變外在世界所做出的運動，同時，也藉運動滿足身體的不同需求。具體的說，運動可以是平臺，也可以是道具。作爲平臺，不同的目的，需要不同的身體運動技能解

兩人運球擊掌手腦並用
資料來源：臺師大運動教育學研究室提供。

決，如登高走遠，操作不同的工具，都需要利用在運動場域中習得的身體運動技能來完成；另一方面，運動作為道具，說明身體藉著運動達到預期的目的，如端槍射擊，持棒打球，都是運動。可以說，日常生活中，人的運動面向，相當廣泛且複雜，因此，需要學習。運動教育即在累積豐富的運動經驗，或是身體經驗，形成身體運動習慣，使能行動自如，輕快便捷，左右逢源，無往不利。

第二，獲得社會經驗。

運動的社會關係，從個人與個人，個人與團體，到團體與團體等，不同的接觸面向，即可能形成不同的社會經驗。比如，配合他人的動作，當然知覺到他人的身體，與他人動作的節奏相呼應，隨著他人的舞步，婆娑起舞，完成天衣無縫的絕妙演出，就是和諧社會關係的展現，更是社會經驗的體現。

　　進一步說，團隊比賽或與對手的公平競爭，也是取得社會經驗的最佳場域。一般而言，運動競逐，貴在立足於共同認可的規則或價值規範，參與競賽的雙方，不論是個人或團體，都盡其所能在安全無虞的場景中，充分表現自己的優勢，以超越對手，取得勝利。所謂「君子無所爭。必也射乎！揖讓而升，下而飲，其爭也君子！」應是競爭的典範，也是社會經驗的最佳寫照。

　　事實上，運動是身體溝通的場域，從你爭我奪，技術較量，到俯首稱臣，甘拜下風。其中的轉折，有獲勝的虛懷若谷，也有承認失敗的虛心就教，都是一種社會經驗的累積，需要自我學習與深入體悟。換個角度看，運動常是不用語言的溝通手段。運動場域裡，彼此接受社會的制約，在社會脈絡中，藉手勢或身體符號，相互傳達信息，理解彼此的意志。運動比賽中，教練、選手或隊友之間的訊號傳遞，屢見不鮮。人與人之間的眉來眼去，比手畫腳，有時候，要比聲嘶力竭，口沫橫飛，傳遞更豐富的意義，這也是植基於個人的社會經驗，足以深深體會。

　　第三，運動教育貴在生命經驗。

　　傳統上，體育常藉運動為手段，達到外在的價值，諸如經濟生產的勞動力，政治利益的軍事力量或國族主義的精神凝聚力。但是，運動教育與有意圖的體育不同，運動教育所重視的價值，是運動本身的內在價值，或稱之為本質的價值。具體的說，運動本身即是教育，亦即：在運動中學習，在教育中運動，運動與教育，如影隨形，相因相成，表裡如一，渾然天成。

1.運動的非功利性。一般認為，運動有益兒童身心成長與發展，現代社會為健康而運動者大有人在。實際上，運動的樂趣在遊戲中生產，而遊戲常在遠離實用的拘絆之後，才能顯現自由自在的逍遙。運動的愉悅感受，是運動本身，而非附屬於運動

的功利欲求，一如遊戲者是遊戲本身，而非遊戲的人。具體的說，看似人在玩遊戲，實質是遊戲在玩人。這就是運動著迷的地方，也是運動讓人流連忘返，甚至執迷不悟，有如「中毒成癮」，欲罷不能。遊戲使人廢寢忘食，即是例證。

2.運動是人的生命現象，更是遊戲制度化後的文化形態，是人類生活的一部分，也是生命現象的根源。具體的說，人在遊戲中體驗生命經驗，不只是「人生如戲，戲如人生」的生命寫照，更是在運動場域裡，要誠實面對「快樂與痛苦」、「成功與失敗」、「競爭與合作」、「聚合與離散」、「必然與偶然」、「常與無常」、「聖與俗」、「認同與歧異」、「界內與界外」、「擁有（having）與存在（being）」、「現實與理想」等的人生際遇，是生活的實在問題，更是無法逃避的生命課題，尤其是，找尋生命意義的重要議題。

第四，自然・環境與物質經驗。

運動需要舞臺，也需要道具。自然・環境與物質就是運動的舞臺或道具，都足以充實學習經驗的內容。綠草如茵的大地，茂密的蒼松翠木，一望無垠的大海，都是運動的舞臺。「一路看山到峨眉」，是山川壯麗的自然經驗，駕獨木舟強渡秀姑巒溪，不僅體驗波濤洶湧的險峻，還要學會逆來順受，與水和平共處的泰然。他如不同的運動項目，常需要不同的場地或器材、用具。冰天雪地，沙漠峭壁，不同的運動場域，都各自的自然天性，活動其中，不只是超越克服，更多的是順勢、服膺自然，都需要經驗的累積與傳承，避免生命無謂的犧牲。器材、用具也可作如是觀。每一樣運動器材、用具都有生命，使用時，可以花樣百出，行雲流水，妙趣橫生，沒有認識器材、用具，或器材、用具經驗不足，被器材、用具作弄到體無完膚，常是得不償失，亦未可知。

三、運動教育學之形成

(一)運動教育學隱然成形

　　西德對於體育學術研究，通常都以「體育理論」（theorie der leibeserziehung）稱之，作為學術用語，不過，在1960年代之後，體育更名為運動教育，也將「體育理論」改為「運動教育學」（sportpädagogik/sport pedagogy），確定為體育學術上的專門術語。

　　其實，西德「運動教育學」乙詞，早於1936年即有希爾倫（A. Hirn）提出使用，同時，根據柳爾（J. K. Ruhl）的調查，當時有部分設有身體訓練研究所及體育研究所，科倫大學則在運動學研究內設有運動教育學部門。[115]其後，1950年代，運動教育學的論文或專書，陸續問世。[116]直至1969年，古盧陪（Ommo Grupe）以「運動教育學」之名出版《運動教育學基礎》之後，「運動教育學」乙詞的用語，作為運動科學專屬領域之一的學術用語，並與運動科學領域並列為國際學術組織之一。[117]

　　不過，一般界定，「運動教育學為教育領域之一，係指對運動教育的基礎及其教育上的問題進行研究與指導為目的的學問。運動教育

---

[115]コンラード・ウィドマー（Konrad Widmer），《スポーツ教育学：その構造と研究法に対する理論的考察》（蜂屋慶等譯）（東京：東洋出版，1980），29。

[116]1953、1960年先後有運動教育學論著發表，及至1969年古盧陪（Ommo Grupe）出版《運動教育學基礎》（*Grundlagen der Sortpädagogik*）專書，書名率先使用「運動教育學」乙詞。岡出美則，〈西ドイツにみる体育理論とスポーツ教育学の関係〉，《スポーツ教育学研究》，3.2（筑波，1984）：2-3。

[117]岡出美則，〈西ドイツにみる体育理論とスポーツ教育学の関係〉，1984，8。

學屬運動科學的部分領域。」[118]引伸而言，運動教育學因與教育學關係密切，以致也有教育的實踐與教育理論之分。

具體的說，到目前爲止，對運動教育學的內容、主題和方法並未有統一的見解，結構性的課題也尚待開發。同時，實踐的專屬科學不斷變化，新的教育課題尚待學術上的研究。不過，即使運動教育學專屬科學的決定性體系，尚待建構，但在運動的教育問題或有關運動教育學的想法或看法，似有深入認識的必要性。

(二)運動教育學的特性

運動教育學，基本上，具有教育上的實踐意涵，同時帶有針對實踐的探討與研究的涵義。因此，運動教育學，不只與運動教育的實踐有關，同時，是運動教育及其發展過程的科學理論有關，具體的說，運動教育學，在以科學理論作有助於實踐的研究。其研究目標，重在理解並說明運動教育的實踐，期能有利於教育實踐的改善，此爲運動教育學的明確意圖。

進一步說，運動教育學，是運動教育實踐及其相關理論的雙方面的研究，這也是運動教育學的科學特性，與其他跨學科的專屬科學，如心理學、醫學、神學一樣，需要跨領域的整合研究。

綜上所述，體育的第三次改革，約可歸納成爲下列重點：

1. 美國體育（physical education）乙詞，自1960年代，因概念含混，語意模糊，加以歷史條件的改變，爲精確表達知識的主體，以及反應現代課程特色與區隔學術化與專業化的需要，在多數共識的前提下，提供學術用語「人體運動學」（kinesiology）替換

---

[118]稻垣正浩，〈「スポーツ教育学」の成立根拠について－スポーツ科学の体系論との関連を中心に〉，《スポーツ教育学研究》，2（筑波，1983）：9-19。

「體育」的科系名稱，但保留「體育教學」（physical education pedagogy）作爲運動科學的次領域。

2.西德於1970年代，因鑑於社會變遷與運動（sport）的普及，學校體育教材的定位，運動（sport）的解釋更寬廣；並避免身體教育乙詞（Körpererziehung或Leibeserziehung）之爭議，改用國際慣用語「運動」（sport）作爲替代「體育」，並以運動教育學（sport pedagogy）作爲運動科學的學術用語及其部分領域。

3.運動作爲教育之可能，在於運動中可擴大身體運動經驗，獲得社會經驗、生命經驗及自然・環境與物質經驗，有利於人面對自己，他人與自然，解決生命的課題。

4.運動教育學旨在研究運動的實踐及其實踐的理論，係運動科學的領域之一，與教育科學密切相關，因實踐與理論的雙重的研究課題，方興未艾，諸多課題、方法及知識結構尚待開發。

🏃 第四節　華語體育概念之形成

華語「體育」乙詞，係舶來品，素爲眾所周知。1895年，嚴復曾引進斯賓塞的三育說，即以「啓民智，興民德，鼓民力」的〈原強〉論述其「德、智、體」三育，而未用「體育」乙詞。[119]及至1897年，由「大同譯書局」出版了日本毛利仙太郎及神保濤次郎所合著的《體育學》乙書的中譯本，「體育」乙詞，開始使用。惟對「體育」概念的傳播，並未落實。

1903年（光緒33年），清廷正式於女子師範學堂所頒布的法令中，提及「體育」乙詞，但在此之前，已先有「遊戲」列爲教育課程

---

[119]王拭編，《嚴復集（I）》（臺北：中華書局，1986）。

之一，且奏定學堂章程內，亦設有「體操」乙科，[120]不過，因受時局影響，莫不以軍國民教育之兵式操練為主，「體育」供為富國強兵的手段，昭然若揭。

　　資料顯示，我國首次出現「體育」用語，應是清末1897年的事。[121]原由physical education所翻譯而來，幾經運用、演變與發展，隨著不同時代背景、政治要求以及社會因素，在概念上，常有不同的反映，也就形成不同的表達方式，以及各異其趣的指涉內容與意涵。因此，要瞭解體育的意義，應先掌握體育的概念，自是理所當然。

　　華語體育概念之形成，有受清末民初政治環境影響，有受日本教育制度左右，[122]及至1949年中華人民共和國成立，中華民國政府（國民政府）轉進遷臺以後，更受諸多社會現實與國際處境支配，因此，用語雜亂，概念混淆不清，造成認識上的困難，形成對體育本質的誤解，是否影響體育的推動，值得深入探討。本節擬分：(1)引進初期與「衛生」混用；(2)兵操就是體育；(3)從體操到體育；(4)體育與運動糾纏不清等四個階段之體育概念，分述如下。

一、引進初期與「衛生」混用

　　根據資料所得，華語「體育」乙詞的出現，應是1897年在《蒙學讀本》裡的「體育」用語為最早，不過當時的概念，係指衛生而言，

---

[120]吳文忠，《中國近百年體育史》（臺北：商務印書館，1967），22。

[121]許義雄，〈中國近代體育概念之形成〉，《臺灣體育》，51（臺北，1990），25-35。

[122]中華民國政府於1912年建國，1949年中華人民共和國成立，同年中華民國政府遷臺，本文論述以1912-2011年間，中華民國政府所轄治權為範圍，惟臺灣於1895年甲午戰後，由日本統治五十年（1895-1945），此期間，日本體育政策對臺灣體育之影響，擬另立專章討論。

與目前的體育概念，略有不同。[123]如該書編輯大意說：「……泰西之學，其旨萬端，而以德育、知育、體育為三大綱。德育者，修身之事也；知育者，致知格物之事也；體育者，衛生之事也；蒙養之道，于斯為備。……」顯見在介紹「泰西之學」以前，中國雖有「禮樂射御書數」之六藝，尚無「體育」用語，不辨自明。且西學之德育、知育與體育等為蒙養之道，應是以英國社會達爾文主義者斯賓塞的「教育論：知、德、體」為本，殆無疑義。[124]不過，何以將「體育」解釋為「衛生之事」，則頗勘玩味。詳細推敲其背景，不難發現，滿清末年，人民早婚、纏足、嗜鴉片，形幹薾庫，羸病者多，而有「病夫」之譏；且國勢積弱不振，列強環伺，瀕臨救亡圖存之際，有識之士，或倡保種強國，[125]或造新民，[126]或力主動以強身等，莫不以強種強國為首務，[127]應是時勢所趨，誠屬必然。

1895年，嚴復列舉斯賓塞所提一國盛衰強弱之道，表達自強圖

---

[123]張天白，〈體育一詞的引入考〉，《體育文史》，6（北京，1988），14-16。

[124]斯賓塞所著*Education: Intellectual, Moral and Physical*於1860年成書，日文譯本於明治13年（1880）由尺振八譯成《斯氏教育論》，未有附題。目前日文《世界教育學選集》已將其書名改為《知育、德育、體育》。全書由四章構成。第一章〈何種知識最有價值〉；第二章〈知育〉；第三章〈德育〉；第四章〈體育〉。明治時期，日本積極推動歐化政策，本書的日譯本，是接著伊澤與高嶺引進裴斯塔洛齊的《開發教育法》後出版，頓成風潮，備受重視。斯賓塞教育論的第四章〈體育〉，內容分六段：(1)科學與身體的訓練原則；(2)膳食；(3)衣著；(4)運動；(5)知識訓練與身體訓練；(6)身體化的道德。全書就生理學角度論述兒童身體發達的特性，除對兒童飲食、衣著常識及習慣之不合理性提出批評外，並指出運動之重要，指陳男女不平等對待與過度訓練之不當，強調遊戲優於形式體操，應重視兒童自然欲求與感覺，認為健康是一種義務，身心應加以同等重視。

[125]張之洞等，《奏請宣示教育宗旨折》。

[126]梁啟超，〈論教育當定宗旨〉，《新民叢報》，1和2（橫濱，1902），69-78和29-42。

[127]譚嗣同，〈仁學（上）〉，《譚嗣同全集》（臺北：華世出版社，1988），37-141。

存，發表〈原強〉乙文，主張「生民大要三，而強弱存亡，莫不視此，一曰生氣體力之強，二曰聰明智慮之強，三曰德行仁義之強。是以……莫不以民力、民智、民德三者，斷民種之高下。未有三者備而民生不優，亦未有三者備而國威不奮者也。」[128]

基此不難看出，同樣以斯賓塞之「三育說」為論述依據，嚴復以「生氣體力之強」詮釋斯賓塞主張的「體育」之名，而《蒙學讀本》之要旨，則將斯賓塞之「體育」說成是「衛生之事」。「生氣體力之強」與「衛生之事」兩者之間，雖均以身體為論述重點，惟因取徑不同，觀點互異，對「體育」乙詞的概念，並不一致。

其後，梁啓超於1902年在《新民叢報》雜誌的不同文章，曾多次用「體育」乙詞，所指涉的語意則以尚武觀念居多。[129]

同時，奮翮生多篇〈軍國民教育〉論述中，亦提及「體育」，力主體魄、體力與強國之關係。[130]翌年（1903），清廷公布女子師範學堂的法令，[131]對女子教育，多所主張，言及須常使留意衛生，勉習體操，並力主纏足有乖體育之道，務勸令解除，一洗積習。言下之意，「體育」仍不離衛生保健的範疇。及至學堂相繼成立，因囿於內外局勢影響，均明訂體操為課程科目之一，捨「體育」之名稱，並相率以兵式體操，謀求強國之道，因此而有1907年，蔣維喬發表〈論學堂輕

---

[128]嚴復〈原強〉之論述，主要觀點為：(1)手足體力為一國富強之基；(2)君子小人勞力之事，非體氣強健不為功；(3)中外古代庠序校塾，不忘武事；(4)近世文明先進國家，以操練形骸，防人種之日下；(5)重視飲食養生之事；(6)上列諸端，男、女同等重視。王拭編，《嚴復集（I）》，1986，26。

[129]梁啓超，〈論教育當定宗旨〉，1902，69-78和29-42。

[130]奮翮生，〈軍國民教育〉，《新民叢報》，1（橫濱，1902）：1-2。

[131]「女子必身體強健，期勉學持家，能耐勞瘁，凡司女子教育者，須常使留意衛生，勉習體操，以強固其精力。至女子纏足，尤為殘害肢體，有乖體育之道，務勸令逐漸解除，一洗積習。」引自：江良規，《體育學原理新論》（臺北：商務，1988），4。

大會操整齊劃一

視體育之非〉，[132]暢論「體育亦非專養尚武精神之謂」，但因國勢垂危，在「師夷長技以致夷」的自強運動風潮下，兵式體操仍然大行其道，體育之「名」「實」問題，自難以形成重要議題，引起國人注意。

二、兵操就是體育

民國肇建之後，首任教育總長蔡元培，在向參院宣布新教育主張時，亦坦然力陳：「以教育界之分言三育者衡之，軍國民主義爲體育……兵式體操，軍國民主義也，普通體操，則兼美育與軍國民主義二者……」[133]全國教育首長，公開肯定表明軍國民主義＝體育＝兵式體操，顯見在上行下效的歷史條件下，當時的體育概念，不離軍國民

---

[132]蔣維喬，〈論學堂輕視體育之非〉，《教育雜誌》，1.6（北京，1909）：76-78。
[133]蔡元培，〈新教育意見〉，《民國經世文編》（臺北：文海出版社，1971），4083。

主義與兵士體操,自屬難免。

　　1914年,曾留學日本接受體育專業教育的徐一冰,因目睹學校體育未受重視,遂向教育部直陳有關學校體育改革意見。[134]在此之前,徐一冰並在軍國民教育甚囂塵上時,公然反對「軍國民體育」,極力主張「正當體育」。他說:「民國光復以來,政府盛倡軍國民教育,……乃年復一年,試問所謂正當之體育上,究有如何之進行,所謂學校體育者,表面功課而已,所謂社會體育者,口頭空談而已,至所謂軍事體育者,受金錢之運動,肆打劫之伎倆,一種野蠻而已。」[135]徐一冰又在《教育雜誌》,發表〈論學校體育〉,除論及學校體育當以小學體育為優先,並期勉師範生悉心研究,發揮正當體育之實效外,並痛責時弊指出:「民國成立以來,教育部曾有尚武精神之訓令矣,一般教育家亦嘗有提倡軍國民教育之意見矣。然而尚武精神云云,軍國民教育云云,均一空闊無邊,浮而不實之渾稱也。至究其方法如何,施行如何,及如何而始有實效,如何而可得良果,又何嘗有確實之研究,以示進行之方針耶。」[136]其後,徐一冰進一步指出,「軍國民體育之害,在於誤以軍事當體育」,他說:「甲辰乙巳之間,民間革命思想,日益膨脹;且鑒於各國海陸軍之強盛,全謂非提倡『軍國主義』,不足以救亡,於是學校體操一科,競以尚武為唯一之目的,以兵式為必要之教材。此風一開,弊竇叢生,一般無知識無道德之營辦之兵士,竟一躍而為學校教師,品類不齊,非驢非馬,既不識教授為何物,又不知學校為何地:酗酒狂賭,好勇鬥狠,無所

---

[134]徐一冰認為,體操一科,與生理學、心理學有密切關係,斷非無教育知識之一二兵士所能勝任,因而向教育部提出六大建議。詳見:徐一冰,〈整頓全國學校體育上教育部文〉,《體育雜誌》,2(上海,1914),1-6。

[135]許義雄,〈徐一冰體育思想初探〉,《臺灣體育》,39(臺北,1988):19-20。

[136]徐一冰,〈論學校體育〉,《教育雜誌》,6(北京,1914):10。

不爲；不一年，學校之名譽掃地，社會之信仰盡失，學生父兄，多仇視體操一科，至今猶有餘毒也。」[137]撫今追昔，檢討體育概念演進之坎坷路徑，仍不無心有戚戚焉之感慨。

不可諱言的是，當時頗多的知識分子，針對軍國民教育或兵士體操，都或多或少的提出了批評的意見，甚至直接間接地論述了體育的眞義、本質及價值，對體育概念，有了一定的釐清作用。[138]

要而言之，清末民初體育概念之形成，一方面是呼應列強民族主義之高漲，一方面則以救亡圖存之激發，尤其個人自覺意識之鼓勵，體育作爲軍國民教育的手段，視人人皆兵爲當然，並以尙武救國，敵愾同仇爲體育之首要任務，體育之難有正常發展，應是其來有自。

三、從體操到體育

1919年歐戰結束後，主張軍國民主義的德國慘敗，共和思想興起，朝野望治心切；同時杜威訪華，平民教育思想及實用主義接踵而至，加以五四新文化運動時期，「民主」與「科學」風起雲湧，合理主義抬頭，專制的軍國民教育思想，頓成頹勢，單調枯燥的兵士體操，終於難逃衰落的結局。[139]尤其，美籍體育專家麥克樂先後來華任教，熱心提倡體育的教育理想，創辦體育刊物，籌組體育研究會，負

---

[137]徐一冰，〈二十年來體操談〉，《體育週報》，1（長沙，1920）：6-66。

[138]莊俞（1913），〈兒童體育論〉；侯鴻鋁（1914），〈參觀蘇省聯合運動會感言〉；錢智修譯自柯樂克的演講稿（1915），〈體育講義〉；朱元善（1915），〈體育之價值〉；陳獨秀（1915），〈今日之教育方針〉及〈青年體育問題〉；二十八畫生（1917），〈體育之研究〉等，對體育概念之建立，都發揮一定的作用。詳見：許義雄，〈中國近代體育概念之形成〉，1990，25-30。

[139]許義雄，〈試論兵式體操之存廢〉，《中華民國大專體育總會學術研討會專輯》（臺北，1988），71-78。

直排輪魚貫前進

責重要體育專業職務，協助研訂體育政策，進行體育實際之改革，對整體體育工作，有了通盤的掌握。

　　及至1921年美國教育家孟祿等人，率團訪華，對中國教育學制及課程提出興革意見，清末以來以「體操」為名稱的科目，也於1922年改稱「體育」，同時取消體育課程中的兵式體操。至此，有關體育概念的論述此起彼落，或論〈體育之真義〉，[140]或談〈體育的真正宗旨〉，[141]甚至〈中國體育應有之改革〉及〈體育的目的與範圍〉等，[142]有了較具體的探討和深入的闡揚，中國近代體育概念，就在不同場合，不同觀點的激盪中，逐漸在學校教育系統中，扮演了先行者

---

[140]慈心，〈體育之真義〉，《教育雜誌》，13（北京，1921）：4。
[141]伍克家譯，〈體育的真正宗旨〉，《青年進步》，45（上海，1921）。
[142]許義雄・黃瑩淨，〈麥克樂與近代中國體育〉，《臺灣體育──體育節專刊》（臺北，1989）：73-81。

的角色，對體育概念的界定，從宗旨、目標、內容與範圍，漸漸顯露了概略的圖像。

當然，體育作為引自國外的舶來品，國人對體育的概念，仍然相當分歧，此所謂瞎子摸象，言人人殊，誠屬難免。如1923年，蔣湘青在《教育與人生》專刊上發表〈體育究竟是什麼？〉乙文，頗能一語道破當時體育概念混淆不清之一般。

蔣氏在文中說：「體育二字，我國向無確切之定義。拳教師，說學習拳術就是體育；運動家，說踢球賽跑就是體育；丘八大爺，說兵式操就是體育，和尚道士，說修行靜坐就是體育。體育的解釋如此，社會上對於體育的觀念怎樣，也就可想而知了。最奇怪的，是那些無學識的體操教員，竟把他天天做的幾個呆板的沒有興趣的動作，一二三四的故技，也就算是體育了。難怪體育教員，被人瞧不起，我國的體育，不能普及，不能發達！」[143]

這樣的情形，牽涉到移植外來文化的認識與迎拒的態度。換句話說，中國近代體育發展的時空條件，幾經波折。先是列強環伺，引進德國、丹麥、瑞典體操，以「師夷制夷」的策略因應，繼之教育上主事者專注軍國民教育，體育始終扮演兵操、軍事訓練的角色。[144]其後，五四愛國運動興起，自由與民主思想奔放，或倡國粹體育，以拒絕西洋體育入侵，或主正當體育，或提自然體育，以有別於非自然體育，甚或以實質體育及形式體育，泛指傳統體育及現代體育者，其概念之混淆，不一而足。尤其，1930年代，對日抗戰軍興，為應國情需要，宣揚體育軍事化或軍事體育化者，大張旗鼓，聲勢浩大，致有國防體育導入學校正式課程，影響所及，造成體育與軍事不分，體育之

---

[143]蔣湘青，〈體育究竟是什麼？〉，《申報》1923.10.15，教育與人生版。
[144]許義雄，〈清末民初軍國民教育體育思想之影響〉，《全國大專院校體育學術研討會論文集》，（臺北，1991），117-136。

難以正本清源，自是其來有自。

要而言之，幾十年來，中國有識之士認為，近代對外來的體育，往往學了皮毛，缺乏詳細的研究，以致造成無法釐清概念，認識真正的體育本質與意涵。如在廢科舉與興新學對中國體育發展的檢討中，徐一冰即在〈二十年來體操談〉[145]指出，「……學校風氣，頓變舊風，國人既無實力預備於前，復無誠意研究於後，徒以歐風美雨，實偪至此，勢不能不隨波逐流，為之轉移。」又說：「各國之體育之體操之運動，必有各國之特長，及其風俗習慣程度不同，未必盡合於我國人也。」他認為：「命脈所在，國性不可或忘，國情不可不知。」他甚至說：「不求其本而揣其末，雖新，亦奚以為。」顯見華語的「體育」、「體操」與「運動」，本各有特色，屬性有別，引進中國，常因囫圇吞棗，本末不分，只能在西風東漸中，載浮載沉，難分難解。

四、體育與運動糾纏不清

1949年國民政府遷臺，體育在大陸時期，歷經近半世紀的經營，從體育政策，體育行政組織、典章制度、課程與教學、建築與設備，師資人力之培訓，輔導與考核，賽會活動等，雖已逐步成形，略具規模，惟體育用語，一方面是華語的用語習慣使然，一方面是轉譯外來用語，或取其音譯，或取用意譯，甚至未有對應用語，只能方便行事，隨意命名者，大有人在，以致諸多體育相關用語層出不窮，相當混亂。如一般用語中，體育教育、體育比賽、社會體育、競技體育、民俗體育、職工體育、休閒體育，體育運動等用語，在日常生活中，仍有意無意使用。其中，如傳播媒體報導運動新聞，仍以「體育新聞」稱之；中華民國體育運動總會，實際上為全國單項運動聯合會，

---

[145]徐一冰，〈二十年來體操談〉，1920，61-66。

各縣市體育會，係各縣市運動聯合會，習慣上，都冠上「體育」兩字，徒使學校或社會，更加難以明顯區分體育與運動之差異。

不過，隨著社會變遷，以及學制的改變與學術發展的需要，體育專業學校，為適應潮流，課程已呈現變動現象，如1976年，臺灣首度提出「運動教育」概念，[146]1985年《運動教育的理論與實際》譯著出版，1990年國立臺灣師範大學成立「運動教育學」研究室，並正式於1996年開設「運動教育學」課程，2001年臺灣運動教育學會成立，標誌著體育與運動各自發展的新契機。

同時，從2000年代後，國內各體育專業學校，不只科系名稱，相繼改以運動項目命名，如陸上運動學系、技擊運動學系、水上運動學系，運動技術研究所等不一而足，甚至2012年成立體育運動大學，其中或順應國際趨勢，或基於國內現實考量，是否受到政治現實的影響，或是適應學術發展需要，都有待進一步研究。

具體來說，體育與運動，原屬不同屬性，前者屬教育領域之一，為學校正式課程，一般以學校為範圍，係指有意圖、有組織、有選擇的身體活動，屬相關概念，泛指在施教者與受教者的關係下，透過身體運動，產生教育的效果。而運動（sport），範圍較廣，常帶遊戲（play）性質，是遊戲的文化形態，有競技類或非競技類之分，可在日常生活中，隨心所欲，自在施行。如全民運動（sport for all），已成日常生活中的習慣用語，大家耳熟能詳，其概念與學校「體育」的概念，類似卻不盡相同，若要勉強比較，或可以**表2-1**說明之。

---

[146]1970年代，台灣曾有特殊教育學者毛連塭教授，將movement education譯為「運動教育」乙詞，而體育學界首次提及「運動教育」（sport education）者，應是1976年中華民國體育學會北區體育學術研討會的場合。
許義雄，〈運動教育（sport education）試論〉，《中華民國體育學會北區體育學術研討會專題報告》（臺北：體育專科學校，1976.05.25）。

表2-1 體育與運動（sport）概念比較表

面向	體育（physical education）	運動（sport）
概念	相關概念	實體概念
意圖（目的性）	明確	不明確
範圍	學校	隨意（課外為主）
對象	學生	全民（人人）
年齡	一定的年齡	終生
內容	經選擇的教材	任意性高
方法	施教者與受教者的關係	自在實施
價值	外在重於內在（預設）	內在重於外在（非功利）
效果	長期效果（為未來作準備）	即時效果（當下享受）
管理	指導者	自我管理
性質	被動性	自主性
感受	控制性強	自由性多

 本章問題討論

1. 何謂概念？如何形成？內含與外延概念究係何所指？何以語言與概念未有必然關係？

2. 體操（gymnastic）、體育（physical education）、身體運動（physical activity）、身體文化（physical culture）等用語，常被混用，試舉列說明各自指涉之異同？

3. 何謂新體育？與自然體育有何關聯？體育之認同危機究係何所指？體育與運動糾纏不清的背景如何？試簡述之。

4. 華語之體育概念如何形成？與衛生有何關係？體育與體操如何區分？試舉例說明體育與運動之異同？

參考文獻

A. Weston, *The Making of American Physical Education* (New York: Appleton Century Crofts, 1962).

C. B. Corbin and B. J. Cardinal, "Conceptual Physical Education: The Anatomy of an Innovation," *Quest, 60*(4) (London, 2008.02): 467-470.

C. D. Ennis, "Curriculum: Forming and Reshaping the Vision of Physical Education in a High Need, Low Demand World of Schools," *Quest, 58*(1) (London, 2006.02): 41-59.

C. W. Hetherington, *School Program and Physical Education* (New York: World Book Co., 1922).

D. B. ヴァンダーレン（D. B. Van Dalen）、B. L. ベネット（B. L. Bennett）《体育の世界史：文化的・哲学的・比較研究的》（加藤橘夫譯）（東京：ベースボール・マガジン社，1969）。

Ellen W. Gerber, "Archibald Maclaren," *Innovation and Institutions in Physical Education* (Philadelphia: Lea & Febiger, 1971), 215-219.

Ellen W. Gerber, "Karl Gaulhofer and Margarete Streicher," *Innovation and Institutions in Physical Education* (Philadelphia: Lea & Febiger, 1971), 235-241.

F. Mason, "Losing Ground in the Run Towards Science? The Liberal Arts and Social Sciences in Kinesiology," Proceedings of the International Conference of the Liberal Arts, St. Thomas University, 2011. http://w3.stu.ca/stu/academic/departments/social_work/pdfs/Mason.pdf

Franklin M. Henry, "Physical Education: An Academic Discipline," *Journal of Health, Physical Education and Recreation, 35*(7) (London, 2013.03): 32-69.

Hideto Sugiyama，〈The System of Spencer's Thought in Its Entirety: The Foundation of His Educational Ideas〉，《体育・スポーツ哲学研究》，13（長崎，1991）：55-68。

J. F. ウイリアムス（J. F. Williams），《体育の原理》（川村英男譯）（東京：逍遙書院，1967）。

Karl M. Newell, "Kinesiology: The Label for the Study of Physical Activity in Higher Education," *Quest, 42*(3) (London, 1990): 269-278.

M. M. Mackenzie, *Toward a New Curriculum in Physical Education* (New York: McGraw-Hill, 1969).

National Academy of Kinesiology, http://www.nationalacademyofkinesiology.org/, 2014.08.20.

Philip Babcock Gove, ed., *Webster's Third New International Dictionary of the English Language* (Springfield: Merriam-Webster, 1993).

R. Renson, "From Physical Education to Kinesiology: A Quest for Academic and Professional Identity," *Quest, 41*(3) (London, 1989.12): 235-256.

T. D. Wood and R. F. Cassidy, *The New Physical Education* (New York: Macmillan, 1927).

W. H. Freeman, *Physical Education and Sport in a Changing Society* (Boston: Allyn and Bacon, 1997).

Waneen W. Spirduso, "Commentary: The Newell Epic- a Case for Academic Sanity," *Quest, 42*(3) (London, 1990): 297-304.

オモー・グルーペ（Ommo Grupe）、ミヒャエル・クリューガー（Michael Krüger），《スポーツと教育－ドイツ・スポーツ教育学への誘い》（永島惇正等譯）（東京：ベースボール・マガジン社，2000）。

ククシキン（G. I. Kukushkin）編，《ソ連の体育システムをめぐって－理論と実践－》（川野辺敏、田中良子、梅田和伸譯）（東京：ナウカ，1984）。

コンラード・ウィドマー（Konrad Widmer），《スポーツ教育学：その構造と研究法に対する理論的考察》（蜂屋慶等譯）（東京：東洋出版，1980）。

ハーバート・スペンサー（Herbert Spencer），《知育・徳育・体育論》（三笠乙彦譯）（東京：明治図書，1969）。

小石原美保，《クーベルタンとモンテルラン－20世紀初頭におけるフランスのスポーツ思想》（東京：不昧堂，1995）。

山崎正一、市川浩，〈概念〉，《現代哲學事典》（東京：講談社，1971），122-123。

川口智久，〈スポーツとアメリカ化運動：新体育論の登場〉，《一橋論叢》，105.4（東京，1991.04）：125-126。

王栻編，《嚴復集（I）》（臺北：中華書局，1986）。

田中良子，〈ソ連の身体文化理論の確立をめざす三つの系譜〉，《体育学研究》，28.1（東京，1983.06）：1-11。

伍克家譯，〈體育的真正宗旨〉，《青年進步》，45（上海，1921）。

安部生雄，〈スポーツ教育の歴史〉，《スポーツ教育》，中村敏雄編（東京：大修館，1978），27-58。

成田十次郎，《青少年の体育》（東京：明治図書，1979）。

成田十次朗，〈市民体育論の確立〉，《体育スポーツ人物思想史》（東京：不昧堂，1983），121-128。

江良規，《體育學原理新論》（臺北：商務，1988）。

佐藤臣彥，〈身体論序説：アリストテレスを中心に〉（筑波：筑波大學博士論文，1999）。

佐藤臣彥，《身体教育を哲学する》（東京：北樹出版，1993）。

吳文忠，《中國近百年體育史》（臺北：商務印書館，1967）。

杉山英人，〈英国における体育概念－その一特質としてのH.スペンサー〉，《体育の概念》（東京：不昧堂，1995），68-69。

周華山，《意義──詮釋學的啓迪》（臺北：臺灣商務，1995）。

岡出美則，〈西ドイツにみる体育理論とスポーツ教育学の関係〉，《スポーツ教育学研究》，3.2（筑波，1984）：2-3。

岸野雄三，〈プラトンーヒューマニズム体育の理想と現実〉，《体育・スポーツ人物思想史》（東京：不昧堂，1979），36-44。

岸野雄三，《ヒポクラテースの養生法：食養生と体操》（東京：杏林書院，1971）。

岸野雄三，《体育史：体育史学への試論》（東京：大修館，1973）。

岸野雄三、成田十次郎、山本德郎、稲垣正浩，〈現代学校体育の源流：自
　　然体育〉，《体育・スポーツ人物思想史》（東京：不昧堂，1983），
　　582-586。

東京教育大学体育史研究室編，《図説世界体育史》（東京：新思潮社，
　　1964）。

林英彰，〈古代ギリシアにおけるギュムナステイケーの成立とその体育史
　　思想史的展開〉，《体育の概念》（東京：不昧堂，1995），18-20。

近藤英男，〈スポーツの文化論的探究〉，《体育学論叢》（東京：タイム
　　ス，1981），261-263。

浅田隆夫，〈Archibald Maclarenの体育観とその影響〉，《東京教育大学：
　　体育学部紀要》，7（東京，1968）：13。

浅田隆夫、片岡暁夫、近藤良享，〈"スポーツ教育"論に関する比較序
　　説：現代日本の諸論とS. C. Staleyの所論について〉，《筑波大学体育
　　紀要》，1（筑波，1978.03）：1-14。

約翰・瑞提（John J. Ratey）、艾瑞克・海格曼（Eric Hagerman），《運動改
　　造大腦：IQ和EQ大進步的關鍵》（謝維玲譯）（臺北：野人，2009）。

宮本健市郎，〈アメリカ進歩主義教育運動におけるコミュニティと学校：
　　1910年代のゲーリースクールの研究〉，《東京大学教育学部紀要》，
　　23（東京，1984.03）：275-285。

徐一冰，〈二十年來體操談〉，《體育週報》，1（長沙，1920）：6-66。

徐一冰，〈論學校體育〉，《教育雜誌》，6（北京，1914）：10。

徐一冰，〈整頓全國學校體育上教育部文〉，《體育雜誌》，2（上海，
　　1914），1-6。

海野弘，《モダンダンスの歴史》（東京：新書館，1999）。

釜崎太，〈近代ドイツトウルネンに見る「身体」と「権力」〉，《弘前大
　　学教育学部紀要》，98（弘前，2007）：45-58。

高津勝，〈スポーツ科学論の一系譜：「身体文化」概念をめぐる論争を中
　　心に〉，《一橋論叢》，83.4（東京，1980.04）：571-589。

高橋健夫、稲垣正浩，〈スポーツ教育の基本問題の検討（Ⅰ）－スポーツ教育の論拠と基本的性格－〉，《奈良教育大学紀要》，32.1（奈良，1983.11）：149-166。

張之洞等，《奏請宣示教育宗旨折》。

張天白，〈體育一詞的引入考〉，《體育文史》，6（北京，1988）：14-16。

梁啓超，〈論教育當定宗旨〉，《新民叢報》，1和2（橫濱，1902）：69-78和29-42。

許義雄，〈中國近代體育概念之形成〉，《臺灣體育》，51（臺北，1990）：25-30。

許義雄，〈日本運動教育學的興起與發展〉，《學校體育》，12.1（臺北，2002.02）：107-122。

許義雄，〈正視運動教育學的興起〉，《學校體育》，4.5（臺北，1994）：4-5。

許義雄，〈西德黃金計畫1-5〉，《臺北體育》，89-93（臺北，1981）：30-36、27-36、35-39、33-34。

許義雄，〈徐一冰體育思想初探〉，《臺灣體育》，39（臺北，1988）：19-20。

許義雄，〈清末民初軍國民教育體育思想之影響〉，《全國大專院校體育學術研討會論文集》，（臺北，1991），117-136。

許義雄，〈試論兵士體操之存廢〉，《中華民國大專體育總會學術研討會專輯》，（臺北，1988），71-78。

許義雄，《中國近代體育思想》（臺北：國立編譯館編，1996）。

許義雄、黃瑩淨，〈麥克樂與近代中國體育〉，《臺灣體育——體育節專刊》（臺北，1989）：73-81。

森田信博，〈グーツムーツの遊戲論（その1）〉，《秋田大学教育学部紀要教育科学》，32（秋田，1982）：154。

菅井京子，〈ドイツ体操とルードルフ・フォン・ラバン〉，《スポーツ開発・支援センター年報》，8（大津，2012）：36-40。

慈心，〈體育之真義〉，《教育雜誌》，13（北京，1921）：4。

鈴木秀人編，《スポーツの国イギリス》（東京：創文企画，2002）。

瑪莉塔・史特肯（Marita Sturken）、莉莎・卡萊特（Lisa Cartwright），《觀看的實踐──給所有影像世代的視覺文化導論》（陳品秀譯）（臺北：三言社，2009）。

稻垣正浩，〈「スポーツ教育学」の成立根拠について－スポーツ科学の体系論との関連を中心に〉，《スポーツ教育学研究》，2（筑波，1983）：9-19。

稻垣正浩，〈ヨーロッパ諸国にみる「スポーツ教育」の動向と課題－西ドイツ、ソ連、東ドイツ、オーストリア、スウェーデンの場合－〉，《奈良教育大学紀要》，32.1（奈良，1983.11）：129-148。

稻垣正浩、岸野雄三，〈自然体育（Naturliches Turnen）の研究－"Grundzuge"出版をめぐる諸問題〉，《体育学部紀要》，11（東京，1972.03）：1-2。

蔡元培，〈新教育意見〉，《民國經世文編》（臺北：文海出版社，1971），4083。

蔣湘青，〈體育究竟是什麼？〉，《申報》1923.10.15，教育與人生版。

蔣維喬，〈論學堂輕視體育之非〉，《教育雜誌》，1.6（北京，1909）：76-78。

奮翮生，〈軍國民教育〉，《新民叢報》，1（橫濱，1902）：1-2。

櫛田芳美，〈身体表現としての舞踊教育：アメリカ、イギリス、日本を中心に〉，《総合人間科学》，7（山口，2007）：21-30。

譚嗣同，〈仁學（上）〉，《譚嗣同全集》（臺北：華世出版社，1988）。

Chapter 3

體育的目標──基本學力與素養

本章學習目標

- ·瞭解學力與素養的概念
- ·瞭解體育的核心素養
- ·瞭解身體素養與體育目標的關係
- ·瞭解當前我國體育目標之走向

本章學習內容

- ·先進國家學力與素養之內涵
- ·體育基本素養之結構
- ·體育對身體素養之貢獻
- ·落實當前我國體育目標之策略

　　傳統以來，體育在學校課程系統裡，常被歸類為藝能科，強調課程重點在透過身體活動，提升身體運動技能，培養運動道德，以及建立休閒生活習慣，較少談論體育與基本素養或學力的關係，原因何在，值得深思。

　　從國際教育改革的浪潮看，在時代及社會瞬息萬變的現階段，個人的基本素養與學力，已成為課程發展的核心訴求。其中，不只訂有國家課程標準的國家，如英國，研訂六種關鍵能力，作為各階段課程架構的核心能力，[1]即連教育主導權由聯邦各州自主的德國，也以四個核心因素，提供各州及其教育機關靈活運用。[2]甚至不少國家引進「國際學生評量方案」（Program for International Student Assessment, PISA）作為各級學校培養學生面對未來挑戰能力的依據。[3]

　　臺灣從1998年的「九年一貫國民基本教育課程綱要」揭櫫學生學習「帶得走的十大基本能力」，[4]到2011年啟動的十二年國民基本教育的「三大面向與九大項目的「核心素養」等，[5]都是面對未來變遷社

---

[1] 新井浅浩・藤井泰，〈イギリスの教育課程〉，《諸外国の教育課程と資質能力》（東京：国立教育政策研究所，2013），15-25。

[2] 卜部匡司，〈ドイツの教育課程〉，《諸外国の教育課程と資質能力》（東京：国立教育政策研究所，2013），27-35。

[3] 王世英、張鈿富、吳慧子、吳舒靜，《PISA表現Top5國家優勢條件分析》（臺北：國立教育資料館，2008），1-5。

[4] 國民中小學九年一貫課程訂定現代國民必須具備的十種基本能力，作為課程設計的架構。十種基本能力為：(1)瞭解自我與潛能發展；(2)欣賞、表現和創新；(3)生涯規劃和終生學習；(4)表達、溝通和分享；(5)尊重、關懷與團隊合作；(6)文化學習與國際瞭解；(7)規劃、組織和實踐；(8)應用科技與資訊；(9)主動探索與研究；(10)獨立思考與解決問題。許義雄，〈九年一貫「健康與體育」課程之發展與願景──從國際學校體育課程改革談起〉，《學校體育》，10.1（臺北，2000）：10-18。

[5] 十二年國民基本教育課程的基本核心素養有三大面向九大項目：一、自主行動：(1)身心素質與自我精進；(2)系統思考與解決問題；(3)規劃執行與創新應變。二、溝通互動：(1)符號運用與溝通表達；(2)科技資訊與媒體素養；(3)藝術涵養與美感素養。三、社會參與：(1)道德實踐與公民意識；(2)人際關係與團

會，所應具備的知識、能力與態度。

以體育課程為例，自2002年聯合國總會通過「掃盲十年」，提倡基本素養（literacy）並不僅限於讀寫能力之後，國際先進國家的體育·運動專家學者，無不積極探索身體素養（physical literacy）在未來體育課程改革的重要性。[6]

本文即基此背景，擬就體育目標之取向，分學力與素養、體育的核心素養、身體素養與體育目標、當前我國體育目標之走向等，分述如下。

第一節　學力與素養

一般而言，學力有廣狹二義。廣義的學力，常指人的能力之總體，除知識的學習成就、學習方法與學習欲求外，尚含情意表達、社會生活等有關的觀念與實踐能力。不過，學力也可從「基礎學力」及「發展性學力」說明。前者指記憶、再現為主的學力；後者則以問題解決與創造性相結合的有個性的思考力為核心的學力。[7]較直接的說法，學力常泛指經由學校學習所獲得的能力，也就是一般所說的學習結果（learning outcomes），我們常用學習成就（learning achievements）或學習表現（learning performance）加以說明。換句話說，學習者經既定的目標、選擇的內容及有效的方法，學習到達了

隊合作；(3)多元文化與國際理解。教育部，《十二年國民教育課程綱要》（臺北：教育部，2014），3。

[6]J. Mandigo, N. Francis, K. Lodewyk and R. Lopez, "Physical Literacy for Educations," PHE Canada, https://www.phecanada.ca/sites/default/files/pl_position_paper.pdf, 2015.11.02.

[7]黃政傑，〈中小學基本學力指標之綜合規劃研究〉，《專題研究報告》（臺北：國立臺灣師範大學教育研究中心，1996），39-48。

既定目標，即成為學力的表現。所以要檢查學力的高低，就用學力檢測，即是成就測驗或到達程度檢驗（achievement test）。

不過，學力指涉的內容，常因人、因時、因地而有不同。具體而言，學力既是學習的成就表現，因牽涉學習的內容不同，自有不同的表現，如不同的文化背景，所學內容自有不同；而不同的時代，也因不同的學習需要，而有不同的學習成就。比如早期華人社會單純，教育重在「傳道、授業、解惑」，只要學會「之乎也者」，具備讀寫能力，達到一定的知書達禮程度，即可滿足學習成就，獲得基本的學力。而現代資訊科技發達，社會關係複雜，不具備起碼的科技知能，以及基本的社會溝通技巧，似已無法適應生活的需要。

盱衡國際教育發展趨勢，各國面對科技突飛猛進，社會瞬息萬變的現階段，莫不竭盡所能，充實人民的學力或就業能力，以提升國家競爭力，面對嚴峻的挑戰。

一、日本的學力觀

日本自1998年起，全面實施週休二日，學校課程大幅壓縮，上課鐘點減少，社會擔心影響學力降低，議論紛至沓來，爭論不斷。加以國際學生評量（PISA），日本學生成績不盡理想，舉國關注。至2007年，修訂學校教育法，在第30條第二項，明定：「培植終生學習基礎，習得基礎知識及技能，並活用所學，養成解決問題之必要思考能力、判斷能力、表現能力及其他能力，特別需要用心整合所學的學習態度。」[8]

日本文化科學部，回應社會輿情，2011年公布新學習指導要領，

---

[8]北俊夫，〈「学力とは何か」にどう答えるか〉，《教育の小徑》，（東京：文溪堂，2012.01），1-2。

大量增加授課時數，基於教育基本法及學校教育法，認爲學力應包含
三個要素，[9]即：(1)基礎及基本的知識、技能的獲得；(2)活用知識與
技能解決課題的思考能力、判斷能力及表現能力；(3)學習的欲求。其
結構如**圖3-1**示。爲達成學力的要求，各科教學應重視下列活動：

1.表現體驗的感受。[10]

2.傳達事實的正確理解。

3.解釋概念、法則、意圖，並說明及活用。

4.分析資訊、評價並論述。

5.建立課題之構想、實踐、評價與改善。

6.相互傳達彼此之想法，發展自己的思維與團體的思路。

圖3-1　日本學力概念的結構圖

[9]文部科学省，〈文部科学省が示す学力観〉，http://www.pref.osaka.lg.jp/
attach/5185/00021063/shiry2.pdf，2015.11.02檢索。

[10]文部科学省，〈文部科学省が示す学力観〉，http://www.pref.osaka.lg.jp/
attach/5185/00021063/shiry2.pdf，2015.11.02檢索。

素養導向的體育教學國際論壇
資料來源：臺師大體研中心提供。

　　顯見日本的所謂學力，除了知識與技能的獲得外，特別強調
思考、判斷與問題解決及學習欲求，這與聯合國經濟合作發展組織
（Organization for Economic Co-operation and Development, OECD）所
倡議的關鍵能力（key competencies）的主張，頗有異曲同工之妙。

二、OECD的關鍵能力

　　談及OECD對關鍵能力的提倡，係依循1990年代「世界全民教
育會議宣言」，認為21世紀的教育，應根據21世紀所需要的資質或
能力，進行教育改革。基於這樣的潮流，有了兩個重要發展脈絡。
其一是OECD自1997到2003年展開了能力（competency）乙詞的定

義計畫，稱之爲「能力的定義與選擇」（Definition and Selection of Competencies, DeSeCo），並作爲建立「國際學生評量方案」（PISA）概念架構的基礎資料。另一個脈絡是，21世紀的核心技能之發展，並將之應用於2012年的PISA及2013年的「國際教育成就評鑑協會」（The International Association for the Evaluation of Educational Achievement, IEA）的國際調查。[11]

　　具體而言，OECD在國際化社會的潮流下，需要有共通的能力指標，作爲瞭解或評價各國的教育發展。因此，聯合各國政策領導人及各領域專家學者，檢討能力的意義，藉以建構足以達到目的的關鍵能力。

　　一般所謂能力（competency），經定義爲：「日常生活中各方面的必要能力，不僅止於知識與技能的獲得，而是包含在特定的狀況中，活用技能或態度的各種心理與社會的資源，能面對特定情境中複雜挑戰的能力」。其範圍包含三部分：[12]

(一)活用社會、文化性與技術工具的相互作用的能力

　　1.活用語言、符號、文字的相互作用能力。
　　2.活用知識或資訊的相互作用能力。
　　3.活用科技的相互作用能力。

(二)多元社會團體，人際關係的能力

　　1.構建與他人圓融人際關係的能力。

---

[11]ドミニク・S. ライチェン & ロ-ラ・H. サエウザニク，《キー・コンピテンシー－国際標準の学力をめざして》（立田慶裕監訳）（東京：名石書店，2006），25-36。
[12]松下佳代，〈新しい能力概念とその背景と系譜〉，《"新しい能力"は教育を変えるか－学力・リテラシー・コンピテンシー》（東京：ミネヴァ書房，2010），1-41。

同舟共濟向前進

2協調能力。

3.處理衝突對立，並具解決的能力。

(三)自律的行動能力

1.能關照大局的行動能力。

2.能規劃人生或個人計畫的設計及執行能力。

　具體而言，科技文明急速發展，要學會適應改變，更要有挑戰改變的能力，易言之，就是要兼具待變與致變的能力。同時，社會裡，個人與個人的相互依存，逐步加深，個別化與複雜化的個人，要有能力去面對異文化的他者。再說，全球化的浪潮，創發出新的依存關係，人必須跨越個人所處的疆域，構建更好的人際網絡。OECD的關鍵能力定義，成為PISA發展「讀解素養」（reading literacy）、「數學

素養」（mathematics literacy）及「科學素養」（science literacy）等可具體比較的評量方案。[13]

　　2006年歐盟（European Union, EU）也參照OECD的能力定義，獨自提出關鍵能力，作為歐盟區域內教育政策的研訂架構。[14]

三、美國的必要技能

　　1980年代，美國發現國內製造業的國際競爭力嚴重衰退，旋即聯合政府、議會、民間與學界進行調查，尋求因應對策。1991年4月，在布希總統倡議下，宣示打造「達成世界教育水準目標」的國家戰略。[15]1992年，在美國聯邦勞動部的指導下，以面對21世紀的必要技能為主題，進行了一個稱之為「必要技能長官委員會」（Secretary's Commission on Achieving Necessary Skills, SCANS）的報告。[16]該報告透過五十種不同職業的分析，導出未來五十年的就業技能（employability），包含：[17]

---

[13]勝野賴彥，〈社会の変化に対する資質や能力を育成する教育課程編成の基本原理〉，《教育課程の編成に関する基礎てき研究報告書5》（東京：国立教育研究所，2013），46。

[14]歐盟的關鍵能力（key competencies）共八項，為：(1)母語溝通能力；(2)外語溝通能力；(3)數學與科技基礎能力；(4)數位能力；(5)學習法的學習能力；(6)社會・市民的能力；(7)主動及企業精神；(8)注意文化與表現。勝野賴彥，〈社会の変化に対する資質や能力を育成する教育課程編成の基本原理〉，2013，46。

[15]江本真理子，〈意外と知らない"21世紀型スキル"（1）〉，《学びの場》（東京：內田洋行教育総合研究所，2015），1-5。

[16]B. Trilling & C. Fadel, *21st Center Skills: Learning for Life in Our Times* (San Francisco: Jossey-Bass, 2012).

[17]勝野賴彥，〈社会の変化に対する資質や能力を育成する教育課程編成の基本原理〉，2013，47。

1. 五種能力（competencies）：資源、人際關係技能、資訊、系統與科技應用技能。
2. 三種基本技能（basic skills）：基礎技能、思考技能、創造技能。
3. 個人資質（personal qualities）：責任感、自尊心、社會性、自我管理、誠實的行動與決定等。

美國即以上述的就業技能，作為學生階段能力養成的重要基礎。2002年並成立「21世紀學習夥伴」（partnership for 21st century learning, P21），以推動基礎教育（幼稚園到十二學年）的改革工程。其組織成員包括美國教育部、微軟及思科系統的ICT相關企業、教育團體及個人等，可說是業界與政府攜手並進的教育改革，核心技能為：[18]

1. 學習與創新技能：批判的思考與問題解決、溝通與協調、創造與革新。
2. 資訊、媒體、科技應用技能：資訊素養、媒體素養、ICT素養。
3. 生活與職業技能：社會／跨文化的技能、生產性／當責（accountability）、領導／責任。

美國的21世紀核心技能，除推動國內教育改革外，也影響國際相關國家的教育發展動向。

---

[18] 勝野賴彥，〈社会の変化に対する資質や能力を育成する教育課程編成の基本原理〉，2013，48。

四、21世紀型的技能

　　2009年，經由思科系統、英特爾、微軟等公司的贊助，於倫敦召開「21世紀型技能之教學與評量計畫」（Assessment and Teaching of 21st Century Skills Project, ATC21S）。[19]2010年奧地利、芬蘭、葡萄牙、新加坡、英國、美國等國，陸續參加，並將「21世紀型的技能」定義為四領域十種能力為：知識（knowledge）、技能（skills）、態度（attitude）、價值（values）、倫理（ethics），取其英文第一個字母，簡稱為「KSAVE模式」，內容如下：[20]

(一)思考方法

　　1.創造力與革新。
　　2.批判思考、問題解決、意思決定。
　　3.學習的學習、後設認知（認知過程的知識）。

(二)工作方法

　　1.資訊素養。
　　2資訊通訊的素養（IC素養）。

(三)工作工具

　　1.溝通。

---

[19]勝野賴彥，〈社会の変化に対する資質や能力を育成する教育課程編成の基本原理〉，2013，49。

[20]P. グリフィン、B. マクゴーッ和E. ケア編，《21世紀型スキル：学びと評価の新たなかたち》（三宅なほみ監訳）（東京：北大路書房，2014），25-43。

2.合作（團隊合作）。

(四)社會生活

1.地域與國際社會的市民性。
2.人生與職業設計。
3.個人與社會的責任（含文化差異的認識及其容忍能力）。

五、能力概念之比較

就上所述，有關能力或學力概念，所用語言不盡相同，惟所指內涵則大同小異，其中，率皆以基礎教育階段所應具備的能力為重要訴求，並以三或四個面向為範圍，以九或十項能力為核心，試以2014年開始實施的臺灣十二年國民基本教育的三大面向九大項目為主體，觀察國際社會在基礎教育所強調的必要能力或素養，比較如**表3-1**。

根據**表3-1**，發現臺灣的重要主張，不出21世紀型的能力範圍，表示臺灣的課程改革，尚能反映國際社會的呼籲，注意到21世紀的挑戰，不只是知識技能的學習，更須面對科技的進步與社會的改變，強調學習社會的構建與多元文化的認識與理解，尤其創新與問題解決的能力，更是未來社會所不可或缺。

不過，相較於國際社會，臺灣對藝術涵養、美感素養及道德實踐，有較多的著墨，傾向自我精進，獨善其身較強；而國際社會雖有價值與倫理的訴求，卻較多的責任與領導的倡導，不無兼善天下的大局。同時，臺灣雖以自主行動為重要面向，標舉系統思考與解決問題為核心能力，但在學習方法、學習欲求及批判思考、意思決定等向度較弱，顯見臺灣學生的方法學的訓練要更多，批判性思考要更落實。

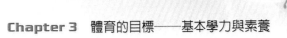

表3-1　學力觀之比較表

領域＼對象	臺灣十二年國民基本教育的核心素養	日本學力觀	OECD的能力（competency）	P21核心能力[21]	21世紀型能力KSAVE模式[22]
自主行動	1.身心素質與自我精進 2.系統思考與解決問題 3.規劃執行與創新應變	1.基礎知識、技能並活用的能力 2.思考能力 3.判斷能力 4.學習方法 5.學習的欲求	1.活用語言、符號、文字的相互作用能力 2.能規劃人生或個人計畫的設計及執行能力	1.創造與革新 2.批判的思考與問題解決 3.資訊素養	1.創造力與革新 2.批判思考、問題解決、意思決定 3.學習的學習、後設認知（認知過程的知識） 4資訊素養
溝通互動	1.符號運用與溝通表達 2.科技資訊與媒體素養 3.藝術涵養與美感素養	1.問題發現能力 2.解決問題能力 3.表現能力	1.活用知識或資訊的相互作用能力 2.活用科技的相互作用能力 3.能關照大局的行動能力	1.溝通與協調 2.媒體素養 3.ICT素養	1.資訊通訊的素養（IC素養） 2.溝通 3.合作（團隊合作）
社會參與	1.道德實踐與公民意識 2.人際關係與團隊合作 3.多元文化與國際理解		1.構建與他人圓滑人際關係的能力 2.協調能力 3.處理衝突對立，並具解決的能力	1.社會／跨文化的技能 2.生產性／當責 3.領導／責任	1.地域與國際社會的市民性 2.人生與職業設計 3.個人與社會的責任（含文化差異的認識及其容忍能力）

---

[21]P21亦即Partnership for 21st Century Learning，美國作為基礎教育改革工程。

[22]KSAVE模式：包含知識（knowledge）、技能（skills）、態度（attitude）、價值（values）、倫理（ethics），為21世紀型技能之四大領域，其十大核心能力如表中所列。

🏃 第二節　體育的核心素養

　　臺灣十二年國民基本教育的三大面向九大項目的核心素養，已如上述。體育既為學校重要課程之一，自必須以此為基礎，發展體育的應有素養或關鍵能力。換句話說，體育雖屬身體活動課程，其課程目標，仍不能脫離課程總綱的核心素養，其學習內容與結果，必須與三大面向九大項目緊密扣連，否則，體育課程不只失去立足的基礎，更失去作為學校課程的存在意義。進一步說，根據課程總綱的「核心素養」，是指一個人為適應現在生活及面對未來挑戰，所應具備的知識、能力與態度。「核心素養」強調學習不宜以學科知識及技能為限，而應關注學習與生活的結合，透過實踐力行而彰顯學習者的全人發展。

　　就此而言，未來的體育素養，應植基於生活，有利於全人發展，以適應變遷的社會及面對環境的挑戰，自是理所當然。

一、基本素養與基本能力

　　所謂基本素養，簡明的說，就是平素的修養。英文常用literacy乙詞，標記素養。早期的意義，僅指明讀寫能力，不過，隨著時代的演進，素養的意涵，逐漸擴展，包括使用語言、數字、意象及瞭解並運用文化的象徵系統的能力，都稱為素養，甚至OECD的PISA以「讀解素養」（reading literacy）、「數學素養」（mathematics literacy）及「科學素養」（science literacy）等用以比較相關國家的學習成就。

　　相較於國際上的用語習慣，隨著科技發達，知識日新月異，新興的素養用語，如雨後春筍，相繼出籠。如媒體素養（media literacy）、視覺素養（visual literacy）、數位素養（digital literacy）、文化素養

人人都能玩滑輪溜冰

資料來源：彭琪雅提供。

（cultural literacy）、健康素養（health literacy）等，不一而足。[23]一般指在各該領域裡，能理解並活用其說理論事者，即具該領域之素養。以健康素養為例，也可稱之醫療素養。比如能讀懂相關健康手冊的圖示或文章，不只能向醫療機關預約看診，並可有效利用健康資訊，提升並維持及增進健康的能力，同時，不只是個人能力的提升，即連廣泛的健康照護、健康教育系統及社會健康環境，均能有所認識者，均可類歸為健康素養的範圍。[24]

　　就教育領域言，全國各大學校院實施評鑑制度，係植基於建立學生學習成效，品質保證機制，常從學生「基本素養」或「基本能力」

---

[23]上松惠理子，《読むことを変える－新リテラシー時代の読解－》（新潟：新高速印刷，2010）。

[24]阿部四郎，〈ヘルス・リテラシー概念に関する一考察〉，《東北福祉大学感性福祉研究年報》，13（仙台，2012.03）：23-38。

著手考核，目前為止，已實施多年，成果尚獲肯定。一般而言，「基本素養」係指畢業生應用專業知能所應具備之一般性能力與態度；而「核心能力」則是指學生畢業所能具備之專業知能。不過，因評鑑主政單位，對「基本素養」與「基本能力」之定義及內涵，授權受評學校，自行界定，導致有將兩者並列者，有以「基本素養」涵蓋「基本能力」者，並不一致。[25]事實上，聯合國教科文組織（UNESCO）即認同「素養係充分參與機會的基本要求，更是獲得基本生活技能的關鍵，足以面對生活的挑戰。」[26]具體而言，素養包含了專門知識的掌握，以及專業能力的表現，不只是知識與能力，還包括了態度與價值取向。一般而言，素養應含下列四項內容：

1. 知識與理解：內容及其內容的理解能力。
2. 思考：以批判及創意思考技能或過程的能力。
3. 溝通：經由不同形式資訊表達的能力。
4. 應用：應用知識與技能連結不同情境的能力。

二、體育核心素養的結構及其體現

(一)體育核心素養的結構

從臺灣的教育制度看，不論是基礎教育或是高等教育，體育課程所訴求的核心能力，不出認知、技能與情意三大領域。在認知領域方面，常指身體的生長與發展，運動的意義、功能、方法及其在生活上

---

[25] 評鑑交流道，〈「基本素養」與「核心能力」不同嗎？〉，《評鑑雙月刊》，34（臺北，2011.11），1。

[26] "What is the relationship between Physical Education and Physical Literacy," PHE Canada, http://www.phecanada.ca/, 2015.11.16.

滑水運動緊張刺激

的運用等。技能領域，則強調運動能力的表現、運動計畫及身體的健
康適應能力等。而情意領域，所重視的是運動精神、運動參與和社會
規範等。若加上課程總綱及國際上21世紀所提倡的思考、批判及創意
與革新的能力，體育課程的核心素養，應有認知、技能、情意及其實
際應用的思考與判斷能力。換句話說，體育的學習，不只是身體活動
中的運動技能學習，更是腦力與體力的結合、感性與理性的和諧以及
思考與行動統合的身體活動。因此，從體育課程結構看，至少體育核
心素養應包含四部分：

1.享受運動樂趣，促進身心均衡發展（情意‧認知）。
2.發揮運動精神，表現符合社會規範（情意‧技能）。
3.瞭解運動意義，落實日常生活運用（認知‧技能）。
4.活用思考判斷，提升運動技能表現（認知‧技能）。

基於上述分析，體育的核心素養，即在於身體知識、技能、情意
及思考、判斷的均衡發展的能力。換句話說，體育素養雖含有認知、

思考、技能、情意及社會規範的能力，但各能力間並非截然切割，而是相互密切關連，且體現在運動技能，互動關係及日常生活行為。其結構如圖3-2。

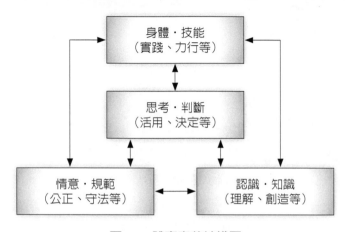

圖3-2　體育素養結構圖

(二)體育核心素養的體現

◆就運動技能的學習而言

不只是瞭解動作要領與竅門，就能得心應手，如意表達，而是面對動作給出的課題，要細加思索，從身體的感覺出發，透過知覺的判斷，在做出回應時，空間的考慮、時間的拿捏、力量的大小、速度的掌握，都須經自我身體經驗的領略體會，才能破解面對的客體，順利回應，做出滿意的動作表現。

◆就體育的社會功能看

一般認為，體育在運動環境中的運動家精神，如公平、守法、合

作、責任與犧牲行為，彌足珍貴，應被推崇。事實上，除了這些運動場上的美德之外，更期盼的社會行為規範，能體現在日常生活中的對人、事、物的關係。比如對人的親和力，對自己的控制力，以及對事情的處理能力，甚至利他與同理心，都是體育素養的重要體現場域，這些都需要經由身體的感知、思考與判斷，才能在面臨困境時，表現出雍容、自信與泰然自若的身體行為。

◆就認知的領域看

體育課程中，較常以運動的概念、意義、規則、功能等常識性議題作為主要內容，因此難免有不同看法，認為體育課程較少知識基礎。其實，傳統觀念，並不值得反駁。以運動科學的進步，不只證明腦內革命，從運動開始；健康的取得，運動有其不可忽視的貢獻。因此，運動術科的教學，不能無視於學術理論的依據，早有定論。更重要的是，體育課程原以身體作為主體，要時時觀察身體，閱讀身體，以及思索身體與環境的關係，身體在社會的角色，在日常生活中，認識身體、感知身體，應都是體育課程活化身體、體現身體活力的具體貢獻。

第三節　身體素養與體育目標

一、身體素養概念的興起

21世紀以來，身體素養（physical literacy）乙詞，頗受關注，英國、芬蘭、希臘、荷蘭、美國、加拿大、西班牙、奧地利與德國等，更將身體素養，引進體育課程，積極推廣。

崎嶇山路大步跨越

資料來源：許安妮提供。

　　事實上，身體素養之受重視，肇始於素養（literacy）乙詞，從原先讀寫能力的概念，擴大到不同領域所由來。聯合國教科文組織從1946年推動以素養作為工具，提升社會與經濟發展，改善人類所面臨的挑戰，一直不遺餘力。至2003-2012年的掃盲十年起，更透過集體的力量，力主「素養是一種認同能力，一種理解、闡釋、創意、溝通、運算及運用書寫資料，統合不同環境的能力；它包含持續的學習，成就自我的目標，發展自我的知識、潛能，充分參與廣泛社會的能力。」[27]

　　隨著「素養」的廣泛應用，各學科的學習成就，或用能力，或用

---

[27] "Literacy, a UNESCO Perspective," UNESCO, http://unesdoc.unesco.org/images/0013/001318/131817eo.pdf, 2015.11.20.

素養,先後啓用。其間,身體素養作爲學校體育與全民運動的核心能力,更在歐美國家受到重視。其背景約如下列:

第一,體育(physical education)乙詞,常稱之爲身體教育,不無偏重形體上的生理概念。用身體素養,顯示體育不僅止於技能上的學習,更需在知識、理解、創意、思考與溝通等能力的養成,這些能力,都是素養的內涵,能與科技、音樂、文化等新興素養用語,並駕齊驅,齊頭並進。[28]

第二,重視身體智慧。社會環境千變萬化,身體素養強調身體知覺經驗,身體在與環境的互動中,必須要有靈敏的知覺,始能作出不同挑戰的適當因應。身體知覺經驗的累積,體現在一種習慣的形成,更潛藏爲默會知識(tacit knowledge)的基礎,作爲日常生活中的身體智慧。

第三,國際競爭能力的展現。國際競爭,不只是較量聲光化電有形物質的硬實力,在人力素質的軟實力,更是不在話下。從經濟成長率,到國民所得比;從生活滿意度,到幸福指數,無不是比較對象,也無一不放在國際評量尺度,一較長短。身體本是營取生活的主體,身體素養系統的開發,不僅有利於個人素質的提升,尤有益於社會的和諧進步,更適合於全面性的國際比較。

第四,聯合國積極推動。素養源自19世紀中期的讀寫能力,到20世紀擴大到心理學、經濟學、語言學、社會學、哲學與歷史學的介入,發展爲21世紀衡量國際經濟、社會、教育與文化程度的關鍵用語,[29]銳不可當。身體素養爲人類進步的主宰力量,身體素養更是人

---

[28]E. P. Roetert & L. C. MacDonald, "Unpacking the Physical Literacy Concept for K-12 Physical Education: What Should We Expect the Learner to Master?" *Journal of Sport and Health Science, 4*(2) (Shanghai, 2015.06): 108-112.

[29]UNESCO, "Understanding of literacy," *Education for All- Global Monitoring Report* (Paris: UNESCO Publishing, 2006), 147-159.

類存在的具體展現，聯合國相關機構傾其全力，乘勢而起，積極推動，自不難想像。

二、身體素養的特性

1993年韋赫德（Margaret Whitehead）於澳洲墨爾本國際婦女體育運動會議上，首先提出身體素養的概念，論述哲學家沙特（Jean-Paul Sartre）與梅洛龐蒂（Maurice Merleau-Ponty）有關身體體現（embodiment）的觀點，並批判二元論的主張。之後，經由不斷的鑽研，[30]以及不同學術領域的參與探索，認爲在學校體育課程逐漸萎縮，肥胖問題日趨嚴重，加以高齡社會的到來，以及身體失能者，亟待重視的環境裡，提倡身體素養，足以提升生活品質，促進運動潛能，增加生命力以及活絡行動欲望等意義，力倡身體素養，其特性爲：[31]

1. 身體素養是一種能力，激發我們利用動作潛能，作出對生活品質的貢獻。
2. 身體能力的展現，繫於個人的天賦、有意義的動作潛能及其所生存的文化。
3. 身體素養能在各種挑戰的情境中，顯現泰然自若、經濟效益與自信的行動。
4. 身體素養能敏銳的判讀環境，預知動作的需要或可能性，同時以智慧與想像作出適當的反應。

---

[30] 目前，不只研討會次第召開，並先後於2008、2011及2013年舉辦國際會議，且在2013年會議閉幕後，成立國際身體素養協會（International Physical Literacy Association, IPLA）。

[31] M. Whitehead, *Physical Literacy: Throughout the Lifecourse* (New York: Routledge, 2010), 12-14.

5.身體素養有好的感知，體現於社會與環境的互動，產生正面的
自尊與自信。

6.身體素養有靈敏與警覺性的體現能力，暢順的自我表達，經由
非語言的溝通，能感知情境，且以同理心與別人互動。

7.身體素養為自我認同的能力，彰顯自我動作表現效益的基本要
素，同時瞭解基礎健康原理的體現，如運動、睡眠與營養。

三、身體素養融入體育課程

近年來，身體素養的概念，已普遍為歐美先進國家所接受，其
中，多數國家將身體素養納為國家體育課程長期發展計畫裡，如英
國、芬蘭及加拿大等國，而美國則將身體素養作為國家體育課程標
準。[32]不過，運用的策略容有不同，卻都共同體認到，身體素養不只
在學階段的青少年需要具備，即使社會成年人，甚至老年人及身體失
能者，更需要身體素養。因此，學校體育融入身體素養，也就順理成
章。

(一)身體素養作為體育目標

身體素養不是替代體育，更不是體育的競合對象。[33]體育作為學
校課程，是整體教育的重要環節，身體素養是體育的目標，用以揭露
個人的信心，發展身體的運動潛能，實現身體素養的內在價值，達成
教育的目的。

---

[32]Society of Health and Physical Educators, *Grade-Level Outcomes for K-12 Physical Education* (Champaign, IL: Kinetics, 2014).

[33]M. Whitehead, "Definition of Physical Literacy and Clarification of related Issues," *Journal of Sport Science and Physical Education, 65*(Berlin, 2013.10): 22-28.

更具體的說，以身體素養的內容作為體育的目標，改變傳統以來，體育在技能與認知目標的斷裂情形，強調身體整體體現的綜合學習經驗，彌補體育單調枯燥的操練模式，藉身體的醒覺，以積極的動機，從自信、認識與理解，參與社會，並與環境互動，厚實基礎運動能力，提升運動技能，實踐終身的身體活動，形塑身體素養，滿足體育目標。

(二)身體素養需要及早奠基

身體素養的概念，力主「我『是』身體，而不是我『有』身體」。「我是身體」，指的是我與身體，合而為一，是活生生的主體，不是自外於任人宰割的物體。「我有身體」，意味著「我另外還『有』一個身體，我是我身體的對象物，我已被我的身體客觀化」。因此，身體素養的核心在身體的體現經驗，需要及早奠定基礎。[34]這不只是人從出生，就有屬於自己的身體動作經驗，更指明，人的身體動作，可以因不同的背景而有所不同。一如語言系統，從簡單的象徵符號，到繁複的文字表達，都因不同的文化背景，而有各異其趣的表述系統。

簡單來說，幼兒的運動詞彙，除本能動作外，都要經過模仿、學習與應用而慢慢累積而成。如從簡單的抓握、攀爬、移動、平衡等動作；接著有聯合性質的維持平衡、敏捷性與柔軟性；再到進一步需要更多能力的組合動作，如空間的手眼協調與靈活的身體反應。所以，身體能力需要及早開始養成，不只累積動作語彙，豐富動作內容，更要在面對不同環境的挑戰時，有餘裕解決難題或適應困境。

---

[34]M. Whitehead, *Physical Literacy: Throughout the Lifecourse*, 2010, 21-29.

(三)身體素養端賴循序漸進

身體素養是循序漸進的堆疊，難以一步登天，一如文字寫作，需要日積月累的經驗，無法一蹴可及。從身體動作的發展看，從穩定性技能到移動性及操作性技能，都有其不同的指涉內容，及其不同的表現形式，[35]因此，體育課程的實施，自宜按部就班，由簡而繁，由易而難，不宜橫衝直撞，急躁冒進，好高騖遠，欲速不達。

進一步說，以美國從幼稚園到十二年級的國家體育標準為例，[36]分成小學階段（學前到五年級）、中學階段（六到八年級）及高中階段（九到十二年級），共三個不同階段，各要求不同的身體素養。比如，小學階段，強調基礎技能、知識與價值。特別重視動作形態的基礎能力，以及基礎能力的動作技能，聚焦在連結舞蹈、體操及在小場地實踐的動作技能。

中學階段，則加強在小學階段獲得的基礎技能，知識與價值的實際應用，同時注意結合青春期的改變（如強化抽象思維、增加人際間的互動、認識身體的性別差異等）。在此階段，要有調整團隊遊戲、競技運動、體適能及其他身體活動的應用策略，以及重視個人責任和社會行為的能力（社會技能），其他如戶外活動、舞蹈、韻律及終身運動，亦可納入考慮。

至於高中階段，體育的重點在終身運動、知識與價值。終身運動可延續中學階段的團隊與競技運動項目，可酌予增加選擇項目，不過，因高中生尚缺乏從中度到強度身體活動的足夠水準，侵入性的對

---

[35]David L. Gallahue，《兒童發展與身體教育》（許義雄譯）（臺北：國立編譯館，1997），361-474。

[36]"National Standards for K-12 Physical Education," AAHPERD, http://www.shapeamerica.org/standards/upload/National-Standards-Flyer.pdf, 2015.11.20.

飛躍人生各展才華

資料來源：陳欣嵐提供。

撞項目不是重要部分。因此，特別強化體適能及自我管理的活動能力計畫，以作為邁向成年的活動實踐。

(四)回到身體的探索之旅

身體素養，是藉身體知覺建構知識與理解的能力，也是面對挑戰，展現解決難題的能力。體育既以身體素養為目標，就不能不以身體為核心的探索，以形塑自我的知覺，建立自己最適當的問題解決能力。

具體來說，每一個人都是獨特的個體，對環境給出的問題，各有不同的知覺與解讀，自難有齊一的判斷。舉例而言，身體動作的學習，在意革新與創意，不鼓勵機械式的反復操作，不以標準模型化的動作為依歸，不只是基於個人的身體素養不同，允許有不同的體現，更在乎的是，面對環境的反應，比如動作難易的感受、學習意願的高低、空間氛圍，以及同儕互動與師生關係，在在都足以影響學習的結果。

因此，身體素養的塑造，說是身體探索的旅程，並不為過。換句

話說，優質體育的學習，更像是面向逸趣橫生的旅程，不只面向不可知的前景，充滿期待；更以滿懷欣喜的心境，接納眼前的美景，融入其中，心領意會，不只要有感同身受的深刻體驗，更要有刻骨銘心的感動。進一步而言，身體本隱藏豐富的潛能，動作藉身體如實表達，端賴深入探索身體，歡喜揭露，從基本的跑、跳、擲，到超越極限的身體技藝，不論是靜坐、瑜伽，抑或是眼花撩亂的拳法，婀娜多姿的舞步，行雲流水的演出，都是出神入化的身體景觀，是身體的絕佳體現，更是最好的身體素養。

🏃 第四節　我國體育目標之走向

　　我國體育目標較具特色的改訂，應該是民國72年（1983）國民中學體育課程標準的修訂，[37]及民國88年（1999）國民教育階段九年一貫學制的實施。前者的體育目標，除了延續舊訂體育課程標準所強調的：(1)身體發展的目標；(2)社會規範行為的目標；(3)運動技能的目標；(4)善用閒暇的目標外，值得一提的特色，有兩點，即：(1)加列體育的認知目標；(2)重視運動樂趣的培養。後者，則除了以「健康與體育」的學習領域替代「體育科」外，並以主題軸及能力指標的方式，指涉課程的內容及課程所欲達成的目標。[38]當然，民國103年（2014）十二年國民基本教育的實施，強調核心素養，作為學習目標取向，更是深具意義，[39]分述如下：

---

[37]教育部國民教育司，《國民中學課程標準》（臺北：正中書局，1983）。

[38]教育部國民教育司，《國民中小學九年一貫課程綱要健康與體育學習領域》，民國92年1月15日公布。

[39]國家教育研究院，《十二年國民基本教育課程綱要──國民中小學記普通型高級中等學校健康與體育領域》（草案），民國105年2月。

一、民國72年體育目標的特色

(一)認知目標

有關認知目標的內容，民國72年版國民中學課程標準，列在體育目標的第五項，條文為：「養成學生運動觀念，充實體育基本知識」。[40]旨意所在，顯然認為體育活動，應不忽略其認知目標的要求。

事實上，新訂課程中，加列體育認知目標之所以意義深遠，有下列幾點，值得重視：

1.就體育科屬性看，體育之能忝為學校的重要課程之一，必有其厚實的學理為依據，尤其，就國際體育發展趨勢看，自1960年代以來，以美國為首的改名運動，充分顯示建構體育知識體系之重要。因而，學校體育之施教，不只需要以學科的理論知識為基礎，更不能忽略身體運動的實踐知識，庶幾能構建體育科立足於學校之重要地位。

2.就體育內容言，體育教材應是達成既定目標之主要媒介，理想之體育目標，有賴明確之內容，透過正確的方法，方始有實現的可能，已是眾所共認的事實。不過，近半世紀以來，我國各級學校體育課程標準中，有關體育內容，常僅詳列各項術科教材要項及其上課時數所占比率，而體育知識之內容，則較少列舉。以實際立場看，新訂體育目標，加列體育的認知目標，強調體育的內容，除重實踐的術科外，尤不能忽視體育的學科知

---

[40]David L. Gallahue，《兒童發展與身體教育》，1997，361-474。

識。具體而言，惟其理論知識與實踐知識的配合，才能「知行合一」，凸顯體育課程之特色。

3.就體育成績考核辦法言，目前學生體育成績評定，約分運動技能、學習精神（運動道德）及體育知識等三大部分。其中，前面部分問題較少，因均係針對目標，有其具體的學習結果，有一定的評量內容及方法；但體育知識的評鑑工作則頗不易。一者，體育「知識」範圍太廣，取捨較難；二者，體育「知識」較缺乏系統性，難以作整體規劃。因此，為求體育觀念與知識的建立，自宜在課程標準中，詳加編列，藉供遵循。

(二)養成運動樂趣

近年以來，隨著科技文明的發達，經濟條件的改善，以及社會環境的變遷，使得國人運動風氣頓開，運動人口也逐日俱增，顯見國人已能自覺運動的重要，體認運動的樂趣，並進而建立日常的運動習慣。

事實上，運動習慣的建立，有賴學校體育的加強，而學校體育的加強，端視學生時代對體育課中運動樂趣的傾向而定，素為體育專家學者所指陳。[41]因此，如何在學生時代，掌握學生的運動樂趣因素，培養學生的運動興趣，提供終生運動的基礎，乃為學校體育從業人員的重要課題。[42]

具體而言，我國體育課程標準，雖迭有更異，但以「養成愛好運動之習慣，建立康樂生活之基礎」，[43]始終列為各級學校體育主要目

---

[41]加賀秀夫，〈体育の楽しさと運動の楽しさ〉，《体育科教育》，27（東京，1979.04）：13-18。

[42]德永幹雄、橋本公雄，〈体育授業の「運動の楽しさ」に関する因子分析的研究〉，《九州大學健康科學》，2（福岡，1980）：75-90。

[43]許義雄，〈我國近代體育目標－內容－方法的一貫化問題〉，《體育學術研討會專刊》（臺北，1976），43-56。

隨心所欲操控自如

資料來源：2017臺北世大運執委會提供。

標，則無二致。可見，康樂生活的充實，必以自覺或體認運動的樂趣
為前提，方能因愛運動而建立運動習慣，殆無疑問。亦即，經由運動
樂趣的感受，則運動習慣的建立，康樂生活的獲得，才能水到渠成。

　　換一個角度說，長久以來，教育原理上「學習與興趣」的理
論，雖有不同的主張與看法，但都一致認為，「自然的興趣（natural
interest）是一種無窮動力（perpetual motion）的泉源。從事教育工作
者，自應積極加以培養。」[44]杜威更說：「真正的興趣，乃在動作者
與自身所具有的若干目標或觀念相同的附屬物中；因為必有那些目標
或觀念，才能維持一個自發的活動（self-initiated activity）。」所以，
在體育的學習過程，掌握學生的「目標與觀念」，應是學生自發活動

---

[44]W. H. Kilpatrick，《教育學原理》（雷國鼎）（臺北：文化學院華崗出版部，
　　1967）。

的先決條件。也就是說,瞭解學生的運動樂趣因素,不只能確定學生的心向所在,尤有益於自發性活動的推展。

當然,所謂「運動樂趣」,國內有關教育學辭典,尚未有所定義,但一般所說的一種感受;一種快樂的情趣;一種足以使欲望獲得滿足的愉快氣氛;一種能增強實際行動的心理現象,則為學界所共認。[45]進一步而言,過去體育正課的實施,無不以運動的特性與效果為重點,也無不以達成意圖的體育目標,學習固定的內容為依歸。然而,隨著時代的遞嬗,以及價值體系的調整,已有更多的人認為,體育目標除了考慮運動技能、社會道德規範及個體的生長發達外,更重要的應是運動樂趣的培養。使能在結束學生生活之後,也能在社會環境中,經營其自主、主動及自發的運動生活,獲得身體活動的實際效益。而自主、主動及自發的運動習慣,則有賴運動樂趣的感受,應也是人人皆知的事實。[46]

因此,72年版的體育課程標準中,明列「培養學生運動樂趣」為體育目標之一,自有其值得重視的意義。

二、民國89年九年一貫「體育與健康」領域的目標

國民教育階段九年一貫課程的改革,係根據教育部於民國87年發布的「國民教育階段九年一貫課程總綱綱要」所訂定,並於民國89年10月公布總綱,以培養學生基本能力為導向;並以學習領域為內涵,與過去的國民中學和國民小學課程標準大異其趣。

其實,在公布九年一貫課程之前,教育部曾先後於民國82年

---

[45]浅田隆夫,〈スポーツにおける「樂しさ體驗」とは何か〉,《学校体育》,31(東京,1978):24-29。

[46]許義雄,〈體育正課的「運動樂趣」因素分析〉,《社會變遷與體育發展》(臺北:文景,1988),216-343。

小心翼翼手腳並用

（1993）9月公布「國民小學課程標準」（並自1996年起逐年實施），[47]「國民中學課程標準」也於1994年10月公布（自1997年起逐年實施）。[48]顯見，新課程實施未及二年，旋即改弦易轍，充分說明教育改革之快速，以及社會要求之殷切。

　　按，九年一貫課程之學生基本能力，係指「瞭解自我與發展潛能；欣賞、表現與創新；生涯規劃與終生學習；表達、溝通與分享；尊重、關懷與團隊合作；文化學習與國際理解；規劃、組織與執行；主動探索與研究；獨立思考與解決問題；運用科技與資訊」十大能力，至於「學習領域」則含「健康與體育」等共七大領域，並有六大議題，供作為學習內容。其中「健康與體育」的十大能力指標，則如**表3-2**所示。

---

[47]教育部，修訂《國民中學課程標準》（臺北：教育部，1994）。
[48]教育部，《國民小學課程標準》（臺北：教育部，1993）。

表3-2 「健康與體育」領域與基本能力的指標主要關係表[49]

基本能力	指標　　　領域	健康與體育
人與自己	瞭解自我與發展潛能	・瞭解自我身心狀況，探索健康與體能的關係，充分發展個人潛能
	欣賞、表現與創新	・參與並創新有益身心健康之活動 ・欣賞並表現體育或競技活動的美感 ・表現個人身體及生活儀態之美
	生涯規劃與終生學習	・培養並從事符合身心健康的休閒活動 ・培養良好的個人與環境衛生習慣 ・培養終生學習、運動與健康的習慣，並積極安排生活
人與社會環境	表達、溝通與分享	・適切自我表使他人明瞭，並與他人分享經驗 ・管理個人情緒，並適切與他人協調溝通
	尊重、關懷與團隊合作	・參與體育活動，並遵守運動、遊戲規則 ・在活動中包容不同的意見並樂於與人合作相處 ・尊重生命，並關懷他人
	文化學習與國際理解	・在遊戲、比賽中瞭解並尊重不同族群的文化產業與國際觀 ・探討並尊重不同族群的文化對身心健康的影響
	規劃、組織與執行	・規劃主持體育及健康的活動 ・有積極服務人群的意願
人與自然環境	主動探索與研究	・主動蒐集體育、安全、健康等相關資訊，作明智判斷並加以運用
	獨立思考與解決問題	・面對身心健康等問題時，能思考、澄清、反省、判斷、作決定並解決問題
	運用科技與資訊	・運用科技收集體育運動與身心健康的相關資訊 ・善用體育運動器材及醫療資源，防治身心疾病

　　而在「健康與體育」的主題軸，則有生長發展、人與食物、健康心理、群體健康、安全生活、運動參與、運動技能等七類，每類的具體指標，約在十五至十六項之間，可參酌教育部所公布之課程綱要。

---

[49]教育部，《國民教育階段課程總綱綱要》，1998年9月30日公布。

　　九年一貫課程之改革，諸多概念的詮釋，因認知不同，不無言人人殊的詮釋，如能力指標、學習領域、課程統整、學校本位等，不過，大體上，本次課程以「綱要」替代「標準」，採九年一貫，強調中小學課程的銜接；擬訂十項現代國民必須具備的基本能力，作為課程設計的核心架構；打破傳統「學科組織」，預留「彈性教學時間」等重要改革，被認為是我國課程發展史上的重大突破，已有基本上的共識。尤其，將「健康與體育」結合為同一領域，一方面與國際先進國家體育課程發展接軌，一方面突破臼窠，讓體育扮演更多健康的功能，未嘗不是件創舉。

　　當然，或因傳統影響，或因觀念使然，我國體育目標中，除小學體育外，有關體育與健康的關係，僅止於機體的發育或體格的發展，較少提及健康概念的廣泛意涵。

　　傳統以來，或以為健康為保健學及健康教育的範圍，與體育分屬於兩個不同的領域，目標自相異其趣，無須勉強求同（**圖3-3**）。然而，有人認為，體育功能之一，在於增進或維護個體健康，雖則，在體育目標中，未列健康字樣，體育活動之實施，仍不能有違健康之基本原則，殆為眾所共認。

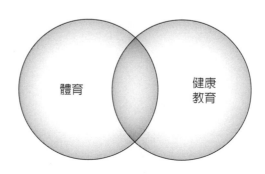

圖3-3　體育與健康教育的關係

　　實際上，問題癥結所在，不在體育之應否以健康為目標，而是對健康的概念，應有深入認識的必要。以上述看法為例，基本上，體育並不排除健康的訴求。再以體育與健康教育的範圍看，體育係透過身體運動實踐，達成身心靈的全面健康，而健康教育，一般係指經由改變人群或個人的行為而使之保持健康狀態。兩者雖有其個別的特殊目標，但仍有相互共同的目標取向，亦為眾所周知。再就健康的定義看，說法雖紛然雜陳，但以世界衛生組織（WHO）界定的健康定義指出：「所謂健康是一種身體、心理與社會的良好狀態，不只是沒有疾病或虛弱而已。」就此語義，衡之於體育的理想，實無多大差異。進一步說，兩者雖面對健康問題的因應，各有不同的專屬領域，解決不同的健康問題，不過，兩者的終極理想，都在個人全面的生長與發展為目標，謂之殊途同歸，當不為過。

　　再者，以過去體育目標看，概以「機體」、「體格」的發展為主要目標，字面上易被誤以為僅止於生理發展。因此，加強「健康」意識，一在重視體育之整體功能，一在說明全面發達之含義，應為社會大眾所接受，也為體育與健康教育專業所重視。

三、民國95年課綱的體育目標及其核心能力[50]

　　基本上，所謂「95課綱」的「高級中等學校體育課程綱要」，是

---

[50] 民國95年《普通高級中學課程暫行綱要》（簡稱95課綱），乃配合九年一貫課程修訂，除繼續國民中小學七大學習領域之基本能力發展外，進一步提升生活素養，以作為生計發展的基礎。於民國95年度（2006）修訂完成，原訂民國98年（2009）8月自高中一年級實施，後因部分爭議，及新政府上臺後，宣布延後一年施行；並進行95課綱之修訂（2004年至2007年），而有2008年（民國97年）頒布的《新修訂普通高級中學課程綱要》（簡稱99課綱）。惟主要課程目標、核心能力及課程理念皆與95暫行課綱相同。

配合九年一貫課程綱要及「學校體育國家標準之專案研究」[51]訂定，除繼續國民中小學七大學習領域之基本能力發展外，進一步提升生活素養（包括人文、藝術、科技與民主法治等知能），以作爲生計發展的基礎。

(一)95課綱的體育目標

    1.充實體育知能，建構完整體育概念。
    2.提升運動能力，發展個人專長運動。
    3.積極參與運動，養成規律運動習慣。
    4.培養運動道德，表現良好社會行爲。
    5.體驗運動樂趣，豐富休閒生活品質。

概略而言，95課綱的體育目標，與過去目標內容大同小異，陳述方式亦以認知、技能及情意爲主軸，不過，特別列出提升運動能力，發展個人專長運動以及體驗運動樂趣，豐富休閒生活品質等，想係配合總綱強調以提升普通教育素質、增進身心健康及養成術德兼修之現代公民等訴求，不無關連。尤其，本次課程規劃，力主「生活素養」、「生涯發展」及「生命價值」等三個面向，體育目標自宜扣緊總綱核心理念，呼應總綱的教育目的。

(二)95課綱體育的核心能力及其指標

95課綱的體育課程，參照九年一貫體育課綱編訂之形式，依目標列出核心能力，作爲高級中學學生受過體育課程後，所應達成的基本

---

[51]許義雄，《學校體育國家標準專案研究》（臺北：國立臺灣師範大學體育研究與發展中心，1998）；許義雄，《訂定學校體育國家標準之教學內容與評量方法》（臺北：國立臺灣師範大學體育研究與發展中心，1999）。

能力，其核心能力為：

1. 瞭解體育活動的意義、功能及方法，並能應用於日常生活。
2. 培養個人擅長的運動項目，確立運動嗜好，提升運動技能水準。
3. 做到定期適量運動，執行終身運動計畫，增進體適能。
4. 發揮運動精神，培養良好品德，並表現符合社會規範之行為。
5. 力行動態生活，參與健康休閒活動，享受運動樂趣，促進生活品質。

再依五項核心能力，分別編訂二十二項分項指標及八十三項能力指標，作為高中學生的體育基本能力基礎。不過，詳細分析其結構，雖有值得肯定的特色，卻也不無可茲商榷的地方。

(三)95課綱體育能力指標的特色

1. 分項指標及其能力指標，涵蓋層面多元、廣泛，富彈性，施教者可依學校條件發展學校本位課程。
2. 強調認知、自主學習、觀賞、規律運動與日常生活之應用，有利於理論與實際的結合。
3. 重視主動學習及相關資訊之蒐集，鼓勵個人專長項目或運動嗜好之培養，強調互相學習之重要及運動技術之評估，利於運動技術之提升。
4. 擬訂運動計畫，定期檢測健康體適能，建立體適能指標，自主掌握個人體適能水準。
5. 倡導校內外活動，積極走入社區、現身志工服務，享受成就感，擴大了運動經驗，提升利他的精神與價值。

(四)95課綱體育能力指標尚待商榷的部分

第一，總綱強調學習領域概念，雖以學科教學，惟體育科教育除具本科特性外，更宜科際或跨領域整合，如生涯教育、生命教育、性別教育、環保教育與永續教育等概念宜適度融入分項指標或能力指標，以符映總綱要求，社會需要與時代潮流。

第二，高中階段學生，身心發展漸趨成熟，開發擅長運動能力，應屬允當，惟具體推出發展水域運動能力，並訂定50公尺為基本能力指標，對照於國內水域設備與學校游泳池設施，能否達成，值得深思。

第三，高級中學課程，上承九年一貫之國中階段，下接大學之分化教育，可說是承上啟下之基礎。係從綜合能力之儲備過渡到分化能力之養成。因此，能力指標之建構，宜有階段區分之準備，較能符合不同成熟程度之實際能力指標。如教材內容之必要或選習，以及分項或能力指標之描述，均宜明顯劃分。

第四，健康體適能作為重要課程，至所必要，惟盱衡國際發展趨勢，除標準化施測項目外，仍可選擇適當運動項目，作為體適能測驗內容，藉以發展在地運動文化特色。

第五，體育目標或能力指標之達成，必以教材內容為媒介，觀之本次課綱之教材內容，仍以指導者立場，採運動技術之分類，較少突破傳統之窠臼，如以學習者立場，採功能取向分類，及諸多新興運動（如攀岩、極限運動等）、冥想性運動、養生、塑身等，均可作為落實日常生活終生運動習慣建立之內容。

四、十二年國民基本教育的「體育與健康」領域

(一)基本理念與目標

　　十二年國民教育係連貫國民小學、中學及高級中等學校的統整學習，於民國103年8月1日起全面實施。本於全人教育的精神，以「自發」、「互動」及「共好」為理念，注重學生的生命主體性，核心素養培養及身心健全發展，開發潛能及涵養品德。其目標為：

1. 培養學生具備健康生活與體育運動的知識、態度與技能，增進健康與體育素養。
2. 養成學生規律運動與健康生活的習慣。
3. 培養學生健康與體育問題解決及規劃執行的能力。
4. 培養學生獨立生活的自我照護能力。
5. 培養學生思辨與善用健康生活與體育運動的相關資訊、產品和服務的素養。
6. 建構學生運動與健康的美學欣賞能力及職涯準備所需之素養，豐富休閒生活品質與全人健康。
7. 培養學生關懷生活、社會與環境的道德意識和公民責任感，營造健康與運動社區。
8. 培養學生良好人際關係與團隊合作精神。
9. 發展學生健康與體育相關之文化素養與國際觀。

(二)核心素養

　　健康與體育領域的核心素養，依據課程總綱的核心素養面向與核心素養項目如**表3-3**所示。

表3-3　十二年國民基本教育課程總綱核心素養與健康與體育領域之關係[52]

總綱核心 素養面向	總綱核心 素養項目	健康與體育領域核心素養具體內容綱要		
		國民小學	國民中學	高級中等學校
自主行動	身心素質與 自我精進	1.良好習慣 2.個人特質	1.運動與保健 2.探索人性	1.運動與保健 2.肯定自我
	系統思考與 解決問題	1.思考能力 2.處理問題	1.思考與分析 2.運用策略	1.後設思考 2.面對挑戰
	規劃執行與 創新	1.計畫與實作 2.創新思考	1.善用資源 2.創新求變	1.實踐與反省 2.創新與應變
溝通互動	符號運用與 溝通表達	1.符號知能 2.人際溝通	1.表達能力 2.概念應用	1.能力掌握 2.同理心
	科技資訊與 媒體素養	1.科技資訊 2.媒體內容	1.善用資訊 2.互動關係	1.運用資訊 2.批判與反省
	藝術涵養與 美感素養	1.感知欣賞 2.美感體驗	1.審美表達 2.美感體驗	1.鑑賞能力 2.賞析分享
社會參與	道德實踐與 公民意識	1.是非判斷 2.遵守規範	1.道德思辨 2.主動參與	1.道德對話 2.參與公益
	人際關係與 團隊合作	1.樂於互動 2.團隊合作	1.利他合群 2.和諧互動	1.人際互動 2.包容異己
	多元文化與 國際理解	1.本土與國際 2.包容多元	1.接納多元 2.欣賞差異	1.拓展視野 2.尊重多元

(三)十二年國教健康與體育領域修訂之特色

從九年一貫邁向十二年國民基本教育，除延長國民教育年限外，最重要的意義在於構建國民的共同核心價值，提升新世代國民的基本教養，以及強化面對未來社會變遷的適應能力，體現在課程目標的具體作為，則是：

---

[52]資料來源：摘錄自「十二年國民基本教育課程綱要國民中小學暨普通型高級中等學校健康與體育領域（草案）」（國立教育研究院於105年2月4日以教研課字第1051100103號函報教育部版）。

◆從能力指標邁向核心素養

　　核心素養重視不以學科知識及技能為限，而關注學習與生活的結合，透過實踐力行，彰顯學習者的全人發展，以適應現在生活及面對未來挑戰。因此，體育課程的學習，除知識、技能與態度外，應考慮積極回應個人或社會生活需求，道理相當清楚。同時，核心素養的學習，不僅止於單一領域為限，必須具有跨領域的性質，以能配合總綱的核心素養的要求。如體育教學配合科技資訊，美感欣賞與溝通表達，甚至多元文化的包容，都是極為重要的學習內容。

◆配合身心發展區分階段

　　十二年國民基本教育，有其教育階段的連慣性，更有不同的發展性，為配合學習對象的身心發展，九年一貫國民教育，特別將小學區分第一、二兩階段，中學為第三階段，而十二年國民基本教育則分小學三階段，國中一階段及高中一階段，如**表3-4**。

表3-4　九年一貫與十二年國民基本教育階段之區分[53]

	九年一貫基本國民教育		十二年基本國民教育		
小學	第一階段（1-3年級）	第二階段（4-6年級）	第一階段（1-2年級）	第二階段（3-4年級）	第三階段（5-6年級）
中學	第三階段（7-9年級）		第四階段（7-9年級）		
高中	—		第五階段（10-12年級）		

◆健康與體育學習表現與內容同中有異

　　請詳見**表3-5**所示。

---

[53]國民中學之7-9年級，係累計國民小學6年級計算，高級中學之10-12年級，則累計國中之年級。

表3-5 健康與體育之學習表現及其內容[54]

區分	向度	健康教育	體育
學習表現	認知	健康知識、技能學習	運動知識、技能原理
	情意	健康覺察、正向態度	學習態度、運動欣賞
	技能	健康技能、生活技能	技能表現、策略運用
	行為	自我管理、倡議宣傳	運動計畫、運動實踐
學習內容	九大主題	1.生長、發展 2.安全生活 3.群體健康 4.個人衛生與性教育 5.人、食物與健康消費 6.身心健康與疾病預防	1.生長、發展與體適能 2.安全生活與運動防護 3.群體健康與運動參與 4.知識與休閒運動 5.挑戰型運動（田徑、游泳） 6.競爭型運動（球類） 7.表現型運動（舞蹈、體操、民俗運動）
重要議題	重大議題	性別平等、人權教育、環境教育與海洋教育	
	一般議題	品德、生命、法治、科技、資訊、能源、安全、防災、家庭教育、生涯規劃、多元文化、閱讀素養、戶外教育、國際教育、原住民族教育等	

　　總而言之，十二年國民基本教育「健康與體育」領域，雖有很多創新的改革，合理的修訂，不過，若能就下列數點，略作補充，則課程或有更不一樣的發展。比如：

　　第一，宜增多思辨的課程，提供批判與反省機會。

　　傳統體育課程，傾向運動術科的技能學習，且以師徒制的示範教學為多，易流於教師主導教學，導致學習者受制於權威而被動學習，遇有疑難，甚少主動提問，喪失師生或同儕間的互動或論辯機會，縱有浮面的運動樂趣，卻少動作變化或創新的遊戲格局。提供師生共享的討論空間，養成學習者慎思明辨的學習態度，更能突破術科學習僅止於技術學習的框架。

---

[54]資料來源：整理自十二年基本國民教育「健康與體育」領域修訂委員林靜萍教授所提意見。

第二，跨領域的學習，足以改變體育的刻板印象。

體育向來植基於日常生活，廣泛應用不同理論，發揮效果，爲人所樂於接受。惟因動態實踐居多，施教或學習，常忽略廣泛基礎知識的傳導，形成「只知其一，不知其二」的窘境。爲今之計，不只知識生產快速，生活面向多元，單一學科知識已無法應付千變萬化的社會議題，加以問題層出不窮，跨學科的學習，不只是時勢所趨，增多切入社會實際生活面向，更是養成解決問題能力的不二法門。

第三，扣緊課程總綱，達到相乘效果。

課程總綱是課程訂定的基礎，更是各領域課程發展的準據與南針。具體而言，各課程雖各有專屬的領域，也各有其不同課程發展方向，惟其發展的基本理念與精神，離不開整體課程總綱的基本理念與目標。以十二年基本國民教育爲例，三大核心素養與九項核心項目，甚至重要議題，各學習領域，不只必須設法融入，更必須由教學過程中產出具體的成效，方足以言課程的落實，健康與體育領域的學習自不例外。換句話說，扣緊課程總綱，不只顯示健康與體育領域的功能，達成課程總綱要求的完整性，更發揮體育與健康領域特別的相乘效果。

五、邁向彈性多元的目標取向

我國學校體育歷經百年的演進，從大陸時期（1912-1949年）的雛形初具，到國民政府遷臺後的另起爐灶，費了不少周章。其中，不只要滌除日治時期的痕跡，還要複製大陸時期的典章制度，更需面對瞬息萬變的國際體育情勢，迎戰對岸出其不意的挑戰。體育目標發展過程，曲曲折折，錯綜複雜，難以一言道盡。其中或因政治因素、社會背景及經濟條件的不同，先後曾多次變革，內容也不盡相同。從大陸時期的體育目標以國家爲本位，強調體育在培養國家國民、民族意

識與民族情操，[55]俠氣、勇敢、團結、合作等視為當然之社會規範行為。及至南征北伐及對日抗戰，烽火連天，內憂外患頻仍，舉國上下敵愾同仇，體育供為軍事訓練之手段，目標在培養國防技能及後方服務方法與衛生習慣之建立，不只是時勢所趨，更是無可避免的歷史宿命。[56]之後，中央政府播遷臺灣，雖勵精圖治，仍無法保有聯合國會籍，孤立的政治困境，使得體育作為政治手段，更換旗歌、國名，屈身於國際競賽舞臺，但求國家一線生機。緊接著受到自由民主思想的激盪，及生活環境的改變，個人生存價值及生活意義頗受重視，加以國際生涯教育思潮興起，人人運動、時時運動、處處運動的全民運動政策適時推出，影響所及，體育以善用閒暇及建立娛樂休閒活動與運動習慣為目標，自是現實社會所使然。

同時，隨著臺灣的經濟奇蹟，民主政治的改革，社會多元價值並起，使得主權在民，臺灣主體意識抬頭，體育目標也以重視個人主體價值，滿足以學生為導向的目標，也就應運而生。我國學校體育目標，從集權到自治，從封閉到開放，從單一到多元，從教師導向到學生導向，從控制到自主，從工具價值到本質追求，從標準化到彈性化，歷經百年的披荊斬棘，邁向民主自主的取向，不只展露改革的新方向，更體現了體育發展的新契機。

總而言之，學力泛指學習的結果，常以學習成就加以表達。盱衡國際現勢，面對科技的進步，日新月異，社會演進，千變萬化的現階段，培養足以面對改變，適應挑戰的能力，已是舉世共同關注的重要課題。因此，開發迎合世界潮流，提升經濟發展，增進人類社會進步的能力，更是眾人所期待。

---

[55]瞿立鶴，〈近代中國國家主義教育思想之演進〉，《今日教育》，27（臺北，1974.12）：6-13。
[56]許義雄，〈二十世紀初期中國體育思想在軍國民教育中的成立過程〉，《體育學術研究會專刊》（臺北：大專體育總會，1975.08），23-31。

　　事實上，21世紀的挑戰，不只是知識技能的學習，更須面對科技的進步與社會的改變，強調學習社會的構建與多元文化的認識與理解，尤其創新與問題解決的能力，更是未來社會所不可或缺。體育素為學校教育的重要課程，傳統以來都以知識、技能與情意作為重要目標。雖歷經多次的改革，始終以運動技能學習為導向，難以擺脫藝能科目的框架，形成知識與技能的斷裂，理論與實際的疏離。身體素養，作為體育目標，強調身體知覺作為建構知識與理解的能力，提倡藉意向性，連接身體與環境的互動，激發身體的動機，養成自信，啓動價值的認識，體現終身運動的習慣，藉以面對挑戰，探索最妥適的解決策略，應是時勢所趨，人人所必備的能力。因此，體育的創新教學，應是急需面對的重要課題。

以柔克剛手到擒來

資料來源：2017臺北世大運執委會提供。

　　我國體育目標的發展，已邁向彈性多元的方向，且從民國87年的「九年一貫國民基本教育課程綱要」，揭櫫讓學生學習「帶得走的十大基本能力」，到民國100年啓動的十二年國民基本教育的三大面向與九大項目的「核心素養」等，都是面對未來變遷社會，所應具備的知識、能力與態度。相信，體育課程的改革工作，不只讓臺灣學校體育課程的發展更順暢，且能因爲體育課程的改革，接上國際的浪潮軌道，使人人經由體育課程的洗禮，提升更理想的身體素養。

 ## 本章問題討論

1. 何謂學力？與學習成就有何關係？基本核心素養或核心能力究係何所指？試就國際核心素養之發展趨勢，論臺灣基本教育階段核心素養之取向。
2. 體育應具備之核心素養爲何？結構如何？如何體現？
3. 身體素養爲體育之基礎，其特性如何？如何融入體育課程？如何落實日常生活習慣？
4. 試比較九年一貫體育與健康領域課程目標及十二年基本教育階段體育與健康課程之理念、目標及其特色之異同；並分析體育目標與基本教育課程核心素養之關係。

參考文獻

"Literacy, a UNESCO Perspective," UNESCO, http://unesdoc.unesco.org/images/0013/001318/131817eo.pdf, 2015.11.20.

"National Standards for K-12 Physical Education," AAHPERD, http://www.shapeamerica.org/standards/upload/National-Standards-Flyer.pdf, 2015.11.20.

"What is the relationship between Physical Education and Physical Literacy," PHE Canada, http://www.phecanada.ca/, 2015.11.16.

B. Trilling & C. Fadel, 21st Center Skills: Learning for Life in Our Times (San Francisco: Jossey-Bass, 2012).

David L. Gallahue，《兒童發展與身體教育》（許義雄譯）（臺北：國立編譯館，1997）。

E. P. Roetert & L. C. MacDonald, "Unpacking the Physical Literacy Concept for K-12 Physical Education: What Should We Expect the Learner to Master?" *Journal of Sport and Health Science, 4*(2) (Shanghai, 2015.06): 108-112.

J. Mandigo, N. Francis, K. Lodewyk and R. Lopez, "Physical Literacy for Educations," PHE Canada, https://www.phecanada.ca/sites/default/files/pl_position_paper.pdf, 2015.11.02.

M. Whitehead, "Definition of Physical Literacy and Clarification of related Issues," *Journal of Sport Science and Physical Education, 65*(Berlin, 2013.10): 22-28.

M. Whitehead, *Physical Literacy: Throughout the Lifecourse* (New York: Routledge, 2010).

P. グリフィン、B. マクゴーッ、E. ケア編，《21世紀型スキル：学びと評価の新たなかたち》（三宅なほみ監訳）（東京：北大路書房，2014）。

Society of Health and Physical Educators, *Grade-Level Outcomes for K-12 Physical Education* (Champaign, IL: Kinetics, 2014).

UNESO, "Understanding of literacy," *Education for All- Global Monitoring*

Report (Paris: UNESCO Publishing, 2006).

W. H. Kilpatrick，《教育學原理》（雷國鼎）（臺北：文化學院華崗出版部，1967）。

ドミニク・S. ライチェン & ロ-ラ・H. サエウザニク，《キー・コンピテンシー－国際標準の学力をめざして》，立田慶裕監訳）（東京：名石書店，2006）。

卜部匡司，〈ドイツの教育課程〉，《諸外国の教育課程と資質能力》（東京：国立教育政策研究所，2013），27-35。

上松恵理子，《読むことを変える－新リテラシー時代の読解－》（新潟：新高速印刷，2010）。

文部科学省，〈文部科学省が示す学力観〉，http://www.pref.osaka.lg.jp/attach/5185/00021063/shiry2.pdf，2015.11.02檢索。

王世英、張鈿富、吳慧子、吳舒靜，《PISA表現Top5國家優勢條件分析》（臺北：國立教育資料館，2008）。

加賀秀夫，〈体育の楽しさと運動の楽しさ〉，《体育科教育》，27（東京，1979.04）：13-18。

北俊夫，〈「学力とは何か」にどう答えるか〉，《教育の小徑》（東京：文溪堂，2012.01），1-2。

江本真理子，〈意外と知らない"21世紀型スキル"（1）〉，《学びの場》（東京：內田洋行教育総合研究所，2015），1-5。

松下佳代，〈新しい能力概念とその背景と系譜〉，《"新しい能力"は教育を変えるか－学力・リテラシー・コンピテンシー》（東京：ミネヴァ書房，2010），1-41。

阿部四郎，〈ヘルス・リテラシー概念に関する一考察〉，《東北福祉大学感性福祉研究年報》，13（仙台，2012.03）：23-38。

浅田隆夫，〈スポーツにおける「樂しさ體驗」とは何か〉，《学校体育》，31（東京，1978）：24-29。

國家教育研究院，《十二年國民基本教育課程綱要——國民中小學暨普通型高級中等學校健康與體育領域》（草案），民國105年2月。

教育部，《十二年國民教育課程綱要》（臺北：教育部，2014）。

教育部，《國民小學課程標準》（臺北：教育部，1993）。

教育部，《國民教育階段課程總綱綱要》，1998年9月30日公布。

教育部，修訂《國民中學課程標準》（臺北：教育部，1994）。

教育部國民教育司，《國民中小學九年一貫課程綱要健康與體育學習領域》，民國92年1月15日公布。

教育部國民教育司，《國民中學課程標準》（臺北：正中書局，1983）。

許義雄，〈九年一貫「健康與體育」課程之發展與願景──從國際學校體育課程改革談起〉，《學校體育》，10.1（臺北，2000）：10-18。

許義雄，〈二十世紀初期中國體育思想在軍國民教育中的成立過程〉，《體育學術研究會專刊》（臺北：大專體育總會，1975.08），23-31。

許義雄，〈我國近代體育目標─內容─方法的一貫化問題〉，《體育學術研討會專刊》（臺北，1976），43-56。

許義雄，〈體育正課的「運動樂趣」因素分析〉，《社會變遷與體育發展》（臺北：文景，1988），216-343。

許義雄，《訂定學校體育國家標準之教學內容與評量方法》（臺北：國立臺灣師範大學體育研究與發展中心，1999）。

許義雄，《學校體育國家標準專案研究》（臺北：國立臺灣師範大學體育研究與發展中心，1998）。

勝野賴彥，〈社会の変化に対する資質や能力を育成する教育課程編成の基本原理〉，《教育課程の編成に関する基礎てき研究報告書5》（東京：国立教育研究所，2013），46。

評鑑交流道，〈「基本素養」與「核心能力」不同嗎？〉，《評鑑雙月刊》，34（臺北，2011.11），1。

黃政傑，〈中小學基本學力指標之綜合規劃研究〉，《專題研究報告》（臺北：國立臺灣師範大學教育研究中心，1996），39-48。

新井浅浩、藤井泰，〈イギリスの教育課程〉，《諸外国の教育課程と資質能力》（東京：国立教育政策研究所，2013），15-25。

德永幹雄、橋本公雄，〈体育授業の「運動の楽しさ」に関する因子分析的

研究〉，《九州大學健康科學》，2（福岡，1980）：75-90。

瞿立鶴，〈近代中國國家主義教育思想之演進〉，《今日教育》，27（臺
北，1974.12）：6-13。

Chapter 4

體育的內容——運動術科

➤ **本章學習目標**

- ·瞭解運動術科的內容
- ·瞭解運動術科的意義
- ·瞭解運動術科的結構及其發展
- ·瞭解運動術科的教育價值

➤ **本章學習內容**

- ·身體動作的意義、概念與功能
- ·遊戲的意義、概念與功能
- ·運動的意義、概念與功能
- ·新興運動的意義、概念與功能

　　討論體育的內容，常因不同的立論基礎或分類觀點，而有不同的呈現方式和殊異的內容。比如，有以體育科的屬性，將不同的運動種類作為體育的內容；有以體育的理論學科或實踐的術科作為內容；更有以實施的對象，從兒童體育到中老年體育，甚至是學校體育與社會體育；或一般體育與特殊體育等作為內容，說法不一，紛然雜陳。

　　事實上，就體育課程看，體育的內容，除運動術科外，不能沒有體育的知識內容。不過，傳統以來，體育科常以術科的教學為主，較少關注體育知識的引導或啟發，甚至更多的時候，將體育學科，歸屬藝能科目，總以為體育就是實際操作的課程，重點在運動技術的獲得，而不是知識的傳授，導致積非成是，以為體育欠缺知識基礎，甚至認為體育一無認知教育的價值。

　　其實，任何學習，都需要認知基礎，已是眾所共認的事。再說，從體育學科納入為學校課程以來，經過近一、兩百年的發展，不只體育專業發展與時俱進，尤其，社會變遷與時代潮流的影響，加上體育專業人員的精進奮發，除體育學術機關相繼設立，即連高級體育課程的設置或博、碩士學位的頒授，更是有增無減。顯見，體育學術屬性已更臻成熟，學術基礎更趨穩固。

　　本書基於體育的發展事實，擬先介紹體育的術科內容，並依身體動作（movement）、遊戲（play）、運動（sport）、新興運動等內容作說明，至於體育學科知識之形成，則於下一章作進一步的說明。

第一節　身體動作（**movement**）[1]

　　體育的內容，無論分類如何不同，終究以達成體育目標爲訴求，應是無可置疑的事。進一步說，體育目標係經由身體動作的學習，以增進認知、情意及技能的全面發展，使有利於身體效率的表達，提升生活效益或品質，也是大家耳熟能詳。因此，身體動作是體育的核心內容，自不待言。

　　基此理由，本文擬分：(1)動作語彙（movement alphabet）與動作技能（movement skill）；(2)動作概念及其結構；(3)動作分類及其連結；(4)動作教育的功能；(5)動作教育的發展等五部分，敘述如下。

一、動作語彙與動作技能

　　兒童透過身體運動而學習。身體運動是兒童探索周圍環境的媒介，藉由動作學習，獲得認知概念、動作技能，並積極社會化及自我概念的發展。[2]因此，經由動作概念的習得，建構動作技能，形成專項運動，諸如舞蹈、體操等複雜運動能力，並作爲終生運動的基礎（**圖4-1**）。

---

[1]Movement乙詞，一般譯爲活動、運動或動作等，範圍至爲廣泛，常與政治、社會相連接，稱之爲政治或社會運動。不過，本文就教育觀點言，將movement education譯成動作教育，以便於與sport education（運動教育）有所區隔。動作教育旨在學習人體動作，或透過身體學習動作，前者重在促進動作的發展，後者重在經由身體，學習認知能力。M. Frosting，《運動教育的理論與實際》（許義雄譯）（臺北：教師研習中心，1985），1-3。本書爲配合用語發展，且避免與sport education（運動教育）或sport pedagogy（運動教育學）混淆，再版時，將依原著書名*Movement Education: Theory and Practice*改以《動作教育的理論與實際》爲書名。

[2]M. Frosting，《運動教育的理論與實際》，1985，1-3。

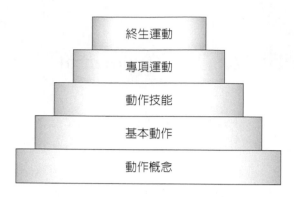

圖4-1　動作概念與終生運動的關係

　　具體而言，動作技能必以基本動作為基礎，專項運動的演出，才能水到渠成，道理至為清楚。舉例而言，兒童具備了攀、爬、跑、跳、投、擲等的基本動作能力，組成聯合的動作技能，做不同的動作表達，自較能得心應手。換句話說，基本動作，有如字母或單字，而動作技能則是由單字組成的句子，複雜的專項運動，則成為短句或短文，看一串爐火純青的技能表演，當無異於文章中行雲流水的文字表達。

　　任人皆知，學習文字，必先學習字母或單字，且宜從小或依順序學習為佳，同樣道理，體育的學習亦不例外。否則，欲速不達，揠苗助長，畫虎不成反類犬，均非教與學雙方所樂見。

　　有待商榷的是，國人對學校體育的學習，常有不分年齡大小，不分動作難易，不分先後程序，而逕行學習的情形。比如，於基礎教育階段，即授予高難度之複雜動作技能，致使基礎動作能力未能適時建構，造成終生動作笨拙，舉手投足間，無法顯現曾接受多年體育薰陶的效果。此種現象，一如單字不識幾個，要求有口若懸河的演講，或妙筆生花的文字表達，無異癡人說夢，緣木求魚，值得深思。

二、動作概念及其結構

一般而言，動作概念及其結構，類皆引自拉邦（Rudolf Laban）的動作分析系統。[3]拉邦認為，動作學習應是瞭解身體運動的關鍵所在，因此，透過動作的結構分析，逐一認識，並經有意的設計，自可達到身體活動的有效學習。

拉邦區分動作概念為四個領域，[4]即：(1)身體（body）概念；(2)空間（spatial）概念；(3)勁力（effort）概念；(4)關係（relationship）概念。分述如下：

(一)身體概念

所謂身體概念，係指身體的認知（body awareness）而言，是全身或部分，動作時，要能指出部位的名稱，並認明動作所使用的身體部位。換句話說，任何有意的身體動作，應對表達動作的身體，有清楚的瞭解與認識，也就是所謂身體的覺知。亦即，身體可依不同的部位，表達不同的動作，形成不同的造形（shapes）或姿勢，甚至藉助身體的不

---

[3]拉邦（Rudolf Laban），1879年生於奧屬匈亞利，卒於1958年。是近代舞蹈家、編舞家及教育者。幼時因父親任軍職，輾轉歐洲各國，後入國立巴黎美術學校，學音樂、生理學、解剖學、身體運動等。早期受達爾文（Charles Darwin）於1872所提動物身體表現構造理論的影響，自創人體動作結構分析系統，1938年移居英國，1976年創立舉世聞名的拉邦舞蹈研究中心。其著作從1920年到1971年共有十五冊，主要內容以舞蹈學構想、舞譜研究、近代舞蹈的定義、運動論、空間論、勁力論等，影響深遠。桐生敬子、猪狩初代，〈ルドルフ・ラバンのムーブメントエデュケーション：幼児の創造的運動教育を考える為にその1〉，《聖德大学研究紀要》，16（千葉，1983.12）：77-90。

[4]拉邦的四個動作概念，一般稱為動作結構（movement framework）經其學生及其後人的發展，已廣為教育界所引用。Frances Cleland-Donnelly, Suzanne S. Mueller, David Gallahue, *Developmental Physical Education for All Children* (Champaign: Human Kinetics, 2007), 384-394.

扯鈴──古老的遊戲

資料來源：東北亞體育史會議提供。

同機能，創造不同的表達方法，或經由身體與外界的互動與溝通，將內心的感受或想法，放鬆或緊張，透過身體動作，作貼切的表達。

因此，在動作學習中，身體的覺知，應有下列的目的：

1.動作時，能指出個人與他人的身體部位名稱及其位置。
2.演示身體所能表達的不同造形（shapes）與姿勢。
3.瞭解不同身體部位的機能及其所能表達的動作。
4.運用身體表達心理感受與想法。
5.區別肌肉緊張與放鬆；並瞭解其在動作表達中的任務。

(二)空間概念

身體本身即占有空間，且任何身體動作，均在一定空間中形成並演出。瞭解不同空間的不同方位，可說是個人能否有效或安全活動的基本要件。進一步說，空間知覺概念，在協助個人瞭解其身體的可動

範圍，以及身體能做不同活動之所在。一般而言，空間知覺概念則可分為：空間位置（個人及一般空間）、方向（上下、前後、左右）、水平（低、中、高）、路徑（空中、地面、直線、彎曲、鋸齒形）以及動作範圍（大小、寬狹、遠近）等，其主要目的，在於：

1.覺知自我或個人空間與尊重別人空間。
2.活動時，安全地進入一般空間，並做必要的動作調整，以避免與他人的碰觸及衝撞。
3.瞭解空間裡不同的動作水準，並順暢地逐一進行。
4.瞭解身體的能動及可改變的方向。
5.透過不同的路徑及瞭解不同之流動，以掌握目標。
6.經由不同的範圍並依不同的任務及情境調整範圍表達活動。

(三)勁力概念

勁力或稱之為使力，主要在表現動作的質感，所以又可說是動作品質（qualities movement）。一般可從平衡（動靜、失衡與恢復平衡、個人平衡與他人平衡）、時間（快慢、快速與減速、節奏）、力量（輕重、強弱、收放、變化）及順勢（自由或約束、流暢、持續、控制）等角度，加以掌握動作技能的表達。

具體而言，身體動作時，常因身體平衡及時間或速度的改變，力量的應用以及順勢動作，而形成不同的動作變化。因此，勁力或使力的覺知，至少有下列的目的：

1.瞭解動作中，動、靜平衡的性質及其角色扮演。
2.能區分速度中，動作的加速與減速。
3.能分辨不同的力量水準，並配合動作的需要，調整成創發個人的力量。
4.整合動作的流暢性，並在一定的時間或空間中表達。

　　當然，勁力或使力的應用，常因是動作質感的把握，加以組合的因素，需較深入且精進的探索，對學習者而言，要確切的體會及具體的表達，有賴指導者較大的耐性及更細緻的設計。

(四)關係概念

　　所謂關係，係指身體動作時，個人身體部位的使用，與動作流動過程中，與自己、他人（含團體）及環境（含器材）的關係而言。換句話說，身體動作表達中，所涉及的關係，常含身體部位的個別關係、人與人的關係（個人對個人、個人對同伴、個人對群體）以及個人與物的關係（人與環境、器材、用具等）；比如以身體動作表達者作為主體而言，其與客體的相互關係中，常有遠近、相遇或分離、上下、引導或跟隨、模仿或配合、前後、內外、越過或在下、圍繞或穿越等的關係，在動作過程，或多或少，或持續或間斷，構成動作的美感映像，[5]引人入勝。

三、動作分類及其連結

(一)動作分類

　　動作技能雖可分基本動作技能或特殊動作技能，卻都可細分為若干基礎動作類別，且不同的運動項目，有不同的動作形式。具體而言，一般將動作的不同性質，劃分為三類，[6]即：穩定性動作技能、移

---

[5]「映象」乙詞，為現象學術語，係指一個獨立於意識的客觀現實存在，並認為人類意識有能力反應這個現實。

[6]David L. Gallahue，《兒童發展與身體教育》（許義雄譯）（臺北：國立編譯館，1997），24-26。

手舞足蹈樂融融

動性動作技能及操作性動作技能。分述如下：

1. 穩定性動作技能：是維持身體在垂直或水平方向位置運動的形式，為移動性及操作性技能的基礎。如身體滾動、旋轉、推拉等都需要講究動態或靜態平衡的運作，以維持動作的持續進行。這種運動能力，特別強調平衡，有利於體操、跳水及花式溜冰等項目的表現。

2. 移動性動作技能：係指身體自一個點轉換垂直或水平方向至另一個點的動作，如走、跑、跳、滑行、跨越等。這些基本技能，都有助於其他特殊運動的表現。如衝刺、盜壘、穿越過人等的運動技能。

3. 操作性動作技能：可分粗略性及細緻性操作兩類。粗略性動作操作，係指較單純的基本動作的操作，如投、接、踢等動作技能；而細緻性的動作操作，常指應用其他用具的操作活動，強調動作控制及其精準明確。如射箭、射擊等運動，都需要具備

精緻性的操作。

事實上，身體運動的表達，常是穩定性、移動性與操作性動作的連結。這些連結動作，必須在熟悉單一基本動作後，再加以學習或指導，才能達到教育的效果。換句話說，動作技能的學習，不論是基本的或特殊的動作，在精熟之後，必須與其他動作連結，而形成有意義的動作表達，孤立而不連結的動作，則成為單調與枯燥無味的表達。

(二)動作程序及其連結

以身體動作作為體育的核心內容，旨在強調，動作的學習應以學習者的身心發展為依據，亦即不能無視於身體動作的可能性及其限制性。進一步說，動作教育的訴求，無非是回歸身體自然的動作發展，所強調的應不只在於動作技術的獲得，更在於身體動作中質感經驗。具體而言，動作教育者認為，身體動作的意涵，應不只是生理或生物層面的問題，而應有其更深層的所謂心理或精神層面的意義。所以，動作教育不忽略動作過程中、身體意識或感受性的開發，提倡自我概念的養成，鼓勵自覺及創意或自我表現，自是順理成章的事。[7]

如眾所周知，人體動作的發展不只有其一定的程序，其教育的方法，自不能捨本逐末，反其道而行，否則，教育目標無以達成事小，危害人體的自然發展，甚或影響人體的健康，都是不能掉以輕心的重要課題。比如，動作教育者主張，身體動作的發展，有如一棵大樹，動作的基本要素，在於力量、時間、空間及流暢等四項，是為大樹的根部，而基本動作（含穩定性動作，如彎曲、伸展、扭轉等；移動性動作，如走、跑、跳、滑等；操作性動作，如投、接、踢、截、擊

---

[7]許義雄，〈大學運動教育的新使命——就臺灣的大學運動教育改革談起〉，《臺灣師範大學體育研究》，復刊第1期（臺北，1995）：31-42。

等）則為大樹的軀幹，至於一些個人運動，如田徑、體操、水上運動等項目和團體項目，如球類、舞蹈等，則為大樹的枝葉，概屬特殊動作技能之展現。根深，自能幹粗，幹粗，何愁不枝葉繁茂，道理至為淺顯，何須贅言（**圖4-2**）。[8]

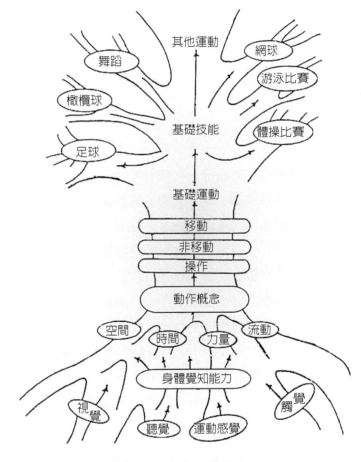

圖4-2　動作程序及其連結

---

[8]許義雄，〈運動教材結構分析〉，《樂趣化體育教材彙編（二）》（臺中：臺灣省政府教育廳，1993），1-7。

　　不過，無可諱言的是，現階段的體育教學，不論是基礎教育，抑或高等教育，率皆以特殊動作技能為取向，較少注意依動作技能的發展程序，安排教育內容，開發教學方法，體育教學常為人所詬病，可說其來有自。

四、動作教育的功能

　　動作既為體育的核心內容，則其主要的訴求與主張，自有深入探討的必要。

(一)是身體的學習與學習的身體

　　如上所述，身體動作的表達，有賴於身體的覺知，旨在強調，體育無非是學習身體如何運動，以及透過身體的運動而學習。前者以習得動作技能和提升體適能為基礎；後者則以發展學生在認知與情意表達為依歸。進一步而言，身體可以是學習的主體，也可以是學習的媒介。就前者言，因為身體的開放，身體的自主學習成為可能，身體運動的優越性，自能順理成章，水到渠成。就後者看，因為身體是學習的媒介，透過身體所營造的關係，而知道自己、他人、事物與環境，也就是，因為有了身體作為工具，使得身體與外界的關係形形色色，學習自然多彩多姿，積極的社會化，不只成為可能，且能得心應手。更具體的說，經由學習身體的運動，或透過身體運動而開展更多的學習，身體運動更突顯了下列身體的意義：[9]

　　1.具道具的意義：身體所營造的關係，不論是你、我、他，抑或

---

[9]オモー・グルーペ（Ommo Grupe）、ミヒャエル・クリューガー（Michael Krüger），《スポーツと教育－ドイツ・スポーツ教育学への誘い》（永島惇正等譯）（東京：ベースボール・マガジン社，2000），93-94。

是事物與環境，應都不是偶然的經驗所形成，而是經由有意的學習，才使得關係脈絡有了意義，這種關係脈絡的搭建，沒有身體無以竟全功，道理至明，自是無庸置疑。

2.具探索的意義：從身體動作的要素看，不論是時間、空間、力量或關係性，身體無時無刻不在嘗試不同的探索，累積不同的經驗，構築不同的運動形態，開展不同的身體文化，造就不同的紀錄，這些結果，無一不是身體探索的結晶或產品。

3.具社會的意義：身體運動的自如表達，不只是經由自信形塑自我概念，更由於透過不同的活動，或儀式型行為，而瞭解自我、認識自己的限制，而求取同儕間的溝通，進而建立和諧的人際關係。

4.具品格養成的意義：身體運動是否有益於品格的養成，不同的立論，常有不同的說辭，惟運動場提供一個絕佳的品格教育實驗場，卻素有定論。[10]其中，身體的運動經驗，既可經由有意的學習，則運動主體本身，運動形式的設計者、指導者、行政人員以及學習者的家長，都有責任、有義務，使運動參與者的忠誠、團結、互助合作、守法、勝不驕、敗不餒、公平對待、同理心等的高尚品格，都能在運動情境中，耳濡目染，自然形成。

　　總而言之，科技文明的來臨，外在的財富增加了，豐衣足食之餘，身體不再操作，體重增多了，視力減低了，身體適應能力不增反降。唯有讓學習者的身體，多做些身體運動的學習，不只是善待自己，求得心安，更是激發潛能，擴增身體經驗的不二法門。

(二)是以學生為中心的愉悅學習[11]

動作作為體育的核心內容，重在說明，動作的學習過程中，是以學生為中心的愉悅學習，尤其重視下列的訴求：

1. 自我探索，力求突破：動作教育，鼓勵學生，自我探索動作的表達方法；並尋求自行面對問題及解決問題的能力。是一種自我導向，嘗試所有可能，以自己的能力，選擇最合適的方式，採取最有效的步驟，完成學習課題與工作任務。是一種積極、主動的學習，而不是聽命於傳統的一個口令一個動作的被動應付。

2. 是沒有挫折的快樂感受：一般認為，學生之所以厭惡體育或運動，常非先天性的排斥體育或運動，而是在其成長或學習過程中，受到外來因素的影響，產生意識性規避。比如，因失敗經驗（動作失敗、比賽失敗、運動能力低劣等），受到社會性懲罰（受同學嘲笑、受教師斥罵）而感到羞愧，形成內在規避反應，以致厭惡體育或運動。他如學習團體的過度競爭、教師的求好心切，未顧及學生的個別差異，教材的一成不變，也都可能影響學生對體育的好惡傾向。

動作教育，既重視個人的愉悅感受，自不以勝敗論英雄，更無絕對標準答案，評斷學生動作表達的對錯。進一步而言，動作教育，不僅止於學習技術的有用性，更在意於學習者的滿足感，喜悅經驗及盡其在我的成就感。具體來說，動作教育，貴在能使人人自鳴得意，沒有挫敗感受的動作表達，更重視彼此尊重，相互欣賞的快樂學習。

---

[11] 許義雄，〈樂趣化體育教學的意義〉，《樂趣化體育教材彙編》（臺中：臺灣省政府教育廳，1997），1-7。

五、動作教育的發展

如眾所周知，動作教育源之於英國，目前仍風行於歐美。[12]事實上，19世紀的傳統體操，在進入20世紀之後，因其人為、僵化與機械化的身體操練方式，已逐漸受到挑戰。如美國的「新體育」、奧國的「自然體育」，以及德國「新體操」的改革等，無不都是對傳統體操的反動，象徵著早期形式體操，已面臨不得不興革的處境。

(一)英國的動作教育

拉邦的動作理論，可說是風雲際會，適時崛起。1926年，拉邦在德國出版其主要著作《身體運動與舞蹈》，主張「身體的自由運動，是所有身體運動的基礎」，認為身體運動的目的，是包含身體、情感及心理等完整的全人而言。他反對傳統的瑞典體操，力主體操應不是形式的、部分的身體操作，而是自然的、全身性的；且強調身體表現的重要性。甚至在方法上，不是強制性的一個口令一個動作，而是以發現的教學方法，重視學習者情緒的表達。[13]

第二次世界大戰期間，拉邦流亡英國，替英國發展一套有效的身體動作方法，幫助英國工人，增加工廠生產力。後來，拉邦的動作方法，在日常生活中普受歡迎。[14]尤其，動作教育理念，更受到英國

---

[12]目前，動作教育在美國、挪威、義大利、以色列、南美等國，廣受歡迎；而奧國的「自然體育」，除奧國外，也在德國、荷蘭等國備受重視。高橋健夫，〈世界の潮流にみる学校体育の改革－運動教育とスポーツ教育の方向－〉，《体育科教育》，4（東京，1980）：24-27。

[13]M. Frosting，《運動教育的理論與實際》，75-77。

[14]教育部，〈動作教育簡史〉，《創造性體育課程教學法研究會資料》（臺南：臺灣省立臺南師範專科學校，1981），17。

女子教師廣泛的支持，並逐步普及。至1952年，英國政府公開認可以「移動（moving）與成長（growing）」作為初等教育階段的體育課程綱要。其後，經由不斷的論爭與研究，英國教育‧科學部（教育部），正式於1972年發布以「動作」（movement）為標題的「初等教育階段的體育」課程。其中含第一部「移動、成長與學習」及第二部「體育的系統」等內容。[15]

　　資料顯示，[16]英國的動作教育，係從人一生的運動系統作考量，其中，如移動、使用對象物的運動、人為的運動等，含體操、舞蹈、團隊遊戲、游泳、陸上競技、戶外活動等，都在初等教育階段的考量範圍；甚至，在移動系統的理解、中等教育、繼續教育中體育或運動的整合，動作教育都扮演重要角色。不過，英國的動作教育，定位在「動作的教育」、「教育體操」、「教育舞蹈」等教材的原理與方法，重在調和其他體育活動，而非涵蓋所有體育活動的內容。

　　進一步說，經由阿諾德（Peter J. Arnold）的動作教育的論述，動作教育的理論化，更趨成熟[17]。阿諾德曾於1979年出版《動作、運動與體育的意義》乙書，在第六章〈教育，動作與課程〉中，特別論述動作教育的三元概念，受到普遍關注，且影響了歐美及亞、澳國家的體育課程。[18]具體的說，阿諾德認為，動作教育在概念上，可區分

---

[15]高橋健夫，〈世界の潮流にみる学校体育の改革－運動教育とスポーツ教育の方向－〉，24-25。

[16]横山一郎，〈イギリスの体育スポーツ〉，《体育科教育》，10（東京，1978）：32-35。

[17]森田啓之，〈P. J. アーノルドの「運動教育」論に関する一考察〉，《スポーツ教育学研究》，12.2（筑波，1992）：65-76。

[18]即使到目前，歐洲仍時有相關文章，論述阿諾德動作教育與體育課程的三元論述。Trent Brown and Dawn Penney, "Learning 'In', 'Through' and 'About' Movement in Senior Physical Education? The New Victorian Certificate of Education Physical Education," *European Physical Education Review, 19*(London, 2013.02): 39-61.

為：(1)透過動作的教育（education through movement）；(2)相關動作的教育（education about movement）；(3)動作中的教育（education in movement），其相互間的關係，如**表4-1**。

◆動作教育的意義

就**表4-1**阿諾德動作教育的三元論述，有幾點意義值得重視：

1.將動作教育的現象藉三個介系詞（through, about, in）區分層次，具體說明動作概念的指涉內容，值得重視。

2.基準設定，係依動作的價值而定，其中區分外在價值與內在價值。前者指工具或手段價值，後者指本質價值或目的價值。內在價值又依實際動作場域之有無相關，劃分為二，構成三元論述。

表4-1　阿諾德動作教育三元論[19]

分類基準	價值類別	三元論據	特徵
基準一	外在價值	透過動作的教育（education through movement）	幾與體育相一致，惟以動作作為達成教育的手段，更具體明確，尤其在知識與理解之相關領域，更具下列機能： 1.有助實踐機能的展現。 2.有利實踐場域相關知識之獲得。
基準二	內在價值	相關動作的教育（education about movement）	1.動作相關合理知識之傳達。 2.動作實踐，清楚易懂，是理論背景之基礎。
		動作中的教育（education in movement）	1重視動作本身天生‧本質性的價值。 2.依行為者內在感受掌握動作的價值。 　(1)獲得動作技術與實踐知識（客觀的意義：文化的價值） 　(2)動作中有意義的經驗（主觀的意義：動作的教育意義）

---

[19]三元論述，以內、外在價值作為區分之基準，而內在價值再以實際運動場域之有無關係，區分為二元，構成三元論之方法依據。

3.動作教育在機能上，三元之間，並非截然切割，相互排斥，而是互為補足，發揮各自的功能。

4.動作的意義，雖不一而足，惟視為運動（sport）或舞蹈等身體活動的總稱，係屬文化概念。

5.動作作為達成教育目的的手段，較曖昧的「體育」乙詞，更能精確顯示教科的核心概念。

6.動作教育強調自為的內在感受經驗，重視主觀意義，更不忽略客觀的文化價值。

◆動作作為教科課程的理由

換句話說，阿諾德認為動作作為教科的課程，係基於下列四點理由：

1.動作的相關研究陸續出現，作為有趣的研究領域，開始受到重視。

2.動作作為達成教育目的的手段，在課程中，應有一席之地。

3.運動（sport）、舞蹈等身體活動，視為身體動作的重要組成部分，傳統上構成文化的重要資產，值得傳承後世。

4.就動作自為目的的直接經驗而言，動作是課程中唯一的教科。

◆動作教育產出的成果

阿諾德認為，基本上，動作教育不只「動作」本身是值得學習的文化資產，同時「動作教育」中的「動作」與學校教育中的「體育」，有明確的區隔，甚至，特別指出，動作教育足以產出下列的成果：[20]

---

[20]高橋健夫，〈学校体育の目的・内容とスポーツ科学（スポーツ教育学）－新しい体育理論にみる体育目標の比較〉，《学校体育》，38.1（東京，1985）：30-37。

1.改善體適能與健康。

2.擴大身體技能及其達成之範圍，並增廣其相關知識。

3.促進動作的知覺與感覺（kinesthetic perception）。

4.確立自我的認同。

5.完整的自我經驗、身體化意識的經驗（體現）。

6.發展道德性與社會責任。

7.高峰經驗、自我實現的經驗等。

(二)美國的動作教育

動作教育乙詞，在美國的概念相當分歧。有用以指涉體育核心概念的用語，有認為作為專門科學條件的用語，有認為是小學階段的課程內容，甚至有認為是體育全新概念的用語等，不一而足。[21]

不過，大致而言，美國的動作教育的源流。其一為美國大學或女子體育的研究者，以身體動作的基本構成要素，加以理論化，探討身體機轉與舞蹈理論。可以杜布樂（M. H'Doubler）為代表。[22]杜布樂可說是美國舞蹈教育的開拓者，以身體知識創造動作，表達舞者的感覺。認為運動（exercises）的基礎，在自然身體的動作概念，舞蹈動作

---

[21]Daryl Siedentop，《楽しい体育の創造》（高橋健夫、前川峰雄譯）（東京：大修館，1981），148-174。

[22]Margaret H'Doubler（1889-1982），1910威斯康辛大學畢業，主修生物學，副修哲學，畢業後，獲聘擔任籃球、棒球、游泳助理教練，後至可倫比亞教育學院，從事哲學與美學研究。1917夏季開始教授舞蹈，自得其樂，並結識音樂教師，於1921年於威斯康辛大學創立Lathrop Hall 影音工作室，致力於舞蹈的推動工作，先後出版多種舞蹈專書，享譽學界。1954年退休後，續任客座教授，1963年國家舞蹈協會頒授文物貢獻獎。1982年辭世。1998年獲四百萬美元捐贈，威斯康辛大學將其工作室重新整修，並改名為「瑪格麗特·杜布樂表演空間」（The Margaret H'Doubler Performance Space）。John Wilson, Thomas Hagood, Mary Brennan and Margaret H'Doubler, *The Legacy of America's Dance Education Pioneer* (Youngstown, NY: Cambria Press, 2006), 216-218.

不在要求規格化的技巧，而是舞者經由動作表達自己的感覺和概念。她以解剖觀察、骨架模式教導學生，認為教師要有能力，啟發並鼓勵學生透過舞蹈，不怕表達自我的感覺。她的舞蹈教育學，整合情緒表達與科學描述，經常要學生用科學術語描述動作，認為個人的生活充滿可能，而教育過程，必須植基於自然人類生活的科學事實，訓練頭腦用身體作為表達的道具。相信教學與思考的動覺概念，認為動作的三個階段：首先是回饋，經由肌肉、關節與筋脈帶來信息，接著是大腦的連結整合，第三是前導（feed-forward），將信息送回肌肉，表達動作。1926年，杜布樂為第一位在美國威斯康辛大學教育學院發展舞蹈學位專攻課程。她終其一生對舞蹈的貢獻，因其敏銳的透視力（哲學），嚴謹的概念結構（科學），以及視覺創意與興趣（藝術），被稱為是哲學家、科學家與藝術家，是20世紀初期美國舞蹈教育的重要影響人。[23]

美國動作教育另一源流，則為承接英國拉邦理論的動作教育系統。此一系統起源於1956年，美國為改善小學體育課程，由美國體育健康休閒協會（AAHPER）十四名專家學者組團赴英，與英國教育部等相關單位共同舉辦第一屆英、美小學體育研究會，交換教學心得。會後，美國與會代表，深受英國推展以拉邦理論為基礎的動作教育所感動。返國後，即以紐約大學為據點，草擬計畫，積極推動。1959年並擴大計畫，1960年愛吾華大學更在博士班課程，加入探討，拍攝一系列影音教材集，大力推展。[24]

---

[23]John Wilson, Thomas Hagood, Mary Brennan and Margaret H’Doubler, *The Legacy of America’s Dance Education Pioneer*, 2006, 145.

[24]J. Tillotson，〈小學兒童的動作教育〉（方瑞民譯）《創造性體育課程教學法研究會資料》（臺南：臺灣省立臺南師範專科學校，1981），17-18。本次研究會由教育部主辦，於1981年7月31-8月22日在臺灣省立臺南師範專科學校舉行。大會主講人為美國北卡羅萊納大學體育衛生教育系教授提洛森博士（Dr. J. Tillotson）主講。主講內容含：(1)動作教育簡史；(2)動作教育的理論基礎（目

　　不過，目前美國的動作教育，隨著不同的研究取徑，而有不同的形式與內容。其中，如以科學概念取向者，以人體動作（human movement）作爲人體力學的研究對象，除探討力學與解剖學的基本知識外，並論述神經—肌肉（筋）機能的科學原理，開發人體的有效運動，作爲體育、姿勢教育、健康教育、舞蹈與物理治療及關心運動人士的重要參考。[25]

　　換句話說，如美國著名知覺動作學習理論家佛洛斯汀（Marianne Frostig）[26]擷取不同專家學者的經驗，於1970年發表《動作教育的理論與實際》，廣泛介紹動作教育對精神障礙、學習遲緩及行爲偏差兒童的應用與貢獻，研發動作教育的系統化課程與動作技能驗測工具等，具有深遠的影響。[27]

　　佛洛斯汀始終站在弱勢者的立場，認爲無法立足於正常條件的兒童，教師宜改變條件，滿足弱勢者學習的需要。不能認爲即使改變條

標、內容概念）；(3)學習者；(4)指導者；(5)教學形態；(6)課程設計；(7)演習；(8)評鑑；(9)動作教育的展望等。

[25]Lulu E. Sweigard, *Human Movement Potential: Its Ideokinetic Facilitation* (NY: Harper& Row, 1974).

[26]Marianne Frostig 1906年生於維也納，學生時期興趣發達心理學，1928年與精神科醫師結婚，1947年移居美國，並於洛杉磯創設Frostig教育治療中心，研究學習障礙兒童的教育與治療。
先後開發多種動作教育發展測驗工具與課程，如R. E. Orpet and Marianne Frostig, *Frostig Movement Skills Test Battery: Examiners Manual* (CA: Marianne Frostig Center of Educational Therapy, 1972), 2; Marianne Frostig, *MGL, Move, Grow, Learn: Teacher's Guide* (Chicago: Follett, 1972); Marianne Frostig, *The Development Program in Visual Perception* (Chicago: Follett, 1972; 金川朋子，〈日本におけるムーブメント教育・療法の歩みと展望〉，《大阪教育大学紀要》，58.1（大阪，2009）：53-61。

[27]金川朋子，〈日本におけるムーブメント教育・療法の歩みと展望〉，2009，53-54。事實上，美國於1970年代，開始重視學習障礙與自閉症兒童的支援研究教育，且陸續於1975年公布「全美障礙兒童教育法」及「個別障礙兒童教育法」，同時，學校體育也積極推展動作教育，醫療機構也先後引進動作教育作爲物理治療的重要工作。

件，也是徒勞無功的想法。他認為，在下定結論之前，我們宜多作研究，謀求對策。他指出，宜隨時相信兒童教育的可能性，是一種「向兒童學習」的態度，可說是動作教育的基本哲學。佛洛斯汀力陳，動作教育的方法，是交互作用的教育方法，其中，教師的任務，不是被動，也不是單純的角色，而是多樣的功能，宜與學習者積極組成學習夥伴，增進學習效果。同時，動作教育的教師也像法官一樣，不必用特殊的心理療法，而是支持兒童的家長，共同使兒童有成就感的學習。他在著作裡一再重申[28]，教育是人類生存的必要道具，如果人類必須生存的話，教師必須盡自己的責任，以創造性及相互扶持的意義，實際的指導。教育的方法或材料以及評價標準，宜尊重各個兒童的不同，學習宜讓兒童真正得到好處。適應個別需要的學習，才是真正的學習。

當然，以拉邦為主軸的動作教育模式，在美國仍然有一定的發展。如1994年布啓納（Craig A. Buschner）以拉邦的動作概念，取其身體意識、空間、勁力與關係，探討移動與操作形態的不同領域的動作技能，論述成功教師，對指導兒童動作概念與運動技能的重要[29]。2000年亞利遜（Pamela C. Allison）及巴雷德（Kate R. Barrett）採哲學取徑，運用建構主義的學習理論，以拉邦的動作概念中的身體、空間、勁力與關係性等四個領域，編制課程，探討兒童體育經驗之建構，引起諸多迴響。[30]

---

[28]マリアンヌ・フロステイッグ（Marianne Frostig），《フロスティッグのムーブメント教育・療法－理論と實際》（小林芳文譯）（東京：日本文化科學社，2007），36-45。

[29]Craig A. Buschner, *Teaching Children Movement Concepts and Skills, Becoming a Master Teacher* (Champaign, IL: Human Kinetics, 1994).

[30]Pamela C. Allison and Kate R. Barret, *Constructing Children's Physical Education Experiences: Understanding the Content for Teaching* (Boston: Allyn & Bacom, 2000).

總而言之，美國動作教育的發展，有接納英國拉邦動作教育理論的影響，也有源自於本國專家學者的研究與創造，其中或科學取徑，或哲學方法，路徑雖各異其趣，卻莫不強調動作教育是人類身體活動的重要基礎。同時，拉邦動作理論，起源雖頗為一致，然其發展方向，或以技能之增進為重，或以成功經驗之取得是尚，動作教育之五彩繽紛，眾聲喧譁，不難想見。

(三)臺灣動作教育之發展

在臺灣，將動作教育應用在體育課程，起源較慢。movement education乙詞，最先由國內特殊教育學者譯為「運動教育課程」，[31]其後體育界沿用相同用法，直至1981年教育部主辦創造性體育課程教學法研究會，才將movement education轉譯為「創造性體育課程」或「動作教育」。[32]不過，有關movement education乙詞的翻譯，1981年8月19日的創造性體育課程教學法研究會第二次座談會時，曾提出討論，其中曾試譯為：(1)創造性體育；(2)動作教育；(3)新體育；(4)創造性動作教育。最後，決定研究會名稱為「創造性體育課程」。內容則以「動作教育」為譯名，理由有二：(1)與英文原文吻合；(2)與內容一致，不致引起誤會。[33]其後，一般用法，甚至有譯為「運動教育」或「身心

---

[31] B. C. Gilliom，《運動教育課程》（毛連塭、黃正弘譯）（臺北：臺北市政府教育局，1981）乙書，譯自B. C. Gilliom, *Basic Movement Education for Children: Rationale and Teaching Units* (Boston: Addison-Wesley Pub, 1970)。原意為：「兒童基礎動作教育：基本原理與教學單元」，想係為配合創意教學之需要。譯者毛連塭（1938-2005）為臺灣第一位特殊教育博士，是臺灣特殊教育的有力推手，曾獲臺灣十大傑出青年，歷任臺東縣、高雄、臺北市教育局長及教育部國民教育司長。1980年代臺北市教育局長任內，推出一系列創造思考教學研討會、座談會，成立創造思考教學課程小組及編輯小組、影響各縣市群起效法，創造思考教學觀念於焉遍及全國。

[32] 教育部，《創造性體育課程教學法研究會資料》，1981，1。

[33] 創造性體育課程教學法研究會第二次座談會紀錄（1981.8.19.下午7:30），未發表。

殘障兒童動作教育」者，顯見，當時用語尚未取得一致。

其實，國內創造性教育，於1960年代萌芽。[34]當時，臺灣師範大學賈馥茗教授，接受國科會委託，以大安國中及金華女中為對象，進行創造力發展與教育方式研究，開啟我國創造力教育的實徵研究。[35]在體育方面，臺灣早期曾留學日本的劉鳳學教授等人，在師範體系從事舞蹈教學工作，因其對創造性舞蹈的認識與經驗，常將創作舞或創造性舞蹈，納為中小學體育課程的舞蹈學習內容。[36]另外，陸續有郭為藩教授及吳靜吉教授等積極推動創造性教育，至1970年代逐步擴大推廣。時任教育部長朱匯森，尤其強調創意教學，在不同場合，一再指示，傳統教學法需要注入新精神、新方法。[37]1976年高雄市教育局陳梅生局長任內，即指定高雄市鼓岩國小（校長陳鏡源）推動四年「創造性運動課程」實驗研究工作，並於1978年提出成果報告。[38]

1981年教育部國教司長毛連塭，體育司長蔡敏忠合作推展創造性體育教學。同年8月，成立工作小組，選定西園、忠孝、泉源等作為小學實驗學校，並委由臺南師範專科學校（校長耿相曾）辦理創造性體育課程教學法研究會（Workshop on Improving Methods of Physical Education）（會期自7月31日至8月22日），邀請國內學員四十餘人及專家三人參與，視同培訓。大會邀請美國北卡羅萊納大學體育衛生教

---

[34] 我國創造力教育發展始自民國初年，歷經民國50年代的萌芽階段，60-70年代的初期實驗階段，70-80年代的擴大推展階段。教育部，《創造力教育白皮書——打造創造力國度》（臺北：教育部，2003），2。

[35] 陳昭儀、吳武典、陳智臣，〈我國創造力教育發展史〉，《教育資料集刊》，2（臺北，2009）：105。

[36] 張中煖，《打通九年一貫舞蹈教學之經脈——創造性舞蹈寶典》（臺北：國立臺北藝術大學，2007），9。

[37] 臺北市教育局，《創造性教學研討會紀錄》（臺北：吉林國小，1983），1，未出版。

[38] 高雄市鼓岩國小，《兒童創造性體育課程實驗報告》（高雄：鼓岩國小，1978）。

育系教授提洛森（J. Tillotson）擔任主講人。主講內容包括：(1)動作教育簡史；(2)動作教育的理論基礎（目標、內容概念）；(3)學習者；(4)指導者；(5)教學形態；(6)課程設計；(7)實習；(8)評鑑；(9)動作教育的展望等，不出拉邦理論與實際的理論與實務的範圍。同時提供由毛連塭與黃正弘翻譯自季隆恩（B. C. Gilliom）的《創造性運動課程》乙書及部分日文中譯教材作為參考資料。會後擇優產生十幾位基層推展人員。**39**

　　《創造性運動課程》乙書翻譯者毛連塭在其譯著的序文中提及，「運動教育課程在我國教育界尚屬初創，但在國外（尤其是美國）已行之有年。」他指出，運動教育的要旨，在使學生以最佳的動作回答教師所提出的問題，從而發展運動之力量、方向、時間、空間的觀念，進而養成解決問題的能力；並認為「運動教育課程」具有下列特性：**40**

1. 創造性：兒童能以自己的智力、體力創造自己認為最完美的動作與姿勢，所以本課程又稱為創造性體育。
2. 治療性：對於情緒困擾及智力低下的兒童，在競爭性的運動中，因常失敗，益增問題的嚴重性，本課程鼓勵學生依自己的能力作合適的表現，不必和其他同學競爭，可以增強自己的自尊心。所以又稱為治療體育。
3. 基礎性：由於社會功能的分化，運動技能的訓練，亦日趨個別化，以致忽略了最基礎的運動行為。運動教育課程的實施，可以健全基礎運動能力，有助於分化運動技能的發展。
4. 益智性：運動與智能之發展，已有研究證明關係密切。認為運動教育課程，足以使運動發展和智能發展合而為一。

---

39 高雄市鼓岩國小，《兒童創造性體育課程實驗報告》，1978，10-11。
40 B. C. Gilliom，《運動教育課程》，1981，1。

　　毛連塭更在前言中談及，「運動（movement）乙詞，在運動教育（movement education）中之涵義，不可與吾人通常所稱之運動（exercises）混為一談。本文所稱之movement，係指人類的一種知覺的運動歷程（perceptual-motorprocess），經由肢體動作、身體的移動及心理作用以達到問題解決（problem solving）之目的。」[41]體育司長蔡敏忠，也引用原作者季隆恩的定義，在序文中說：「運動教育之原意在，強調教育乃一種輔導，係協助兒童於運動感覺、思考及交互作用中認知自我，發覺問題，解決問題，以達自我實現的一種教育方式。」[42]陳梅生則提及，長久以來，一般體育教學，往往著重於體能和技術的熟練，而忽略了體育的其他價值。尤其是把體育和智育分開。其實，我們不能忽視了兒童乃是經由肢體知覺、動作、感覺、思考及認知等心理作用為基礎而學習的事實。陳梅生進一步指出，創造性運動課程乃是配合國民小學體育新課程的一種嘗試，也是彌補傳統體育教學缺點的一個途徑，在該課程的有計畫、有程序的安排之下，兒童在動作技能和認知方面，達成有效的連結。[43]

　　1982年起，臺灣的動作教育，有了較積極的作法。其中，在臺灣南部，以臺南師範專科學校（臺南大學前身）為據點，舉辦了創造性體育課程研究會後，該校特殊教育學系教授陳英三，於1982年邀請日本「身心障礙兒童的動作教育」專家小林芳文來臺合作研究，並把「動作教育與療育」的概念引進臺灣。[44]之後，小林芳文並於1988

---

[41]B. C. Gilliom，《運動教育課程》，1981。perceptual-motor process，改譯為「知覺的運動歷程」較為適切。

[42]B. C. Gilliom，《運動教育課程》，1981，2。

[43]B. C. Gilliom，《運動教育課程》，1981，3。

[44]小林芳文，1978年結識M. Frostig，將其動作教育引進日本，持續三十年時間，推展日本動作教育與療育工作，先後並與德國E. Kiphard、瑞士Naville、臺灣陳英三等人密切交流合作，績效顯著。1991年創立日本動作教育協會，擔任會長，進行動作教育與療育的研究與實踐，並培訓初級、中級及高級動作教育

年、1992年、1995年、1997年四度受邀來臺，協助推展我國特殊教育、幼兒教育與小學動作教育之發展。

　　臺灣北部動作教育的推展，也自1980年起成立了創造性體育課程工作小組，翻譯資料，編製實驗教材。[45]1983年1月，臺北市教育局，藉教師研習中心陸續舉辦「創造性體育課程研習會」，調訓國中體育教師，儲備創造性體育種子教師。同年3月，臺北市教育局藉吉林國小，由局長毛連塭主持「臺北市國民小學各科實施創造性教學研討會」，全面提倡創造思考教學。其中，邀請郭為藩教授（臺灣師大校長）、吳靜吉教授（政治大學）、彭震球教授（臺灣師大）、陳英豪教授（高雄師範學院）、林幸台教授（彰化教育學院）、張玉成科長（教育部僑教會）、方瑞民教授（臺灣師大體研所）、陳龍安教授（市立臺北師專）、呂勝瑛教授（政治大學）等專家學者參加。討論主題包括：(1)傳統教學與創造性教學；(2)創造性教學的基本概念及其模式；(3)各國實施創造性教學的現況；(4)推動創造性教學的限制及其克服之道；(5)實施創造性教學的具體作法及可能發展方向。共同的結論指出，以各科輔導員所屬學校為推展中心，帶動全市各國小；並一致認為，應以教學環境的布置，教學方法之創新，教學評量的配合，教師態度的改變，教學氣氛的活潑為前提，達到革新教學方法，啟發學生潛能，提高教學效果的目標。同時，各組輔導員自本學期起到教師研習中心研習一天，由專家學者作系統的、計畫的、詳細的說明，再分組召集教師研習，實地操作且檢討得失。

　　與療育指導人員，同時，開發教具、器材等。1998年改名為日本動作教育療育協會，2006年取得特定非營利組織。目前為國際動作教育療法學術研究中心所長。

[45]工作小組成員有方瑞民（臺灣師大體育研究所）、許茂貴（臺北體專）、林美惠（臺北師專）、張啓隆（小學校長）、阮晶亮（小學老師）等。許茂貴、林美惠，《創造性體育課程——唱遊教學活動設計1-2年級教材》（臺北：泉源國民小學，1980），未出版。

之後，臺北市教師研習中心，於1983年1月起，先後推出「創造性體育課程研習班」，「國民小學創造性體育課程教學指引編製研究班」，1984年更擴及「國中體育教師研習班」等研習活動及實際運作，並於1985年出版許義雄譯自佛洛斯汀原著，日文版的《運動教育的理論與實務》，藉為觀念的推廣，以利於創造性體育的全面發展。1988年臺南師專也由陳英三、林風南、吳新華譯自小林芳文的《動作教育的理論與實際》，可說是南北輝映，都有助於臺灣動作教育的推展。不過，誠如鼓岩國小吳新敏校長，對該校創造性體育課程的實驗結果，所發生的困難，指出：(1)專用器材不容易受校長支持；(2)場地問題，較難克服；(3)缺乏教材，原有課程標準的教材需要重編；(4)師資少，班級學生數達50人，照顧難度高；(5)行政難配合，學校競賽多，創造性課程不強調運動技術，競賽成績受影響；(6)成果不明顯；(7)家長不同意，學生服裝容易弄髒；(8)同事不認同、不支持，觀念待加強。[46]

綜合而言，臺灣動作教育的初期階段，由政府主管機關及相關學術團體的積極主導，將之導向創造性體育課程，雖僅以國小體育的推動為主，過程難免發生一些困難，卻也有一定程度的績效，對學校體育教學的創新，起了起碼的作用。整體而言，臺灣的動作教育，因引進的理念、教材、立場不同，在動作教育的概念、內容與方法，並未一致。具體而言，臺南師專特教系，受日本小林芳文多次來臺研習的影響，以身心殘障的動作教育為主要內容，接近美國佛洛斯汀的動作教育與療育的系統，係藉身體動作達到成功經驗或療育的效果。而臺北的動作教育推動小組，則引進美國提洛森及季隆恩的概念，將「動作教育」視為體育課程的內容，傾向應用拉邦的動作結構，研發不同

---

[46]吳新敏校長對鼓岩國小「兒童創造性體育課程的實驗」所發生的困難，綜合研討紀錄（1981.8.22），未發表。

運動種類教材與教法，提升創意教學效果。兩者的發展，各有所本，也各有理論基礎，至而形成動作教育的多元樣貌，未始不是一種創意的展現。

1980年代後期，隨著學校體育課程標準的修訂，學校體育的走向，因創意教學的提倡，學生運動樂趣因素的研究，方興未艾，提升運動興趣，促進運動風氣，普及運動人口，成為發展學校體育刻不容緩的重要課題。因此，臺灣省政府教育廳配合體育課程實施方案，大力推動學校體育之樂趣化教學。國立臺灣師範大學學校體育研究與發展中心，適時成立工作小組，[47]邀請學校體育老師，藉助拉邦的動作教育觀念，共同發揮創意，編擬教材，創新教學方法，推出一系列樂趣化體育教學計畫及其實施辦法，在臺灣省政府教育廳的政策主導下，全省分區分級巡迴舉辦示範教學觀摩會，反應尚稱熱烈，更能達到起碼的預期效果。[48]

目前，動作教育已逐步納為體育專業學校課程，[49]不只動作教育的學術研究論著逐漸增多，創意體育教學成果，更受學界肯定。

總而言之，本節重在說明，體育內容應以人體動作為核心，旨在強調任何運動技術的演出，必以基本動作技能為基礎，而基本動作技能，則有賴動作語彙之純熟，始能有左右逢源的技術表達，因此，動作概念之建立，應為動作教育之前提條件。

動作概念常由身體的覺知、空間概念、勁力及關係等四領域所構

---

[47]樂趣化體育，以拉邦動作結構原理，嘗試以時間、空間、勁力與關係等面向，設計體育教學目標、內容與方法，形成創造性體育課程的延續發展。當時工作小組成員有：莊美鈴、許義雄、陳鴻、賴桂雲（教育廳代表）等。

[48]國立臺灣師範大學體育研究與發展中心，除召開研習會議，陸續培訓樂趣化體育師資人才外，共出版下例相關資料：樂趣化體育教材彙編（1993）、（1995）、（1997）。

[49]國立臺灣師範大學體育學系與國立臺北教育大學體育學系，都先後開設動作教育相關課程，並陸續有研究論著出版。

成。四領域之有機組合，足以使身體動作變化萬千，使體育內容多姿多采。這些都有賴於學生的熱心參與，積極探索，主動表達，才能使體育生動活潑。學生的成功學習，快樂感受，進而有助於人際友善關係的建立，以及愉悅學習情境的塑造。

動作教育源之英國，原以拉邦動作結構為基礎，傳入美國後，形成多元發展，有作為專業科學之概念者、有作為特殊教育方法以及體育課程內容者，或作為課程創意之提倡者，相當多元。即以臺灣動作教育之發展，更因引進理念、立論、內容與方法不同，而有不同的主張。顯見，動作教育，雖以身體動作為基礎，常因其運用取徑迥異，而有不同的呈現樣貌。

第二節　遊戲（play）

就體育內容而言，遊戲應是發源最早，最常被提及，更是最受重視的內容，殆無疑義。誠如哈德維爾（Edward Hartwell）於1889年波士頓會議中的專題演講所指陳，包括幼稚園的遊戲，以及英、美國家青少年所熱衷的競技運動，甚至瑞典、德國體系的體操，均為相同起源所發展而來，亦即，莫不是由健全的遊戲所形成。[50]事實上，我國早期蒙養學堂即有「遊戲」一科，適足以說明遊戲在學校中的悠久歷史及其重要地位。[51]

不過，傳統以來，遊戲價值並未受到應有的肯定。比如，「勤有益，戲無功」，常意指相對於工作或勞動而言，遊戲可說無濟於事或

---

[50]Daryl Siedentop，《楽しい体育の創造》，1981，240。
[51]光緒4年（1878）張煥綸於上海創設初等程度的正蒙書院，即有「遊戲」乙科，為我國新式學校實施體育的先聲。吳文忠，《中國近代百年體育史》（臺北：商務印書館，1967），20-21。

一無是處。甚而有將「人生如戲，戲如人生」，解釋爲遊戲人間或玩世不恭的態度。其他如日常生活中，在言談之間，如調戲、戲弄、兒戲、耍把戲等用語，則常指向不鄭重其事，或具負面、輕挑的意涵。諸如此類，意味著「遊戲」不只缺乏實利性，而且常帶有反面的道德評價。

其實，遊戲觀念的改變，以及關鍵性的論述，應是19世紀以後的事。德國哲學家席勒（Friedrich Schiller）曾在其《美育書簡》中，批判西方基督教反遊戲的神學。席勒指出，遊戲是經由生活，爲跨越各文化領域之綜合性的行爲模式；並說：「人只有在是人的時候，才遊戲；也只有在遊戲的時候，才是人。」[52]席勒將遊戲與人合而爲一，等量齊觀，雖不足爲奇，但以近百年來，勞動神聖或勞動至上的人類主流文化看，不啻是空谷足音，尤能發人深省。

其後，存在主義哲學家尼采（Friedrich Nietzsche），認爲遊戲是人存在的一種基本形態，同時也是面向生活的一種態度。尼采的主張，對遊戲的詮釋，具有深遠的意義。[53]而教育家福祿貝爾（Friedrich Froebel），則強調兒童時期的遊戲意義；並將教育理論與遊戲作緊密的結合。福祿貝爾指出，兒童的遊戲生活是人類行爲的基礎要素。[54]當然，荷蘭文化史家懷金格於1938年發表《人‧遊戲者——人類文化與遊戲》乙書後，不只確立了遊戲理論研究的卓越地位，也使一般遊戲研究邁向更成熟的階段。尤其，懷金格提出，人類文化源於遊戲的

---

[52]席勒《美育書簡》共二十七封，提及「只有人才遊戲，也只有遊戲時才是真正的人」，是第十五封信。F. Schiller, *On the Aesthetic Education of Man in a Series of Letter* (New York: Mereditth Publishing Co., 1962), 266.

[53]F. Nietzsche, *The Birth of Tragedy*, trans. W. Kaufmann (New York: Random House Vintage Books, 1967).

[54]E. W. Gerber and Friedrich Froebel, *Innovators and Institution in Physical Education* (Philadelphia: Lea & Febiger, 1971), 93-99.

論點，至今更被奉爲遊戲論述的典範。[55]

　　眾所周知，遊戲不只是孩童的事，即使是成年人，仍離不開遊戲生活。一如富因克（Eugen Fink）所說，大人們因受其名譽、地位、身分、社會文化等因素的影響，而從事一些隱藏、僞裝過的遊戲。[56]同時，遊戲也不只存在於運動、舞蹈、音樂、美術、演劇等文化當中，其他如法律、文學、數學、哲學、政治、經濟、甚至戰爭等，也無一不含有遊戲原理。[57]特別是科技文明的發達，電腦遊戲機產業大行其道以來，更不難想見，遊戲影響人類生活層面之廣泛。

　　基於上述的背景，足以充分瞭解，組織化的遊戲，作爲體育內容的端倪。本文擬分：(1)遊戲的特性；(2)遊戲的範疇；(3)體育是遊戲教育的形態；(4)體育的走向——從遊戲出發，略述如下。

一、遊戲的特性

　　遊戲理論常因不同的立論基礎，而有不同的說法。從早期，就藝術與遊戲的類比，亞里斯多德的淨化情感說（catharsis theory），到後現代的藥物、酒精、賭博、性解放、搖滾樂、虛擬實境的感覺探索遊戲，可說琳瑯滿目，不一而足。[58]其中，或從社會學、生物學、心理學的角度，描述遊戲的分類與特性；[59]或依時間的演進，論述古典、近代及現代的遊戲理論，[60]甚至有以生物、環境及認知等觀點，說明

---

[55]J. Huizinga，《ホモルーデンス－人類文化と遊戲》（高橋英夫譯）（東京：中央公論社，1971）。

[56]E. Fink，《遊戲の存在論》（石原達二譯）（東京：せりか書房，1971）。

[57]許義雄，〈大學運動教育的新使命——就臺灣的大學運動教育改革談起〉，1995，31-42。

[58]前川鋒雄，《レクリエーションについて》（東京：不昧堂，1973），39-50。

[59]G. Bammel and L. L. B. Bammel，《休閒與人類行為》（涂淑芳譯）（臺北：桂冠圖書，1996），32-41。

[60]M. J. Ellis, *Why People Play* (Englewood Cliffs, NJ: Prentice Hall Inc., 1973).

登峰造極勇冠群倫

資料來源：2017臺北世大運執委會提供。

遊戲的內涵。不過，主張容或各異其趣，一般耳熟能詳的精力過剩
說、休養說、放鬆說、遺傳或復演說、本能實現說、生長需要說、自
我表現說等，卻仍備受關注。[61]因其資料坊間所在多有，不擬贅述。
本文擬就文化觀點，介紹懷金格及凱窪（Roger Caillois）對遊戲的看
法，[62]藉以瞭解文化論述中遊戲的特性與範疇。

　　一般而言，遊戲常以遊戲性質、形態及社會關係等條件，作不同
的分類，比如，有依兒童的身心發展，分為個人遊戲及社會遊戲；或

---

[61]許義雄，〈樂趣化體育教學的意義〉，《樂趣化體育教材彙編》，1993。
[62]R. Caillois，《遊びと人間》（多田道太郎、塚崎幹夫譯）（東京：講談社，
　　1973）。

分爲機能、虛構、感受及構成等四類遊戲；[63]皮亞傑（Jean Piaget）則就認知發展的角度，以科學方法研究兒童自由遊戲中思考的發展與結構，依知能發展階段將遊戲分爲實踐、象徵及規則遊戲等三類，並分別與感覺運動的思考、象徵性思考及反省性思考相對應。[64]

　　不過，懷金格從文化觀點，對遊戲的範疇，有不同的看法。如前所述，懷金格認爲，人類文化源自於遊戲；並在遊戲中成立與發展。懷氏指出，遊戲不是文化的一部分，文化是遊戲的形式。懷氏大膽的主張，孕育於1903年，成熟於1933年，在就任來登大學校長時，發表「文化中遊戲與嚴肅性之境界」的專題演講，並於1938年，整合了人類學、宗教學、歷史學、哲學、心理學、語言學等領域，出版《人‧遊戲者──人類文化與遊戲》乙書，從文化現象之遊戲本質與意義、遊戲概念想法及其語言表達、文化創造機能的遊戲與競技、法律、戰爭、知識、詩，以及哲學、藝術的各種遊戲形式等十二章，綜合論述人類各種勞動、生活行爲的本質，以及人類存在的根本樣貌，檢討遊戲內容及形式，導出人類存在於遊戲的道理；並認爲遊戲的範疇，是生活最基本的要素之一。[65]

　　懷金格進一步指出，各國對遊戲概念的用語雖各有不同，但仍有其共同的指涉對象，即是遊戲的特性爲：(1)自由；(2)虛構性（非日常性）；(3)無利害性（非生產性）；(4)時空的限制性；(5)緊張感（不確定性）；(6)規則的限制。[66]

---

[63]薗田碩哉，〈遊び論余暇論への招待〉，《レクリエーションと現代》（東京：不昧堂，1976），374-397。

[64]北田明子、丹羽劭昭，〈J. ピアジェにおける子供の遊びの檢討〉，《遊戲と運動文化》（東京：道和書院，1979），61-76。

[65]丹羽劭昭，〈J. ホイジンハの"HomoLudens"における遊戲の概念－日本的遊戲概念との比較も加えて－〉，《遊戲と運動文化》（東京：道和書院，1979），13-39。

[66]丹羽劭昭，〈J. ホイジンハの"HomoLudens"における遊戲の概念－日本的

　　至於凱窪的遊戲論述，主要發表在《遊戲與人》乙書中。該書於1958年出版，係針對席勒遊戲主張的回應，以及對懷金格《人‧遊戲者──人類文化與遊戲》的批評與補足。[67]全書重在將遊戲作體系化的分類，並論證其所主張的遊戲中之競爭、機運、模擬、暈眩等四個範疇，在文明社會中所遺留下的痕跡。[68]

　　事實上，凱窪雖對懷金格的立論，推崇有加，但仍認為懷氏只重遊戲的形式，而無視於遊戲本身的內容與分類，因而提出批評。[69]不過，若詳細分析兩人遊戲的主張，發現凱氏的論點，除遊戲四範疇為懷氏所無外，對遊戲特性的看法，幾無不同。因此，本文先說明兩人在遊戲特性上的描述，至於凱氏遊戲的四個範疇，則擬於下文再行討論。有關懷氏與凱氏對遊戲特性的看法，經比較後，約如下列六項：[70]

1.自由性：所謂「自由」，概略而言，包含：(1)身心無拘無束的狀態；(2)自我選擇的自由等重要涵義。換句話說，任何遊戲，都是自發自動的活動，既可乘興而「來」，亦可興盡而「止」。所有命令或強制的遊戲，都不配稱為是真正的遊戲。積極的說，因其是自自然然，不矯揉做作，所以，是延長遊戲時間，或提前結束遊戲，都可在共同的規範下，悉聽尊便。

2.時空的限制性：遊戲者在一定時間、空間內進行遊戲，也在一定的時間、空間內結束其遊戲行為。換句話說，無論所從事的是個人的想像遊戲，或團體的組織化的遊戲，都不能不受時間

遊戲概念との比較も加えて－〉，1979。

[67]R. Caillois，《遊びと人間》，1973，3-14。

[68]R. Caillois，《遊びと人間》，1973，15-54。

[69]高橋健夫，〈学校体育の目的‧内容とスポーツ科学（スポーツ教育学）－新しい体育理論にみる体育目標の比較〉，1985，30-37。

[70]許義雄，《體育原理》（臺北：文景書局，1977），38-40。

或空間的制約。

3. 非日常性或虛構性：遊戲的世界，與實際生活世界不同。前者
的活動，係一種非謀生目的的活動，且經常在虛構或異想天開
的世界裡悄然進行，甚至是在想像或假想的氣氛中，又把假想
當真實的活動，而且是既認真又嚴肅的執行。

4. 非生產性：遊戲本身即是目的，遊戲不是追求生命必需品的過
程，所以是遠離利害關係。雖然遊戲常有獎賞或打賭，但那是
手段，以增加興趣，並非目的。凱氏認為，下賭注與否，是遊
戲者的自由，即使下了賭注，有了輸贏，只是當場的賭注交
換，總數並未增加，自無產品可言。

5. 不確定性或緊張性：所謂不確定性，係指在遊戲過程，常不能
預知其結果，也就是說，在遊戲結束前，勝敗無法事先了然於
胸。反之，任何遊戲，若勝負早已確知，則其遊戲的緊張性盡
失，遊戲的價值相對減弱。因此，遊戲保有這種不確定性，遊
戲才有緊張感，才能讓參與者，專心一意，全力以赴。

6. 規則性：遊戲有其進行的程序或秩序，並受規則的限制。遊戲
時，一方面，可由遊戲者自由創造規則，另一方面，所有遊戲
者，卻又必須共同遵守相互制訂的規則。進一步說，遊戲雖強
調自由，但也不忘紀律。事實上，自由與紀律是一體兩面，遊
戲者基於自由意志，共創遊戲規則，並相互嚴守規則的限制，
才能維持遊戲公平的進行，以及正常或合理的運作。

二、遊戲的範疇

1970年，《遊戲與人》日文本出版，凱窪在序文中自信的說，
原著1958年出版之後，再發表了不少有關遊戲的書，或論述遊戲的哲
學，或就各個特定課題進行遊戲研究。其中，有關在《遊戲與人》

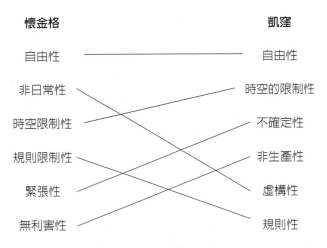

懷金格	凱窪
自由性	自由性
非日常性	時空的限制性
時空限制性	不確定性
規則限制性	非生產性
緊張性	虛構性
無利害性	規則性

圖4-3　懷金格與凱窪遊戲特質之對應

所據以論證的根本命題，不只未受攻擊，相反地，竟備受肯定。[71]基此，不難想見，凱氏對遊戲範疇的論證，不只自覺滿意，並確信在遊戲理論的建構上，有其不可忽視的地位。

　　凱氏在其基本範疇中指出，遊戲係由一種喧鬧、未組織化、無秩序的、單純幼稚的活動，發展而為一種計畫性、努力、勤勉認真的活動。換句話說，是由簡單的活動形式經精練、補充、組織化以後，而成為一種較複雜、精熟、富秩序的活動狀態。這樣的發展，依凱氏的說法，則分布在競爭、機運、模擬及暈眩等四個範疇，且由上而下發展。進一步說，凱氏認為，每一範疇內的遊戲，越往上，則所含的衝動、無秩序等要素越多，凱氏稱這種要素為無秩序（Paidia）；而越往下，則所含的秩序性、組織性等要素越多，凱氏稱這種要素為秩序（Ludus）。所以，凱氏指出，這兩個要素，正好在各範疇的上下兩端，任何遊戲，不論在哪個範疇，都可由這兩個要素成分的多寡，看

---

[71]R. Caillois，《遊びと人間》，1973，3-5。

出遊戲性質的端倪。凱氏以實例解釋如**表4-2**。[72]

表4-2　凱氏遊戲的分類[73]

	競爭性遊戲 （agon）	機運性遊戲 （alea）	模擬性遊戲 （mimicry）	暈眩性遊戲 （ilinx）
· Paidia 　（無秩序的） · 喧鬧 · 哄笑 · 放風箏 · 紙牌占卜 · 填字遊戲 · Ludus 　（富秩序的）	· 競走（未有 　規則的） · 爭鬥 · 陸上活動 · 拳擊、撞球 · 擊劍、象棋 · 足球 · 一般競技運 　動（sport）	· 剪刀石頭布 · 抽籤 · 丟銅板（決定 　順序或勝負） · 打賭 · 輪盤賭 · 彩票（券） 　（單式、複式 　或滾進式）	· 小孩扮大人（警 　察抓小偷） · 假想遊戲 · 洋娃娃 · 玩具的盔甲 · 假面具 · 變裝 · 演劇 · 一般的雜技藝 　術等	· 孩童轉圈圈 · 迴轉木馬 · 盪鞦韆 · 華爾滋 · 滑雪 · 登山 · 走鋼索

1. 競爭性遊戲（agon）：是一種以資質（速度、耐力、肌力、記憶力、技能、靈巧性等）為對象的敵對關係，在既定環境裡，一無外力介入或協助，展示自我優越性的競賽。因係建立於自我表現及企求超越對方，所以，競爭者必定抱持盡其在我及強烈的獲勝信念。

2. 機運性遊戲（alea）：alea乙詞源自拉丁語，意指擲骰子遊戲。係指一種無視於自我及人為的外在因素，而取決於運氣或偶然性的均等條件而言。這種機運，不是自己所能掌控，面對其結果，常是無可奈何的心境。如：打牌的手氣、抽籤、打賭、買彩券等，靠的是運氣的遊戲。

3. 模擬性遊戲（mimicry）：這是一連串的表演形態。是指一種

---

[72]R. Caillois，《遊びと人間》，1973，55。

[73]上列各欄之遊戲，大致而言，由上而下時，Paidia的要素遞減，Ludus的要素遞增；反之，由下而上時，則Ludus的要素遞減，Paidia的要素遞增。

池中親子同樂

資料來源：許福昌提供。

偽裝或虛構的角色扮演，一方面相信幻想中的自己是現實的自我，一方面又要他人相信現實自我的虛構性。如：孩童的家家酒、小孩扮大人、新娘新郎、警察捉小偷、裝神弄鬼等，都是虛構的、模擬的遊戲。

4. 暈眩性遊戲（ilinx）：是追求暈眩感的遊戲。指瞬時失去知覺的安定感，一種意識清楚，卻驚慌失措、茫然失神的遊戲。意味著遊戲時，無視於周遭現實環境，進入欣喜若狂、麻痺、痙攣、興奮不已的狀態。如：高空彈跳、盪鞦韆、快速飆車、飆舞，甚至吸食興奮劑、迷幻藥等，無不都是暈眩或快感的追求。

當然，凱窪在遊戲四範疇之外，也認為每一範疇並不一定單獨出現，因此，在其「遊戲理論的擴充」中，特別提出各範疇相互配對的

問題。若略加分析，則如圖4-4：[74]

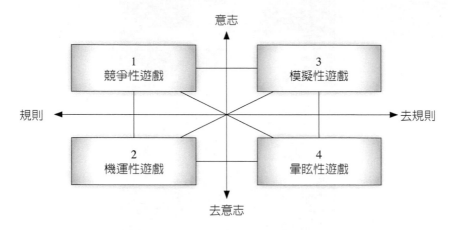

意志

1	3
競爭性遊戲	模擬性遊戲

規則 ←———————————————→ 去規則

2	4
機運性遊戲	暈眩性遊戲

去意志

圖4-4　凱窪遊戲四範疇之組合關係

　　凱氏就四個範疇，即1（競爭）、2（機運）、3（模擬）、4（暈眩）等各相互配對，得出1-2；1-3；1-4；2-3；2-4；3-4等六個組合。但認為1與2的組合及3與4的組合才是根源或本質所在；而1與3的組合或2與4的組合是偶發性的組合。同時指出，從3與4的組合移向1與2的組合，可說是邁入近代社會的必要進程。具體而言，凱氏表明，以暈眩為基礎的脫序的、去規則性的領域（3-4）進化到以競爭為基礎的嚴謹的、組織化、規則性的社會與文化體制（1-2），當然是人類演進的必經之路。這也是凱氏所主張，遊戲傾向，有助於社會特色的建構與瞭解，所以，凱氏指出，遊戲範疇的發展方向，是顯示人類社會與文明發展及其動向的指標。這就是說，從遊戲發展，可以看出社會進化高低之道理所在。[75]

---

[74]R. Caillois，《遊びと人間》，1973，124-135。
[75]R. Caillois，《遊びと人間》，1973。

　　從另外角度看，1-3的遊戲世界，是意志行使的遊戲，在競爭遊戲是依循規則進行，而在模擬遊戲上，則是執意化身爲他者的遊戲；至於在2-4的組合上，機運的遊戲，是一種委身於運氣的遊戲，顯示人莫可奈何的無力感，而暈眩的遊戲，更是一種混沌中主體的消失，是從人群中自我解放的感受。

　　總而言之，懷金格與凱窪的遊戲論述，不只奠定了遊戲理論的研究基礎，且廣爲體育所應用。當然，一方面，體育是一種遊戲教育的形態，素所共認；另一方面，體育應從遊戲論出發，論者所在多有，自無庸贅述。具體而言，一般體育課程規劃中，常有所謂「遊戲教材化，教材遊戲化」，即可明證。下文擬依此背景，略加說明。

三、體育是遊戲教育[76]的形態

　　如衆所周知，體育爲目的化的身體活動，所以，任何體育活動，必有其達成目的的意圖，換句話說，只要能滿足既定意圖的身體活動，都可納爲體育的內容，遊戲即爲最顯著的例子。

　　事實上，觀察兒童的學習，可以發現，無論認知、動作表現、人際溝通、成長與發展、角色扮演、喜怒哀樂的情緒表達，無一不是從遊戲中習得。所以說，兒童生活是遊戲生活，遊戲不只是兒童的學習場域，更是兒童的學習內容，自非過言。

　　當然，遊戲種類繁多，兒童的活動內容並不盡然全是體育活動，

---

[76]1972年，美國體育學者席登托普（Daryl Siedentop）發表*Physical Education-Introductory Analysis*乙書，主張體育是遊戲教育的一種形態。他認爲目前的體育理論包含身體的教育、根據身體的教育或運動（sport）教育等，都有其侷限性，而提出作爲遊戲教育之體育。席登托普指出，體育是以競爭、表現性的運動，提升遊戲人的性向與能力的過程。高橋健夫，〈プレイ教育としての体育－シーデントップの教科論を中心に－〉，《体育科教育》，1（東京，1981）：53-58。

亦無庸置疑。不過,隨著年齡的增長,以及體育活動中的遊戲特性,使得體育活動在兒童遊戲生活裡,扮演越形重要的角色,也是不言可喻的事實。進一步說,因為體育獨具下列的特性,作為遊戲教育形態,為學習者所歡迎,也發揮了遊戲教育的特有功能。

(一)體育不是苦役

就身體活動的性質看,概括的說,約含三大類別,即:(1)苦役型的身體活動;(2)工作型的身體活動;(3)自得其樂的身體活動。若再詳加比較,則大致可劃分為勞動型與非勞動型的身體活動兩大類。前者屬拘束(束縛)性,直接或間接受外力的影響,是謀生、勞苦的活動形態,甚至是受限制而不能自主的活動性質,所謂「吃人飯,遭人問」(意指受人僱用,必遭人使喚)。後者則是自由的、快樂的、非謀生的、自主的身體活動。雖然,有時候,為了達成特定目的,體育活動難免吃盡苦頭,或有些活動項目,幾近對人體的折磨,但參與者仍然能前仆後繼,樂此不疲。顯見,體育活動有如遊戲一般,常能令人廢寢忘食,流連忘返。當然,體育活動也像遊戲一樣,身體的表達,雖能依意志選擇,卻也不能不受身體本身的限制。[77]比如:

◆人體構造限制體育活動的範圍

人飛不如鳥,游不及魚,攀、爬、跑、跳、踢、打、翻、滾等都有其先天上的侷限性。理由之一,固在於生長的成熟程度,影響動作表達的品質;理由之二,則因人體的生理及解剖構造,限制了活動範圍,所以,唯有依循人體的生長與發展程序,重視構造上的限制,體育才不會造成傷害,並成為遊戲教育的一環。

---

[77]北田明子・丹羽劭昭,《遊戲理論の研究1:E. D. Mitchellの自己表現説について》(東京:道和書院,1979),41-60。

◆體能狀況影響活動項目的選擇

體育之所以不是苦役，是因為可以依據自己的體能狀況，選擇活動項目或內容。精力充沛時，活動自然激烈亢奮；身心交疲時，活動的選擇，當以輕鬆和緩的內容為訴求。體育與遊戲一樣，或取其緊張刺激，消愁解悶，或獨樂樂，或眾樂樂，自行決定，無人能從中作梗，個人更不至自討苦吃。

◆興趣、態度與動機左右活動的取向

體育活動種類繁多，項目不勝枚舉，活動的取捨，常因個人興趣、態度與動機而有不同的取向。就興趣傾向言，活動有傳統或自創，有水上或陸上，有空中或地面，可說上山下海，無所不包，興之所至，自可乘興而起，興盡而返。就動機看，或為增進健康，或為強化體能，或為建立友誼等，不一而足；而在態度與習慣方面，或積極，或消極，或主動，或被動，或性喜冒險犯難，衝鋒陷陣，或怯懦保守，裹足不前等，無一不影響活動的參與傾向。

(二)體育與遊戲同體共生

體育與遊戲的關係，除了從遊戲的特性分析，有如上述外，更可從遊戲的範疇，探討體育與遊戲的共生共榮。比如：

◆體育活動富競爭性質

體育活動的競爭性質，可說俯拾皆是，任人皆知。舉例而言，從幼兒基本體能的相互比較，到青少年的競技比賽，甚至人人對更快、更遠、更強的追求，莫不都是遊戲中競爭的範疇。進一步看，體育活動中，從人與人爭，如個人對個人、個人對團體、團體對團體等直接或間接的比賽；人與物爭，如克服障礙物的挑戰，像跨欄、體操、舉重等競賽；或人與天（自然）爭，如登高山、潛水、探險、捕魚、打

獵等，都得突破自然環境的限制，並超越天候的影響等，應都是典型的例子。

◆體育競賽不無機運性質

就教育觀點言，一分耕耘，一分收穫，天下沒有不勞而獲的事。意指勝利或成功總要付出代價，體育自不例外。因此，理論上說，體育應不能有心存僥倖，老想靠天幫忙，期待好運當頭。不過，要說體育競賽毫無機運性質，卻也不盡然。一方面，比賽勝負常有不確定性，自難免不受運氣影響；一方面，影響比賽勝敗的因素太多，無法避免機運的產生。例如，賽程的抽籤、對手的強弱、道次的決定、天候、臨場、情境因素等都足以影響比賽的結果。所以，體育競賽的機運性質，與機運遊戲範疇的關係，頗值得深入探討。

◆體育不乏模擬的內容

體育活動中的遊戲教材與舞蹈教材，最常看到模擬現象。當參與者在想像世界裡，表演其扮演的角色，無不盡情演出，陶醉其中，自得其樂，渾然忘我。事實上，即使運動競技，仍不失遊戲本質。就拳擊為例，雙方一旦站上拳擊臺，陣勢一擺開，不管是情同手足，或皇親國戚，照樣打得鼻青臉腫，頭破血流。理由無他，蓋手足親情，是現實世界之倫常，進入遊戲世界後，自應遵照當時遊戲規範，克盡其「敵」「我」角色之本分，否則，不只失職，且有違遊戲之嚴肅性，為人所不恥。他如「騎馬戰」，雖是大批人馬，衝鋒陷陣，攻「城」掠「地」，亦無非是虛擬「戰爭」一場。

再以舞蹈為例，不論古代或現代，傳統或創作，演出時，角色雖是千變萬化，服飾裝扮，亦多姿多彩，情節過程，尤能引人入勝，不過，畢竟是虛構的場景，結束表演後，總要還原現實人生。

從另一個角度說，觀察體育活動中的觀眾或啦啦隊現象，不難發

滿面春風信心十足

資料來源：王慶堂提供。

現，其融入於比賽情境的熱情，擬與選手合而為一，榮辱與共，恨不得與選手共存亡的激情，甚至一舉手一投足，模仿心儀偶像的舉止行徑，足以令人嘆為觀止。

◆**體育活動中的暈眩經驗**

　　暈眩經驗雖不是體育活動的重要部分，或許也不是體育的主要訴求，但活動中因富暈眩感的體驗，常使得參與者狂呼驚叫，樂此不疲。如團體活動中，培養相互信任的「空中拋人」遊戲。當個人瞬間被拋入空中，頓失依恃，猛然的恍惚，一種知覺的破壞，意識的混亂，在失魂落魄、昏天暗地裡，又被突然接回現實的隔世感受，讓人終生難忘。

　　其實，體育活動也不乏暈眩感，如前述的高空彈跳、攀岩、滑雪等，他如活動過程或結果的成功經驗，以及高峰經驗的快感，應都屬於暈眩感受，是體育活動迷人之所在。

四、體育的走向──從遊戲出發

基於上述背景，體育之具遊戲特性；並與遊戲同體共生，昭然若揭，不辯自明。因此，體育之走向，自不能無視於遊戲的教育原理，且應以遊戲之樂趣為重要訴求。美國學者席登托普曾有一妙喻，提及體育的最大敗筆，是學生們因參加體育而討厭運動和舞蹈。[78]席登托普的論點，雖不無商榷餘地，卻也道出，體育未能扮演適當角色，發揮應有功能的窘境，值得深思。進一步說，體育既為遊戲教育的一種形態，則遊戲的教育原理，融入體育活動中，自也是順理成章的歸結。比如：

(一)運動樂趣是重要訴求

「體操之父」顧茲姆斯，曾界定體育是充滿「喜悅」的「作業」，亦即體育係透過「樂趣」的運動，完成身體能力的發展。當然，所謂「運動樂趣」，並未有一定的定義，不過，運動時的愉悅感受，一種快樂的情趣，一種足以使欲望獲得滿足的愉快氣氛，一種能增強實際行動的心理現象，則常為運動參與者所共認。[79]

不過，運動樂趣的感受，常因不同的立場，而有不同的主張。其中，如從態度分，有所謂科學研究的樂趣，實用價值的樂趣，美感的樂趣；[80]有從運動樂趣的內容分為：(1)充分活動的樂趣；(2)突破環境限制的樂趣；(3)競手的樂趣；(4)挑戰的樂趣；(5)創新遊戲道具或方法

---

[78]Daryl Siedentop，《楽しい体育の創造》，1981，238-256。

[79]許義雄，〈體育正課的「運動樂趣」因素分析〉，《社會變遷與體育發展》（臺北：文景，1988），216-343。

[80]劉一民，〈體育樂趣之探討──理性呼？實用乎？美感乎？〉，《中華民國體育學報》，9（臺北，1987）：29-33。

的樂趣；(6)模擬的樂趣；(7)暈眩的樂趣；(8)發揮專長的樂趣；(9)共
同活動的樂趣；(10)公平的樂趣；(11)互助合作的樂趣；(12)戰略、戰
術運用的樂趣；(13)籌劃活動的樂趣；(14)安全的樂趣。[81]更有從意義
的角度分為：(1)積極意義的樂趣；(2)消極意義的樂趣；(3)轉移的樂趣
等。[82]事實上，不論分法有何不同，樂趣的本質，不因金錢、名譽、
讚賞等外在的酬報獲至，而是內心自我滿足，自我目的中得來，亦是
眾所皆知的事。[83]所以，也不管是運動過程的樂趣，抑或是運動結果
的樂趣，甚至是「苦中作樂」或「苦盡甘來」，都是運動參與者「歡
喜做，甘願受」的自我承擔，自我完成，滿心歡喜的自主行為，也惟
其能自我實現，運動樂趣的追求，才更具價值，也更形重要。

(二)創新使體育內容更豐富

　　人類社會歷經農業社會和工業社會後，知識經濟社會形態，已隱
然成形。具體而言，以知識為基礎的經濟發展，不只成為國際經濟發
展的主導地位，更是衡量國家經濟水準的重要指標。因此，為提升國
際競爭力，各國無不竭盡所能，投入於知識創新與生產的改革工作。
其中，國際上，風起雲湧的教育改革，即其明顯的事實，體育自不例
外。

　　以電腦遊戲為例，從遊戲產業的經營，到遊戲科系的設置與遊戲
學校的開辦，說明了遊戲在文化創意產業中，所占的重要地位。相對
而言，電腦遊戲也曾被譏為是「電子海洛英」，或是「邪教」，意指

---

[81]安田祐治，〈運動の楽しさを学ぶ評価の視点〉，《体育科教育》，27.4（東
　京，1979）：22-24。

[82]加賀秀夫，〈体育の楽しさと運動の楽しさ〉，《体育科教育》，27（東京，
　1979.04）：13-18。

[83]M. チクセントミハイ（M. Csikszentmihalyi），《楽しみの社会学》（今村浩
　明譯）（東京：思索社，1975）。

電腦遊戲，常以性、暴力、恐怖、殺戮等題材，讓青少年沉迷其中，無以自拔，甚至造成所謂「道德恐慌」。[84]事實上，文化產業，不能只考慮商業利益，當是眾人所認同。不過，遊戲的創意價值，亦不能完全否定。所以，遊戲創意的適當或正面發揮，是遊戲產業經營者，所必須面對的重要課題，應非過言。

進一步以體育看，既是從遊戲出發，則創意的展現，不只是教育興革所必須，更可開拓體育的新境界，呼應國際的新潮流，比如：

◆體育需要更多的思考

一般而言，創造能力，可包含創造的思考能力及創造的技能。前者指創造必藉思考活動，才能有所表現；後者則指創造過程中的操作能力或表達能力而言。

舉例而言，田徑運動的跳高，由1887年的剪刀式，經1912年的背滾式及1941年的腹滾式，到1968年的背向式，歷經近八十幾年。每一次的改變，都使成績表現，往前邁進一步；且每次方法的更新，都有不同的理論依據，創造身體不同的表達方式。顯見，有了思考，才能導出創造，並以身體的操作能力，使創造具體化，將「產品」做最好的表達。

尤其是，創意常來自於自己的知識與經驗，經由有意識的想像或思考，產生前所未有的事物。所以，誠如康德（Immanuel Kant）所言：「想像力是一股強大的創造力量，能夠從自然所提供的材料中，創造第二自然。」[85]因此，體育也需要更豐富的想像力，讓思考更寬

---

[84]Dagou，〈遊戲的文化研究〉，《任天堂世界》，http://bbs.newwise.com/thread-64813-1-1.html，2017.01.31檢索。

[85]康德認為，想像力（作為創造性的認識功能），有強大的力量，去根據自然現實所提供的材料，創造出彷彿是一種第二自然及超自然的東西。引自：司徒立，〈模仿、抽象與仿真〉，《21世紀雙月刊》，58（香港，2000）：95-104。

廣，更周密，更富創意，以能滿足學習者的好奇心，解決心中的疑惑，達成預期的效果。

◆求變與啓發

俗話說「戲法人人會變，巧妙各有不同」，意味著，遊戲貴在莫測高深，才能引人入勝。所謂「窮則變，變則通」，或說「變亦變，不變亦變」，都在強調變異的妙用。一般常說「變變變，連三變」，當是遊戲叫好叫座的法寶。以體育爲例，任何運動項目的玩法、規則、場地設備、器材用具、人數多寡等，無一不能改變。相信，只要經由參與者共同協定或規範，任何改變都可被接受，而且都能興高采烈，樂在其中。

再說，一般常提及，所謂「平庸的老師是講述，次好的老師是解釋，優秀的老師是示範，偉大的老師是啓發。」體育的教育工作，自亦可作如是觀。[86]

無可諱言的是，傳統以來，理想的體育教師，常衆說紛紜，莫衷一是。有人主張，體育貴在運動技能的獲得，所以要多示範、多講解；也有人認爲，技能學習，當然不反對示範。可是示範越多，學生創意越少，何妨多用啓發、多思考、多創作。常有不少體育老師，自恃本事高超，動作學習，無一不做示範，卻讓學生不是目瞪口呆，驚嘆莫名；就是望而卻步，爲運動所疏離，到底何者爲是，不言可喻。

(三)提供開放的學習情境

過去，體育最受詬病的是，體育像極軍事訓練，一板一眼，有稜有角，嚴格管制，馬虎不得，常使學生，望而生畏。上課時，大聲吆喝，一個口令一個動作，不敢略有差池，提心吊膽之餘，不只毫無樂

---

[86]許義雄，〈作一個偉大的體育老師〉，《學校體育》，2.4（臺北，1992）：4-5。

趣可言，甚至常抱避之唯恐不及的心態。

　　事實上，臺灣體育，經過一段披荊斬棘的歲月，從兵操當道，體育軍事化，到國防體育，一路走來，備極艱辛，可說是歷史宿命。[87]但自「臺灣優先，主權在民」的改革開放後，自由民主的訴求，已逐步在日常生活中落實，教育的改革，更快馬加鞭，急起直追。因此，作為教育重要環節的體育，自宜有所因應，比如：

◆自主的學習

　　從課程標準的鬆綁，到基本能力的重視，說明了學習的自主性，已不再是理論的探討，而應該是實際工作的落實。自主意指不依附他人，不盲從附和，能獨立判斷，自行決定，並付之行動者。換句話說，自主常以主體性為前提，排除被動、壓制、灌輸與教條式的教育方式，而以學習者為主體，重視學習者的自主性，使學習者在學習過程中，從面對問題，思考問題，到設法解決問題，都能經由自己的經驗中，尋求最好的答案，以增進或提升問題的解決能力。

　　舉例而言，就學習者的特質看，富創意的學生，常有異於常人的想法或看法，自宜正面從旁協助，免於主觀的好惡，犧牲或剝奪其應有的學習機會。比如：有的表現不能面面俱到，有的行為顯與社會期望不甚契合，有的喜歡嘗試困難的工作，有的則好冒險犯難等，形形色色，無奇不有。指導者若能有較開放的態度，學習者與眾不同的主張或行為，表達的機會，相對獲得保障，進而也敢於表達自我，師生的互動順暢，學習效果自可預期。

　　以動作學習看，同一課題，並不盡然只有一個答案。再說，學習者各個經驗不同，能力互異，意向尤其千差萬別，勉強要求同一表達

---

[87]許義雄，〈中國民族主義體育思想之特質〉，《中國近代體育思想》（臺北：國立編譯館編，1996），1-35。

方式，不只有違自主原則，尤與學習原理背道而馳，均非所宜。

◆公開討論

　　民主的可貴，在能公開陳述己見，彼此包容，相互妥協，建立共識，體育的學習亦無例外。所謂「衝突→妥協→進步」，應不僅止於政治的生態環境。體育情境中，從衝突學習妥協，從妥協中求取進步，應是彌足珍貴的實踐效益。

　　傳統以來，總認為，體育以動作或術科學習為取向，實際操作多，解釋或說明，能免則免，甚至，凡事示範優先，師生之間，「一番比手畫腳，依樣葫蘆照做」。學習者容有疑惑，或不便啟齒，或囫圇吞棗，有無效果，如人飲水，冷暖自知。其實，體育之需要討論，一在體育不能沒有認知學習，所謂時時發生疑問，處處探求答案，仍然適用體育。二者體育以人體動作為核心，動作表達之複雜，豈能沒有充分的討論，而可得心應手，應付欲如。再說，討論的好處，不只親身的體驗，可與他人分享，更可藉經驗交流，截長補短，何樂不為。尤其，公開討論足以啟發思考，增強創意，更因彼此論辯，激發競爭意識，養成君子動口不動手的民主風度。相信，體育活動中，多一點說理能力的養成，少一些不必要的身體語言，未嘗不是體育另一功能的具體展現，值得重視。

　　總而言之，本節就遊戲的特性及範疇，說明體育為遊戲教育形態的理由，其中，一方面，分析遊戲的自由性、時空的限制性、非日常性或虛構性、非生產性、不確定或緊張性與體育的關係；一方面，則以遊戲的競爭、機運、模擬及暈眩等四個範疇，論述體育與遊戲同體共生的道理，再從遊戲論出發，列舉運動樂趣是重要訴求、創新使體育內容更豐富以及提供開放的學習情境等，作為體育走向的具體策略。

　　無論如何，體育不是苦役，不是勞動，更不是軍事訓練，體育不過是組織化的遊戲教育形態。因此，體育應在開放的情境中，賦予更

多的想像與思考，始能自主的學習，公開的討論，創新活動的內容，享受運動樂趣，唯其如此，體育才能與生活相結合，並與文化發展，齊頭並進，進而為人人所喜愛。

第三節　運動（sport）

隨著社會的變遷，勞動形態的改變，閒暇時間增多，以及健康意識的抬頭，運動（sport）的議題，不只是國際關注，更是國家施政的重點。其中，從運動是權力的宣示，到運動是文化的提倡，運動已然不只是嘻笑玩鬧的浮面現象，而是蘊含豐富意義的資產，為人人所重視。

就歷史演進看，運動（sport）的概念及其內容，隨著時、空的改變，而有不同的發展，[88]比如：

1. 與遊戲並存，出現在韋氏或大英辭典，意涵遊戲、戶外運動、娛樂及團體比賽活動。
2. 18世紀以前，在英國封建、階級社會所流行的運動，如：(1)庶民階級所進行的運動遊戲（含保齡球、網球、足球、民族舞蹈等）；(2)武技性的運動（投石、擲標槍、擲鐵餅等）；(3)貴族的運動（騎馬、打獵等）。
3. 19世紀時，新興仕紳階級產生，近代奧運創立，組織化的近代運動廣為流傳。如：高爾夫、板球、足球、橄欖球、曲棍球、田徑、網球、划船、羽球、桌球、棒球、排球、籃球等。
4. 20世紀以後，運動教育（sport education）及全民運動（sport for all）相繼提出，加以聯合國教育科學文化組織（簡稱聯教

---

[88] 近藤英男，〈スポーツの哲学的課題〉，《スポーツの文化論的探究体育学論叢（Ⅲ）》（大阪：タイムス，1981），260。

組織）（UNESCO）所屬國際運動與體育協會（International Council of Sport and Physical Education, ICSPE）於1964年發表運動宣言及1975年歐洲全民運動憲章的公布，運動文化的概念，隱然成形，使得運動的推展工作，舉世重視。

5.社會進步，以及經濟的發展，運動產業興起，各國競相以運動促進健康，提升生活品質為重要政策。加以運動競賽效益擴大，政治勢力的介入，使得運動意義、本質、功能等備受關注。

本文即依此背景，擬分：(1)運動（sport）的語源及其語意；(2)運動（sport）的文化背景；(3)現代運動的形成與發展；(4)運動全球化的演進及其影響，分述如下。

一、運動（sport）的語源及其語意

Sport一詞的漢譯，最早以音譯為「斯波茲」相對應，[89]因係外來用語，漢字並未有適當語彙，直接採接近的發音標示，可說是權宜因應。之後，陸續有「身體運動」、「身體活動」或「競技運動」等用語，藉以對應sport的譯名。其中「競技運動」乙詞，經體育專家學者採用，成為一般習慣用語，影響所及，將sport定位為競技運動，似已定調。[90]不過，將sport譯為「競技運動」乙詞，似乎不無商榷

---

[89]早期漢譯，可以五四運動時期將民主（democracy）與科學（science）以「德先生」與「賽先生」為對應，最為經典。甚至Olympic乙詞，早期譯為「我能比呀」，其後才改譯為「奧林匹克」，都是取其音譯。謝似顏，《我能比呀》（臺北：商務印書館，1950）。

[90]江良規，《體育學原理新論》（臺北：商務，1988），12-13。按中文「競技運動」乙詞，較接近英語語系的athletics乙詞，意指相互技術較量，優劣競爭，體力、心力的競賽活動而言。在日本所謂的「競技」，有廣狹二義。廣義上，泛指除含田徑運動以外，還包括所有各種運動如摔角、拳擊、舉重等項目，而狹義的「競技」，則專指田徑運動而言。大谷武一等，《增補體育大辭典》（東京：不昧堂，1966），29。

國際自由車邀請賽

資料來源：中華民國自由車協會提供。

餘地。一方面是，聯教組織（UNESO）屬下的國際運動與體育協會（ICSPE）對sport的界定，「競技運動」乙詞，無法涵蓋sport所指涉的廣泛範圍；一方面是漢字的侷限性，「競技運動」乙詞，無法完全標示sport的概念。這當然是華語系統轉譯西方文化的限制與困難。在國際化的現階段，作爲舶來品的體育用語，要精確表達外來用語的概念，尙待進一步的努力。

具體來說，sport源自拉丁語系的disportare，之後納爲法語的desporter。11世紀時，傳入英國後，並改爲disport。直至16世紀，英語的sport乙詞才算定型，[91]並在19世紀，德、法相繼使用之後，才廣爲流傳，而成爲國際化的通用術語。

進一步而言，disportare或desporter中的dis（des）有away的意涵，而portare或porter則含有carry的意思，意指to carry away或leave off the

---

[91]岸野雄三，《スポーツ技術史》（東京：大修館，1972），2-5。

work，轉化為amuse oneself，亦即遠離工作，得到消遣、解悶與娛樂。誠如西班牙思想家奧德嘉・加塞特（José Ortega y Gasset）所說，西班牙sport所用的語源為de porto，有海港生活的意思。是指船員們經長期海上勞苦生活，入港後的一種精神解脫，在港埠的娛樂而言。[92]

事實上，英語語彙中的ｓｐｏｒｔ，與遊戲一樣，即含有心智（mental）與身體運動（physical activity），不過，因時代的改變，生活形態與工作內容的不同，從早期的嬉戲玩鬧、捕魚打獵的自然活動中，因享受個人運動樂趣，而有全民運動浪潮（sport for all）。另一方面，由於競爭態勢的演變，運動已慢慢侷限於組織化、競技化、技術化、高度化的身體的活動，甚至，促成職業運動的興起。不過，隨著社會的變遷，個人自我意志的彰顯，規格化的運動，已無法滿足個人突破環境桎梏的欲望，導致新興運動項目，不斷湧現，應驗了所謂「有怎麼樣的社會，就有怎麼樣的文化」。sport的發展，正說明人類嘗試各種可能，創發出更多別出心裁的運動文化。如跑酷（parkour）、攀岩、高空彈跳、極限運動等，無不是乘勢而起的新興項目。就此而言，sport的類型，至少可以歸納為：(1)自我遊樂型的運動；(2)從自我遊樂型轉向與他人競技型的身體活動；(3)突破環境限制的運動。甚至，有以活動功能及其勞動形態，將sport類歸為勞動型的職業運動，休閒娛樂型的身體運動及健康型的體適能活動。事實上，sport之所以複雜，正好說明，sport定義之困難，及其範圍之廣泛。

誠如英國著名體育史學家及體育社會學家馬克因督修（P. C. McIntosh）在其《運動社會學》乙書中提及：「作為名詞的sport，指涉男、女，團體活動、娛樂、追蹤獵捕、狩獵、鬥爭、笑話等，甚至連植物的變種都在內。」[93]《大英百科全書》，彙整了sport的項目，

---

[92]岸野雄三，《スポーツ技術史》，1972，2-5。

[93]P. C. McIntosh, *Sport in Society* (London, C.A. Watts & Co. Ltd, 1963), 11.

發現sport乙詞，帶有綜合名詞的性質，是各種不同形態（pattern）、
樣式（form）、特性、要素等身體運動或活動的總和用語。[94]

　　至於sport的本質，吉列特（B. Gillet）在其《Sport的歷史》乙
書中提出，運動納為sport的三項要素為「遊戲、鬥爭及激烈的肉體
活動」，他認為，「惟其如此的限定，sport才能凸顯sport的高尚觀
念」。[95]言下之意，意指運動若不具備三要素，則不能稱之為sport。

　　不過，卡爾丁姆在其著作《運動的本質與基礎》中，論及sport的
本質，認為就是娛樂。他甚至指出，思想遊戲、集郵或釣魚等廣泛的
活動，都是sport。[96]

　　基此不難看出，sport的本質，不論從語源發展或從運動的性質
看，都不排斥是遊戲、消愁解悶與競爭的身體活動。這樣的論述，證
之於1964年聯教組織所屬國際運動與體育協會所發表的「Sport宣言」
（Declaration on Sport），更可以得到解釋。

　　該Sport宣言，於19屆東京奧運發表，係針對所有有志於從事sport
的人，特別是Sport組織及其教育人員，是邁出重要的一步。宣言中
說：[97]

1.凡具有遊戲特質而出之於與自我奮鬥，或與他人比賽，或與自
　然對抗的身體活動，稱為sport。
2.如果活動具有比賽性質，則比賽必須在優良的運動員風度下進

---

[94] "Sport," Encyclopedia Britannica, https://global.britannica.com/topic/sports, 2017.01.31.
[95] ベルナール・ジレ，《スポーツの歴史》（近藤等譯）（東京：白水社，1973），17。
[96] カールディーム，《スポーツの本質と基礎》（福岡孝行譯）（東京：法政大学，1966），1-2。
[97] 本文引自：江良規，《體育學原理新論》，1988，13。惟譯文略作增刪。其中，增加「或與自然的對抗」，及3. sport是卓越的教育手段。

行，缺乏公平競爭理想的運動，不能稱眞正的sport。

3.這樣定義的sport是卓越的教育手段。

基於上述sport宣言所做的定義，不難看出下列的意涵：

1.Sport是卓越的教育手段。

2.Sport具遊戲特質。

3.Sport類型，包含：(1)自我奮鬥的身體活動；(2)與他人比賽的身體活動；(3)與自然對抗的身體活動等三類。

4.比賽性質的sport，應具兩個條件：(1)優良的運動員風度；(2)公平競爭。

若再進一步分析，宣揚sport是卓越的教育手段，值得重視。如眾所周知，教育是人類文明演進的重要歷程，達到教育目的的手段，不知凡幾，sport在教育過程中所扮演的功能，自宜積極發揮。

至於所謂自我奮鬥的身體活動，當然著重於自得其樂，人人是主角，旨在盡其在我，自我實現，普遍發展；是一種消愁解悶、娛樂的態度，表現出中庸和寬容的精神。而與他人比賽的身體活動，則重超越他人，講求少數精銳主義，旨在成績至上，獲勝第一。就本質而言，因係激烈競爭，難免有爲獲勝而不擇手段，處處需要咬緊牙根，奮戰到底，置之死地而後生的覺悟。再說與自然對抗的身體活動，重在強調克服自然環境的限制，凸顯人定勝天的意志，是生命存在的體現，與自我超越的滿足。在冰天雪地，征服高山峻嶺；在炙熱陽光下，穿越廣闊無垠的沙漠；在連日不眠不休的條件下，完成超長馬拉松的賽程，都是與自然對抗的人類潛能與毅力的展現。

茲爲比較方便，列表說明，如**表4-3**。

表4-3　UNESCO所屬ICSPE對Sport的定義分析

類型／構面	自我奮鬥	與他人比賽	與自然對抗
立場及觀念	全民運動（sport for all）	侷限於富有潛力的人	突破環境限制
使命	將sport的價值普及於所有參與的人	優秀選手，少數菁英主義（寧缺勿濫）	超越自我（解除社會禁忌）
意義	重在參加、實踐、身體力行	勝利第一、錦標至上	凸顯存在的意義
評價標準	1.能實踐多少（程度） 2.能有多少人參加（普遍化）	1.成績（重量、距離、時間） 2.錦標（個人、團體）	挑戰成敗（秀異）
對象（參加者）	以人人為對象（機會均等）	以強者為對象	勇於與眾不同者
與學業的關係	德智體群美均衡發展諧和、統整與理想取向	1.激烈訓練、嚴格管理、現實導向 2.與學業較難兩全其美	可並行不悖
與健康關係	身心靈同時並進（全人健康）	1.訓練第一 2.不達目的絕不終止（難免有害健康）	難免冒險
年齡	終生（可一生享受運動樂趣）	特定年齡（有一定的年齡限制）	特定年齡
代表項目	個人自我健身運動項目	奧林匹克項目	跑酷、攀岩、超馬等
備註	1.sport是以遊戲為基礎的教育手段，以追求快慰、消遣、解悶、成就與存在意義等的身體活動。 2.sport→遊戲（play）＋身體活動｛〔競爭性（他人比賽）或克己性（自我奮鬥）或秀異性（克服自然）〕→達成教育理想。 3.比賽型sport植基於優良風度與公平競爭。		

二、運動（sport）的文化背景

就**表4-3**的比較，運動（sport）具有教育的理想，已昭然若揭，因此，作為目的化的身體活動，自不能侷限於狹隘的競技運動。換句話說，廣義的運動概念，不只是社會的現象，更是社會產物，尤其是文化的一部分。一如歐洲全民運動憲章所揭櫫，所謂運動（sport）是指閒暇所從事的自由、自發的身體活動，包含固有或經由努力所獲得的各種不同的身體活動，舉凡競爭的、戶外活動、表演以及調整運動（conditioning activity）等，應都屬於sport。顯見，sport應含有更廣泛的指涉範圍。[98]

面向自己學習動作表達

---

[98]川口智久編，《スポーツの概念》（東京：不昧堂，1986），195-206。

再進一步分析sport的發展過程，不難發現，從不得溫飽的捕魚打獵，終年勞苦的勞動生產，過渡到生產方法與道具的改進，謀生技能的提升，使得生活閒暇出現，身體活動有了更多的選擇。如**表4-4**，即在說明，身體運動從勞動形態，經遊戲、運動（sport）、再納入教育系統的內容，可說脈絡清楚，階段分明，一目瞭然。

表4-4　運動（sport）的文化背景[99]

階段	I	II	III			IV
形態	勞動	遊戲	sport（文化）			教育
特色	現實性 實用性 勞苦性	虛構性 娛樂性 社交性	技術的組織化 規則的確立 精神性（運動道德）	社會性 國際性 科學性		教育 教養的sport （體育）
內容	生產勞動的技術 （職業化） sport	遊戲的技術 （業餘 sport） 休閒活動 sport	sport的技術性 1.sport的高度化 （勝利、職業化、錦標） 2.sport大眾化 休閒活動 sport	sport的社會性 1.有產階級 ↓ 2.大眾化 （看－觀象 做－實踐者）	運動道德 （sport） 1.個人道德 ↓ 2.社會道德 ↓ 3.國家道德 （sport） 國家主義	1.紳士的 sport （社會） 2.學校體育 （學校）

[99]近藤英男，〈スポーツの哲学的課題〉，1981，265。

　　具體而言，勞動形態的運動，講求的是勞力的增加，生產質量的提升，是一種透過身體運動獲得實質的利益。其中，不只是生產勞動技術的改良，更是身體運動技術的精進，省時省力的勞動大增，而有遠離粗重勞動，享受消愁解悶的娛樂機會。同時，經由設計或制度化的sport，伴隨著運動技術的進步，從資產階級的獨享，到大眾化庶民的實踐，甚至以運動作為職業謀生，媒體的大量傳播，消費社會的行銷助陣，運動觀賞或運動實踐，成為休閒生活的重要組成部分。因此，作為娛樂的運動，從個人到大眾，從社會到國家；從有閒階級，到凡夫俗子，運動的生活化、大眾化，不只是社會階層的象徵，更是文化符徵的體現。是以，運動的道德規範、運動器物、運動的價值觀念、運動的組織制度，隨著需要，與時俱進，運動文化體系隱然成形。一方面，運動的教育手段，不只納為紳士教育的一環，更透過政治的手段，達成凝聚民心士氣的國家目標。

三、現代運動的形成及其發展

(一)現代運動的形成

　　現代運動的形成，是經過一段相當漫長的歲月，由人類從動物分化之後，經狩獵採集的工具使用，到勞動謀生過程中，逐漸演化發展而來，上文已略提及，不再贅述。

　　事實上，根據史料記載，自古以來，運動常伴隨諸多宗教儀式及濃厚的咒術而存在。進一步說，古埃及時期，宮廷已有觀賞性質的運動出現，甚至王侯貴族已開發以運動作為訓練優秀戰士的方法。[100]紀

---

[100]稻垣正浩、谷釜了正編著，《スポ-ツ史講義》（東京：大修館書店，1995），37-39。

元前2100年左右，埃及班尼黑森（Beni Hasan）的壁畫中，發現有四百種以上的摔角動作畫作，並有舉重、跳躍、弓箭的狩獵、球具製作等圖像。[101]至於，古希臘時代，已有廣泛的跑、跳、投擲、拳擊、戰車競技等項目，已是眾所周知。不過，古羅馬人雖不認同傳統希臘運動競技大會的價值，卻以運動作為軍事訓練的目的，並隨著時間的演變，發展為以健康及休閒運動為導向，羅馬帝國時期所建的圓形競技場（colosseum），即是重視民眾觀賞運動的最好說明。[102]

中世紀時期，歐洲一些祭祀儀典的運動內容，更融入基督教的行事活動中。尤其，歐洲基督教文化，早期形成的身分階級制度，明確區分了王侯貴族、騎士、都市人民及農民的運動，不過，過了中後期，都市當局的公開射擊大會，打破了貴族與市民及農民之間的界線，算是提供運動更不一樣的發展方向。[103]

及至近代工業革命之後，19世紀到20世紀初期，一方面延續中世紀社會的運動文化，一方面在產業資本家主導的合理主義的基礎下，運動排除了傳統的土著性及祭祀性，而邁向產業化及規格化，導向合理的競技組織，而有了近代奧林匹克的創立，減少過去因缺乏運動規則的運動暴力及其混亂局面，並導入為教育的重要內容。同時，英國興起的近代運動，隨著帝國主義的勢力擴張，陸續傳入帝國的殖民屬地生根發芽。[104]

進入現代以來的運動，除了彰顯近代運動的功能外，運動的侷限性，也逐步顯露。兩次世界大戰，中斷了素以和平為號召的奧運會，

---

[101]稲垣正浩ほか著，《図説スポ-ツの歴史—〈世界スポ-ツ史〉へのアプロ-チ》（東京：大修館書店，1995），14-15。

[102]小田伸午編集，《スポ-ツの百科事典》（東京：丸善，2007），202。

[103]日本体育学会監修，《最新スポ-ツ科学事典》（東京：平凡社，2006），669。

[104]岡本純也，〈スポ-ツのグロ-バリゼ-ションロ-カリゼ-ション〉，《研究年報》（東京：一橋大学，2001），3-8。

甚至以國家為參賽單位的奧運會，始終避免不了政治因素的介入，冷戰時期的抵制行動，造成理想與現實間的紛爭不斷。媒體的發達，商業取向的奧林匹克活動，帶來龐大的商業機會，職業運動順勢興起，引來觀賞運動人口的快速成長以及運動產業（sport industrial）的蓬勃發展。同時，科技的進步，提升了運動競技水準，形成勝利第一，競技至上，而有為追求突破極限的藥物飲用，甚至科技介入，激起運動器材的突破創新，以及身體機能的研發與改造。

當然，現代運動的競爭原理，除強調錦標主義的運動文化之外，基於共生共榮的基礎，更不忽略積極推展全民運動的重要，落實運動權利的主張。換句話說，現代運動，一方面，正面對過去以來，近代運動層出不窮的問題，謀求因應，一方面，也在現代社會中，試圖結合現代社會的特性，持續發展多樣化的現代運動，開拓現代運動的新境界。

(二)現代運動的發展

綜上所述，隨著時代的演進，社會及經濟條件的改變，加上國際政治情勢的變化，現代運動已然從下列幾個方向，力求發展：

1. 教育系統的推廣，運動不只成為體育的主要內容，更是全民運動的重要基礎。
2. 政治的介入，運動實力成為國力的展現；主政者，樂於投入更多的資源，強化競技運動水準的提升，增進運動科學研究、人體潛能開發以及器材用具的改良等工作。
3. 因應社會的需求，職業運動勃興，即使運動傾向勞動（工作）化，卻也塑造了運動英雄，吸引更多青少年投入運動行列，喚起眾多球迷的崇拜。
4. 運動與健康意識抬頭，運動權利觀念興起，提醒主政者，需要

克盡保障人民運動基本權利的職責。

5.經濟快速成長，運動產業蓬勃發展，運動彩券應運而生，運動隱然成為重要的生產事業。

6.隨著休閒觀念的改變，快樂生活的需求，與日俱增，運動觀光，更在觀光旅遊產業中，扮演舉足輕重的角色。

四、運動全球化的演進及其影響

(一)運動全球化的演進

眾所周知，國際足球總會的會員單位，已高達211個，比國際奧林匹克的205個參加國與團體，以及193個聯合國會員國還多，顯見世界足球人口之普及，以及世界杯足球賽所造成的轟動，可謂其來有自。這個現象，顯示了不論先進國家或開發中國家，競相投入足球運動的事實，更證明了足球運動全球化的結果，已是眾所共認。

其實，運動的全球化，誠如古德曼所說：「大英帝國的軍人、外交相關人員、傳教士以及教師們，穿越困難的地理空間，將近代運動傳播到世界各個角落。」[105]具體而言，以東南亞為例，19世紀後半到20世紀初期，日本帝國占領台灣、朝鮮半島及滿州時，即將日本棒球傳到這些殖民地，二次戰前，日本甲子園球賽，台灣與朝鮮半島的學校都曾派隊參加，台灣並獲優秀成績，留下歷史紀錄。菲律賓曾為西班牙殖民地，雖未留下西班牙的運動影響，但在成為美國殖民屬地後，美國棒球、籃球與拳擊運動，即在菲律賓落地生根，發生一定的影響。馬來西亞、新加坡、香港曾是英國殖民地，賽馬即是英國所帶

---

[105]アレングットマン，《スポ-ツと帝国》（谷川稔、石昌幸井、池田恵子、石井芳枝譯）（京都：昭和堂，1997）。

來的運動項目。泰國雖未曾被殖民，但一些泰國王族的上流階級留學
歐洲後，也帶回西方流行的運動項目，如足球、網球、羽球、籃球、
田徑及游泳等。

　　一般認爲，現代運動的全球化發展，已從早期以英國爲首標榜業
餘運動的理想價值，邁向當前重視物質價值，契合現實的美國合理主
義與標準化取向，尤其透過便捷的交通，快速的資訊交流，傳播媒體
的進步，使得傳統封閉的運動世界，逐漸跨越國家界線、地區疆域，
成爲全人類共同攜手同歡的運動場域。

　　進一步說，有關運動全球化的發展，雖有不同的論述，不過，其
過程一般認爲約可分爲下列五個階段：[106]

　　第一階段，17世紀到18世紀之間，板球、狩獵、賽馬與拳擊，爲
當時英國的主要娛樂與運動項目，其後，隨著帝國勢力，傳播到殖民
屬地。

　　第二階段，19世紀時，足球、橄欖球、網球及田徑等項目，逐漸
發展，並次第流傳世界。

　　第三階段，19世紀後半到20世紀初期，英式運動形態，遍布歐
洲大陸，出現形式上的大英帝國與實質上的大英帝國兩股特殊勢力擴
展，富強烈的民族主義色彩，運動全球化隱然成形。本階段的運動，
在「國民」情感、民族國家及傳統氛圍中，扮演重要角色。

　　第四階段，1920年代後期到1960年代以前，不論西歐或非西歐
國家，運動全球化的趨勢，銳不可當，同時，曾是殖民地的非西歐諸
國，不只對西歐男性中心的運動選手、形態、模式、行銷有所抗拒或
進行再詮釋，並以在地固有的休閒活動，就全球化的尺度，積極推動

---

[106]小林勉，〈途上国に押し寄せるスポ-ツのグロ-バリゼ-ションの実相－メラ
　　ネシア地域の事例から-〉《スポーツ社会学研究》（東京：スポーツ社会学
　　会，2001），9，85。

與振興。換句話說，在現代運動全球化過程中，西歐霸權雖巧妙運用政治經濟學操控，可也不盡然順利得逞。

　　第五階段，1960年代以後，運動影響力的變化期，較顯著的項目，有羽球、板球、足球、桌球、田徑。非洲、亞洲、南美洲等國的運動實力崛起，舉世側目，同時，東方武術在西歐廣泛流行，向來以西歐為「中心」，東方為「邊陲」的態勢，出現崩解現象，顯露脫（離）西歐，脫（離）中心化的傾向。有學者認為，這樣的背景，衍生出運動的混種化（creole）。亦即，國民認同的在地統一的運動文化形態，參雜外來運動文化，形成複線化（pluralization）的過程，使得運動要象徵國家的獨特性，相當困難。

(二)運動全球化的影響

　　運動全球化的結果，不只影響運動社會層面的改變，更牽動運動經濟規模的變化，以及媒體及科技文化的突飛猛進，舉其犖犖大者，約有下列幾點：[107]

　　1.國際性的人口移動：就國際運動賽會而言，不論綜合型的奧運會，或個別單項賽事，不論業餘或職業運動，從參賽者到球迷或觀眾，所造成的人口流動，常是人山人海，數以萬計。再說，全球各區域，從傳統上的競技性賽會，到休閒性的娛樂項目，不計其數，經由主辦國家的刻意設計，行銷策略的包裝，以及媒體的渲染，所到之處，造成的轟動，所在多有，任人皆知。尤其是職業運動員，不只提升了運動水準，更左右運動產業的生產與行銷，動見觀瞻，眾所矚目，其僱用、移居與旅

---

[107] ョゼフ・マグガイヤ-，〈スポーツとグローバル化-プロセス社会学のスベクテイブ-〉《スポーツ社会学研究》（東京：スポーツ社会学会，1999），7，18。

行，更是國際性人口流動的主流，備受關注。

2.科技進步提升產值：隨著運動全球化，國內外企業或政府相關
　企業所生產的機械或設備裝置，已跨越國界在國家與國家之間
　流通。具體而言，利用開發中國家的低價勞力設廠生產，打造
　國際公司，締造企業王國。

3.跨國交易資金快速流通：經濟規模擴大，不只資金、人才、獎
　金等國際性的交易加速，貨幣或股票流通便捷，集中運動市場
　行銷，籃球、棒球、美式足球等美國運動項目，導向全球化發
　展。

4.複合式運動媒體發揮效果：媒體結合運動員、休閒形態及文化
　意向，提供給閱聽者，廣告外溢效益加大，有利行銷。如籃球
　偶像麥克·喬丹，即是一列。

5.「國家」意識形態的改變：運動全球化後，運動員的交易，有
　其一定的市場機制，隊籍移轉，司空見慣，對所屬國籍問題，
　不再嚴肅看待。

🏃 第四節　新興的運動（new sport）

　　體育是以目的化的身體活動為內容，所以，除所謂的大肌肉活
動，包括一般生理操作上之身體動作、遊戲及sport外，身心相關或身
心靈並修的人體活動，應否或能否納入為體育的範圍，似不無討論的
空間。譬如：冥想性的身體活動，如瑜伽、氣功、導引等；傳統或民
俗（本土）的身體活動，如扯鈴、滾鐵環、踢鐵罐等；以及改良式的
或新興的身體活動，如簡易運動、健走、慢跑、衝浪板、拳擊舞蹈、
極限運動等，在體育中的位置，應都值得深入探討。

　　本文即以此為背景，擬分：(1)新興運動之定義；(2)新興運動興起

之背景；(3)新興運動之特質；(4)新興運動之走向等，分述如下。

一、新興運動之定義

一般而言，所謂新興運動（new sports）是指新概念的運動（new conceptual sports）之簡稱，並無特定的定義。「新興運動」乙詞，係1970年代以後新創造的用語。一般認為有別於膾炙人口的競技運動項目，泛指誕生時間晚、歷史短、流行於特定區域，並擁有一定的支持人口的運動，都可稱之為新興運動。不過，一般將一些運動項目，改變其方法、規則或場地，使能輕易實施，不受性別、年齡、體力、運動技術或環境等因素限制的運動項目，都可稱之為新興運動，又稱「輕鬆運動」或「簡易運動」。[108]

事實上，新興運動純以放鬆身心、從動中取樂的運動，是不失其遊戲本質的運動，更不以爭勝奪標的運動，是人人可親近，處處可進行，時時能實踐的運動。因此，其範圍相當開放，項目也非常多元，可說時不分古今，地不計內外，只要有益身心，具有下列特質的運動，都可稱之為新興運動。比如：

1. 新創的運動項目。
2. 復古的項目：轉化傳統的運動項目。
3. 改良的項目：更改既有競技運動的方法、規則、場地、器材等的項目。
4. 自我挑戰的項目：展現超越自我的運動項目。如高齡者高空飛行、殘障者攀登高峰等。

---

[108]野々宮徹，《ニュースポーツ用語事典》（東京：遊戲社，2000），244-245。

海上風帆逸趣橫生

資料來源：李昱叡提供。

總而言之，新興運動項目，約可歸納為下列三點：

1.是人人可行，時時可做，終生享用的身體運動。
2.是超越競技比賽，以樂趣為導向的身體運動。
3.是突破國家疆域限制的身體運動（如臺灣外勞帶進來的運動項目，對臺灣而言，仍是新興運動項目，如潑水節）。

二、新興運動興起之背景

新興運動之興起，除了是時代的不同以及社會變遷等因素外，身體自主意識的抬頭、競技運動的侷限、自我鍛鍊風氣的形成、民俗或本土體育的復興等背景，都有一定的影響，簡述如下：

(一)身體自主意識的抬頭

　　傳統以來，對身體的看法，常因不同的時間，不同的派別，而有不同的主張。比如華人社會，自古以來，常將身體看成是自然的一部分，主張天人相應，學習或模仿自然動物的形態或動作，作為身體的鍛鍊方法，華陀的五禽戲，仿效「虎、鹿、熊、猿、鳥」的活動姿勢，即為最好的說明。其他如養生運動的太極拳、八段錦、五行呼吸，亦與自然界之運行相契合，所謂「天行健，自強不息」，或俗話說：「天有三寶日月星，人有三寶精氣神」均含此意。

　　不過，西方近代的人體觀，則從科學的合理主義出發，認為人體如機器，以機械理論，解釋身體動作原理，並以科學角度認識人體器官、組織及其功能，同時，依此基礎，運用科學方法，探索或創發有效的人體運動訓練方法，追求人體潛能的開發，突破人體的極限，提升人體的作業能量。

　　隨著個人自主意識的覺醒，對身體的主體性，有了更深入的反省。因此，從身體經驗出發，探索身體的感覺與知覺，強調自我的意願、尊重自己當家作主的意義，體驗自我愉悅與滿足的感受。所以，對傅柯《規訓與懲罰》書中論及的監控體制，以及身體備受蹂躪的權力運作，有了起碼的認識，[109]對學校以兵操作為體育內容，訓練軍國民的理由，可以得到解釋。[110]尤其，十九世紀以來，帝國主義藉助近

---

[109]傅柯（Michel Foucault）解釋，人類活動領域如何被組織起來，更以邊沁（Jeremy Bentham）「圓形監獄」（Panopticon）的全場敞視，揭示了我們的文化是如何透過日益加強的合理化手段，透過把個體變成有意義的主體和馴良的客體，使每一個人都規範化。休伯特‧德雷福斯（Hubert L. Dreyfus）、保羅‧拉比諾（Michel Paul Rabinow），《傅柯——超越結構主義與詮釋學》（錢俊譯）（臺北：桂冠圖書，1995）。

[110]許義雄，《軍國民教育之體育思想》（臺北：國立編譯館，1996），37-122。

代運動，擴大殖民地版圖的企圖，也就昭然若揭。[111]

及至後現代思潮興起，身體的自由意志及其能動性，更是推崇備至，對身體的表現活動，再現的意涵，更顯得多姿多彩，豐富異常，如攀岩、飆車、極限運動、水上或陸上摩托車，此起彼落，充分顯示身體自主嘗試不同運動的開放性。甚至女性主義抬頭，身體主體性的主張，更見蓬勃；加以消費社會成形，時尚所及，身體改造工程，司空見慣，[112]美容健身，風起雲湧，如有氧舞蹈、健美瘦身等新興運動項目，更是不勝枚舉。

(二)近代競技運動的侷限性

誠如古德曼（Allen Guttmann）所指陳，近代運動的特質在於世俗化、平等化、官僚化、專門化、合理化、數量化與紀錄化等，[113]可以說，近代運動競技與早期各傳統的自然競技，截然不同。換句話說，經由先進國家的合理化手段，傳統競技項目已在規格化的制度框架中銷聲匿跡。最明顯的事實是，近代奧林匹克運動項目的出現與傳播。

一般認為，近代競技運動，係由歐美列強所倡導，並藉殖民政策，快速擴充發展，小自學校體育課程內容，大量引入近代競技運動項目，滿足政治意圖或教化功能。甚至透過大、小型運動賽會，強調優勝劣敗，鼓勵勝利至上，凸顯種族威望，提升國家形象，誘使各國不分大小、強弱，幾無不傾其全力，為達目的，不擇手段。因此，或利用藥物、變性、欺瞞、暴力、傭兵等，使得運動的價值受損，競技的意義盡失。

---

[111]アレン・グットマン（Allen Guttmann），《スポーツと帝国－近代スポーツと文化帝国主義－》，1997，6-9。

[112]從基因改造到器官移植，從豐胸到整型，無一不是身體改造工程的具體範例。

[113]アレン・グットマン（Allen Guttmann），《スポーツと帝国－近代スポーツと文化帝国主義－》，1997，3-4。

　　更具體的說，近代競技運動，常隨科技進步，藉助器材的改進，改變傳統身體的運動方法，提升人體的競技能力。簡單來說，是讓自然的人體，慢慢迎合科技所設計的操作方式，突破人體的極限性，遠離了人體盡其在我的自然發展與成長。比如，從自然沙土的跑道到PU或化學合成製品的達坦，從赤腳、步鞋到各式跑步釘鞋的利用，從簡單的泳衣到鯊魚裝，從撐竿的竹竿、玻璃纖維到碳化纖維竿等，近代運動競技，已成無形的科技戰爭，人受制於科技文明的較量，而逐步遠離人體的自然動力，喪失了日常生活的身體操作能力，得失自有不同的考量。

(三) 自我鍛鍊運動之興起

　　自我鍛鍊運動（trim），係由挪威人莫埃（Per Hauge Moe）所提倡，為1960年代歐洲全民運動形態之一。[114]1950到1960年代，科技文明突飛猛進，後工業社會成形，資訊社會的到來，揭開了「管理社會」[115]與「高齡化社會」的序幕。同時，人民生活與社會的急遽變化，勞動形態邁向自動化、省力化，造成運動不足，健康與體力明顯衰退，加以人口過度都市集中化，勞動異化造成的人際疏離，使得人際關係淡薄，社會問題日趨嚴重。因此，藉運動以改善健康與體力，並促進人性之復甦，增強人際連帶關係之「全民運動」風潮，應運而生，自我鍛鍊運動也由北歐到中歐諸國，影響所及，舉世風靡。

　　具體而言，1960年代，西德為解決國民運動不足的問題，開始推出普及地方運動設施的「黃金計畫」，1967年挪威運動聯盟展開「自我鍛

---

[114]松本芳名，《近代スポーツの超克－ニュースポーツ・身体・気》（東京：叢文社，2001），57-60。

[115]一般所謂的「管理社會」，常泛指社會組織化、管理機構的巨大化及高度資訊化後，人們生活各面向均受到管理的社會。

TRX懸吊式核心肌群訓練

資料來源：竇少廷提供。

錬運動的十五年計畫」，1969年日本透過日德運動少年團的交流，引進自我鍛錬運動，並於1970年代正式推動，而有Trim Japan之號召。

之後，國際間開始採取行動，並進行經驗交流，落實自我鍛鍊的具體策略。[116]如以1969年12月在挪威奧斯陸舉行的第一屆國際自我鍛鍊暨健康體適能生涯會議為例，到1995年8月時，加盟國家已達九十四國一百二十七個機構或單位（含政府及非政府組織），足見自我鍛鍊，已不僅止於坐而言的空談。[117]

---

[116]西德於1970年開始推動自我鍛鍊運動，1975年歐洲運動部長級會議，議決「全民運動憲章」，1976聯合國教科文總會（UNESCO）制訂「體育及運動國際憲章」，明文規定「運動是國民的基本權利」。參閱本書〈運動權利與運動基本法〉。

[117]許義雄，《開創我國21世紀的體育新格局——臺灣體育的轉型與發展》，（第一次全國體育會議實錄，1999.11）。

(四)傳統（本土）體育運動的重視

傳統體育運動，或稱民俗或鄉土體育運動，不只是不同族群的歷史產物，更是不同族群的文化象徵。前者說明傳統體育運動，無不歷經歷史長河的考驗，而保有承先啟後的生命力；後者則強調，傳統民俗體育運動，係由長期的生活實踐，在各民族社會裡，孕育了深厚的文化意義。當然，相應於近代體育運動的齊一化及規格化，傳統體育運動更展現其個別化與殊異化，因此，在近代競技運動全球化浪潮下，傳統體育運動，一方面，正面臨存亡絕續的危機，一方面，卻也守護著人類運動文化的珍貴遺產。

誠如1928年迦納歷史學者，為了該地的傳統運動「相撲」即將失傳，特別語重心長的指陳：「我們感到遺憾的是，隨著英式學校的增加，標榜健康、娛樂的板球、足球，吸引更多人的目光，並取代了我們傳統的身體活動項目。問題不在誰好誰壞，而是在不經意之間，我們失去了本質的東西。我們的國民性正瀕臨變質的危險深淵，我們將我們的國技、娛樂及習慣，置之不理，最後終將一無所有。」[118]言下之意，對近代運動隨著殖民統治傳入殖民地之後，被殖民國文化流失的警覺，不難想見。難怪事隔六十年之後的1989年11月25日，奈及利亞總統，在慶祝該國文化祭典的開幕典禮上，也作了相類似的發言，認為，「我們要回復我們豐富卻暴露於危機之中的文化」。[119]

換句話說，傳統體育運動之所以備受推崇，下列幾點特點，不得不加以重視：[120]

---

[118]寒川恒夫，《21世紀の伝統スポーツ》（東京：大修館，1995），110-111。

[119]寒川恒夫，《21世紀の伝統スポーツ》，1995，111。

[120]ケンドール・ブランチャード，〈21世紀の伝統スポーツ、国際関係、及び世界失序について〉，《21世紀の伝統スポーツ》（東京：大修館，1995），14-15。

1. 傳統體育運動，不與國家主義的政治思想掛勾，而是與民族文化遺產相連結。因此，傳統體育活動，不是國家權益的代辦，而是各該民族體現共有的象徵與文化認同。

2. 傳統體育運動，強調展演勝於競爭，是一種愉悅的體驗，舒適的感受，有別於奧運的競技，不在創造勝利者，而在自我精進與超越。

3. 傳統體育運動，既體驗運動的普遍性，同時也體驗多元性，所以，是相互尊重，彼此認同，尤其跨越民族與國家的藩籬，致力於發揮協同合作精神。

4. 傳統體育運動，不在外在表現的結果或物質性的報酬，而在內在精神的圓滿。就此而言，傳統體育運動要比近代運動競技更接近於宗教的境界。

5. 傳統體育運動，不像近代競技運動追求更高、更強、更快，而重經驗與純熟的體驗。

6. 傳統體育運動，不只有助於不同民族集團認同的強化與相互理解，尤有利於不同集團的和平共存。

所以，在國際間紛擾不斷，族群間摩擦無時不有的現階段，傳統體育運動，正可扮演橋樑的角色，作為建立國際新秩序、增進彼此的相互尊重、理解，與協力、認同的平臺，達成人類真正的和平與進步。

三、新興運動之特質

如上所述，新興運動之興起，有其突破僵化體制的時代背景，也有其追求心嚮往之的樂趣享受；尤其是，社會空間的開放，全球化的文化交流，使得新興運動項目，得以無遠弗屆；加上科技的一日千

身體平衡的雕塑

資料來源：翁士航提供。

里，更促成新興運動風起雲湧，千變萬化。

　　事實上，從身體運動的發展看，從傳統制式化的運動，到近代奧運項目的獨領風騷，經全民運動的普及，到新興運動的崛起，可說是從近代規範的合理性，邁向現代身體運動的自由發揮，再從身體的開放，走向後現代身體運動的爭奇鬥豔，眾聲喧譁，讓新興運動，不只形式上脫離母體，自立門戶，甚至跨越舊有的運動規範，獨創品牌，以致琳瑯滿目，應接不暇。甚至，從本質說，新興運動的生存之道，是柔性的呈現，是隨遇而安的自適，更是充滿愉悅的滿足。相對而言，新興運動之所以得天獨厚，應是植基於下列的特質：

(一)技術革新，運動的時空擴大

　　技術創新帶動了時代的進步，改變了人類的生活方式，也影響人

類日常活動的內容。具體而言，從現代社會食、衣、住、行、育、樂看，無一不受科技文明的左右。以食為例，從早期的粗茶淡飯，以溫飽為訴求，到今天營養的講究，以及健康運動的介入，擺明不只要祛病延年，更要福祿壽喜，享受快樂人生。

換句話說，科技的進步，除了實用的功能外，也致力於改善人類的生活品質，發展有益於人類的休閒文化。如電腦科技，除有助於百業成長，富國利民之外，遊戲機的開發，更豐富了生活內涵，提升了生活樂趣。進一步說，科技之有利於新興運動的發展，為：

1. 新興運動器材用具之開發：陸上的漆彈、垂吊，獨輪車、雙人或多人腳踏車等；海上的水中摩托車、衝浪、泛舟等；空中的滑翔翼、熱氣球、高空彈跳等，無一不是科技新產品，觸動新興運動。

2. 器材用具的改進，激發了新興運動：以球具為例，從大球到小球，從皮質球到橡皮球，從實心球到空心球，透過材質、規格以及方法，科技除創新發明外，也可以擬真仿造，甚至改變形式與實質，形成「脫胎換骨」的新興運動項目。

基此不難想見，下列幾點作用，值得重視。

1. 科技促成新運動器材用具的開發，引發新興運動的發展，加速新興運動時間、空間的擴大。

2. 隨著科技的進步，人類藉助科技，可以實現人體潛能所想表現的運動形態。因此，新興運動的發展，富有極大的潛力。機械人的開發，完成了超越人類所能完成的任務，即其一例。

3. 新興運動的發展，改變了傳統的運動形態，引發不同的運動感受，啟動了身體不同的醒覺，有助於豐富身體的經驗，值得學校體育重視。

(二)新興運動從日常生活出發

有一句通俗的話說：「運動生活化，生活運動化」，意指運動健身，或健身運動，其實不難，就從日常生活出發。其實，人人知道運動的效果，也都知道運動的重要性，可是，常常是說得多，實踐得少，績效當然大打折扣。

換句話說，從運動的形成，在走出拘束的勞動生活，投身於非生產性的活動，才有可能獲得運動的實踐樂趣，也才能享受真正偷得浮生半日閒的放鬆。

盱衡當前文明社會，不只慢性疾病比率扶搖直上，甚至精神壓力紛至沓來，亟待排除。從日常生活出發，由自己開始，與家人、鄰居或社區住民，或就地取材，或共同研發一些簡易的新興運動項目，都可以彼此交融，歡樂與共，分享運動的美好。

(三)靈性修為，適合高齡化社會

臺灣高齡化社會，已隱然成形，面對勞苦終生，告老返鄉的老人，似宜有適當的因應。

1. 高齡者半生奉獻社會，體力率皆明顯衰退，激烈的競技運動，已無法勝任，起碼的健康運動，維持基本生活的自主能力，應為日常生活所必需。

2. 現代化社會，小家庭是常態，少子化更是普遍現象。在小家庭裡，年輕人正忙於事業奔波，已顯自顧不暇，要求妥善照顧老人，反哺報恩，徒成為無形負擔。因此，老人藉簡易運動自求多福，不只可以有效打發時間，更可以減少醫病支出，免除年輕人的負擔，也算是自我成功老化的有效途徑。

3. 從生命歷程看，生、老、病、死是人生必經的歷程，再漫長

的旅途，總有走到最後到站的一天。坦然面對生死，不只需要學習，更需要智慧。運動雖不能讓人長生不老，至少可以減少臨終前的臥病時間，已是先進國家的重要策略，自不能視若無睹。因此，有助靈性修為的運動，如冥想、靜坐、禪修、瑜伽、氣功、太極拳等，都是老人不妨一試的簡易運動項目。

四、新興運動之走向

臺灣向來重視競技運動，即連學校體育課程也以競技運動項目為導向，是非雖難有定論，不過作為身體經驗的獲得，以及運動項目的開發與創意，都值得深入思考。

(一)充實學校體育內容

學校體育原係封閉系統，有明確的國家意圖、目標及內容，常在有限的範圍內，經由人為的課程設計達成國家的既定政策。以臺灣過去的學校課程標準，即為具體的例子，是統一化、標準化、規格化的課程。及至1997年，「國民教育階段九年一貫課程總綱」公布，從「課程標準」改為「課程綱要」，取消標準化的國家統一課程，並以學習領域替代單一學科，以帶得走的能力，為課程設計重點，由學校依特色發展學校本位課程，可說是一大突破。學校及主導課程發展的教師，有極大彈性的發揮空間，融入不一樣的新興運動項目，展現有別於過去的課程規劃，當是學習者所夢寐以求的事。

惟部分學校主政者（行政者或教師），對所謂「帶得走的能力」，因認識上的差異，或手足無措，無法選擇對應的教材，或習慣上的依賴，仍然以技術取向，選擇奧運競技運動項目，作為教學的主要教材。形式上，雖難以批評對錯，至少未能滿足彈性課程的改變，

應是不無商榷的餘地。

再說，標準化的競技運動項目，就其文化特質看，傳統上，係以競爭為取向，以精銳對象為訴求，講求的是優勝劣敗的少數菁英教育。相較於學校體育的重視參與機會，鼓勵人人平等，個個得到適性發展的理想，仍不無差異。尤其，諸多學校條件，無法提供標準化的場館、設施，或規格化的運動器材、設備，終究較難符合競爭的要求。因此，以運動功能為取向，藉改變運動形式、方法、規則及器材、用具等，推出新興運動項目，吸引更多學生的投入，達成學校體育課程的目的，不只是時勢所趨，更是學校體育的重要導向。

(二)全民推展新興運動

從國際全民運動的發展看，1960年代於挪威召開全民運動國際會以來，歷經半世紀，不只通過並執行「全民運動憲章」，甚至力主不分性別、年齡、人種、階層、居住環境、身心殘障者等，任何人都有參加運動的權利，並在「國際體育與運動憲章」裡，明確指出，國家機關應在體育與運動上，扮演主要角色，期望藉此強烈催促各國政府積極推動全民運動政策。

進入1980年，隨著高齡化社會的到來，醫療費用水漲船高，運動不足的疾病，逐步攀升，先進國家，先後提出「國民的自覺參與運動，是具有回收價值的投資」，引起熱烈迴響，不只開發國家，加強全民運動之推展，開發中國家，也從國民生活的福祉問題，適時推出邁向21世紀的健康國家之整體計畫，描繪振興體育的理想願景。聯教組織及世界衛生組織並支持國際奧會成立全民運動專業委員會，定期召開國際全民運動會議，藉能互通經驗，促進國際全民運動之推展。

具體而言，2000年之後，美國、加拿大、英國、義大利、日本等先進國家，或針對健康促進，疾病預防，提出整體國家計畫，或提出

全民健身計畫等,莫不具體明確,積極落實,成效顯著。

　　臺灣自1979年公布積極推展全民運動政策以來,從硬體建設到運動人口普及,歷經陽光計畫,打造運動島、籌建運動中心、國民健康體適能檢測等,雖有一定程度的績效,惟仍須從民間體育運動組織改造,系統規劃全國運動空間,並以務實態度,從海、陸、空等場域,開發新興運動項目,庶幾能滿足全民運動需要,提升全民健康與生活福祉。

 本章問題討論

1.何謂身體動作(movement)?結構如何?如何分類?動作教育(movement education)如何形成?有何功能?如何發展?

2.何謂遊戲(play)?範疇為何?體育何以是遊戲教育(play education)的形態?如何落實?

3.何謂運動(sport)?意義為何?有何文化背景?運動教育(sport education)之興起及其演進如何?

4.何謂新興運動(new sports)?興起之背景為何?有何特質?走向如何?

參考文獻

"Sport," Encyclopedia Britannica, https://global.britannica.com/topic/sports, 2017.01.31.

B. C. Gilliom, *Basic Movement Education for Children: Rationale and Teaching Units* (Boston: Addison-Wesley Pub, 1970).

B. C. Gilliom，《運動教育課程》（毛連塭、黃正弘譯）（臺北：臺北市政府教育局，1981）。

B. J. L. Bredemeie等，《性格發展與身體活動》（許義雄譯）（臺北：復文書局，2000）。

Craig A. Buschner, *Teaching Children Movement Concepts and Skills, Becoming a Master Teacher* (Champaign, IL: Human Kinetics, 1994).

Dagou，〈遊戲的文化研究〉，《任天堂世界》，http://bbs.newwise.com/thread-64813-1-1.html，2017.01.31檢索。

Daryl Siedentop，《楽しい体育の創造》（高橋健夫、前川峰雄譯）（東京：大修館，1981）。

David L. Gallahue，《兒童發展與身體教育》（許義雄譯）（臺北：國立編譯館，1997）。

E. Fink，《遊戲の存在論》（石原達二譯）（東京：せりか書房，1971）。

E. W. Gerber and Friedrich Froebel, *Innovators and Institution in Physical Education* (Philadelphia: Lea & Febiger, 1971).

F. Nietzsche, *The Birth of Tragedy*, trans. W. Kaufmann (New York: Random House Vintage Books, 1967).

F. Schiller, *On the Aesthetic Education of Man in a Series of Letter* (New York: Mereditth Publishing Co., 1962).

Frances Cleland-Donnelly, Suzanne S. Mueller, David Gallahue, *Developmental Physical Education for All Children* (Champaign: Human Kinetics, 2007).

G. Bammel and L. L. B. Bammel，《休閒與人類行為》（涂淑芳譯）（臺北：

桂冠圖書，1996）。

J. Huizinga，《ホモルーデンス－人類文化と遊戯》（高橋英夫譯）（東京：中央公論社，1971）。

J. Tillotson，〈小學兒童的動作教育〉（方瑞民譯）《創造性體育課程教學法研究會資料》（臺南：臺灣省立臺南師範專科學校，1981），17-18。

John Wilson, Thomas Hagood, Mary Brennan and Margaret H' Doubler, *The Legacy of America's Dance Education Pioneer* (Youngstown, NY: Cambria Press, 2006).

Lulu E. Sweigard, *Human Movement Potential: Its Ideokinetic Facilitation* (NY: Harper & Row, 1974).

M. Frosting，《運動教育的理論與實際》（許義雄譯）（臺北：教師研習中心，1985）。

M. J. Ellis, *Why People Play* (Englewood Cliffs, NJ: Prentice Hall Inc., 1973).

M. チクセントミハイ（M. Csikszentmihalyi），《楽しみの社会学》（今村浩明譯）（東京：思索社，1975）。

Marianne Frostig, MGL, *Move, Grow, Learn: Teacher's Guide* (Chicago: Follett, 1972).

Marianne Frostig, *The Development Program in Visual Perception* (Chicago: Follett, 1972.

P. C. McIntosh, *Sport in Society* (London, C.A. Watts & Co. Ltd, 1963).

Pamela C. Allison and Kate R. Barret, *Constructing Children's Physical Education Experiences: Understanding the Content for Teaching* (Boston: Allyn & Bacom, 2000).

R. Caillois，《遊びと人間》（多田道太郎、塚崎幹夫譯）（東京：講談社，1973）。

R. E. Orpet and Marianne Frostig, *Frostig Movement Skills Test Battery: Examiners Manual* (CA: Marianne Frostig Center of Educational Therapy, 1972).

Trent Brown and Dawn Penney, "Learning 'In', 'Through' and 'About'

Movement in Senior Physical Education? The New Victorian Certificate of Education Physical Education," *European Physical Education Review, 19*(London, 2013.02): 39-61.

アレン・グットマン（Allen Guttmann），《スポーツと帝国－近代スポーツと文化帝国主義－》（谷川稔等譯）（京都：昭和堂，1997）。

オモー・グルーペ（Ommo Grupe）和ミヒャエル・クリューガー（Michael Krüger），《スポーツと教育－ドイツ・スポーツ教育学への誘い》（永島惇正等譯）（東京：ベースボール・マガジン社，2000）。

カールディーム，《スポーツの本質と基礎》（福岡孝行譯）（東京：法政大学，1966）。

ケンドール・ブランチャード，〈21世紀の伝統スポーツ、国際関係、及び世界失序について〉，《21世紀の伝統スポーツ》（東京：大修館，1995），14-15。

コンラード・ウィドマー（Konrad Widmer），《スポーツ教育学：その構造と研究法に対する理論的考察》（蜂屋慶等譯）（東京：東洋出版，1980）。

ベルナール・ジレ，《スポーツの歴史》（近藤等譯）（東京：白水社，1973）。

マリアンヌ・フロステイッグ（Marianne Frostig），《フロスティッグのムーブメント教育・療法－理論と実際》（小林芳文譯）（東京：日本文化科学社，2007）。

大谷武一等，《増補體育大辭典》（東京：不昧堂，1966）。

川口智久編，《スポーツの概念》（東京：不昧堂，1986）。

中華臺北奧林匹克委員會，《國際奧會會章》（臺北：中華臺北奧林匹克委員會，1991）。

丹羽劭昭，〈J. ホイジンハの "Homo Ludens" における遊戯の概念－日本的遊戯概念との比較も加えて－〉，《遊戯と運動文化》（東京：道和書院，1979），13-39。

加賀秀夫，〈体育の楽しさと運動の楽しさ〉，《体育科教育》，27（東

京，1979.04）：13-18。

北田明子、丹羽劭昭，〈J. ピアジェにおける子供の遊びの検討〉，《遊戯
　　と運動文化》（東京：道和書院，1979），61-76。

北田明子、丹羽劭昭，《遊戯理論の研究1：E. D. Mitchellの自己表現説につ
　　いて》（東京：道和書院，1979），41-60。

司徒立，〈模仿、抽象與仿真〉，《21世紀雙月刊》，58（香港，2000）：
　　95-104。

休伯特・德雷福斯（Hubert L. Dreyfus）、保羅・拉比諾（Michel Paul
　　Rabinow），《傅柯──超越結構主義與詮釋學》（錢俊譯）（臺北：
　　桂冠圖書，1995）。

安田祐治，〈運動の楽しさを学ぶ評価の視点〉，《体育科教育》，27.4
　　（東京，1979）：22-24。

江良規，《體育學原理新論》（臺北：商務，1988）。

佐藤臣彦，〈体育概念における身体性の哲学的考察－わが国における
　　体育的身体論批判－〉，《筑波大学体育科学系紀要》，10（筑波，
　　1987）：11-21。

吳文忠，《中國近代百年體育史》（臺北：商務印書館，1967）。

岸野雄三，《スポーツ技術史》（東京：大修館，1972）。

松本芳名，《近代スポーツの超克－ニュースポーツ・身体・気》（東京：
　　叢文社，2001）。

近藤英男，〈スポーツの哲学的課題〉，《スポーツの文化論的探究体育学
　　論叢（Ⅲ）》（大阪：タイムス，1981），260。

金川朋子，〈日本におけるムーブメント教育・療法の歩みと展望〉，《大
　　阪教育大学紀要》，58.1（大阪，2009）：53-61。

前川鋒雄，《レクリエーションについて》（東京：不昧堂，1973）。

浅田隆夫，〈学会の経緯と本会の理念〉，《スポーツ教育学研究》，1（筑
　　波，1978）：5-9。

浅田隆夫、片岡暁夫、近藤良享，〈"スポーツ教育"論に関する比較序
　　説：現代日本の諸論とS. C. Staleyの所論について〉，《筑波大学体育

紀要》，1（筑波，1978.03）：1-14。

桐生敬子、猪狩初代，〈ルドルフ・ラバンのムーブメントエデュケーショ
ン：幼児の創造的運動教育を考える為に その1〉，《聖徳大学研究紀
要》，16（千葉，1983.12）：77-90。

高雄市鼓岩國小，《兒童創造性體育課程實驗報告》（高雄：鼓岩國小，
1978）。

高橋健夫，〈プレイ教育としての体育－シーデントップの教科論を中心
に－〉，《体育科教育》，1（東京，1981）：53-58。

高橋健夫，〈世界の潮流にみる学校体育の改革－運動教育とスポーツ教育
の方向－〉，《体育科教育》，4（東京，1980）：24-27。

高橋健夫，〈学校体育の目的・内容とスポーツ科学（スポーツ教育学）－
新しい体育理論にみる体育目標の比較〉，《学校体育》，38.1（東
京，1985）：30-37。

張中煖，《打通九年一貫舞蹈教學之經脈——創造性舞蹈寶典》（臺北：國
立臺北藝術大學，2007）。

教育部，〈動作教育簡史〉，《創造性體育課程教學法研究會資料》（臺
南：臺灣省立臺南師範專科學校，1981），17。

教育部，《創造力教育白皮書——打造創造力國度》（臺北：教育部，
2003）。

清水重勇，〈Coubertin's Sports Humanism〉，*FISU/CESU Conference
Keynote Speech*（福岡，1995.08.24-26）。

許義雄，〈大學運動教育的新使命——就臺灣的大學運動教育改革談起〉，
《臺灣師範大學體育研究》，復刊第1期（臺北，1995）：31-42。

許義雄，〈中國民族主義體育思想之特質〉，《中國近代體育思想》（臺
北：國立編譯館編，1996），1-35。

許義雄，〈日本運動教育學之興起與發展〉，《學校體育》，12.1（臺北，
2002）：107-122。

許義雄，〈作一個偉大的體育老師〉，《學校體育》，2.4（臺北，1992）：
4-5。

許義雄，〈運動教育（Sport Education）試論〉，《中華民國體育學會北區體育學術研討會專題報告》（臺北：臺北體育專科學校，1976.05.25）。

許義雄，〈臺灣師大體育學系的轉型與發展〉，《大專體育》，39（臺北，1998）：5-10。

許義雄，〈體育正課的「運動樂趣」因素分析〉，《社會變遷與體育發展》（臺北：文景，1988），216-343。

許義雄，《軍國民教育之體育思想》（臺北：國立編譯館，1996）。

許義雄，《開創我國21世紀的體育新格局——臺灣體育的轉型與發展》，（第一次全國體育會議實錄，1999.11）。

許義雄，〈運動教材結構分析〉，《樂趣化體育教材彙編（二）》（臺中：臺灣省政府教育廳，1993）。

許義雄，〈樂趣化體育教學的意義〉，《樂趣化體育教材彙編》（臺中：臺灣省政府教育廳，1993）。

許義雄，《體育原理》（臺北：文景書局，1977）。

野々宮徹，《ニュースポーツ用語事典》（東京：遊戲社，2000）。

陳昭儀、吳武典、陳智臣，〈我國創造力教育發展史〉，《教育資料集刊》，2（臺北，2009）：105。

寒川恒夫，《21世紀の伝統スポーツ》（東京：大修館，1995）。

森田啓之，〈P. J. アーノルドの「運動教育」論に関する一考察〉，《スポーツ教育学研究》，12.2（筑波，1992）：65-76。

臺北市教育局，《創造性教學研討會紀錄》（臺北：吉林國小，1983）。

劉一民，〈體育樂趣之探討——理性呼？實用乎？美感乎？〉，《中華民國體育學報》，9（臺北，1987）：29-33。

橫山一郎，〈イギリスの体育スポーツ〉，《体育科教育》，10（東京，1978）：32-35。

薗田碩哉，〈遊び論余暇論への招待〉，《レクリエーションと現代》（東京：不昧堂，1976），374-397。

謝似顏，《我能比呀》（臺北：商務印書館，1950）。

Chapter 5

體育的學術化

➡️ **本章學習目標**

- ・瞭解體育學術化之演進
- ・瞭解體育學科形成之背景
- ・瞭解體育學術成立之理由
- ・瞭解體育研究之趨勢

➡️ **本章學習內容**

- ・體育學術研究之分期
- ・體育學科之分化情形
- ・體育學方法之論述
- ・體育學術研究之動向

　　體育除了身體的運動術科外，有其紮實的理論或學科基礎，眾所共認。不過，因科學的進步，使得學門的分化，越來越快，發展的學門類別，也越來越多，構成體育的理論或學科基礎，越來越寬廣，體育學的屬性，因此越來越模糊。

　　有關體育用語問題，已在本書第二章〈體育的概念〉中略有說明，不再贅述；本章僅就體育的學術化進行討論，擬依體育學或運動科學之學術演進，區分：(1)體育學術研究之發端；(2)體育學科之形成及其分化；(3)體育學方法論；(4)體育學術研究動向之觀察等，分別說明。

第一節　體育學術研究之發端

　　就體育學術研究的歷史演進看，從古希臘羅馬時代，柏拉圖及亞里斯多德的著作中，即不乏對身體鍛鍊的論述；不過，就近代體育而言，興起學術研究的風氣，也不過是近百年來的事。其演進的過程，約有下列幾個階段，[1]分述如下：

一、體育學術研究的醞釀期：教育論述中的體育觀

　　一般而言，此階段起自17世紀到18世紀之間，還不算是嚴謹的體育學術研究，只能勉強稱之為是體育學術研究前的醞釀期。具體事實是，這個階段正處文藝復興和宗教改革之後，人類思想帶來空前的解放，從精神心靈上的絕對信仰，轉為對身體的重視，同時，亦強調身體活動教育的重要性。因此，一些思想家、教育家、哲學家等，或

---

[1] 許秀鄉，〈體育學術研究的演進〉，《體育研究》，10.3（臺北，1970）：2-3。

從教育思想，或以教育方法，或就哲學觀點，發表發人深省的具體論述，強調身體教育或身體訓練的意義。

舉其較具代表者，如康美紐斯的《大教授學》、彌爾頓（John Milton）的《教育論文》、洛克的《教育思想》、盧梭的《愛彌兒》、巴賽斗的《教育方法論》、席勒的《美育書簡》等，在各自的領域中，或論學校教育中，宜注意兒童遊戲、運動與衛生，學校以外，要提供運動場地，作為身體運動練習場所；或論述身體鍛鍊與道德精神的關係，強調身體的健康，靈魂的美善，知識的獲得是教育的重要目標，引起對身體活動價值的重視，建立體育在教育系統中的地位，影響人們對身體活動的正面看法。

二、體育學術研究前期：體操家的體育論述

本階段從18世紀之後到19世紀，一方面延續上一階段的教育觀念，強化體操的功能與貢獻，一方面更藉助解剖學知識，加深體操的實際與理論基礎，可說，逐步邁向體育學術研究的軌道，稱之為體育學術研究前期，當非過言。

本期重要代表人物，如：顧茲姆斯的《青年體操》，韋茲的《體育百科全書》、楊氏的《德國體操》，林氏的《體操指引》、斯比次的《體操技術論》等，不只從實際應用層面多所論述，更利用科學原理，厚植了體操的科學理論，說明了科學的進步，更深化體育研究走向科學方法的有利條件。

三、體育學術研究的依附期：醫學家的奠基研究

隨著近代醫學的突飛猛進，醫學家基於身體健康的觀念，熱心體育的科學研究，正方興未艾。這股風氣，始自18世紀，至19世紀後半

擴及到20世紀初期,更是蓬勃發展。

醫學家的體育科學研究,可說是體育學術化的引擎,更是體育學術化的奠基者。其中,如身體計測、身體形態研究、運動生理學、保健衛生等,都為體育活動的具體功能,提出極具說服力的客觀數據,是引領體育邁向學術研究的重要推手。

本階段的重要代表人物及其著作,如:赫夫曼(Friedrich Hoffmann)的《最高的醫學研究》、德索特(C. J. Tissot)的《醫療體操》、史雷伯(Daniel Gottlob Moritz Schreber)的《運動醫療法》、莫索(Angelo Mosso)的《阿爾卑斯高地的人體研究》、馬爾丁(Rudolf Martin)的《人體解剖學》、史密特(Ferdinand August Schmidt)的《身體運動對人體的生理效果》、希爾(Archibald Hill)的《人體肌肉運動》、史耐德(E. C. Schneider)的《肌肉運動生理學》、卡波維期(Peter V. Karpovich)的《肌肉運動生理學》等,可說是醫學界的頂尖人才,在運動生理與醫學也都有崇高地位,其中不乏諾貝爾生理學與醫學得獎人,其致力於學術研究的業績,自是眾所共認。

當然,本階段的研究,一方面得力於科技的進步,新的實驗儀器和實驗器材,不斷推陳出新,使得研究成果,一日千里;另一方面醫學研究,助長了體育科學知識的累積,特別是藉助運動生理學或醫學的研究,諸如肌肉疲勞紀錄、心肺機能測驗及高地訓練效果的掌握等,莫不為運動科學開啓了研究大門。

不過,體育學術研究,雖經醫學家的跨界領航,有了一定程度的進展,到底醫學家不是體育專業從業人員,其研究課題雖有益於體育專業的精進,終究是醫學領域的研究,而不是體育本位的研究。換句話說,體育的學術研究需要尋求本身的出路與定位,應也是體育專業領域所要積極面對的重要課題。同時,在本階段,與醫學研究齊頭並進的學術領域,如心理學與社會學等社會科學領域,也逐步嶄露頭角,介入了體育學術研究,前者如以運動感覺的心理學研究,後者

如以運動團體的社會機能的問題，都是備受關心的研究議題，足以說明，本期的體育學術研究，是處於依附從屬階段，而非獨立自主的研究態勢。

四、體育本位的學術研究

以體育學術爲本位的研究之興起，一方面是大學體育專業課程的設立，一方面是體育學術團體的興起，以及體育學術刊物的創辦與發行，這些都是19世紀以後的事。

事實上，從1890年丘立克（Luther Halsey Gulick）力主體育是新專業（new profession），需要特別的知識，是社會上的重要專業，等同於律師、醫師之專業一樣。[2]之後，體育學術研究，找到了立足基礎，研究風氣逐步展開，並快速成長。其中，體育作爲學校教育的一環，歸屬爲教育學院的一部分，以各學術領域，爲學科基礎，規劃專業課程，培育專業人力，奠定體育的學術理論，躋身於學校學術殿堂。

具體而言，美國早於19世紀末期及20世紀初期，如哈佛大學沙井特（Dulley A. Sargent）、史丹佛大學伍特（Thomas D. Wood）及赫澤靈頓（Clark Hetherington）、哥倫比亞大學威廉姆斯（Jessie Williams）、愛俄華大學麥克樂（Charles McCloy）等人，都曾努力奠定體育的科學基礎，進而使體育學成爲一門獨立的科學。[3]不過，進入1960年代起，因體育乙詞語意不清，概念模糊，乃興起體育用語的論戰，試圖釐清體育的專業訓練（professional）與學術訓練（disciplinary）之間的分野，引起美國體育專業科系，紛紛

---

[2]L. H. Gulick, "Physical Education: A New Profession," *5th Annual Meeting of the American Association for the Advancement of Physical Education* (Ithaca, NY: Andrus & Church, 1890), 59-66.

[3]江良規，《體育學原理新論》（臺北：商務，1988），12。

更改科系名稱,以適應實際的需要與改名的風潮,[4]最後以運動學(Kinesiology)作爲學術性用語,凸顯運動科學(sport science)領域的學術性,卻仍保留一般專業體育的用語,並以體育科教育學(Physical Education Pedagogy)爲名,顯示實踐場域的學術化,或以運動教育學(Sport Pedagogy)作爲體育教學實踐的科學。

其實,就體育本位研究看,探索體育領域的核心課題始終扮演相當重要的角色。從不同學術領域,研究身體教育(physical education)、動作教育(movement education)或運動教育(sport education)與遊戲教育(play education)等,因不同的對象與方法,而呈現不同的成果,以致體育研究的學問屬性,有人文科學的文史哲學,也有社會科學的人類學、社會學,甚至自然科學的生理學、生物力學與心理學等,不論是以體育學、運動學或運動科學,作爲統合學術的用語,因基礎學科繁多,仍難以單一用語,概括嚴謹的學術屬性。試以英語語系的體育學研究屬性之發展,略述如下:

體育學或運動科學的發展,以身體動作或身體活動爲研究對象,因認識不同,方法各異,形成下列四個不同的發展階段:[5]

(一)從教育理論到人體動作理論的研究

1960年之前,以探討人體動作(human movement)爲對象,將人體動作感覺理論化,認爲人體動作與運動的知覺與認識,是有意義的根本經驗,指出傳統以來將人體動作僅作爲鍛鍊或訓練的教育手段,不無商榷餘地,提出人體動作的理論建構,可說是區分爲「學問的體

---

[4]Karl M. Newell, "Physical Education in Higher Education: Chaos out of Order," *Quest, 42*(London, 1990): 227-242.

[5]山口順子,〈英国圏における体育学スポーツ科学の理論的枠組の検討〉,《体育の科学》,41.9(筑波,1991):727-734。

育」與「教育專業的體育」的先驅。[6]不以統計方法研究，而以哲學方法建構其理論。可謂是人體動作的人文與自然科學（the art and science of human movement）的研究。

(二)體育的科學化，從基礎科學到實踐領域的研究

1964年以前，認為體育重在培育青少年的教師或教練，並未有紮實的科學知識。在經1963年美國高等教育調查中，激烈的批判體育的學術屬性後，1964年，Henry提出反駁體育只限於實踐知識，而非科學的批評，同時，力主體育是從基礎科學到實踐領域的論述。認為

Bike動作分析邁向實際應用

資料來源：相子元提供。

---

[6]L. Ellfeldt and E. Metheny, "Movement and Meaning: Development of a General Theory," *Research Quarterly. American Association for Health, Physical Education and Recreation, 29*(Reston, VA, 1958): 264-273.

體育研究者，必須學習各自領域的研究方法，引起研究型大學的極大迴響。[7]同時，專業研究期刊*Quest*以「科學體育之路徑」為題出版專輯。各專家學者提出科學體育的理論建構。

本階段之重要意義，有：

1. 人體動作現象的自然科學、身體科學、行動科學的研究，已取得跨越教育課程領域的體育的知識。[8]

2. 以時空位置的變化定義身體動作，並就人與環境相互作用的觀點，提倡科學方法研究運動的效果與效率。[9]

3. 認為人類的發達，是物理文化環境與運動的相互作用的結果，力主人與運動，形成人類及其環境的發展，是人文的動作（the art of movement）轉向人文與科學的身體動作（the art and science of human movement）。[10]

4. 在本階段，除了身體動作的理論建構，從綜合的人體動作經驗，論述廣泛文化背景中的身體現象外，更有史拉席（Howard S. Slusher）的《人、運動與存在》及懷斯（Paul Weiss）《運動：一個哲學提問》等專書出版。[11]為體育學術研究，注入了一股清流。

---

[7] F. M. Henry, "Physical Education: an Academic Discipline," *67th Annual Conference of NCPEAM* (Dallas, 1964.01.8-11): 32-33, 35, 69.

[8] R. Abernathy and M. Waltz, "Toward a Discipline: First Steps First," *Quest, 2*(1) (London, 1964): 1-7.

[9] C. Brown and R. Cassidy, *Theory in Physical Education: A Guide to Program Change* (Philadelphia: Lea and Febiger, 1963).

[10] E. Metheny, "Physical Education as an Area of Study and Research," *Quest, 9*(1) (London, 1967): 73-78.

[11] 事實上，1960年代初期所發表的重要論文包括有：E. Metheny, Connotations of Movement in Sport and Dance: a Collection of Speeches about Sport and Dance as Significant Forms of Human Behavior (Dubuque, Iowa: W. C. Brown Co., 1965); E. Metheny, *Movement and Meaning (Physical Education)* (New York: McGraw-Hill, 1968); H. Slusher, *Man, Sport and Existence* (London: Henry Kimpton, 1967)。另外尚有 P. Weiss, *Sport: A Philosophical Inquiry* (Illinois: Southern Illinois University

5.亨利（F. M. Henry）在1964年提出的論文，可說是打開體育科學
研究的契機，也揭露了體育科學與其他領域共同研究場域的可
能性。

(三)運動科學的抬頭——從科學研究到運動科學（sport science）

1970年代之後，以運動（sport）為名的文獻或論文陸續發表，且
各類運動科學學會也逐步興起。甚至所謂社會行為科學的有關社會現
象跨界實踐的課題意識之科學研究，也儼然成形，揭開了運動社會科
學建構序幕。

不過，各類運動科學所生產的斷裂知識（零碎或片斷性），或
以經驗科學的方法建構的知識理論，也受到批判。一般認為，從傳統
科學方法所得的客觀事實，是在限定條件下認識對象的結果，因其欠
缺身體運動的整體認識，不得不承認是片斷的事實。甚至指出，各
類經驗科學所探究的身體運動，是「物質的身體」，而非隱藏著運動
或身體活動姿態的「活生生的身體」。具體的說，身體動作（human
movement）的探究，是透過運動的活生生的身體運動經驗，追求的是
映入眼簾的經驗。運動科學必須克服各不同領域知識的片斷性，走向
統合知識的建構。

Press, 1969)等書，可說是本階段體育學術研究的重要論述。其中，麥西尼
（Metheny）重視個人動作，認為個人的動作經驗、特質與形式，是人類智慧
與知識的表現方法。而懷斯（Paul Weiss）是第一個落筆論述運動（sport）的現
代哲學家。他不談知識問題，而認為運動世界是一種境界（realm），是年輕人
實現卓越的場域。懷斯是形上學權威，1947年創刊形上學期刊，1950年成立美
國形上學學會，一生貢獻哲學，舉凡運動、藝術、宗教、邏輯與政治等領域，
均有所涉獵。1972年創立運動哲學學會，1974年出版運動哲學期刊。至於史拉
席（Howard S. Slusher），以其歐陸的哲學素養，批判分析了運動與存在、目
的、意義、宗教與決定的關係，檢驗運動在個人真為、自由、責任及其他價值
等。John D. Massengale and Richard A. Swanson, *The History of Exercise and Sport
Science* (Champaign, IL: Human Kinetics, 1997), 193-195.

　　當然，各個別科學所用的非價值的研究方法，所得的成果與實踐課題意識之間的斷裂，更需要設法弭平。事實上，在60年代，即有事實與價值，基礎科學與應用科學二分法的論述，認為基礎科學，生產客觀事實，而應用科學專門適用於實踐場域。使得各自的研究成果互為「平行線」，缺乏交集的平臺，以致爭議至今，仍無時或息。

(四)跨領域的身體動作研究（human movement studies）

　　英國布魯克（John Dennis Brooke）及懷特尼（H. T. A. John Whitin）於1973年提出克服單向知識，邁向統合研究以建構知識的主張。[12]1975年創刊*Human Movement Studies*，並於1982年改為*Human Movement Science*。

　　布魯克及懷特尼認為，身體運動，係對有機體之作用，其成因千差萬別，有個體內部的原因，或個人與個人之間，以及個體與環境等相互統合作用所造成。因此，身體運動的研究，無法以人存在的一部分，作切割式的研究。亦即身體運動的各種原因，是人與環境的系統所共同參與，此一系統，含有事實與價值，精神與身體，或者是社會與個人等二元的矛盾性或雙重性。可以說，身體運動的研究領域，是身體運動統一現象的統合領域（a field of study），而非以獲得片斷知識的狹隘範圍為已足。

　　當然，生產「科學知識」的自然科學理論，常以實驗或客觀方法印證發現的理論或事實，用以說明明確客觀知識的正當性。相對而言，體育的人文學科知識，雖對身體經驗的論述，已累積相當程度的知識基礎，仍未能為自然科學所接受。雖然1970年代起，以身體運動的統合研究之現象學興起，惟仍無法明確建構體系化的理論，因而導

---

[12]J. D. Brooke and H. T. A. Whiting, *Human Movement: A Field of Study* (Lafayette, Indiana: Bart Publishers, 1973).

優質體育課程與教材教具研習

資料來源：臺師大體研中心提供。

向從身體的整體性出發，由內省方法依自我知覺與經驗身體的科學探索，終至走向身心學（Somatics）的跨領域的研究。亦即從複合領域的體育科學，呈現各不同理論同時並存，迎向多元的科學研究時代。

基於上面的論述，不難發現下列幾個問題，值得重視。

1.作為統合領域的體育學或運動科學，需要更嚴謹的論述，始能建構更嚴謹的理論基礎。

2.體育學或運動科學的各個個別科學，需要搭起溝通平臺，跳脫單一科學的封閉性，以能補足各該科學知識的片斷性。

3.科學發展一日千里，學科間的界線，越來越模糊，需要跨界整合，已是時勢所趨，尤宜正視。

4.體育學或運動科學之發展取向，無論固守學科分化或整合，區
隔專業訓練或學術精進，均宜有所認識。

第二節　體育學科之形成及其分化

一、學科分層與學科分化

　　目前為止，論述體育運動理論基礎的專家學者，所在多有，所
發表的相關文獻，更是載籍浩瀚。其中，在日本方面，或就體育學的
廣狹二義，探討體育學的組織體系；[13]或從理論學科與實際學科，論
證體育學術屬性；[14]或以基礎學科與應用學科的關係，建構體育學的
架構。[15]歐美國家，對體育的理論基礎，或從科學立場，或從學科屬
性，或從社會現象，均有所論述，尤其，1960年代以後，除以運動科
學領域，討論體育與運動的學術屬性外，對身體活動、體育或運動的
學問體系，亦多所探討。

　　事實上，討論學術或學科發展，應先瞭解知識的組織層次，或學
術的分化或綜合原理，唯其如此，才能掌握學術的發展，或學科的形
成。譬如克魯伯（Alfred Louis Kroeber）就依人的生存背景，區分學術
研究為五層，即物理層、生物層、心理層、社會層與文化層；殷海光

---

[13]浅田隆夫，〈体育学の体系化のための一つの試み〉，《体育原理》，4（東
　京，1971）：58-69。

[14]川村英男，〈体育学の構想〉，《福岡大学体育学研究》，5（福岡，1972）：
　17。

[15]金原勇，〈体育学研究の分化綜合の方向〉，《体育原理》，7（東京，
　1972）：147-162。

國際運動總會世界運動發展會議

資料來源：2017臺北世大運執委會提供。

則合併文化層與社會層，爲社會文化層，[16]河野健二則以人的存在事實，略有不同的分法，而有物質的存在、生命的存在、意識的存在及價值（意義）的存在等四層。[17]顯見，不論分法有何不同，由此而生的學術領域，就有物理科學、生物科學、行爲科學及價值科學，並由各領域，經分化或綜合過程，發展出各不同學科。而這樣的分法，與法國邏輯家勒布朗（Leblane）對科學的分類，除價值科學外，相當一致如（**圖5-1**）。

---

[16]殷海光，《思想與方法》（臺北：大林書局，1972），107-110。
[17]日本学術会議編，《人文社会科学と自然科学調和について》（東京：大蔵省印刷局，1973）。

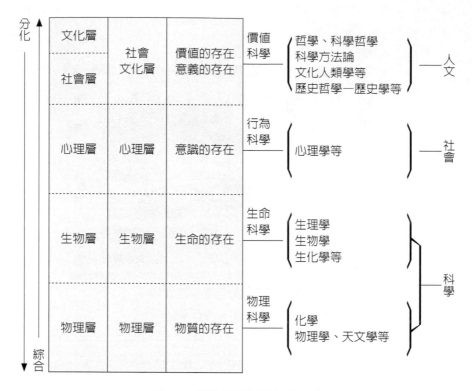

圖5-1　學術分層與學科之形成

　　圖中虛線表示相互之間的滲透性，也說明了有其界際地帶（borderline zone）提供為鄰近階層的相互整合。比如，物理層和生物層之間，可整合成為物理生理學、生物化學等；生物層與心理層之間，則可整合出生理心理學、精神生理學；心理層與社會文化層的科際整合，當可依此類推，一無例外。

　　體育既以身體運動為主體，其知識的組織結構，自無法脫離上述的層次關係。具體而言，身體運動的研究範圍，可以屬物理層，也可從生物層切入，更與心理層密切相關，當然從社會文化層研究身體運動，俯拾皆是，並無不可。

二、體育學與運動科學的領域

對體育學或運動科學的領域或範圍，先進國家的體育與運動專家學者，常因立場的不同，或文化背景互異，雖有相互融通的脈絡可循，主要的概念或用語卻略有不同。譬如，淺田隆夫以日本大學設置基準的觀點，認為體育學的體系係由自然、社會及人文科學之基礎科學及應用科學所整合而成，其中，因有自然科學的生理學及物理學，而有運動生理學與運動生物力學；因有心理學及社會學，才有運動心理學與運動社會學；有哲學、美學，才有運動哲學與運動美學。換句話說，體育學的體系，係經由三個層次的交集與整合，才能構成體育學的體系。而所謂三個層次，係指第一層：由基礎科學與基礎科學的交集或整合的學科或領域；第二層：由基礎科學與體育學的交集或整合的學科或領域；第三層：由第一層次的交集學科或領域與體育學的交集而成的學科或領域（**圖5-2**）。[18]

美國方面，雖在1960年代開始有體育專業與學術訓練的論辯，但認為體育植基於相關學術或學科領域的主張，仍所在多有。其中，如布克瓦特（K. W. Bookwalter）就以體育原理的角度，論證體育的學術領域基礎（**圖5-3**）；[19]而藍布津（Angela Lumpkin）則以體育的活動性質，論述體育學體系（**圖5-4**）；[20]及至1990年代，隨著美國體育專業科系的改名，以及運動科學的分化速度加快，弗里曼（William H. Freeman）即以運動科學領域，說明體育運動的學術基

[18]浅田隆夫，〈体育学の体系化のための一つの試み〉，1971，58-69。

[19]K. W. Bookwalter and H. J. Vander Zwaag, *Foundations and Principles of Physical Education* (W. B.: Saunders Company, 1969), 16.

[20]A. Lumpkin, *Physical Education and Sport: a Contemporary Introduction* (Times Mirror/ Mosby, 1986), 44.

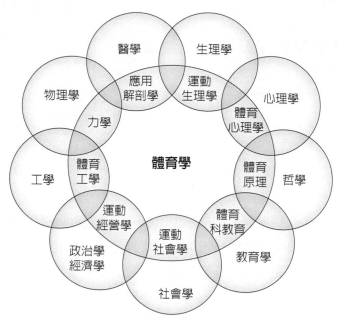

圖5-2　體育學體系

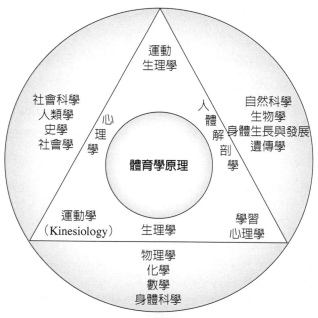

圖5-3　體育學原理的理論基礎

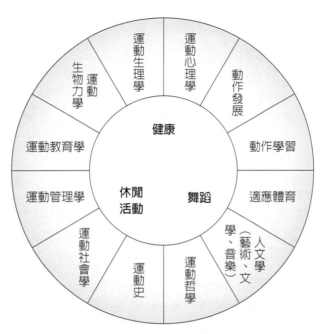

圖5-4　體育學的理論基礎

礎（**圖5-5**）；[21]之後，2003年，衛斯德（Deborah Wuest）及費賽特（Jennifer Fisette），為了回應社會的快速變遷，而從體育、運動科學及競技運動等三方面切入，描述全人終生身體運動的知識體系（**圖5-6**）。[22]

[21]W. H. Freeman, *Physical Education and Sport in a Changing Society* (New York: Macmillan, 1992), 27-35.

[22]Deborah Wuest and Jennifer Fisette, *Foundations of Physical Education, Exercise Science, and Sport* (New York: McGraw-Hill, 2003), 13.

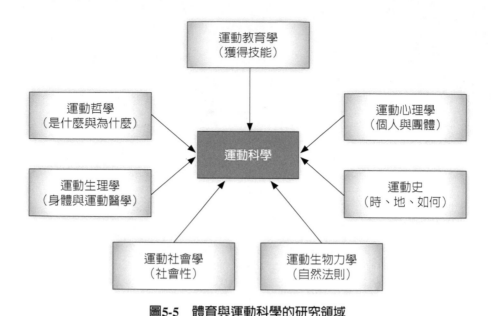

圖5-5　體育與運動科學的研究領域

全民終生運動的不同領域										
嬰兒 幼兒 學前兒童 少年 青少年 青年 中年 老年										
← 家庭 學校 社區 職場 營利場所 醫管 養護之家 →										
教師	教練	體適能指導	心臟復健	運動指導	運動贊助者	運動媒體	防護員	運動心理師	適應體育師	
體育專業、運動科學與競技運動理論的實際應用										

運動哲學	運動史	運動社會學	運動教育學	適應體育	運動管理學
生物力學	運動生理學	運動醫學	動作發展	動作學習	運動心理學
學術的知識體系					

圖5-6　體育、運動科學與競技運動的領域

體育運動圖片展覽

綜上所述，雖然立論各有不同，所列舉的學術或學科領域，寬狹各異其趣，不過，均不離自然、社會及人文的交集或整合的領域。這一方面，說明身體運動科學，不離綜合應用的學問屬性；一方面，也充分顯示，身體運動科學，亟需建構知識體系的重要性。誠如亨利指陳，學術訓練的內容，應包含：(1)知識體系；(2)概念架構；(3)嚴謹的程式與方法；(4)發現與結果的過程。[23]顯見，近世紀以來，體育或運動的學術研究，正朝此方向，全力以赴，雖略有進展，惟尚待努力的地方，仍不在少數，應都是眾所共認的事。

至於我國的體育學體系，在盱衡中外相關資料後，筆者試擬其主領域與次領域如下，藉供參考（**表5-1**）。

基上所述，體育學或運動科學的發展，因學術的分化或整合，所形成的不同領域或學科，將越來越多，同時，也因跨領域的相互滲透

---

[23]F. M. Henry, "Physical Education: an Academic Discipline", 1964, 32-33, 35, 69.

表5-1　體育學‧運動科學之研究領域（例）

學術領域之分層	基礎科學之領域		體育學‧運動科學之主領域		體育學‧運動科學之次領域
文化‧社會層	哲學 社會學 行政學	史學 教育學 方法學 人類學	運動哲學 運動管理學 運動教育學 運動方法學 運動人類學	運動史學 運動社會學	運動美學 運動倫理學 運動技術史 運動社會心理學 運動文化人類學
心理層	心理學		運動心理學		動作發展 動作控制
生物層	生物學 人類學	生理學	運動生理學 體質人類學		運動解剖生理學 運動醫學
物理層	物理學	天文學	運動學	生物力學	運動生物力學

增多，而擴大了學術領域，豐實了領域內容，使得所形成的新領域或新學科的屬性，越難清純，學術分層或學科分類與歸屬越困難。這可能也是體育學或運動科學之難以自成體系，並獨立自存的道理所在。

再說，從學術分層所形成的人文、社會與自然科學的領域看，雖因研究對象的不同，而有不同的學術屬性，但學術的分化與整合，既為學術研究的必然趨勢，則體育或運動的人文與社會科學的分際，顯然不易清楚，尤其，運動科學的精確領域，自不能以自然科學的領域為滿足，應是體育或運動科學研究者，所應正視的重要課題。

第三節　體育學方法論

一、方法與方法論

體育學能否成為一個獨立學門，除其屬性與架構外，必須說明體育學方法論。具體的說，體育學之所以不能沒有方法論，至少可以

回應體育學作爲一個學門或學科的理由。當然，體育學研究方法與體育學方法論，不只是本質不同，概念互異，指涉內容更迥然有別。比如，體育學研究方法可以是實證主義的研究方法：如實驗、調查、統計等，也可以是人文社會科學的研究方法：如結構主義、現象學、詮釋學等。而方法論是針對研究對象所選取的研究方法，作合理的解釋，對研究目標、內容及其立論基礎，作詳盡周延、條理清晰、組織嚴謹及系統完整的論述，以引導確立研究對象的本質（本體），認識研究過程，確立結果所形成的知識理論。換句話說，研究者應該用什麼方法研究他要研究的本體（本質）？認識他相信可以認識的對象？是要用「主／客」二元對立的方法，來描述外在客觀的世界？發現預設的眞實？還是要用互爲主體性的方法，建構主觀的知識，創造想像中的眞實？這些論爭，長久以來，即有不同的立場，各有不同的論述，而有不盡相同的方法論。

　　事實上，將這些方法的理論化，釐出所相信的眞實之所以爲眞實，論述其思想理路，建構其理論體系，即爲方法論。換句話說，每一個學門都有各自的方法論，以作爲各該學門成立的前提。所以，研究方法，只是構成方法論的一個條件，而不等於方法論。具體的說，研究方法，著重於實際技術或技巧，是一種探索眞實的手段，而方法論的概念是構成研究方法的必要條件，是用來理解眞實的工具和取徑，不只是中立的技術，也帶有知識或理論的依據。[24]

二、方法論的基礎──本體論與認識論

　　體育學之需要方法論，除了強調體育學作爲一門學科之條件外，

---

[24]Paula Saukko，《文化研究取徑──新舊方法論探索》（李延輝譯）（臺北：國立編譯館，2008），37。

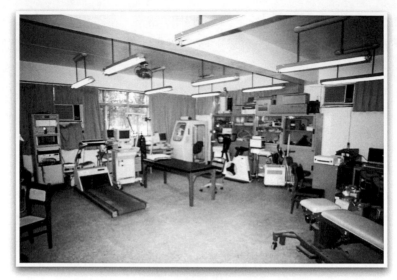

運動科學實驗室一隅

更在說明體育學因其不同的研究典範，而有不同的方法論，尤其強調方法論的基礎，係植基於研究對象的本體論與認識論的道理。因此，討論方法論不能離開本體論與認識論的基本理念。否則，不只體育學沒有立足的可能性，更無法建構體育學厚實的學理。

(一)本體論

一般而言，本體論是哲學的一個分支，以探討存在的性質與特性為對象。近代哲學，自笛卡兒首先把研究實體或本體的第一哲學，稱之為「形而上學本體論」以來，對本體論的論述，是非對錯的爭辯，可謂言人人殊，莫衷一是。

舉例而言，在學術研究中，常追問「什麼是眞實？本質為何？如何成立？關係如何？」的本體論問題。其實，現實世界的性質，因對其本質預設的不同，而有唯物主義和唯心主義兩大派別，素為眾所周

知。唯物主義者認為，自然現象和社會現象，是一種不以觀察意志為轉移的客觀實在，是獨立存在於觀察者思想之外；簡單的說，肯定世界的基本組成為物質，物質形式與過程是我們認識世界的主要途徑。而唯心主義主張，外部世界，只不過是一種表象，本質應存在於主體的意識或思想。換句話說，唯心論秉持世界或現實如同精神或意識，都是根本的存在，物質依賴意識而存在，物質是意識的產物。

再以量化與質化的研究典範而言，也因對事物本質的預設不同，而形成各異其趣的論述。在本體論上，量化研究者預設可以用標準化的設問和變量測得所相信的真實。定量研究者強調數字和測量，重視真實世界的客觀觀點，主張用數字準確理解和描述真實世界，惟其如此，才能超越對真實世界的主觀性，達成精確的研究目標。不過，質性研究者對事物本質的本體論預設卻截然不同。質性研究者認為，外部世界是多元的，存在著多重的「真實」，質性研究者特別強調，人文社會現象，不同於自然的物理現象，因為人們會使用語言或符號，並賦予意義，所以所呈現的現象背後的本質，是有意義的，必須考慮其場域（時間或空間）、語境、體驗，經由詮釋、辯證、批判與論述，才能理解所研究的真實。

(二)認識論

認識論又稱知識論，是哲學的一個組成部分，旨在探討人類認識的本質、結構，認識與客觀實在的關係，認識的前提和基礎，認識的發生、發展過程及其規律，認識的真理性標準等。[25]具體來說，認識論是人類如何認識世界的理論，更是人類如何認識所要認識事物的理論。

---

[25]維基百科，〈知識學〉，http://zh.wikipedia.org/wiki/%E8%AA%8D%E8%AD%9
8%E8%AB%96，2013.10.15檢索。

　　事實上，人類從生成開始，從不間斷對外在世界的認識，從認識的發生到認識結果的選擇或判斷，都是認識過程的體現。換句話說，認識論的任務，在力求符合客觀實際的認識。因此，必然以認識的對象爲出發點，經由不同的認識方法，導出不同的認識理論。舉例而言，對精神與物質何者爲世界本源的問題，不同的認識論立場，對認識結果或知識體系之形成，自有不同的認識理論。如經驗論者認爲，感覺經驗產生了絕對知識，藉助感官，透過對外部事物的直接觀察或實驗，就能獲得客觀事實，這樣的知識具有可靠性與確定性。[26]他如建構論者，認爲只有相對的知識，並不存在絕對知識。建構論者強調，現實世界是參與社會的個人所構建，現實世界的意義，來自於構成個人的賦予，而個人的不同背景，對現實世界的不同構建，左右意義的不同詮釋，形成對眞理的不同主張，自在所難免。

三、研究典範及其基本理念

　　一般所謂典範（paradigm），常以模範、範例加以解釋，意指知識探討常有研究社群之屬性雷同，而有相類似的模式（model），形成一種典範作用。事實上，典範乙詞，出自1962年孔恩的《科學革命的結構》乙書，用以指涉一個科學社群，整體的理論、信念、價值、方法、目標、專業與教育結構，代表在該特定領域，以一套科學的模式作爲指引，素稱典範。[27]不過，因典範的語意曖昧不清，或遭誤解或誤用，以致爭議不休。[28]甚至於1965年科學哲學會議時，馬得

---

[26]蔣逸民，《社會科學方法論》（重慶：重慶大學，2011），4-7。

[27]孔恩（Thomas S. Kuhn），《科學革命的結構》（程樹德等譯）（臺北：遠流，1994）。

[28]泉谷洋平，〈ジオグラフィック・マトリックス・リローデッドー模範例としての学会発表表題〉，《空間・社會・地理思想》，10（大阪，2006）：2-19。

論文發表學術交流

曼（Margaret Masterman）曾就構成科學研究典範之古典著作、教科書及理論結構等三大部分，提出二十一種對典範的不同用法，批判典範乙詞的模糊性。[29]其後，孔恩承認批判的正當性，並於1969年針對「典範」語意的明確化，而提出「學術基質」（disciplinary matrix）乙詞，作為學術社群互動交流以及安定學術判斷共同基礎的用語，其中並含，即：(1)符號的一般化；(2)模式（model）；(3)價值；(4)範例（exemplars）等四個重要因素作為「學術基質」的下位概念，說明學術社群的屬性。

　　本文所說的研究典範，係指體育學或運動科學的不同研究領域，雖因研究對象不同、研究方法互異，惟各相關領域中所形成的研究社群，在研究模式的取向上，有趨同的屬性，而形成不同的典範。進一

---

[29]イムレ・ラカトシュ、アラン・マスグレーヴ編，《批判と知識の成長》，（森博譯）（東京：木鐸社，1985），87-130。

步說，體育學或運動科學所屬範圍甚廣，就其研究領域與研究方法
看，其知識建構與研究方法的關係，可以**圖5-7**的橫軸（由人文社會科
學到自然科學）及縱軸（從量化到質化）交叉成四個象限，所形成的
研究典範，自有不同。惟學科間的相互滲透，殊難嚴謹切割或劃分界
限，且以量化或質化二分法論述，難免有其侷限，以下所作說明，僅
就廣泛領域，大致概略區分，單一學科之研究典範，當依學科屬性進
行更周延之詮釋。

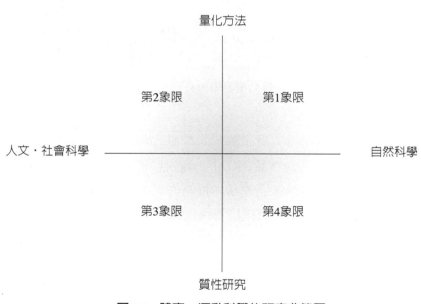

圖5-7　體育‧運動科學的研究典範圖

(一)第1象限

　　將人體動作或身體活動，以量化研究為主，從科學化立場，
建構知識。以客觀事實為取向，屬非價值判斷的研究。如從運動生
理學到運動解剖學；從生物科學（biological science）到生物力學

（biomechanics science），以及運動心理學等科學研究，即屬此領域。目前此領域，即以運動科學（exercise science）或動作科學（movement science）為名，常以實證的科學方法，建構其知識體系，一般稱為自然科學典範。

(二)第2象限

將人體動作或身體活動，一方面作量化研究，一方面也不忽略人文知識的建構。其中，對運動相關實踐的課題意識較強，同時也關注到身體活動的社會現象。所以，所關心的身體活動，並不侷限於個別的運動項目，如相關身體活動的心理學、社會學的研究，都可包含在內。如跨領域的社會行為科學（behavioral-social science）即屬此領域，其知識建構，或實證（調查），或詮釋學，或結構主義，或批判理論等，屬社會科學典範。

(三)第3象限

不以量化研究人體動作或身體活動，而以文學、歷史及哲學現象作為知識建構的方法，亦即透過技藝（身體技術）世界，探討技藝展演的運動研究。常涉及歷史情境，教育現場或社會現象，有較強烈的實踐的課題意識。屬教育學或教育方法論的臨場經驗，常以文獻分析、歷史描述、民族誌或現象學等方法，建構知識體系。一般稱為人文科學典範。至於社會科學之研究方法，有以量化研究者，或以質化研究者，更有量化與質化研究並用者，不一而足，其研究典範，自另當別論。

(四)第4象限

不以量化研究人體動作或身體活動，但以科學方法建構知識體

系。實踐課題意識較弱，以符號學或分析哲學的方法，或格式塔理論或現象學方法爲基礎，建構知識。換句話說，是從人的存在立場出發，探討運動中的身體，從哲學、史學、身體人類學、健康文化的觀點，建構知識體系，試圖以超越個別科學的知識，是一種科際整合的身體動作研究。如新興的身體文化及身心學等，屬科際整合科學典範。

綜上所述，體育學術研究，雖自古希臘羅馬時代，即有對身體鍛鍊功能的論述，惟近代體育的學術研究，則是近百年來的事。體育學術的研究發展，一般認爲，自17、18世紀之間，先有教育家在教育論述中的體育觀，再有體操家對身體教育的看法，接著是醫學家對身體健康議題的描繪，進入體育本位的研究，則是植基於體育專業課程的設立，這已是19世紀以後的事。

1960年代，體育學術研究的綜合與分化論述興起，運動科學研究，扶搖直上，體育學術與運動科學屬性，互有不同的主張，從專業屬性到學術屬性，各自領域，各領風騷，並各自開創學術發展的新局面，造就了體育學術理論與運動科學的百花齊放，眾聲喧譁。

事實上，學術研究，因學門屬性不同，自難有齊一的研究方法及其方法論述，即使相同的研究對象或課題，因研究取徑互異，研究結果的詮釋，也難求一致，自然科學與人文社會科學的分道揚鑣，誠屬難免，惟其致力於人文社會或自然現象的合理詮釋，則無不同。所謂格物致知，殊途同歸，當是此意。

其實，體育離不開目的化身體活動的實踐，經實踐而形成的知識，貴在身體經驗的累積，是身體的珍貴智慧，爲人類文化承先啓後的重要資產，值得體育持續耕耘，不只有益於維繫運動文化的命脈，更有助於厚植人類身體文化的根基。

第四節　體育學術研究動向之觀察

一、體育的人文科學研究

　　體育現象的詮釋或研究，可始自身體的物理層面，終至意義或價值的探討，所以，體育學術研究範圍，不只有自然科學，甚至人文、社會科學理論，也不能置若罔聞，已在上文略作陳述。本文擬就體育的人文科學研究，略作說明。

　　一般而言，人文科學是關於人類價值和精神表現的獨特知識領域，其研究範疇相當廣泛，舉凡語言學、文學、歷史學、哲學等人文學科，都是人文科學的研究對象。體育的人文科學，當然是體育與人文科學整合而成的學術領域。譬如，運動哲學、運動史學、運動文學

國際體育教學研討會

等，無一不是體育分別植基於哲學、歷史學、文學的整合學科，再往下分化，自可以發展相當多的不同學科。

進一步說，哲學領域原含本體論、認識論、價值論與方法論等四大範疇，分別與體育學整合後，理論上，即有運動本體論、運動知識論、運動價值論及運動方法論，其中，在運動價值論中，又可分化為運動美學、運動倫理學等學科。其他如歷史學、文學，亦可作如是觀。

身體活動經驗，是體育人文科學的研究主題，可以從量的角度切入掌握，也可以就質性研究進行。即使身體經驗，很難清楚描述，但可以藉助個人的運動感受、史料、引述、討論及詮釋，使得經驗富有意義，可以傳承，並具一定的教育價值。體育之所以必須植基於人文科學，道理在此。若進一步說明，則有下列幾點：

(一)以哲學當指引

哲學作為體育學術研究的課題，由來已久。體育學術研究，藉助哲學的思辨，對身體活動經驗，作深入的反省；並經由批判思考，釐出正確的認識，或提供合理的選擇，作為身體活動實踐者的參考。

臺灣體育專業學校裡，開設運動哲學課程者，始自1987年，由國立臺灣師範大學劉一民教授主持。其後，成立運動哲學學門，並陸續召開國際運動哲學研討會，已累積了相當程度的研究業績。[30]不過，為全面觀照體育人文科學研究動向，擬就不同角度，略做介紹。

具體來說，哲學可從形上學（Metaphysics）、認識論（Epistemology）、價值論（Axiology）及邏輯（Logic）等四個分支，[31]探討身體活動現象或經驗（**圖5-8**）。

---

[30]劉一民，《運動哲學新論》（臺北：師大書苑，2005），3-43。

[31]Earle F. Zeigler and Harold J. Vander Zwaag, *Physical Education: Progressivism or Essentialism?* (Champaign, Illinois: Stipes Publishing), 44.

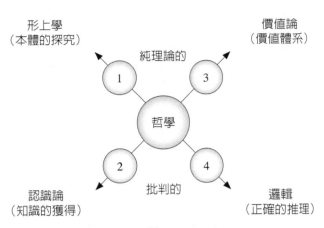

形上學
（本體的探究）

價值論
（價值體系）

純理論的

哲學

1

3

2

4

批判的

認識論
（知識的獲得）

邏輯
（正確的推理）

行動公式
當下價值＋科學探索＋感性情境＝我們的作為

圖5-8　哲學及其分支

　　不過，日本浅田隆夫則認為，體育運動哲學的內容，分為理論與實際兩大部分，其中理論部分，有形上學、認識論及價值論，而在方法方面，則含存在論、科學論理學、語言學和現象學；至於實際部分，則有身體與運動所形成的運動技能、技術、形式（form）、形態（pattern）及文化的哲學意涵（**圖5-9**）。[32]

◆形上學

　　或稱為廣義的本體論（Ontology），係探討存有與實在的學問，以解決所謂「實際存在」與「真正存在」的本質問題，常與形而下的現象研究相對應。舉例來說，以體育的主體—身體而言，從唯物論到唯心論，從身心二元論到身心靈統合觀的演變，體育至少從本體中得到一些啟示，值得重視。譬如，從體育納為學校教育課程以來，傳統

---

[32]浅田隆夫，〈体育・スポーツ哲学会（設立の経緯）とその理念－特に、体育・スポーツ哲学の構造と方法論的検討を中心に〉，《体育・スポーツ哲学研究》，1（東京，1979）：4。

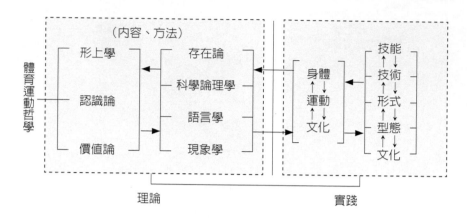

圖5-9　體育運動哲學的架構

上，體育是透過身體活動的教育之觀念，始終深植人心，根深蒂固。
因此，將經由科學訓練，或嚴格的規訓，以滿足既定的計畫，視為理
所當然。其中，或為國家取得了優越成績，獲得了國際宣傳目的，提
振了民族情操，凝聚了國家意識；或為健康體適能的目的，採取了機
械化的模式，達到預期的效果，諸如此類，不一而足。

　　其實，這樣的現象，就體育的本質而言，有下列三點值得商榷：

1. 體育是透過身體的教育？或是身體活動的教育？應予釐清。原
　因在於前者把身體當手段或工具，以達成外在的目的；而後者
　將身體當主體，身體活動本身即是目的，考慮的是身體的自
　主，不為外在所驅使。

2. 基本上，若身體可經由外力的介入，予取予求，係植基於身體
　機械論的觀念，甚至是身心二元論的想法，實有違身心靈並修
　的統合觀念。

3. 無論是國家的政治目的或個人的體適能訴求，相對於身體的主
　體性或自主性，體育不能無視於身體技術的自我實現或身體本
　身的自主經驗。譬如愉悅的感受，滿足感是體育的根本所在。

　　因此，體育是透過身體的教育或是以身體為主體的教育，宜有較清楚的掌握，以免指鹿為馬，模糊了體育的焦點，失去了體育的根本性質。

◆認識論

　　係研究知識形成之理論，包含知識之取得，何種知識如何取得？知覺過程如何？如何認識？如何學習？如何維持？有時我們或可稱這些是「科學的方法」。[33]

　　以廣受討論的多元智能理論（Multiple Intelligence Theory）而言，嘉納（Howard Gardner）認為，[34]多元智能，就像是所有人的共通語言，用來學習、解決問題及創造工具，是每個人都會使用的工具。這些智能，包含語文、邏輯・數學、空間、肢體—運動、音樂、人際、內省、自然觀察者等八種智能。其中，就體育的角度，肢體－運動智能（bodily-kinesthetic intelligence），最為我們所關注。一方面是，將身體動作智能視為人人所必備的智能，不無深遠意義，至少，肢體動作，不應只是雕蟲小技。另一方面，肢體－運動智能，係指能巧妙處理物體和調整身體的技能，到底如何獲得？如何成為一種智能？毋寧是體育專業所亟待掌握的重要課題。

　　從認識論看，建構主義雖有哲學觀、心理學觀和社會學觀的不同主張，不過，若就社會學觀點看，認為學習者的知識建構，係植基於三個基本原理：(1)是認知個體主動建構，而非被動的接受或吸收；(2)認知的功能在適應，認知是用來組織經驗的世界，而不是用來發現本體的現實；(3)知識是個人與他人經由磋商與和諧的社會建構。[35]

---

[33]W. H. Freeman, *Physical Education and Sport in a Changing Society*, 1992, 186.

[34]Howard Gardner, *Intelligence Reframed: Multiple Intelligences for the 21st Century* (New York: Basic Books, 1999).

[35]張靜嚳，〈何謂建構主義？〉，《建構與教學》，3（彰化：彰化師大，1995）：1-4。

　　進一步說，主動建構在強調，過去動作技能練習的目的，僅在於被動的、純粹的練習，被動的做出指定的或制式化的動作；而建構主義觀念中的動作技能練習，是以學習者的觀點，作爲提供概念建構的素材，發展更高層次的概念與動作能力，所以能作適當的決定與解決問題。再說，學習者所學的內容是對自己有效的經驗，而非尋求一個相同的動作反應，這也就是自我調適與發展的具體展現。尤其，任人皆知，要求以單一的動作結果模式表達，不只不合理，而且也違反自主學習的原理。是以，有效的學習結果，是由學習者經由思考與練習後，所得的有效動作，而非以教師取代學習者，達成教師所訂定的統一標準要求。就建構主義的觀點看，學習者既是思考者，也是創造者，更是建構者，其理在此。

◆價值論

　　一般而言，係指價值的研究，探討價值的本質與價值的類別。通常在體育專業裡，較關心運動的倫理及運動美學問題，都屬於價值的論述範圍。

　　從運動倫理看，菁英主義、國家主義、性別平權以及藥物使用等議題，是競技運動中的熱門話題，其中，尤以運動暴力、欺瞞行爲、政治介入等更是運動倫理所關注的重要課題。所以，運動場是否爲政治行爲或政治人物的培養場，或者是，體育是否眞能有利於良好品格的塑造，也常是學界所關注的倫理問題。

　　事實上，傳統以來，體育有利於品格養成，始終讓我們深信不疑。問題是，運動世界中，何以偏差行爲層出不窮？是社會變遷，運動的品德教育功能無法發揮？抑或是運動性質或運動形態的不同，使得運動場，不再是品格的培育場？或者是時代的改變，人的價值取向，不再強調運動中的品格價值等等，都是值得深入探討的重要課題。

體育運動文化數位典藏徵集活動

資料來源：王漢忠提供。

　　近年來，體育活動中，是否必然具有道德品格功能，已有較多的
文獻，提出正反兩面的研究，體育從業人員，自不能掉以輕心、置若
罔聞，譬如，研究指出：[36]

1. 組織化的青少年運動，正侵蝕富庶無比的兒童遊戲文化，這些
組織化的運動中，規則是訂好的，不是經由協議產生，自我約
束變成是教練、裁判的約束。當運動變成一群焦慮的父母、教
練獲利的手段後，內在動機也就讓給了外在動機。

2. 現代運動已趨商品化和商業化，尤其運動組織變得更為官僚
化、理性化，使得運動與社會之間的區隔，以及運動中的遊戲
特質，受到了傷害，甚至有極端的認為，如果競技運動能塑造
性格，那是適合犯罪的性格。

---

[36]B. J. L. Bredemeie等，《性格發展與身體活動》（許義雄譯）（臺北：復文書
局，2000），255-294。

　　當然，贊成運動可以塑造品格的人指出，參與運動的人，必須克服困難阻礙，面對逆境時的堅持，發展自我控制的能力，與隊友合作，學會適應勝利與失敗，因此，運動能被認為是學習公平、自我控制、勇敢、堅毅、忠誠、團結合作的手段。

　　要而言之，我們一方面慶幸不論男女老幼，成千上萬的人，熱心投入運動行列，一方面卻也不免擔心，在運動諸多可能中，會不會因為經營者、指導人員或天下父母，以及參與運動的人，由於有意或無意的疏忽，而造成未蒙運動利益，而先受個人道德品格的傷害？所謂「水能載舟，亦能覆舟」，運動可以具有正面效果，卻也潛藏著負面的功能，主事者自不能不慎重將事。

　　至於運動美學，則是有關美的本質的研究，當然是相當主觀的研究課題。美國學者吉格勒（E. F. Zeigler）指出，美學即為「欣賞的理論或欣賞的哲學」，事關個人對不同事物之欣賞。[37]就運動經驗言，運動的美感，有如藝術，形塑於特定的時間與空間的結構中，由觀賞者，透過運動者（演出者）出神入化的動作表達或演出，使觀賞者或演出者，感受美的洗禮或饗宴，浸淫其中，融入於美感價值的情境（圖5-10）。[38]所以，運動美感，可以是人體的自然美，也可以是動作或技術演出的美感經驗，更可以是運動精神所追求的至高無上的神聖美感。當然，體育的美學基礎，一方面在培養對自然身體美的體驗，一方面則在創造或提升人體動作表達的美感境界，再一方面，則經由運動的美感經驗，落實日常生活中的行為美，以豐實生活內涵，提升生活素質。

---

[37]E. F. Zeigler, *Philosophical Foundations for Physical Health and Recreation Education* (Englewood Cliffs, NJ: Prentice-Hall, 1964), 22.

[38]樋口聡，《スポーツの美学－スポーツの美の哲学的探究》（東京：不昧堂，1987），41。

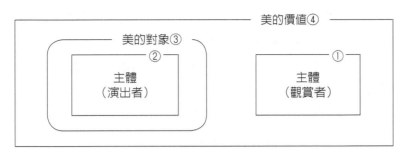

圖5-10 運動美感價值之結構

(二)以史爲鑑

體育之必須要有史學研究，除認識古今中外體育的發生、演進與影響等之史料外，與體育有關之人、事、時、地、物等因素所交織而成的史料或史識的建立，均足於影響體育現象的詮釋。

事實上，歷史之可貴，在能鑑古知今，以策來茲，所謂「歷史可以忘記，教訓必須記取」，當指此意。同時，歷史爲人所寫，史料之選取，難免因個人之好惡，而有所輕重，因此對史實的眞僞，自宜審愼考證。再說，一如科學所主張，任何眞理，無不等著被推翻，同樣道理，歷史事實，應非顚撲不破的絕對眞理，所以新史料之開發，不只有助史實之詮釋，更有利於新史實之建構。尤其，歷史基本上是一個認識過程，不論歷史本身成分的呈現或是外在者的建構，都不離這個過程。況且，歷史具有強烈的後設性質，這種後設性質，常與意識形態相伴而生，在有意無意間，左右史料或史識之鋪陳。顯見，歷史史實的認定，史料的詮釋以及歷史意義的闡揚，尤其有一定程度的困難，所以，史學方法論的素養，應也是研讀體育史所不能視若無睹的重要課程。

以建構臺灣體育史料言，近代以來，自臺灣意識興起後，臺灣優先論已隱然形成，使得臺灣本土文化工作者，有了鮮明的旗幟，具體

的舞臺以及積極的行動，企圖將臺灣文化的內容注入新生命，是以臺灣研究蔚爲風氣，匯成熱潮，體育自應急起直追，迎頭趕上。

其實，臺灣從1624年荷蘭入侵後，歷經明鄭、滿清、日本殖民統治等階段，及至國民政府遷臺至今，少說將近四百年，惟對體育史實之描述，除1945年二次戰後，始有臺灣當前體育之紀錄，1945年以前之臺灣體育史實，不論體育專業或體育史論著，國民政府官方雖非絕無僅有，卻也較少完整論述，是有意捨棄或無意忽視，不得而知。不過，以臺灣主體性之史料建構而言，未始不是件遺憾的事。

具體而言，國民政府遷臺初期的教育體制，一方面致力於滌除日本式的教育形影，一方面著手布建民國體制的教育系統，以致於以臺灣爲主體的體育史籍，有如鳳毛麟角，致使生長在臺灣的學生，接觸大中國體育史的論述較多，而較少有認識臺灣體育始末的機會，是否合宜，不無商榷餘地。唯今之計，當以立足臺灣，放眼大陸，胸懷世界，積極挖掘臺灣體育史料，建構以臺灣爲主體的體育史識，應是刻不容緩的重要課題，更爲衆人所期許。[39]

(三)文以載道

身體運動，已成爲社會生活文化的一部分，日常生活中，以運動爲書寫對象的文類（genre），正方興未艾，熱鬧非凡。[40]姑且不論運動文學能否成立，或是否與應否成爲學校專業學術領域或課程，至少，國內外相關或類似運動文學的報刊、雜誌或專書，已如雨後春筍，競相出版。

---

[39]許義雄，〈搶救臺灣體育史料刻不容緩〉，《學校體育》，12.2（臺北，2002）：2-3。
[40]焦桐，《臺灣文學的街頭運動（1977～世紀末）》（臺北：時報出版，2002）。

　　就文學的意涵看，身體活動的場景，藉觀察、體驗或想像，以文字或語言，表達情緒或思想、意念或看法者，所在多有，無不屬於文學範疇。其書寫的表達形式，則有傳記、小說、詩歌、散文、隨筆、評論等類別。再說，誠如大家耳熟能詳的說法，「人生如戲，戲如人生」，運動競賽場合，當可作如是觀。運動場，一如人生舞臺，賽事之變化多端，緊張刺激，捉摸不定，所牽扯的喜怒哀樂，愛恨情仇，無異於千變萬化的人生劇場，實非三言兩語所能道盡。

　　事實上，多少運動場上的英雄好漢，一些可歌可泣的故事，透過文學的生花妙筆，或搬上銀幕，或寫成小說、詩歌、隨筆，其撼動人心，發揮生命光輝，達成潛移默化的教化功能，可說俯拾皆是，車載斗量，不能小覷。

　　舉例來說，一生標榜「奧運之所重，不在獲勝，而在參加；一如人生之意義，不在征服，而在奮鬥有方」的古柏坦，於1912年寫下文學獎得獎作品〈運動頌〉（Ode to Sport），[41]大意在歌頌運動是上帝之喜悅，生命之精髓。運動就是美，是人體的建築師。運動就是正義，社會上人們所找不到的完美公正，就在運動的周圍出現。運動就是勇敢，且不是孤注一擲的匹夫之勇，是謹慎而經思考的勇敢。運動就是榮譽，若不是公平競爭完全無私得來，冠軍便毫無意義。運動就是快樂，即使滿懷憂傷的人，運動也能帶給他們撫慰；對快樂的人，更使他們得到發揮生命力的樂趣。運動是孕育，運動以正直的方法造成完美的種族，毀去敗類，除去損及健全的惡因。運動是進步，為了善待運動，人必須在身體及靈魂上求進步。運動是和平，運動以快樂的界限加諸人類，用控制、組合、自律的力量，將人們結合在一起。顯見古柏坦對運動充滿理想與期待，當時近代奧運剛於1896年創辦，

---

[41]莫琪譯，〈藝術與奧林匹克〉，《奧林匹克哲學》（臺北：中華民國奧林匹克委員會，1978），120-122。

滿懷期許，盡在字裡行間，表露無遺。在事隔百年後的今天，重讀此文，不免有今非昔比的感受。相信，隨著時空的改變，奧運的發展，已不可同日而語，這樣的場景，想必是古柏坦所始料未及。

再舉一例，1970年代初期，正值臺灣國事最艱難困苦的時代。在國際舞臺上，釣魚臺事件（1971），中美乒乓外交成功，聯合國排臺納中案通過，與日本斷交（1972），諸多國際組織的臺灣席次，逐步由中華人民共和國所取代，臺灣可說充滿屈辱，備受孤立；國內則面臨民眾對政府期望升高，民意高漲，改革之聲四起，國家意識與民心士氣，正待提振。那幾年，正好少棒隊揚威世界，舉國上下，每遇賽事，幾乎都守在電視機旁，充滿緊張、興奮與期待，從亞洲邁向世界，每遇凱旋歸來，國家元首召見，政府官員嘉勉，甚至大張旗鼓，遊街示眾，萬人空巷，鞭炮聲響徹雲霄，多少人靠著少棒的小孩子，找到了民族自尊，獲得了國家尊嚴，幾許被壓抑的憤怒，有了宣洩的出口，在欣喜若狂之餘，竟感動得痛哭流涕。

時至2001年，臺灣首次政黨輪替未幾，政局岌岌可危，罷免總統，甚囂塵上，適逢第三十四屆世界棒球賽在臺灣開打，國會議員選舉，也正如火如荼展開。棒球不只成為茶餘飯後的話題，甚至政治舞臺上，棒球仍是最重要的議題。有人以棒球之攻守輪替，比喻上臺下臺之常例；有人隱喻球賽未了，不宜陣前易帥；有人以投捕野手之合作無間，爭取勝利，希望國人團結一致，爭取國家長治久安；更有一群選將穿上球衣，共組夢幻球隊，以期全員上壘。總統更在許多場「世紀首航」的演講場子，以棒球為開場白，以球賽為例，暢談「球局、選局、世局」的關連性及啟示性，並一再籲請國人，發揮臺灣棒球－苦難成長，堅毅不屈，團結合作，開創新局的精神。[42]

---

[42] 許義雄，〈棒球臺灣 石破天驚〉，《第34屆世界杯棒球賽紀實──棒球臺灣 活力世紀》，（臺北：行政院體育委員會，2002），4。

其實，今日臺灣棒球，非起於偶然，非造就於隨興。它是一條流不盡的長河，它像一首長篇的史詩，曾經輝煌，也曾經淹沒；它曾經風光，也曾經困頓。所以，曾有一首詩，寫著：「少棒！少棒！民族的小救星。國家的新希望。少棒！少棒！現代的成吉思汗，年輕的義和團。」更有人這樣附和的寫著：「多少國恥要靠你洗雪，多少國難要靠你挽回。燙平我們心頭的屈辱，拭去我們腮邊的淚！讓民族意氣風發，為國家吐氣揚眉！」[43]臺灣棒球，一路走來，歷盡滄桑，各文學書寫者，曾就不同角度，作各異其趣的描述，其中，有感傷，有激情；有期許，有鼓勵，雖筆法不盡相同，觀點亦迥然互異，卻都以人文關懷，展現追求至真至善至美的境界，這也是體育之以人文科學為基礎，孕育人文素養的最好佐證。

總而言之，體育的人文科學研究，一方面以哲學引領體育本質之掌握，認識體育知識結構之道理，並瞭解價值之取捨；一方面以史為鑑，除挖掘、開創或建構新史料外，並能以同情的瞭解史料，詮釋史料，以使史識的闡揚，能免於後設性質的影響；再方面，則是以文載道，透過文學的人文關懷，發揮體育至真至善至美的生命意義，提升生存的價值，落實生活中人文素養的發揚。

二、體育的社會科學研究

一般所謂社會科學，常泛指以科學方法研究社會現象或社會問題之學問。不過，有關社會科學的定義及其範圍，則言人人殊，不盡相同。譬如有認為，社會科學是探討社會機構、團體行為及個人在團體中之行為表現的科學；有主張社會科學是探索人類關係的各種科學；更有指出，社會科學是研究人類行為、人際關係及人類與其生存環境

---

[43]許義雄，〈棒球臺灣 石破天驚〉，2002，61。

之間關係的科學等，[44]說法雖各異其趣，卻都不無指涉社會科學係以「人」及「人群」所構成的「社會」為對象，探討個人與個人、個人與團體、團體與團體關係的科學。

　　事實上，社會科學所包含的學科範圍相當廣泛，舉凡人類學、政治學、經濟學、行政學、社會學、法律學、教育學等無不涵蓋其中。目前體育學術領域，因屬綜合應用科學，且發展較遲，學問屬性較不明顯，因此，常引用或藉助上列學科，以厚實或建構體育學的社會科學基礎。舉例來說，當前體育學術應用社會科學理論，整合而成的學科，除了體育運動社會學、運動管理學外，逐步形成的新興學科則有：

(一)運動人類學

　　運動人類學，是身體運動科學與人類學所整合而成的學科。眾所周知，人類學係以人類為對象的研究領域，由體質人類學、考古學、語言學及文化人類學等四大領域所構成，透過田野調查或比較法，探討與人類有關的自然、人文、社會等相關學門或相關領域的科學。而運動人類學可定義為以整合體質、考古、語言及文化等人類學的研究方法，探討人類身體運動的學科，也就是探索人類身體運動文化脈絡的科學。[45]

　　事實上，運動人類學（anthropology of sport或sport anthropology）乙詞，係於1985年由美國人類學者布藍查（Kendall Blanchard）及茄司卡（Alyce Taylor Cheska）在其著作*The Anthropology of Sport*中所最先引用。[46]當時，布藍查及茄司卡認為，美國的多種族社會，少數民族中的傳統身體運動，深具獨特性，且富有顯著的現代意義。因此，

---

[44]葉至誠，《社會科學概論》（臺北：揚智文化，2000），10-11。
[45]寒川恆夫，《スポーツ》（東京：杏林書院，1994），3-4。
[46]寒川恆夫，《スポーツ》，1994。

以文化人類學、社會學及歷史學的研究成果爲基礎，探討人類的運動現象，運動人類學的體系，於焉逐步形成。具體的說，人類身體運動作爲人類文化的表現形式，在文化與社會的研究範圍裡，不只不能無視於它的存在，更應廣泛且深入開發。尤其，一般認爲，傳統民族運動文化，常是經年累月的經驗傳承，分布於特定的國家、地區及民族，展現其特有的文化特色、民風及習俗，爲少數民族所保存，並成爲人類所共有。這些珍貴的民族運動文化遺產，早期曾因其合理性與合法性受到質疑，並被文明世界所排斥、藐視或甚至否定。不過，在全球化與多元文化風潮興起之後，本土化意識相對高張，國際間，共同體認，作爲地球村的共同文化遺產，理應加強維護，一者以凸顯人類運動文化資產的豐富面，一方面也顯示少數或弱勢族群運動文化的珍貴價值。同時，隨著交通便捷，運動觀光產業的提倡，使得極具特色的傳統民族運動文化，更具觀光性，運動人類學之備受重視，自不在話下。

　　具體來說，近代諸多競技運動項目，常由早期傳統宗教儀式項目所演變而來，也有不少種族間的傳統身體運動項目，因主客觀因素影響，任令失眞失傳，難以再現原貌，對人類身體運動文化資產言，未始不是一件憾事。比如，臺灣的傳統民俗技藝，種類繁多，內容豐富，開發整理後，不只可展現臺灣固有身體運動文化的特色，亦能因其觀光化，融入文化創意產業，展現臺灣身體運動特有風華；更能因文化脈絡的探索，而瞭解臺灣早期身體運動的深層意義。[47]

　　當然，因人類學分類不盡一致，應用於運動上的「運動人類學」也就有了不同的指涉對象及內容，比如中國學者席煥久主編的《體育人類學》乙書中的內容，與日本寒川恆夫所提及的研究議題，並不盡

---

[47]許義雄，〈臺灣身體運動文化之建構——就臺灣身體文化談起〉，臺灣身體文化學會，http://www.bodyculture.org.tw/sites/faq/11，2017.01.31檢索。

相同，[48]而國際上，運動人類學的研究趨向，則以種族運動、身體文化的變遷，民族主義、傳統的創造、觀光化等議題，或從遊戲論、象徵論、種族論、文化論、社會化等論述民族運動與身體文化理論。[49]表面觀察，國際間運動人類學研究的取材雖較接近，惟在方法取徑及論述基礎則各有所好，其所形塑的學科屬性與知識結構，較難趨同。因此，研究者在從事《運動人類學》研究時，自宜有清楚的認識，明確的觀點，以能真正掌握運動人類學的研究脈動。[50]

(二)運動政治學

運動與政治的研究領域，能否整合成為一門嚴謹的學科，雖言人人殊，並無定論，但運動與政治的緊密關係，可說從古至今，論者所在多有，所以，探討運動與政治的議題，可說汗牛充棟，俯拾皆是，不足為奇。當然，正式以《運動政治學》為書名的專著，尚不多見，不過，日本運動社會學界卻開風氣之先，率先於1999年出版《運動之政治學》乙書，列為運動社會科學講座之一，也頗引人注目。[51]歐美體育界，以《運動與政治》為書名的專著，最近幾年來，更不遑多

---

[48] 席煥久提及《體育人類學》在中國剛剛起步，該學科研究體育的演變，體育的社會文化背景，體育對政治、經濟、文化的影響，體育與文化變遷，體育在社會發展中的地位與作用，體育與人身心發展的關係，以及不同人種、不同民族、不同地域體育活動的特徵等。席煥久編，《體育人類學》（北京：北京體育大學，2001），1。

[49] 寒川恆夫，〈卷頭言・スポーツ人類学の現在〉，《文化人類学研究》，14（東京：早稲田文化人類学会，2013）：1-5。

[50] 2009年起，日本、中國、韓國及臺灣聯合成立亞洲運動人類學會，定期輪流舉辦國際會議。首任會長由日本寒川恆夫擔任，其他國家設副會長，臺灣地區由徐元民擔任副會長。2016年5月13-15日在國立臺灣師範大學舉行第四屆亞洲運動人類學國際會議，約一百人參加。相信其對亞洲地區運動人類學的研究，必能有所助益。

[51] 池田勝・守能信次編，《スポーツの政治学》（東京：杏林書院，1999），1-2。

讓，陸續出版。[52]顯見，在運動世界裡，雖然在理想上，不少人認為體育是體育，政治是政治，兩者風馬牛不相及。可是，隨著運動實力所象徵的政治意義，運動場已成為國際間政治角力的重要舞臺。具體來說，從國家傾其全力，大量挹注經費，加強體育投資的政策擬定，到國家運動競技實力的重視，以及藉助運動技術輸出，拓展國家外交關係，無一不是體育與政治一體化的明顯標誌。再以奧運為例，從古代奧運的停戰舉行，到現代奧運之國名、會旗、會歌、種族及罷賽等層出不窮的政治問題，都讓人無法不想到，誤用政治手段，所造成奧運的負面影響。

一般而言，體育之所以與政治脫離不了關係，約有下列一些因素值得考慮：

1. 基本上，人是政治動物，自始即不能離群索居，人類所從事的身體活動行為，很難與政治行為無關。
2. 體育常受政府財政支援，無法擺脫政府體制的干預，政治介入體育施策，在所難免。
3. 政治以體育為手段（工具）達到國家的政治目的，諸如威望的提升、外交的突破、民氣的激發、國家意識的凝聚，都是政治力量的展現。
4. 全球化的趨勢，經由政治權力與經濟實力的運作，跨國企業的逐步形成，更使身體運動的影響力道，無遠弗屆。諸如運動項目的國際宰制，運動實力所顯現的強國氣勢，無一不隱藏強國的政治意涵。

當然，以運動與政治的角度看，現階段眾所關注的重要議題則有下

---

[52]Barrie Houlihan，《運動政治學——運動、政策與政治》（陳金盈等譯）（臺北：風雲論壇出版社，2003）。

列幾點：

◆**政治介入**

　　近代奧運的政治介入事件，應以1980年美國卡特政府因抗議蘇聯入侵阿富汗，為抵制莫斯科奧運，而聯合相關國家，拒絕派隊參加，以及1984年洛杉磯奧運時，蘇聯為反制美國，以安全理由抵制出席，可說是以牙還牙，最受注目。當時兩強正處冷戰時期，各擁集團，強力對抗，把戰線延燒到奧運會場，讓單純的運動競技，因政治的不當介入，致使陰霾揮之不去。其實，奧運會中，層出不窮的政治事件，看似偶然，實屬奧運的宿命使然。

　　具體來說，國際運動賽會中，以國家名稱註冊，以國旗為前導的進出場儀式，或頒獎時的吹奏國歌，即已註定運動世界裡糾纏不清的政治意涵。其中，1960年，臺灣代表隊由林鴻坦高舉「在抗議下」的招牌，參加羅馬奧運開幕典禮，以及1971年國際奧會因受制於中國的影響，與臺灣國家奧會所簽訂的奧會模式，即為顯著的政治介入事件。[53]

◆**種族歧視**

　　奧運基本原則，標榜不容許因種族、宗教或政治立場的不同，而影響其進出奧運的權利，陳義之高，理想之美，為人稱頌。事實上，在運動世界裡，也常有種族隔離政策，阻絕了邁向奧運之途，如1926年南非的「種族差別法」之後，南非問題先後困擾奧運幾近半世紀。他如1970年代的羅德西亞問題，美國選手的「黑拳（權）領獎」事件，以及「血染慕尼黑奧運」等，無一不是因種族問題或國家的政治態度，影響運動演出的劇本，並成為運動政治學的重要議題。[54]

---

[53]許義雄，《體育的理念》（臺北：現代體育社，1983），212-218。
[54]許義雄，《體育的理念》，1983，222-229。

◆運動政策

從運動實力與國家競爭力結合之後，國家或國際的運動政策研究，頓受重視。就國際言，國際體育運動部長層級的會議，先後召開多次，共同研擬體育運動的合作計畫，以謀求人類生活品質之提升，打造世界和平的願景，同時，從健康體適能的倡導，以及全民運動的推動，各國莫不以形塑21世紀的體育運動願景為重要方針，概屬國家的重要政策。

要而言之，不論是體育運動為政治服務，或體育運動是政治工作的延長，體育運動政策作為國家重要施政的一環，已足以說明在運動政治學逐步成形的現階段，運動政策對國家政治取向而言，已呈舉足輕重的重要角色。

體育政策與休閒觀光國際會議

資料來源：臺灣身體文化學會提供。

◆政治外交

　　1972年，中國以小球轉動大球的「乒乓外交」，成功的以乒乓友誼賽搭起中國與美國外交橋樑的歷史事件，是最典型的例證。乒乓小球微不足道，卻能轉動地球中原本極端對立的中美兩國關係。體育運動所扮演的角色，已不僅止於運動場上勝負的較量，任人皆知。以臺灣現狀言，締造有正式外交關係的邦交國家數字，不出三十國，但在實質運動文化交流的對象國家，或運動技術輸出，或運動團隊往返，已數倍於此，顯見運動突破外交困境，有其不可忽視的重要地位。

◆國家認同

　　最近以來，運動與國家認同的問題，刻正方興未艾，備受關注。理由之一，固在於殖民時代，帝國主義挾其文化優勢，透過體育運動進行身體規訓，達到帝國臣民的養成目的，昭然若揭。[55]理由之二，則在於國際民主潮流興起之後，殖民地紛紛獨立建國，諸多後進國家竭盡所能，力求經由運動水準，打通列強的壓制，換取出人頭地的空間與國家認同，至為明顯。以臺灣為例，無時無刻，不以紅葉少棒佳績，喚醒臺灣堅忍不拔，奮發精進的國家意識為訴求。[56]中國大陸，更常揭櫫體育強國大旗，灌輸體育是國家認同的最佳手段；日本更標榜「體育立國論」，美國職業球賽，開賽前高舉國旗，全體高唱國歌，無不以彰顯國家認同為首重。

(三)運動傳播學

　　顧名思義，運動傳播學是體育運動與媒體傳播學相互整合而成

---

[55]アレン・グットマン（Allen Guttmann），《スポーツと帝国－近代スポーツと文化帝国主義－》（谷川稔等譯）（京都：昭和堂，1997）。

[56]John Bale & Mike Cronin, *Sport and Postcolonialism* (Oxford: Berg Publishers, 2003), 73-90.

的領域。目前為止，運動傳播學能否成為一門嚴謹的學科，雖尚無定論，不過，從國內、外體育校院相關系所，先後籌設運動傳播研究所，或開設運動傳播課程及運動傳播學程的情形看，運動傳播之受到重視，不難想見。尤其，隨著運動產業的興起，以及媒體傳播的推波助瀾，使得運動與傳播的關係，更加緊密，所形成的產業前景，有如旭日東升，璀璨耀眼，銳不可當。

事實上，體育運動與傳播的互利共生，可以從幾個事實看得出來，也是體育事業經營者所不能視若無睹的重要課題。

◆運動實況轉播，產值扶搖直上

隨著社會文明的進步，體育運動已是人類生活中重要的組成部分。尤其，傳播媒體的進步，經由商業的包裝，體育運動不只直接進入家庭，成為茶餘飯後的主要話題，更是社交場合不可或缺的關注焦點。從奧運的現場轉播，到職業運動賽事的精彩畫面，都讓成千上萬運動愛好者，牽腸掛肚，廢寢忘食。

以1984年的洛杉磯奧運為例，之所以有「尤伯羅斯模式」，不花政府一分錢，還能因舉辦奧運而淨賺美金2.15億，可說全靠電視轉播的神奇功勞。據報導，美國全國廣播公司（NBC）以22億美元的經費取得2010年的冬季奧運會和2012年夏季奧運轉播權。在此之前，該公司曾於1995年，以15億美元取得2006年義大利冬季奧運和2008年北京夏季奧運轉播權。相較於1980年莫斯科奧運會的電視轉播收入，僅有8,798.41萬美金而言，運動賽會的轉播產值，可以說是水漲船高，扶搖直上。[57]進一步說，1970年代初期，美國全國籃球協會（NBA）因困於經費，負債累累，組織幾近倒閉，其後由司特恩上任領導，成立了由電視和法律專家組成的媒體傳播部，成功轉型，至1970年代末

---

[57]小川勝，《オリンピックと商業主義》（東京：集英社，2014）。

期，已能轉虧為盈，且每簽一個新合同，轉播權利金的漲幅都在50%以上，促使NBA身價非凡，聲名大噪。以當前契約為例（2016年6月為止），NBA年度總收入約45億美金，其中，約五分之一為電視轉播權利金，如ESPN每年須付4億8,500萬美元，而特納傳播公司（Turner Broadcasting System），則為4億4,500萬美金，NBA企業之大，不難想像。[58]

體育運動報導的特色在於它的即時性、臨場感，更有趣味性、娛樂性以及教育性；甚至不分男女老少，毫無種族、國界及空間的區隔，尤無政治、宗教、意識形態之分別，所以受眾之廣，可說無遠弗屆，影響既深且廣，自非其他傳播媒體，所能相比。其實運動轉播當中的廣告獲益，應遠高於轉播費用的支出，媒體經營者，之勇於前仆後繼，趨之若鶩，不難想見。

◆運動與媒體，共生共榮

體育運動需要媒體傳播，藉以廣為招徠，喚醒大眾熱烈參與身體運動，並創發商機；媒體也需要精彩賽會，引人購買廣告，增加獲利基礎，兩者相因相成，互利互惠，各盡所能，各取所需。

進一步看，隨著閒暇觀念改變，健康意識抬頭，運動生活化的趨勢，隱然成形。比如，從清晨的早覺運動到晚間的健步強身；從靜坐到氣功；從養生到禪修；從街頭巷尾到運動場或健身房，從山上到

---

[58]體育與娛樂節目電視網（Entertainment Sports Programming Network, ESPN）為美國有線電視聯播網，ESPN臺灣臺於1994年開播。特納廣播系統股份有限公司（Turner Broadcasting System）為美國媒體人泰德特納所創辦的有線電視頻道，1970年創辦，1996年被時代華納收購，成為分公司，知名品牌超過一百種，跨越全球兩百多個國家，提供包括娛樂、新聞、動畫及體育運動報導，如CNN、卡通頻道等。維基百科。taiyomikuni（TM），〈NBAの放映権料、2016-17シーズンからは「年間20億ドル以上に倍増」の見通し〉，http://taiyomikuni.com/?p=1761，2016.05.30檢索。

海濱，或個人或團體，或正式賽會，或隨性演出，幾乎無時不有，無處不在。面對如此蓬勃發展的運動風氣，以及如此廣闊的市場，傳播媒體，不順勢擴大業務範圍也難。因此，爲因應閱聽大眾需要，或追蹤報導，或專題披露，或深入挖掘新聞，或隨時創造議題，不管正經八百的消息，或故意誇張的路邊八卦，無一不以吸引閱聽大眾的興趣爲首要，也無一不以創造最大商機爲考量。其中，或運動賽事趣聞，或活動分析，或運動器材廣告，或健康食品，或瘦身減重宣傳，或運動功效示範，廠商竭盡所能，藉運動員的精彩演出，經由媒體包裝、打扮、導演，謀取可能或合理的利潤，共生共榮，於焉形成。

　　其實，媒體不只爲體育產業提供經濟支持條件，同時也推動運動項目的改革，以創發更多的商機。舉例而言，爲滿足轉播的需要，從播出時間的刻意安排、比賽制度、甚至規則修訂，均在所不惜，以能適應最大多數的最高利益。如國際足總將半場休息的時間，從二十分鐘改爲十五分鐘，國際排總改變每球的得分計算勝負，有別於過去以發球權判定結果；籃球的區分四節休息，桌球將原來冗長的每局21分定勝敗，改爲11分制，均屬考量轉播的完整、快速或增加觀賞性與刺激性，利基所在，至爲明顯。[59]

　　總而言之，運動與傳播的關係，在可預見的將來，隨著傳播的巨大影響力，不只左右運動的生機，尤其運動情境的安排，運動英雄的塑造，運動產品的行銷，運動產業的壯大，都有賴傳播媒體的助力，任人皆知，無須贅言。

◆傳播研究，深化運動研究內涵

　　運動與傳播之所以應加重視，除上列因素外，更重要的理由，應是運動傳播研究，可以深化運動研究的內涵。理由在於，傳播學是一門多

---

[59]須田泰明，《37億人のテレビンピック－巨額放映権と巨大五輪の真実》（東京：創文企画，2002）。

視角、跨學科的科際整合領域。傳播學在與其他學術領域分工與整合後，已產生了不少應用科學，如政治傳播、組織傳播、教育傳播、健康傳播或運動傳播等跨學科的新領域，使得傳播學的發展，更重視各學科的融合，強調大眾傳媒的社會、經濟、政治、歷史和哲學的情境研究。同時，運動經驗或信息，經由傳播媒介中的報紙、廣播、電視、廣告和公共關係的操作，都有拓展或深化的空間，極富研究潛力，值得重視。

　　進一步說，運動世界可經由傳播，開疆闢土，發揮廣闊的影響，一方面，由傳播研究方法的應用，使得運動的深層意義，得以呈現，而有益於運動研究的深化。譬如，有認為，傳播是意義的生產與交換，是一種產品，關注的是，信息與文本如何與人們互動並產生意義。舉例而言，運動世界裡的舉手投足，不論是曼妙演出或精彩表達，甚至運動空間與時間的動靜交融，經由傳播的再現，都是值得分析的珍貴文本，都可運用其傳播的文字、圖像或符號意涵，探究文本背後的深層的權力結構和社會背景。如，職業運動員，必須在大庭廣眾中，扮演合乎期待的角色，不只要技術高超，甚至要能作為道德典範，克盡社會的教化功能。萬一略有差池，經由傳播媒體的宣傳與批判，有損形象事小，職業生活毀於一旦，恐是得不償失。

(四)運動經濟學

　　自運動產業興盛以來，運動的經濟效益，即屢被提及，其中或就勞動力的角度，主張運動人體的勞力資本，對經濟的貢獻；有的則從運動即產品，暢談行銷策略，提升經濟產值；有的更從健康醫療與健康保險的觀點，開發保健經濟學的重要性。[60]具體而言，不論運動經濟學是否可成為嚴謹的學科，但以經濟的角度，探討運動的效益，

---

[60]前田信雄，《保健の経済学》（東京：東京大学出版，1979），2-3。

已是體育運動專業不得不正視的重要課題。換句話說，運動的經濟學研究，應是促進運動產值的不二法門，不只有利於國家總體經濟的成長，尤有助於國家競爭力的提升。[61]

◆運動賽會，改變都市風貌

運動賽事，有益於都市開發，遠近史實，不勝枚舉。就以構築西方文明的古希臘羅馬時代而言，創發舉世聞名的奧林匹克運動會，從初期餐風露宿的賽會，簡單樸素的跑道，到聖火採集的莊嚴神殿，及富麗堂皇的競技場館，莫不留下光榮痕跡，歷歷在目。這些古老的建築，曾是皇帝威光的展示場，扮演過市民運動娛樂與政治對話的空間，更是競技、文化及國家認同的據點；尤其，隨著時間的演進，至今，不只是世界著名的觀光景點，人類文化的重要遺產，更是都市發展的鮮明印記。[62]

再以近代奧運的事實看，運動賽會改變都市發展的風貌，實例不在少數，尤以1964東京奧運的舉辦，最為顯著。當時，日本正處二次戰後，舉國上下，試圖經由奧運的舉辦，一方面凸顯日本的經濟強國態勢，一方面有意與歐美先進國家，一別苗頭。因此，就經費投資看，除大會營運費100億円，選手訓練費21億円之直接經費外，更有東海道新幹線建設費3,800億円，奧運道路建設費1,840億円，地下鐵路建設費2,330億円，上下水道、焚化設施及隅田川淨化設施、東京國際機場、旅館、飯店等建設之間接投資費用，總額約在1兆円。同時，趁機將東京的美軍眷區遷至調布，並將之改建奧運選手村，讓東京奧運的舉辦，達到了改變都市機能及政治的目的。[63]

---

[61]李誠，《興體育、拼經濟》（臺北：天下遠見，2004），1-5。

[62]原田宗彥，《スポーツイベントの経済学－メガイベントとホームチームが都市を変える》（東京：平凡社，2002），18-48。

[63]原田宗彥，《スポーツイベントの経済学－メガイベントとホームチームが都市を変える》，2002，49-50。

　　事實上，東京奧運後，一般評估，不只讓位居遠東的東京市經濟大幅活絡，甚至讓日本一舉滿足了向世界宣示「經濟大國」及「技術大國」的預期宣傳效果。誠如美國德克薩斯大學克隆布頓教授所說，東京奧運前，向來在歐洲對日本的商品常有劣質代名詞之譏，沒想到，東京奧運後，歐洲人對日本人的印象有了180度的轉變，這個改變，全是拜東京奧運所賜予。[64]

　　再以2020東京奧運為例，經總體及個別效果的累積，依舉辦前、舉辦中及舉辦後等三個面向，各算其直接效果約1.3兆円與附隨效果約27.7兆円，粗估可有高達30兆円的效益。[65]

◆運動健康產業，後起之秀

　　運動健康產業興起的原因很多，歸納言之，主要有：

1. 科技進步，勞動形態改變，身體活動時間減少，體能衰退，體重過重、高血壓、糖尿病、心肺功能等文明疾病增加。
2. 所得提高，閒暇增多，健康意識抬頭，積極自我照護觀念興起。
3. 運動風氣普及，運動功能受到肯定。
4. 順應國際潮流，國家政策主導，重視健康體適能之推動。

　　要而言之，運動的健康效益，誠如澳洲文化觀光部長理查森所說，根據科學研究，經由運動可使最有預防效果的心臟疾病及腰痛疾病減少5%時，則當規律運動的參加者，每增加10%時，其獲利總額即

---

[64] 原田宗彥，《スポーツイベントの經濟学－メガイベントとホームチームが都市を変える》，2002，49-50。

[65] みずほ総合研究所，〈東京オリンピック開催の經濟効果は30兆円規模に－マクロアプローチと個別効果の積み上げる試算－〉，《みずほリポート》（東京：みずほ総合研究所，2014）。

為5億9,020萬澳幣,當增加至40%時,其獲利將增加至26億3,080萬澳幣(**表5-2**)。[66]

表5-2　規律運動參加比率與經濟效益[67]　　　　　　(以澳幣百萬元為單位)

%		10%	20%	30%	40%
效益	預防心臟病	103.8	207.6	311.4	415.2
	預防腰痛	48.8	97.6	146.4	195.2
	減少缺席率	84.8	169.6	254.4	339.2
	提升生產力	414.0	828.0	1242.0	1656.0
費用	傷害	(33.2)	(66.4)	(99.6)	(132.8)
	死亡	(28.0)	(56.0)	(84.0)	(112.0)
總效益		$590.2	$1180.4	$1770.6	$2630.8

　　因此,20世紀末,諸多先進國家,如美、英、德、義、加等國,在面向21世紀的新挑戰時,莫不推出針對健康促進、疾病預防的國家目標或全民健身計畫,[68]甚至世界衛生組織(WHO),在醞釀兩年之後,於2004年5月22日,展開「全球飲食、體適能和健康策略」的行動方案,呼籲一百九十二個會員國,同心協力,推廣健康飲食和增加運動,以對抗不健康的飲食和生活方式,打擊肥胖。聲明中並建議,各國政府與人民,限制脂肪、糖分和鹽分的攝取,每天並有三十分鐘的溫和運動,以防止心臟病、糖尿病等慢性病的增加。[69]

　　事實上,世界衛生組織之所以重視此項全球性計畫,在於發現全球人口中約四分之一,約有十七億人應該減重;而且,根據資料顯示,

---

[66]許義雄,《開創我國21世紀的體育新格局——臺灣體育的轉型與發展》(第一次全國體育會議實錄,1999.11),34。

[67]根據1988年澳洲政府公布資料。

[68]許義雄,《開創我國21世紀的體育新格局——臺灣體育的轉型與發展》,1999,15-21。

[69] "Global Strategy on Diet, Physical Activity and Health," World Health Organization, http://www.who.int/dietphysicalactivity/strategy/eb11344/strategy_english_web.pdf, 2017.01.31.

全球人口持續發胖的結果，有三分之一的死亡與體重過重、缺乏運動和吸菸等相關因素或疾病有關。[70]所以，藉運動以促進健康的運動理療或運動健身俱樂部產業，如雨後春筍，此起彼落，自是其來有自。

事實上，運動理療與健康管理產業，一般的運動俱樂部、健康俱樂部或健身俱樂部產業，都可劃歸為身體健康管理產業。其相關類別，大致可區分為塑身產業或身體照護產業。換句話說，科技的發達，已可藉助自然運動或配合醫學技術，雕塑人們心目中的理想體態或時尚身體。換句話說，隨著社會的演進，文化的不同，或價值觀念的改變，產業經營者常會依循消費者的健康需求，創發相應產業，比如醫美產業，環肥燕瘦，量身打造，悉聽尊便。

就塑身（瘦身）產業看，已從單純的運動單項俱樂部，發展為多元複合式的運動塑身，更進步到結合醫學、營養等技術的統整型氧身工程館。比如透過身體健康檢查，分析身體組成及體適能檢測，瞭解基本資料後，給予適當的運動處方，再配合營養諮詢師的食物調配或設計，做到全方位的健康管理。[71]

不過，運動理療與健康管理產業的消費對象，小自嬰幼兒，大到中老年人，無一不涵蓋在內，尤其，不分男女，不計殘障，不拘空間大小，不限室內室外，陸上或水中，無一不能提供服務。這一現象，可從臺灣熱絡的青少年運動育樂營，以及全民的太極、氣功、舞蹈等早覺健身運動班，看出端倪，甚至，近年來，縣市運動中心興起，[72]

---

[70]曾銀助，〈從運動醫學談健康管理中心之設立〉，《高學醫學大學第24期體育室專題》，24（高雄，2004）。

[71]アメリカスポーツ医学会（ACSM），《運動処方の指針－運動負荷試験と運動プログラム》（日本体力医学会体力科学編集委員会譯）（東京：南江堂，2011）。

[72]行政院體育委員會於2001年起配合各縣市體育場成立運動與休閒推廣中心，其後，因政黨輪替，主政者不同，政策改為國民運動中心之闢建，設置理念與經營模式不同。前者旨在縮短城鄉差距，普及運動人口，後者以落實都會區市民運動權益為考量。取向不同，自難相提並論。

各公私立醫院，積極開辦健康管理中心，或老人醫學或養生照護中心，也不難看出一二。[73]顯見臺灣運動理療與健康照護產業，假以時日，當是盛況可期。

◆運動文化創意產業

運動文化創意產業，是聯合國教科文組織（UNESCO）所定文化創意產業分類中，隸屬於其他類，[74]包含文化觀光及運動，不過，我國跨部會文化創意產業推動小組，在十三類的文化創意產業中，並無運動或觀光類，卻有休閒娛樂類。因未詳知其規劃過程，對類別之形成及其內容，不擬置評，惟若就國際經濟發展趨勢，以及臺灣的經濟條件與前景看，誠如文建會所指陳，「文化創意產業不僅是臺灣產業轉型的關鍵，也是所有產業中含氧量最高，最能舒活臺灣人民及經濟的一項新興產業。」[75]因此，臺灣運動文化產業的開發與經營，不能等閒視之，應是眾所共認的重要課題。

所謂文化創意產業，依我國推動小組的定義為：「源自創意與文化積累，透過財產的形成與運用，具有創造財富與就業機會潛力，並促進整體生活環境提升的行業。」不過，聯合國教科文組織關於文化產業的定義則為：「結合創作，生產與商業的內容，其本質具有無形資產與文化概念的特性，並獲得智慧財產權的保護，而以產品或服務的形式呈現。」並指陳：「就其內容而言，文化產業也可以視為創意產業。」[76]

---

[73] "Global Strategy on Diet, Physical Activity and Health," World Health Organization, http://www.who.int/dietphysicalactivity/strategy/eb11344/strategy_english_web.pdf, 2017.01.31.

[74] 陳郁秀，《文化創意產業手冊》（臺北：行政院文化建設委員會，2003），6-7。

[75] 陳郁秀，〈文化創意向下紮根〉，《文化創意產業叢書》，2003，1。

[76] 行政院文建會，《文化創意產業手冊》（臺北：文化建設委員會，2003），18。

　　國內體育運動管理學界，整合國內外相關文獻，將運動產業的分類，以運動過程爲主軸，區分爲運動核心產業、運動周邊產業與其他類等三大部分，其中，運動核心產業則有：參與性運動服務業、觀賞性運動服務業、運動專業證照服務業、運動設施建築業或營建業、運動用品製造業或販售業等；而運動周邊產業則含：授權商品銷售業、運動促銷服務業、運動大衆傳播業、運動資訊出版業、運動行政或管理服務業、運動旅遊業、運動歷史文物業等，至於其他非屬前兩類者，蓋隸屬其他運動相關產業類。[77]不過，本文的分類，雖不反對上列的分法，但若以運動文化創意產業觀點，似可分爲運動器物文化產業，運動賽事（制度）文化產業，運動觀光文化產業及觀念、價值體系等四大類。這樣的分法，理由在於：(1)文化創意產業，不僅是臺灣產業轉型的關鍵與新興產業，更是政府扶植與推動的政策產業；(2)運動本身即是文化的重要環節，從文化角度開發運動文化創意產業，更能貼近臺灣現實需要與體現運動生活文化；(3)知識經濟興起之後，發揮創造力與實現創造力，以使產業升級及企業轉型，提升生產價值，應是未來經濟體系的特色；(4)遊戲內容與方法之開發，不只有益生活之充實，更富娛樂，教育之功能，啓迪人生，鼓勵奮發向上之鬥志。運動文化創意產業，自不能自外於此一知識創意體系。至於上述運動器物文化產業，如大自體育運動場館、設施之興建，小至運動遊戲器材、用具之創造與生產，均屬器物文化產業範圍。而運動賽事文化產業，從正式的國際大型賽會，到地方的節慶祭典的運動賽事，無一不是文化產業的主體，經由細心規劃設計，都有一定的產值，已是衆所周知，無庸贅述。在運動觀光產業方面，舉凡運動景點觀光、運動度假觀光或運動賽會觀光等產業，類皆以引起民衆興趣，或直接出席觀

---

[77]高俊雄（2003），〈運動觀光之規劃與發展〉，《國民體育季刊》，32.3（臺北：教育部，2003）：7-11。

賞，或親自參與活動，均屬運動觀光產業。其他如遊戲軟體之開發，更是老少咸宜的益智產業。

　　具體而言，配合國際觀光旅遊的風潮，中央政府相關單位，正積極與地方特色結合，規劃以臺灣為主體的節慶或休閒運動觀光，如東北角的帆船賽、石門的國際風箏節、苗栗燒龍、臺中媽祖文化節（遶境）（傳統武藝）、高雄內門宋江陣嘉年華、宜蘭童玩藝術節、花蓮太魯閣國際馬拉松、臺東南島文化節（民俗體育）、屏東海洋嘉年華等各具特色，各領風騷的活動，吸引成千上萬的觀賞者或參與者，為臺灣運動觀光產業帶來一片榮景。

　　總而言之，社會科學範圍十分廣泛，本文僅就部分新興學科或備受關注的學術趨向，略作介紹。其中，運動人類學旨在強調人類身體運動，是人類文化的表現形式，無論古今中外，經年累月所流傳下來的身體運動項目及其內容，都是彌足珍貴的文化資產，都值得開挖、保存與創造、發揚，尤其是，全球多元文化的潮流中，保有在地文化的特有風貌，藉以豐富人類身體運動文化內涵，應是未來體育學術研究所不能輕忽的重要課題。

　　至於運動政治學，一方面說明體育之不能擺脫政治的事實與理由；同時指出，政治的誤用，常使體育成為政治的工具，而失去了體育的本質與意義。一方面則陳述，體育透過政治的運作，仍有其正面的積極效應，尤其，運動權利興起之後，經由國際合作，政府的協助，都有利於體育政策的推展與落實。

　　之所以舉出運動傳播學，不只因為傳播在社會變遷中的重要性，與時俱進，尤其是，資訊化時代隱然成形，傳播的功能，更是有目共睹。具體而言，傳播不僅僅是文化的必要因素，更是社群產生的必要條件，也是社群存在與運作的首要條件。以運動世界而言，不只有賴傳播，建構身體運動的文化體系，更有賴傳播，開展身體運動的社會空間，尤有賴運動傳播，厚植身體運動的經濟基礎。

　　當然，論述運動的經濟學基礎，不能無視於運動產業的現況與發展。尤其就文化創意產業的角度看，雖然對身體運動的文化屬性有不同的看法，但對身體運動足以表現共有價值，藉此可以強化群體的認同，卻有正面的肯定。[78]因此，運動的器物文化產業，運動的賽事文化產業，以及因之而起的運動遊戲、娛樂及觀光文化產業，都值得大力開發與拓展。

三、體育的自然科學研究

　　一般而言，所謂自然科學，係指以研究自然所屬的各種對象，以探討其法則性的學問而言。[79]通常大自宇宙起，小至素粒子的世界止，含生物及其生息環境為範圍，人當然屬生物的研究對象。傳統以來，談到體育或運動的科學基礎，大部分的人，想到的大多為自然科學屬性的力學、生理學與心理學，亦即，體育的理論基礎，需要有這些科學的知識內容，方足以言體育的學術屬性。事實上，日治時期的臺灣，常以醫學立場，論述身體健康與運動科學的議題，二次戰後的1950年代，臺灣的體育專業課程，則曾開設人體機動學（運動學）、生理學及心理學等，專屬運動的自然科學領域。不過，隨著學科的分化，運動生化學、運動解剖學、運動營養學或運動學習、控制與發展等學科都先後興起，並漸受重視。目前國內體育運動專業科系的課程，以及體育運動專業資格取得的必備科目，所列的自然科學學科，也大都以運動生物力學、運動生理學與運動心理學等三科為主軸，甚至，專業學校的領域分組，也不出這三大系統的課程組合，顯見在體

---

[78]大衛・索羅斯比（David Throsby），《文化經濟學》（張維倫譯）（臺北：典藏藝術家庭，2005），7-8。

[79]新村出編，《広辞苑》（東京：岩波書店，1998），1174。

育專業領域裡，這三門課程的重要程度。本文不在討論學科的內容，擬就觀察所得，概略說明當前臺灣主要運動自然科學的研究動向，藉以認識臺灣體育學術化的脈動。

　　從國家政策看，相對於人文・社會科學研究的比重，不只自然科學研究的人力較受重視，整體資源分配也較多。以政府頂尖大學的獎助爲例，也莫不以自然科學爲導向的學校爲對象，更遑論學術研究單位，如中央研究院，科學技術部，所投入的研究經費，幾乎導向自然科學研究。原因固在於追求「科學」與「民主」，素爲國家發展的重要命脈，文明的進展，更植基於科學的突飛猛進。同時，在競爭激烈的現階段，從經濟的厚植國力，到國防競逐的尖端的科技研發，在在顯示，厚生利民，富國強兵，無不以自然科學爲後盾。

　　換句話說，一般認爲，自然科學因有較嚴謹的方法，可驗證性的結果，客觀的論述，以及實際的應用，所建構的知識，較能獲得廣泛的支持。因此，自然科學研究，成爲主流研究，主導整體學術環境，也就順理成章。體育學術研究，亦可作如是觀。

(一)運動生物力學

　　概略而言，運動生物力學（sport biomechanics），係應用力學、生理學及解剖學的基礎知識，探究有關肌肉的力量（muscle power）、關節活動的幅度（joint range）、動作控制（movement control）及動作品質（movement quality）等，藉以評估人體的各項運動表現。[80]具體而言，運動生物力學重在動作的解剖與骨骼肌的分析，如經由人體運動學（Kinesiology）的知識，瞭解動作基礎的骨骼結構、肌肉組織及其功能，關節活動及神經肌的作用，以掌握人體動作的安全、效能

---

[80]浅見俊雄等編，《身体運動学概論》（東京：大修館書店，1976），2-6。

（effectiveness）與效率（efficiency）的學問。[81]

其實，就學科形成而言，先有人體機動學（kinesiology），後因不同研究人力的介入，而有生物力學（biomechanics），再有運動生物力學（sport biomechanics）。[82]其主要研究課題為：(1)運動技術分析；(2)運動形態分析；(3)數學模式與模擬研究；(4)運動器材設備研究；(5)儀器與方法研發；(6)運動傷害研究；(7)人體測量學（人體肢段參數）研究等，[83]其重要貢獻在：

1. 協助教師、教練及選手，以有效率的方式完成動作，並預防運動傷害的發生。如各種運動項目的動作分析，都有助於教學、教練及選手的動作改進及避免運動傷害。

2. 藉助技術分析，提出客觀的量化數據，作為動作改善依據，提升運動競技水準。如客觀的數據，不只可以重複驗證，且能取得受試者的信任，有利於突破既有的動作習慣。

3. 依據生物力學原理，改善運動器材用具，增進成績表現，並擴大產學合作，提升經濟產能。如球拍、球鞋之創新，不只改變動作效益，更提升經濟產值。

4. 配合電腦科技，開發整型外科、醫學輔具之研發，帶動臨床醫學的進步，有利不同對象，如肢體傷殘者、高齡者、失能者之

---

[81]浅見俊雄等編，《身体運動学概論》，1976。

[82]國際生物力學學會（International Society of Biomechanics, ISB）於1973年8月30日，在美國賓州大學成立，研究範圍較廣泛，如運動力學、醫學工程、組織工程、生物流體力學及人因工程等。國際運動生物力學學會（International Society of Biomechanics in Sports, ISBS）於1982年6月20日在美國加州聖荷西舉行第一次國際會議。研究範圍較專注於運動相關之生物力學，如運動技術分析、運動器材科技、運動訓練及運動傷害等。相子元，〈運動生物力學之趨勢〉，《華人運動生物力學》，1（臺北：臺灣運動力學學會，2009）：52-53。

[83]林德嘉，〈運動生物力學〉，《體育理論基礎經典叢書》（臺北：國立編譯館，2007），488-491。

復健，提升人體的行動效率。

5.研究方法之精進，超越限制，開發更多人體潛能，展現科學的
優越性。如從直觀判斷到客觀分析、從運動學（kinematics）到
動力學（kinetics）；從生理學的方法到電腦模擬，每一種新的
研究方法，都將人體動作的掌握，更往前邁進一步。

　　事實上，有關人體運動的研究，從古希臘時代的畢達哥拉斯
（Pythagoras）、亞里斯多德、阿基米德（Archimedes）等人，即有使
用力學及數學分析。換句話說，人體機動學，有稱運動學或機動學，
係由希臘語的kinesi（運動或動作）與logos（知識或學問）所組成的
用語，意指研究運動或動作的學問。[84]自1960年代起，美國在體育學
科的形成過程中，對於體育的學問屬性，即有不同的主張與論述，[85]
及至1990年代，美國大部分體育科系的名稱，已由「人體運動學」
（kinesiology）替代了「體育」（physical education）兩字的用語，一
方面明確研究對象的學科屬性，[86]一方面也宣示了作為運動科學領域
的嚴謹性。事實上，1960年代的人體機動學的課程，較注重在肌肉骨
骼系統，以解剖的觀點看運動的效率及簡單和複雜運動時的關節、肌

---

[84]相子元，〈運動生物力學之趨勢〉，《華人運動生物力學》，2009，52-53。

[85]1964年，亨尼（Franklin Henny）率先提出體育組織與研究的需求趨勢問題，
至1974年Henney又在JOHPER發表文章指陳，體育的學科屬性，也就是體育的
生存力問題，引起廣泛的注意，並在研究季刊展開了一系列的討論。之後，各
領域陸續成立了各專屬的學會組織，拓展了各學科的研究課題與範圍，確立了
各領域的學問屬性。如：1967年，北美運動心理學和身體活動學會成立，並於
1968年舉辦第二屆國際運動心理學會議，1972年運動哲學學會成立，1973年北
美運動史學會成立等，且各學術團體，隨著出版機關刊物，藉以凸顯各自領域
的專業與學科屬性。

[86]一般而言，「體育」一詞，常被認為，較少嚴謹的知識屬性，因此，1990
年代，美國體育學術團體，開始展開學科改名的論辯，後經美國體育學會
（The American Academy of Physical Education）投票贊成改名。人體機動學
（Kinesiology）於焉成為替代傳統體育科系的名稱。目前，美國除體育師資培
育課程之科系外，作為運動科學的科系，率皆以Kinesiology作為系名。

肉活動。在課程中，學生所學的是人體運動各期中肢段的動作，然後確認在每個關節活動時，哪些大肌肉牽引骨骼以關節為旋轉中心完成槓桿作用所做的貢獻。因其包含了觀察動作、技巧分解及證明肌肉對運動的作用。因此，早期大部分人體機動學的分析較重視質性分析。不過，當前的人體機動學的研究，已結合了較傾向量的分析的生物力學，[87]而有了不同的研究面向。

論及運動生物力學，當然是一門應用生物力學理論，以研究人體運動的科學。以2016年國際運動生物力學學會（International Society of Biomechanics in Sports, ISBS）於日本筑波大學所舉辦的第三十四屆國際運動生物力學會，其主要議題為：(1)身體活動與競技運動的生物力學；(2)提升人體表現的生物力學；(3)兒童與高齡者的生物力學；(4)運動設備與科技的生物力學；(5)教師與教練的生物力學；(6)失能者適應體育運動的生物力學；(7)臨床與復健的生物力學等，強調從基礎到應用的學術會議，顯見，運動生物力學的研究範圍，從教師、教練到臨床復健；從兒童到高齡者，從身體活動、競技運動到人體表現，可說包羅萬象，講求實際與理論的結合，不難想見。根據國內運動生物力學專家的歸納，未來運動生物力學的研究動向為：(1)健康相關議題（整合與不同領域之研究、基礎之人體研究）；(2)應用實務議題（協助競技運動之研究、協助運動產業研究）；(3)創新科技研究（更多感應器的應用分析、更即時的資訊回饋分析、更精確更複雜之電腦模擬分析）等。[88]

就我國運動生物力學的發展看，雖自1950年代國立臺灣師範大學體育學系，開有人體機動學（或稱人體運動學）的課程，惟僅限於動作分析的基本概念介紹，以質性論述居多，較少科學實際驗證的操

---

[87]林德嘉，〈運動生物力學〉，《體育理論基礎經典叢書》，2007，473。
[88]相子元，〈運動生物力學之趨勢〉，《華人運動生物力學》，2009，52-53。

作。即至1970年代體育研究所碩士班成立，初步的攝影分析，量化研究興起，引起不少關注。至1990年代，國內體育研究所博士班招生，加上留學美國專攻機械工程及生物力學的學人陸續返國，運動生物力學的研究風氣頓開，科學研究儀器大量引進，研究業績逐步顯現，至2003年成立臺灣運動生物力學學會，相關研究論文、專書，陸續出版，研究社群逐步壯大。2009年由臺灣運動生物力學學會聯合國際華人學者，出版華人運動生物力學期刊，收錄運動生物力學、運動科學、運動醫學、運動科技、運動訓練、運動器材等領域的原創性論著及一般的資訊推廣，發揮專業影響，頗受學界及業界的肯定。

　　不過，國際運動生物力學的研究社群及其研究取向，除以美國為首的實證主義的自然科學方法外，日本金子明友特別延續歐洲《運動學》的研究脈絡，[89]藉胡塞爾現象學的方法，作人體運動形態學的分析。金子認為，人體運動，是活生生的運動行為，其本質，有別於自然現象或物體運動。他力主，人的運動，是現象的身體所顯現的運動，是身體性的、動感的運動，與物體運動有所不同。因此，金子就現場觀點，提出標榜實踐理論的發生運動學。他認為，所謂發生運動學，意指人的運動形態〔運動形式（form）或運動樣式（type）〕，具有達成課題的意義結構，意味著動感的意向形態。[90]分析這種動感的意向形態，不是依循自然的因果法則，而是以現象學的觀點或先驗論

---

[89]1960年代，日本引進美國運動學（Kinesiology）不久，1964年豬飼道夫參加瑞士國際生物力學會議，返國後，提出運動生物力學概念，已是國際趨勢。當時歐洲梅尼爾（Kurt Meinel）發表《運動學》乙書，非以機械論分析運動技術，甚獲歐洲好評。該書強調身體運動的價值意識取向，重視身體運動形式的自我感覺，而不以建立數學化理論體系的科學方法，作橫斷面的分析。金子明友先於1979年日譯費茲（Friedrich Fetz）的《體育運動學》，再於1981年日譯梅尼爾的《運動學》，引進日本後，甚獲重視。

[90]意指人的運動行為，有其意向性，運動發生的意向，即存有其意義結構。金子明友，〈スポーツ運動学の原点を問い直す－20周年記念講演2007〉，《スポーツ運動学研究》，20（東京：スポーツ運動学会，2007），1-15。

的立場，分析其運動的發生。[91]金子並於1987年成立日本運動學會，翌年（1988）發行《運動學研究》期刊，擴大吸收會員，致力於身體知慧的開發，[92]顯示，身體運動的分析流派，並不僅止於自然科學的客觀方法。

(二)運動生理學

運動生理學係以生理學為基礎，探討運動對身體反應的學問，所涵蓋的背景知識相當廣泛，如：生物學、人體生理學、人體解剖學、生物力學等，其所涉及的學科也相對多元，如：體適能評估與處方、環境生理學及營養學等。就以生理學而言，從研究遺傳、分子到細胞、組織、器官、個體的機能等整合與有機的機轉，到探究複數個體之間相互影響社會生活的生態學、心理現象的生理機能的認識，都是生理學的重要課題。[93]尤其，隨著分子生物學的發展，以及基因工程的進步，不少過去所未能掌握的身體機能，都因生命科學的整體開發，已然成為生理學的熱門課題。

事實上，運動生理學常被界定為，研究有機體的生物功能與適應，探討肌肉收縮，能量增加結果的身體之化學過程。其發展歷史，源遠流長。從古希臘養生術的運動療法，到醫學提倡適度運動有益健康的論述，以及身體運動生理現象的專書出版，都可說是醫學作為運動生理學的先導，開啟了運動生理學的研究契機。

---

[91]金子明友，〈スポーツ運動学の原点を問い直す－20周年記念講演2007〉，《スポーツ運動学研究》，20（東京：スポーツ運動学会，2007），1-15。

[92]金子明友於2002年發表《技藝之傳承》（2010年7版）、2005年出版《身體知的形成》（上、下）、2007年出版《身體知的構造》、2009年出版《運動學——身體知的分析論》等專書，均由日本明和出版社出版，儼然成為運動力學研究另類典範。

[93]日本學術會議，〈生理学の動向と展望－生命への統合〉，《第883回運営審議会報告》（日本學術會議：生理學研究連絡委員会，1997）。

　　近代以來，科學風氣興起，實驗室的創立，體育專業科系的開辦，運動生理學作為體育相關科系的必修課程，奠定了運動生理學研究的厚實基礎，使運動生理學更走向分殊化、專精化的方向。尤其，二次戰後，隨著國際政治局勢的發展，奧運場上，運動競技實力的較量，更激發了運動生理學研究，有了不同的樣貌。及至少子化及高齡化社會的到來，知識經濟的呼聲，此起彼落，加以健康照護成為社會大眾所期待，促使運動生理學的專業角色，面臨研究的深化與實際應用的現實處境。試略作說明如下：

◆醫學啓其端

　　古希臘醫聖希波克拉底，提倡養生術的運動療法。[94]應該是最早提倡適度運動，可以保持和改善健康狀態的人。其立論備受柏拉圖及亞里斯多德所推崇。其後，名醫葛倫（Galen）並在醫學理論中將此論述加以推廣。葛倫認為，受過訓練的人，具有卓越的健康，更多的肌肉力量、強壯、有效呼吸、更好代謝和更佳的廢物排泄。[95]

　　同時，波斯醫生亞維森納（Avicenna）在他醫學教科書的信條裡，支持葛倫的觀點，認為適度運動有益於身體健康，因為運動可以平衡體液和排除身體的殘渣和雜質，並促進良好的營養與生長。亞維森納更指出，運動效果，端賴運動的質量，運動量過大，會產生不利的影響。[96]

---

[94]岸野雄三，《ヒポクラテースの養生法：食養生と体操》（東京：杏林書院，1971），1。

[95]J. W. Berryman, "Exercise and the Medical Tradition from Hippocrates through Antebellum America: a Review essay," J. W. Berryman & R. J. Park (ed.) *Sport and Exercise Sciences: Essays in the History of Sport Medicine* (Urbana, IL: University of Illinois, 1992), 1-57.

[96]C. M. Tipton, ed., "Historical perspective: Origin to recognition," *ACSM's Advanced Exercise Physiology* (Philadelphia: Lippincott Williams and Wilkins, 2006), 3-10.

有關第一本身體運動的書，係於1553年由西班牙醫師門德斯（Mendez）所寫，書名爲《身體運動》，含四十章，區分爲四大部分：(1)運動的益處；(2)運動的分類；(3)一般運動及其級別的重要性；(4)適宜的運動時間及其價值等。[97]

1741年，法國巴黎大學兒科醫生安德里教授（Nicolas Andry）所著《整形外科：矯正的藝術與兒童畸形之防止》乙書，1743年譯成英文。安德里時年81歲，在書中強調，適當運動和肌肉增強的價值，以改善整體健康和骨骼肌肉的功能。安德里指出，維護健康或預防疾病，沒有比適度的運動更好。他說，運動對健康的維護，遠勝於藥物。到了19世紀，不少新的醫學教科書，在部分章節，論及運動對健康的好處，甚至，特別提醒，缺乏運動，影響肌肉無力，血液循環不良，都與潛在疾病有關。[98]

◆運動生理學走進實驗室

以美國爲例，1854年艾姆赫斯特學院（Amherst College）校長史迪爾（W. A. Stearns）倡議成立體育專業部門，事隔六年，該學院於1860年，成立美國第一個身體文化與衛生學系（Department of Hygiene and Physical Culture）（俗稱體育學系）。首任主任爲畢業哈佛醫學院的希區考克（E. Hitchcock）。當時希區考克在布雷特體育館已設有實驗室，定時記錄學生的人體測量與生理資料。1892年，哈佛大學勞倫斯科學院率先成立了包含解剖學、生理學和身體訓練等相關學科學程，一方面，培養運動俱樂部、體育館及基督教青年會指導員，一方面爲醫學研究儲備人才。該學程由哈佛醫學院畢業生費茲（G. W.

---

[97] C. Mendes, *Book of Bodily Exercise* (Baltimore: Waverly Press, 1960).

[98] J. L. Ivy, "Exercise Physiology: A Brief History and Recommendations Regarding Content Requirements for the Kinesiology Major," *Quest, 59*(1) (London, 2007.02): 34-41.

Fitz）主持，含基礎科學和運動生理學的正式課程，作爲運動生理學學門的先修課程。其中，含化學、物理學、動物學、解剖學、組織學及普通生理學等，四年修畢，並要求原創性論文。

1920年代，運動生理實驗研究室，除第一個全面研究人體生理之哈佛疲勞實驗室外，[99]美國第一個在體育學系設研究實驗室的是喬治威廉學院（1923），其後，伊利諾大學（1925）、春田學院（1927）、加州大學柏克萊校區（1934）等，陸續出現，同時，運動生理學開始納入體育學系的重要課程，開啓運動生理學走向實證科學的路徑，顯現了運動生理學的學術屬性。

1944年體適能實驗室成立，[100]由丘立頓（Thomas Cureton）主持，研究重點聚焦於競技運動生理學、探討運動訓練在體適能、身體表現和健康的效益。丘立頓爲國際知名科學家，開發運動測驗方法，瞭解心血管適能與水中適能，以評估身體素質。在20世紀前半時期，丘立頓在運動與心臟關係的立論，曾被其反對者（醫師及生理學者）譏諷爲「江湖郎中」，但事後證明，丘立頓確有先見之明，更奠定了他在美國推動體適能的關鍵角色。

1960年代，美國體育科系面臨學術（discipline）與專業（professional）的爭議，學術化走向的論者，以運動學（Kinesiology）乙詞，替代專業實務走向的體育（Physical Education）。另一方面，哈佛疲勞實驗室與伊利諾體適能實驗室的研究成果，提升了社會大衆對運動效

---

[99] 哈佛疲勞實驗室，為當時美國運動生理之領導中心，設有極冷（華氏115度）與極熱（華氏零下40度）實驗室，為美國軍隊實驗惡劣環境之體適能，對二次大戰美國軍隊貢獻良多。G. Edgar Folk, "The Harvard Fatigue Laboratory: Contributions to World War II," *Advances in Physiology, 34*(3) (Bethesda, MD, 2010.09): 119-127。

[100] "T. K. Cureton and the Physical Fitness Research Lab," Expsychlab, https://expsychlab.com/2012/01/26/t-k-cureton-and-the-physical-fitness-research-lab/, 2016.07.11.

丘立頓體適能實驗室[101]

資料來源：伊利諾大學檔案館提供。

果的意識，啓發了科學的訓練效果，促成全國的體育科系、科學部門
及醫學院先後建立了運動生理實驗室，且運動生理學爲多數大學體育
課程重要組成部分，並作爲高校招生，累積資助，增多學生數，導致
增加了運動生理學課程的需要，催化了各類運動生理學教材、教科書
的應運而出。[102]

◆運動生理學的分化

在眾多的著作中，如卡波維奇（Karpovich）的《肌肉活動生

---

[101]丘立頓（西裝領帶者）主持體適能測驗，受試者爲伊利諾大學學生，1948年倫
敦奧運400M金牌Herb Mckinley。

[102]林正常，《運動生理學》（臺北：師大書苑，2011）。

理學》（1959），馬修斯（Mathews）、史得悉（Stacy）、胡佛（Hoover）等人的《鍛鍊與肌肉活動生理學》（1964），得布理司（DeVries）的《體育與競技運動生理學》（1966），尤其是奧斯得隆（Astrand）和羅達爾（Rodahl）的生理學精典著作，不只備受研究生喜愛，更凸顯運動生理學的知識日漸增深，範圍也逐步加擴，諸多相關次領域，如：埃爾曼（Ehrman）、戈登（Gordon）、比濟（Visich）等人的臨床運動生理學，羅南德（Roland）的兒童運動生理學，伯得（Bird）的健康專業運動生理學，沃特豪斯（Waterhouse）及賴利（Reilly）等人的運動訓練與環境生理學，以及莫倫（Mooren）的分子與細胞運動生理學等，紛然雜陳，各領風騷。

具體而言，運動生理學的應用，基本上，約可分為四個範圍：(1)身體表現；(2)體適能；(3)生長、發展與老化；(4)疾病預防與復健。學習目標常取決於就業與研究取向。比如體育教師，可能較關注生長、發展與健康；教練或訓練員，則可能關心身體表現和體適能。臨床運動生理學家和專業健康照護人員，將較關心疾病預防與復健，而以研究為導向的人，將從各自關心的領域，從事深入的研究，以有利於專攻研究領域的深化。

就此而言，運動生理學次領域的形成，係依對象的不同，培育各異其趣的能力，使其適才適所，各盡其才，奉獻社會，應也是學科發展的必然途徑。

◆臨床運動生理學專業之興起

如前所述，美國從1950到1960年代，對學科發展的趨勢，即時有爭議，運動生理學的走向，自不例外。其中，有力主基礎科學發展，強調深化研究，重視理論鑽研，鼓勵論文發表，累積研究能量。另一派則主張，運動生理學的務實取徑，以臨床的實際應用，解決立

即性及應用性的社會大眾問題。[103]在1970到1980年代，運動生理學只作爲體育相關科系的必修課程，但進入90年代，隨著運動生理學的發展，運動作爲健康促進及疾病預防的重要方法，已被專家學者所接受，並作爲臨床醫學、保健醫學及預防醫學的主要課程之一。[104]二十世紀末期，面臨社會的快速發展，生活形態的改變，慢性疾病層出不窮，大眾健康照護需求增加，加上大學畢業生的就業問題，美國運動生理學專家爲回應社會需求，美國運動醫學會所屬臨床運動生理協會（Clinical Exercise Physiology Association, CEPA），作爲分支組織，推動臨床運動生理師認證（Registered Clinical Exercise Physiologist, RCEP）制度，[105]主要目的，在透過宣傳、教育與專業發展，以增進臨床運動生理學的專業。重在利用適當身體活動介入慢性疾病、殘疾或失能者的健康促進，以提升個人生命週期的身體素質和疾病預防與復健功能。

另一方面，1997年美國運動生理學者學會（American Society of Exercise Physiologists, ASEP）成立，在美國運動醫學會（American College of Sports Medicine, ACSM）認可下，制訂運動生理學專業標準，設運動生理師證照（The Exercise Physiologist Certified, EPC），有意建構基礎運動生理學素養，使接受大學運動生理學教育的大學畢業生，經由運動生理學知識，技能與實務之標準檢測，取得運動生理師

---

[103]Daryl Siedentop and Hans van der Mars, *Introduction to Physical Education, Fitness, and Sport* (New York: McGraw-Hill, 2011), 291-292.

[104]此三類醫學院的運動生理學研究，聚焦於臨床疾病的運動處方，與殘疾人士、慢性疾病、老年人、先天缺陷及功能障礙的運動復健等。林正常，〈運動生理學的發展與展望〉，《運動生理學通訊》，178（臺北，2004.10）：23。

[105]美國運動醫學會（ACSM）爲世界上第一個健身專業認證機構，臺灣曾於1997年由中華民國有氧體能運動協會引進，曾有部分國人取得運動指導員證及體適能教練證。惟2003年起，ACSM已取消運動指導員證的考試。RCEP爲「註冊臨床運動生理師」，係ACSM最高階證照，國內東華大學林嘉志教授於2012年取得該證照，爲臺灣第一人。

證照，為社會大衆的健康照護，作出貢獻。誠如其證照（EPC）宗旨所揭示：

1.推動終生最佳健康、體適能及復健政策與程序。

2.透過批判與反思，提升運動生理專業素養。

3.作為教育工作者、諮商者及研究者，具體發展確保持續且可信的認證。

總而言之，社會的演進以及環境的變化，一方面是運動生理學家的專業認證，風起雲湧，一方面是慢性疾病的快速成長，使得運動生理學的學者專家，不只需要精深的理論研究，以提升運動生理學的研究業績，建構運動生理學的知識體系，同時，更必須發揮臨床運動生理的知識及技能，積極投入社會大衆的健康照顧，已是時勢所趨，現實所必要。體適能檢測的風行，以及健康運動中心的此起彼落，櫛比鱗次，即不難看出運動生理學發展的重要面向。

(三)運動心理學

◆心理科學的獨立

衆所周知，運動心理學是心理學的分支領域，係以心理學的理論知識，研究身體運動表現、人格及行為發展等對象的科學。事實上，心理科學的發展，始自19世紀脫離哲學而成為一門獨立的科學，歷史並不算長。傳統上，心理學的研究目的，在採用科學方法，研究人性並發揚人性中的優良品質，俾為人類社會創造福祉。[106]

一般談起運動心理學的緣起，不同的地區與國家，有不同的發

---

[106]張春興，〈世紀心理學叢書總序14〉，《體育運動心理學》（臺北：東華書局，1996），Ⅵ。

展歷程。以美國為例，常以1898年社會心理學家崔普瑞（Norman Triplett）自行車選手的研究為開端。當時的研究發現，多人的比賽成績要比單獨騎乘好，意指競爭對手的出現，會促進較佳的運動成就，認為這是社會助長（social facilitation）情境下的表現。[107]其後，耶魯大學史古曲教授（Edward W. Scripture）以跑者為對象，作同樣的研究。1920年代，史丹福大學心理學者麥爾斯（Walter Miles）及其學生葛瑞福（B. C. Graves）與足球部教練威納（Glenn Warner）等人，以足球為實驗對象，探討進攻球員（offense players）踢球後能夠快速移動的方法。麥爾斯作出不同的提案，經實驗後，提供球隊參考。值得注意的是，麥爾斯以心理學的實驗及思考路徑，用自己創發的設備，應用在運動的研究領域，顯示他的觀念與可能性，常被認為是運動心理學研究的起源。[108]

另一方面，葛理費斯（Coleman R. Griffith）就讀伊利諾大學研究所時，即開始致力於運動心理學的研究。他的研究聚焦於視覺與注意力預測籃球與足球的表現成績，於1920年取得博士學位。1922年獲聘伊利諾大學副教授，1923年主授「心理學與競技」課程，同時，於1925年率先在大學成立研究競技運動表現的實驗室，關注下列課題：[109]

- ·身體訓練與學習的關係。
- ·身體極度運動對長壽和抗病性的影響。
- ·運動員睡眠的本質。
- ·足球指導心理技能的方法。

---

[107]N. Triplett, "The Dynamogenic Factors in Pacemaking and Competition," *American Journal of Psychology, 9*(4) (Champaign, IL, 1898): 507-553.

[108] "Sport Psychology and Its History," Psychcentral.com, http://psychcentral.com/blog/archives/2011/07/15/sport-psychology-and-its-history, 2016.07.25.

[109]David Baker & Ludy Benjamin, *From Séance to Science: A History of the Profession of Psychology in America* (CA: Wadsworth Publishing Company, 2004).

1929年葛理費斯以旋轉盤做知覺實驗

資料來源：伊利諾大學檔案館提供。

‧體適能檢測。

‧情緒對學習習慣的影響。

‧肌肉協調。

‧錯誤的持久性。

‧疲勞對表現的影響。

‧運動能力傾向測量。

‧優異運動成績的精神因素。

　　當年，葛理費斯發表其重要論著：《心理學與競技比賽的關係》，力陳心理學對運動競技的價值。認為心理學有助於改善競技技能、比賽的精緻化，提升運動風度及充實個人、社會及國民生活。更

提醒，心理學家已介入產業、商業、醫療及教育與藝術領域，運動競技，更不能瞠乎其後。[110]1926年出版《教練心理學》專書，隔兩年，又出版《心理學與競技運動》。資料顯示，葛理費斯從1919到1931年間，約出版四十種以上作品，半數以上，均屬運動心理學的科學論述，其被稱爲美國運動心理學之父，當是其來有自。[111]

不過，因經濟大蕭條，且未獲伊利諾大學足球隊教練祖普克（Robert Zuppke）的支持，葛理費斯的實驗室於1932年關閉。1938年，葛理費斯受聘芝加哥小熊職業棒球隊運動諮詢顧問，因無顯著績效，至1940年停止。事後，葛理費斯將兩年小熊經驗，撰寫約六百頁的球隊工作報告。[112]

總而言之，美國運動心理學，從1898年崔普瑞社會心理學的介入，經1920年代麥爾斯自創實驗設備，開啓運動心理學研究先聲，至1925年之後，葛理費斯投入心理學與運動競技表現的科學研究，從實驗室以及專書著作的出版，到臨場實際的應用，充分說明了運動心理學的研究，不只從心理學另闢蹊徑，開拓新領域，更奠定了運動心理學的研究基礎及其實際的應用路徑。

事實上，在同一時期，國際上運動心理學的研究，也陸續出現。如日本於1924年在文部省（教育部）設立體育研究所，心理學正式與解剖學、生理學、生化學、衛生學、教育學、體操、競技、遊戲與醫事諮商等並列，可說是邁向科學研究的第一步，且在該所出版的《體育研究》刊物中，松井三雄、小林晃夫、內田勇三郎、戶川行男及鷹

---

[110]Coleman R. Griffith, "Psychology and its Relation to Athletic Competition," *American Physical Education Review, 30*(4) (Reston, VA, 1925): 193-199.

[111]Daniel Gould & Sean Pick, "Sport Psychology: The Griffith Era, 1920-1940," *The Sport Psychologist, 9*(4) (Champaign, IL, 1995), 391-405.

[112]C. D. Green, "Psychology Strikes Out: Coleman R. Griffith and Chicago Cubs," History of Psychology, 6(3) (Washington, DC, 2003): 267-283.

野健次等人，已有相關心理學的論著見刊。根據所得資料，在1920年代以前，體育運動心理學的書籍，已近十冊，顯見日本體育運動心理學的研究實力，仍不能小覷。[113]

德國方面，1920年代，卡爾丁姆已設有運動心理學實驗室，[114]同時期的舒爾特（Robert Werner Schulte）開始在實驗室檢測身體運動能力與性向的關係，並於1921年出版《身體與心理》專書，觀察德國的運動心理學研究，發現在1927到1929年之間，已有《運動心理學》、《體育心理學》及《體操和運動員的人格類型》等專書。同時，前蘇聯的體育運動心理學，也於1920到1930年代，開始在相關體育院校中，有了基礎的研究，如訓練過程中技能的形成，體育活動對知覺、記憶、注意和想像的影響，以及體育對個性形成、智力發展的作用等。[115]

◆**專業團體的出現**

嚴格的說，運動心理學的學問屬性，一直到1970年代，才廣被接納。[116]一方面是研究人力增多，專業學術社群，隱然成形，一方面是研究業績，逐步顯露，研究風氣次第展開。

1.**國際運動心理學會**

1965年ISSP（International Society of Sport Psychology）於羅馬成立，首任會長為義大利籍安東奈立（Ferruccio Antonelli）。學會的創

---

[113]時本識資・長田一臣，〈体育心理学からスポーツ心理学へ：日本におけるスポーツ心理学の成立事情〉，《日本体育大学紀要》，17.2（東京：日本体育大学，1988）：33-41。

[114] "Sport Psychology: A Short History and Overview of a Field Whose Time Has Come," William B. Cole Consultants, http://www.mantalgamecoach.com/articles/sport, 2017.01.31.

[115]張春興，《體育運動心理學》，1996，3-4。

[116]簡曜輝，〈競技運動心理學〉，《體育理論基礎經典叢書》（臺北：國立教育資料館，2007）。

設，提供世界有志於運動心理學研究、實踐及發展的平臺，重在鼓勵和促進研究體育運動中人的行為、身體活動和健康。透過發行簡訊、書刊、專題研討，及每四年一次的大會，達到知識交流與共享，提高研究和專業實踐的品質，並藉組織運作，增進不同國家之間的和平與理解，推動運動心理學研究的區域整合或國際合作。[117]

ISSP的夥伴對象，除與相關運動心理學會密切合作外，已擴及歐美運動心理學術團體，甚至亞洲及南太平洋運動心理協會（The Asian-South Pacific Association of Sport Psychology, ASPASP），以及西班牙、非洲、阿拉伯等地區的學會組織，會員可說已遍及全球。

其他運動心理學的組織，則有1967年的北美體育運動心理學會（The North American Society for the Psychology of Sport and Physical Activity, NASPSPA），被視為是ISSP在北美洲的分會，同時，美國心理學會（American Psychological Association, APA）於1987年，設運動心理學為第47分會。1968年歐洲運動心理學會（The European Federation of Sport Psychology, FEPSAC）成立，包含東西歐十四個會員國。1973年日本成立運動心理學會，以植基於體育教學為重點。1977年加拿大成立運動心理學會（The Canadian Society for Psychomotor Learning and Sport Psychology, SCAPPS）等。臺灣運動心理學的研究活動，曾於1980年代初期，在中華民國體育學會中設運動心理學分科會，至2001年臺灣運動心理學會正式成立。

---

[117] 國際運動心理學會首任會長安東奈立（Ferruccio Antonelli）的八年間，會務有較多政治力介入，研究業績並不突出，1973年，第二任會長文納克（Miroslav Vanek）繼任之後，會務順利展開，至1985年創刊學會機關刊物，第三任會長由辛格（Robert Singer）擔任，運動心理學的研究風氣已次第展開。Tony Morris, Dieter Hackfort &Ronnie Lidor, "From Pope to Hope: The First Twenty Years of ISSP," *International Journal of Sport and Exercise Psychology, 1*(2) (London, 2003): 119-138.

2.應用運動心理協會（The Association for Applied Sport Psychology, AASP）

　　1980年代開始，運動心理學的實際應用，已在美國逐步擴展，尤其1980年的莫斯科奧運，蘇聯獲得80金69銀及46銅的傲人成績，讓主辦1984奧運的美國學界，備感壓力。其中，蘇聯訓練中心的訓練系統，採用諸多心理學理論的實際應用，意義非凡。[118]

　　因此，以西爾瓦（John M. Silva）為首的多位美國運動心理學家，認為運動心理學應聚焦於理論的實踐與應用，逐於1982年向北美體育運動心理學會（NASPSPA）提出運動心理學會的走向是「專業或實踐」路線的問題，當時NASPSPA傾向運動心理學研究的取向勝於實踐與應用。換句話說，學院派的運動心理學，在體育、運動科學與運動學等系所的研究，已有相當程度的基礎，即使投票，NASPSPA仍不解決運動心理學的專業化與實際應用的提議。西爾瓦逐於1985年號召介入效能增強、社會心理學、健康心理學等三核心領域的學者專家召開執行委員會議，並於1986年成立高級應用心理協會（The Association for Advancement of Applied Sport Psychology, AAASP），[119]強調理論的實踐與應用，藉以區別北美體育運動心理學會（NASPSPA）的研究取向。AAASP於2007年取消Advancement乙詞，會名改為應用運動心理協會（The Association for Applied Sport Psychology, AASP），是國際性、多元學科的專業組織，目前擁有會員二千三百多人，橫跨五十七個國家。

　　應用運動心理協會的實際應用取向，於1990年之後，陸續制訂運動心理學倫理準則，及應用運動心理學的實踐指標，並開始提供博士與碩士程度的運動心理諮商師的認證制度（Certified Consultants-

---

[118]張春興，《體育運動心理學》，1996。

[119]J. M. Silva, "No One Told You When to Run: The Past and Present is not the Future of Sport Psychology," *Keynote Presentation of Association for Applied Sport Psychology 25th Anniversary Conference* (Rhode Island, 2010.10.30).

AASP）及遠距教學或網路課程，適應證照需求。[120]

3.**國際心智訓練與卓越學會**（The International Society of Mental Training and Excellence, ISMTE）

　　嚴格的說，最先就心智訓練組成學術研究團體的是1977年的瑞典。當時瑞典將心智訓練的應用已從競技運動到學校、工作、健康及其他領域，並將其區分為五個部分，即：(1)競技運動：提升競技水準，促進有關選手、團隊、教練及其相關人員之精進；(2)學校與教育：兒童教育與大學教員養成期間之指導者養成教育；(3)藝術表現：藝能或音樂相關之舞臺表現藝術；(4)工作與業務：提升職場各面向之能力；(5)健康與臨床：營造快樂與健康生活。

　　心智訓練原屬國際心理學會（ISSP）的一部分，不過，從80年代起，ISSP理事會部分成員認為ISSP未能契合實際競技運動場域，且與運動員及教練不無疏離。因此，瑞典厄勒布魯大學教授烏奈史陀（Lars-Eric Unestål），利用1989年國際運動心理學會於新加坡會議之後，在馬來西亞波德申，邀集來自二十個國家六十個志同道合的學者組成國際心智訓練與卓越學會（The International Society of Mental Training and Excellence）。其背景，與美國應用運動心理學會脫離北美運動心理學會，另起爐灶，如出一轍。[121]

　　其實，心智訓練的議題，蘇聯早在1950年代的太空競賽階段，為訓練太空人，解決太空人的心理壓力，即已備受重視。1957年蘇聯並導入為奧運選手的訓練。這種趨勢，後來傳至舊東德及東歐各國，

---

[120]全美區分西、北中心、南、中、新英格蘭、西北等地區協會的相關學校修課，課程分有學部及研究所課程，共計十二類課群。"Certification Requirements and Online Courses," Association for Applied Sport Psychology, http://www.appliedsportpsych.org/certified-consultants/online-courses/, 2016.07.20.

[121]Lars-Eric Unestål, "The International Society of Mental Training and Excellence," 4th World Congress on Excellence in Sport & Life 2019, http://www.wcecongress.com/ismte/, 2016.07.20.

1976年之後，才傳至西方國家。即使1981年的加拿大渥太華的國際
運動心理學會，心智訓練也成爲重要核心議題，甚至可以說，從此之
後，各國的研究或現場，開始走向心智訓練的實際應用。

第一屆心智訓練與卓越世界會議於1991年在瑞典厄勒布魯舉行，
之後，每隔四年舉辦一次，[122]惟2007年第五屆會議原訂於馬來西亞
吉隆坡舉行，因故取消，改由北京配合奧運於2008年舉辦，並將會議
主題由「競技運動與生活的心智訓練」改爲「卓越的競技運動與生
活」，且自本屆起，列爲第一屆，會議除大會主題外，並配合相關
領域舉行分科會議，如教練、催眠、神經語言程式（Neuro Linguistic
Programming, NLP）、瑜伽等領域，藉以透過各領域的心智訓練，追
求運動與生活的卓越表現。其後的世界會議，更聚焦於「亞洲哲學與
方法」，如瑜伽、冥想和正念（mindfulness）、氣功、太極等，顯見
這些東方哲學與方法，對創辦人烏奈史陀的心智訓練與卓越的基本概
念，或多或少有所影響。

具體而言，國際心智訓練與卓越學會對心智訓練的定義，重在強
調意志力（mental strength），一如身體的強壯，可以透過適度的訓
練達成。換句話說，運用心理學的技術，控制個人的內、外、精神或
身體行動或經驗，促進其變化，達成預期的目的。進一步說，心智訓
練，不是訓練部分的身體，而是身體全面的訓練，以導出顚峰成就與
康寧的生活。其願景在教育與訓練更好的人，更好的成就與更好的世

---

[122]國際心理訓練與卓越學會成立以後，先後舉行世界會議，第一屆於瑞典厄勒布
魯（1991），第二屆加拿大渥太華（1995），第三屆美國鹽湖市（1999），第
四屆蘇聯聖彼得堡（2003），原預定2007年於馬來西亞吉隆坡舉行第五屆，因
故取消，改由北京配合奧運於2008年舉行，改變會議主題，且自本屆起，列爲
第一屆，第二屆科索沃（2011），第三屆印度（2015），第四屆瑞典厄勒布魯
（2019）。Lars-Eric Unestähl, "The International Society of Mental Training and
Excellence," 4th World Congress on Excellence in Sport & Life 2019, http://www.
wcecongress.com/ismte/, 2016.07.20.

界，聚焦於追求多元的卓越、運動、演藝、工作場域、健康、教育與快樂生活。其訓練的目標，重在下列技能的養成：

- 目標設定的技能（goal setting skills）。
- 放鬆的技能（relaxation skills）。
- 意象技能（imagery skills）。
- 專注技能（focusing skills）、控制分心的技能（distraction control skills）、重整技能（refocusing skills）。
- 正面思考技能（positive thinking skills）、正向觀點技能（positive perspectives skills）。
- 自我對話技能（self-talking skills）。
- 賽前的心理準備技能（psych up skills）。
- 溝通技能（communication skills）。

當然，心智訓練與卓越學會不只追求競技運動的卓越表現，隨著議題的發展，已廣泛應用到其他相關領域，且從1997年開始，為了建構心智訓練的國際基準，開始創立國際證照制度，並辦理國際教育系統，開辦心智訓練國際教育研討會，甚至活用E-mail，透過通訊教育系統，交換議題之探討與資訊之交流。進一步說，國際心智訓練與卓越學會，正面向世界，開放學習來自不同領域的人，致力追求卓越的不同文化，分享智慧與價值。

◆運動心理學的走向

就運動心理學的研究趨勢及其走向看，約可分為：

第一，針對提升競技成績表現的研究，則有競技運動心理學（sport psychology）與教練心理學（psychology of coaching），其主要的研究課題約有：個人與運動行為、社會環境與運動行為、心智訓練與運動行為、動作學習與運動行為等。

非以競技為訴求的運動心理學,則可分以健康為導向的健身運動心理學及以動作技能學習為主軸的動作行為心理學等。

第二,一般以健康為導向的運動心理學(exercise psychology),常俗稱為健身運動心理學,主要研究課題約有:動機、心理效益、行為決定、促進及其障礙、領導等。而動作行為的研究課題則分動作發展、動作控制及動作學習等。

第三,走向實務的應用運動心理學。從體育學術或運動科學的發展脈絡觀察,美國1960年代開始的學術理論與實踐知識的論爭,使得學術的嚴謹性與實務的實用性,有了不同的發展取徑。比如體育學逐步走向課程理論與教學的實踐研究,而運動科學,除理論鑽研外,也從臨床或現場應用的研究找出路,應用運動心理學及心智訓練與卓越學會的先後出現,即是最好的解釋。

 本章問題討論

1. 何謂體育學術化?體育學術如何興起研究?如何演進?如何進入本位研究?

2. 體育學科如何形成?體育學與運動科學之綜合與分化情形如何?如何定位與發展?

3. 體育方法與體育學方法論有何異同?其基礎如何?研究典範如何?

4. 體育之具體研究課題與趨勢如何?試舉例說明體育之人文科學、社會科學及自然科學之研究動向。

參考文獻

"Certification Requirements and Online Courses," Association for Applied Sport Psychology, http://www.appliedsportpsych.org/certified-consultants/online-courses/, 2016.07.20.

"Global Strategy on Diet, Physical Activity and Health," World Health Organization, http://www.who.int/dietphysicalactivity/strategy/eb11344/strategy_english_web.pdf, 2017.01.31.

"Sport Psychology and Its History," Psychcentral.com, http://psychcentral.com/blog/archives/2011/07/15/sport-psychology-and-its-history, 2016.07.25.

"Sport Psychology: A Short History and Overview of a Field Whose Time Has Come," William B. Cole Consultants, http://www.mantalgamecoach.com/articles/sport, 2017.01.31.

"T. K. Cureton and the Physical Fitness Research Lab," Expsychlab, https://expsychlab.com/2012/01/26/t-k-cureton-and-the-physical-fitness-research-lab/, 2016.07.11.

A. Lumpkin, *Physical Education and Sport: a Contemporary Introduction* (Times Mirror/ Mosby, 1986).

B. J. L. Bredemeie等，《性格發展與身體活動》（許義雄譯）（臺北：復文書局，2000）。

Barrie Houlihan，《運動政治學——運動、政策與政治》（陳金盈等譯）（臺北：風雲論壇出版社，2003）。

C. Brown and R. Cassidy, *Theory in Physical Education: A Guide to Program Change* (Philadelphia: Lea and Febiger, 1963).

C. D. Green, "Psychology Strikes Out: Coleman R. Griffith and Chicago Cubs," *History of Psychology, 6*(3) (Washington, DC, 2003): 267-283.

C. M. Tipton, ed., "Historical perspective: Origin to recognition," *ACSM's Advanced Exercise Physiology* (Philadelphia: Lippincott Williams and

Wilkins, 2006), 3-10.

C. Mendes, *Book of Bodily Exercise* (Baltimore: Waverly Press, 1960).

Coleman R. Griffith, "Psychology and its Relation to Athletic Competition," *American Physical Education Review, 30*(4) (Reston, VA, 1925): 193-199.

Daniel Gould & Sean Pick, "Sport Psychology: The Griffith Era, 1920-1940," *The Sport Psychologist, 9*(4) (Champaign, IL, 1995), 391-405.

Daryl Siedentop and Hans van der Mars, *Introduction to Physical Education, Fitness, and Sport* (New York: McGraw-Hill, 2011).

David Baker & Ludy Benjamin, *From Séance to Science: A History of the Profession of Psychology in America* (CA: Wadsworth Publishing Company, 2004).

Deborah Wuest and Jennifer Fisette, *Foundations of Physical Education, Exercise Science, and Sport* (New York: McGraw-Hill, 2003).

E. F. Zeigler, *Philosophical Foundations for Physical Health and Recreation Education* (Englewood Cliffs, NJ: Prentice-Hall, 1964).

E. Metheny, "Physical Education as an Area of Study and Research," *Quest, 9*(1) (London, 1967): 73-78.

E. Metheny, *Connotations of Movement in Sport and Dance: a Collection of Speeches about Sport and Dance as Significant Forms of Human Behavior* (Dubuque, Iowa: W.C. Brown Co., 1965).

E. Metheny, *Movement and Meaning* (Physical Education) (New York: McGraw-Hill, 1968).

Earle F. Zeigler and Harold J. Vander Zwaag, *Physical Education: Progressivism or Essentialism?* (Champaign, Illinois: Stipes Publishing), 44.

F. M. Henry, "Physical Education: an Academic Discipline," *67th Annual Conference of NCPEAM* (Dallas, 1964.01.8-11): 32-33, 35, 69.

G. Edgar Folk, The Harvard Fatigue Laboratory: Contributions to World War II," *Advances in Physiology, 34*(3) (Bethesda, MD, 2010.09): 119-127。

H. Slusher, *Man, Sport and Existence* (London: Henry Kimpton, 1967).

Howard Gardner, *Intelligence Reframed: Multiple Intelligences for the 21st Century* (New York: Basic Books, 1999).

J. D. Brooke and H. T. A. Whiting, *Human Movement: A Field of Study* (Lafayette, Indiana: Bart Publishers, 1973).

J. L. Ivy, "Exercise Physiology: A Brief History and Recommendations Regarding Content Requirements for the Kinesiology Major," *Quest, 59*(1) (London, 2007.02): 34-41.

J. M. Silva, "No One Told You When to Run: The Past and Present is not the Future of Sport Psychology," *Keynote Presentation of Association for Applied Sport Psychology 25th Anniversary Conference* (Rhode Island, 2010.10.30).

J. W. Berryman, "Exercise and the Medical Tradition from Hippocrates through Antebellum America: a Review essay," J. W. Berryman & R. J. Park (ed.) *Sport and Exercise Sciences: Essays in the History of Sport Medicine* (Urbana, IL: University of Illinois, 1992), 1-57.

John Bale & Mike Cronin, *Sport and Postcolonialism* (Oxford: Berg Publishers, 2003).

John D. Massengale and Richard A. Swanson, *The History of Exercise and Sport Science* (Champaign, IL: Human Kinetics, 1997).

K. W. Bookwalter and H. J. Vander Zwaag, *Foundations and Principles of Physical Education* (W. B.: Saunders Company, 1969).

Karl M. Newell, "Physical Education in Higher Education: Chaos out of Order," *Quest, 42*(London, 1990): 227-242.

L. Ellfeldt and E. Metheny, "Movement and Meaning: Development of a General Theory," *Research Quarterly. American Association for Health, Physical Education and Recreation, 29*(Reston, VA, 1958): 264-273.

L. H. Gulick, "Physical Education: A New Profession," *5th Annual Meeting of the American Association for the Advancement of Physical Education* (Ithaca, NY: Andrus & Church, 1890), 59-66.

Lars-Eric Uneståhl, "The International Society of Mental Training and Excellence," 4th World Congress on Excellence in Sport & Life 2019, http://www.wcecongress.com/ismte/, 2016.07.20.

N. Triplett, "The Dynamogenic Factors in Pacemaking and Competition," *American Journal of Psychology, 9*(4) (Champaign, IL, 1898): 507-553.

P. Weiss, *Sport: A Philosophical Inquiry* (Illinois: Southern Illinois University Press, 1969).

Paula Saukko，《文化研究取徑──新舊方法論探索》（李延輝譯）（臺北：國立編譯館，2008）。

R. Abernathy and M. Waltz, "Toward a Discipline: First Steps First," *Quest, 2*(1) (London, 1964): 1-7.

taiyomikuni（TM），〈NBAの放映権料、2016-17シーズンからは「年間20億ドル以上に倍増」の見通し〉，http://taiyomikuni.com/?p=1761，2016.05.30檢索。

Tony Morris, Dieter Hackfort &Ronnie Lidor, "From Pope to Hope: The First Twenty Years of ISSP," *International Journal of Sport and Exercise Psychology, 1*(2) (London, 2003): 119-138.

W. H. Freeman, *Physical Education and Sport in a Changing Society* (New York: Macmillan, 1992).

アメリカスポーツ医学会（ACSM），《運動処方の指針－運動負荷試験と運動プログラム》（日本体力医学会体力科学編集委員会譯）（東京：南江堂，2011）。

アレン・グットマン（Allen Guttmann），《スポーツと帝国－近代スポーツと文化帝国主義－》（谷川稔等譯）（京都：昭和堂，1997）。アメリカスポーツ医学会（ACSM），《運動処方の指針－運動負荷試験と運動プログラム》（日本体力医学会体力科学編集委員会譯）（東京：南江堂，2011）。

イムレ・ラカトシュ、アラン・マスグレーヴ編，《批判と知識の成長》，（森博譯）（東京：木鐸社，1985）。

みずほ総合研究所，〈東京オリンピック開催の経済効果は30兆円規模に－マクロアプローチと個別効果の積み上げる試算－〉，《みずほリポート》（東京：みずほ総合研究所，2014）。

大衛・索羅斯比（David Throsby），《文化經濟學》（張維倫譯）（臺北：典藏藝術家庭，2005）。

小川勝，《オリンピックと商業主義》（東京：集英社，2014）。

山口順子，〈英国圏における体育学スポーツ科学の理論的枠組の検討〉，《体育の科学》，41.9（筑波，1991）：727-734。

川村英男，〈体育学の構想〉，《福岡大学体育学研究》，5（福岡，1972）：17。

孔恩（Thomas S. Kuhn），《科學革命的結構》（程樹德等譯）（臺北：遠流，1994）。

日本学術会議編，《人文社会科学と自然科学調和について》（東京：大蔵省印刷局，1973）。

日本學術會議，〈生理学の動向と展望－生命への統合〉，《第883回運営審議会報告》（日本學術會議：生理學研究連絡委員会，1997）。

江良規，《體育學原理新論》（臺北：商務，1988）。

池田勝、守能信次編，《スポーツの政治学》（東京：杏林書院，1999）。

行政院文建會，《文化創意產業手冊》（臺北：文化建設委員會，2003）。

李誠，《興體育、拚經濟》（臺北：天下遠見，2004）。

岸野雄三，《ヒポクラテースの養生法：食養生と体操》（東京：杏林書院，1971）。

林正常，〈運動生理學的發展與展望〉，《運動生理學通訊》，178（臺北，2004.10）：23。

林正常，《運動生理學》（臺北：師大書苑，2011）。

林德嘉，〈運動生物力學〉，《體育理論基礎經典叢書》（臺北：國立編譯館，2007），488-491。

金子明友，〈スポーツ運動学の原点を問い直す－20周年記念講演2007〉，《スポーツ運動学研究》，20（東京：スポーツ運動学会，2007），1-15。

金原勇，〈体育学研究の分化綜合の方向〉，《体育原理》，7（東京，
　　1972）：147-162。

前田信雄，《保健の経済学》（東京：東京大学出版，1979）。

泉谷洋平，〈ジオグラフィック・マトリックス・リローデッド－模範例
　　としての学会発表表題〉，《空間・社會・地理思想》，10（大阪，
　　2006）：2-19。

浅田隆夫，〈体育・スポーツ哲学会（設立の経緯）とその理念－特に、体
　　育・スポーツ哲学の構造と方法論的検討を中心に〉，《体育・スポー
　　ツ哲学研究》，1（東京，1979）：4。

浅田隆夫，〈体育学の体系化のための一つの試み〉，《体育原理》，4（東
　　京，1971）：58-69。

浅見俊雄等編，《身体運動学概論》（東京：大修館書店，1976）。

相子元，〈運動生物力學之趨勢〉，《華人運動生物力學》，1（臺北：臺灣
　　運動力學學會，2009）：52-53。

原田宗彦，《スポーツイベントの経済学－メガイベントとホームチームが
　　都市を変える》（東京：平凡社，2002）。

席煥久編，《體育人類學》（北京：北京體育大學，2001）。

時本識資、長田一臣，〈体育心理学からスポーツ心理学へ：日本における
　　スポーツ心理学の成立事情〉，《日本体育大学紀要》，17.2（東京：
　　日本体育大学，1988）：33-41。

殷海光，《思想與方法》（臺北：大林書局，1972）。

高俊雄（2003），〈運動觀光之規劃與發展〉，《國民體育季刊》，32.3（臺
　　北：教育部，2003）：7-11。

張春興，〈世紀心理學叢書總序14〉，《體育運動心理學》（臺北：東華書
　　局，1996），VI。

張靜嚳，〈何謂建構主義？〉，《建構與教學》，3（彰化：彰化師大，
　　1995）：1-4。

莫琪譯，〈藝術與奧林匹克〉，《奧林匹克哲學》（臺北：中華民國奧林匹
　　克委員會，1978），120-122。

許秀鄰，〈體育學術研究的演進〉，《體育研究》，10.3（臺北，1970）：2-3。

許義雄，〈棒球臺灣 石破天驚〉，《第34屆世界杯棒球賽紀實——棒球臺灣
　　活力世紀》，（臺北：行政院體育委員會，2002），4。

許義雄，〈搶救臺灣體育史料刻不容緩〉，《學校體育》，12.2（臺北，
　　2002）：2-3。

許義雄，〈臺灣身體運動文化之建構——就臺灣身體文化談起〉，臺灣身體
　　文化學會，http://www.bodyculture.org.tw/sites/faq/11，2017.01.31檢索。

許義雄，《開創我國21世紀的體育新格局——臺灣體育的轉型與發展》，
　　（第一次全國體育會議實錄，1999.11）。

許義雄，《體育的理念》（臺北：現代體育社，1983）。

陳郁秀，《文化創意產業手冊》（臺北：行政院文化建設委員會，2003）。

寒川恆夫，〈卷頭言・スポーツ人類学の現在〉，《文化人類学研究》，14
　　（東京：早稲田文化人類学会，2013）：1-5。

寒川恆夫，《スポーツ》（東京：杏林書院，1994）。

曾銀助，〈從運動醫學談健康管理中心之設立〉，《高學醫學大學第24期體
　　育室專題》，24（高雄，2004）。

焦桐，《臺灣文學的街頭運動（1977~世紀末）》（臺北：時報出版，
　　2002）。

須田泰明，《37億人のテレビンピック－巨額放映権と巨大五輪の真実》
　　（東京：創文企画，2002）。

新村出編，《広辞苑》（東京：岩波書店，1998）。

葉至誠，《社會科學概論》（臺北：揚智文化，2000）。

維基百科，〈知識學〉，http://zh.wikipedia.org/wiki/%E8%AA%8D%E8%AD
　　%98%E8%AB%96，2013.10.15檢索。

劉一民，《運動哲學新論》（臺北：師大書苑，2005）。

樋口聡，《スポーツの美学－スポーツの美の哲学的探究》（東京：不昧
　　堂，1987）。

蔣逸民，《社會科學方法論》（重慶：重慶大學，2011）。

簡曜輝，〈競技運動心理學〉，《體育理論基礎經典叢書》（臺北：國立教
　　育資料館，2007）。

Chapter 6

體育的主體──身體論

　　本章以人的身體為論述重點，試圖從身體可塑性的特質，說明身體的生物特性，強調體育以教育手段改造身體的基礎，同時，就文化形塑身體的事實，論述身體的多樣性。

　　事實上，身體的議題相當廣泛，可以從科學談細胞組織與器官機能；也可以從哲學談身心靈與生命的意義；更可以從社會現象論社會階層與身分認同；或從宗教談肉身、禁欲與修行；或從人類學談禁忌、儀式與身體文化；或從歷史論姿態史、身體史，以及文學的身體書寫與情色史等，都以身體作為主體，成為逸趣橫生的身體議題。

　　不過，因限於篇幅，本文僅就身體教育的角度，擬就人是未定型的生物觀點，探討人的開放性及其精進的可能性。再談身體作為工具，在勞動過程中，探索世界，形塑不同的身體操作能力，不只豐富了身體技術的內容，並積累為重要的身體資本。同時，經由身體實踐，經驗了身體的感動，體會了身體的智慧。全文擬分：(1)未定型的身體；(2)身體技術之形成及其屬性；(3)身體資本之類型及其轉化；(4)身體智慧（體知）之形成與教養等，略述如下。

第一節　未定型的身體

　　體育係以人為對象，藉身體運動為媒介，經教育的方法，進行身體的改造工程，是任人皆知的事。問題是，誠如人心不同，各如其面一樣，每一個人都有一個身體，卻是沒有一個身體會與他人相同。如何在千差萬別的身體中，找出身體的特性，做最好的教育，使身體的改造，得以稱心如意，應是不能等閒視之的重要課題。換句話說，人有身體，人也是身體。人的舉手投足，行住坐臥，無一不是以身體為起點，因應不同情境，做不同的身體表現。所以，改造之成敗，除方法之良窳外，身體特性之掌握，不能掉以輕心，應是極為淺顯的

道理。以人的生命現象為例，所謂「生命呼吸間，一吸不還，已成後世」。呼吸常是人所習焉不察的身體生理現象，卻關係到人的生死存亡。顯見身體特性，也可說是人的特性，是體育的基礎，更是改造人的原點，自是不言可喻。

一、從「缺陷的生物」到「學習的生物」

論及人的特性，常因立論不同，而有各異其趣的論述。比如，最為人所熟知的說法，有人說，人是理性的動物，政治的動物，或說人是萬物之靈，可以思考、操作符號、創作道具等，才能與動物區隔開來。更有從「語言的起源」，認為語言能力是人之所以為人的基本條件，語言只有在群體或社會中才能產生，所以人在本性上就是社會的存有。[1]同時指出，人初生時，是脆弱無助的，並沒有像其他動物擁有的生存條件，如果沒有父母的撫育保護和社會中其他人的同情支持，根本無法生存；並認為人一生並沒有任何時刻可以代表他的整體，人不管活到多老，都處在成長的狀態，所以，人的生命本質，不是結果的完成，而是持續形成。[2]當然，更有認為，人類是「未被決定的動物」，意指人類還沒有完全被決定，或人類在某些方面尚未被完成，以及沒有結實的被建立。因此，人類必須經由自己的努力面對和解決生存的大問題，在困境中，持續不斷的改變與發展。[3]換句話說，就因為人類是未被確定，未完成的動物，人類是自由的，可依自己的需要，尋找自己努力的目的與方針，所以人類更需要在學習中成長，積

---

[1]郭博文，〈赫德社會哲學研究〉，《歐美研究》29.4（臺北，1999.12）：1-47。
[2]郭博文，〈赫德社會哲學研究〉，1999，9。
[3]哲學家尼采（Friedrich Nietesche）認為，人類與其他動物的不同，在於從自然特性而言，人類是未確定的動物。アルノルト・ゲーレン（Arnold Gehlen），《人間学の探究》（亀井裕譯）（東京：紀伊国屋書店，1979），22。

極的說，人類也可以說是「學習的生物」。[4]總而言之，人類本質的論述，琳瑯滿目，不一而足。

1940年，德國哲學人類學家蓋倫（Arnold Gehlen）發表《人之本性及其在世界上的地位》乙書，提出「人類是缺陷性生物」[5]的論述。首先，蓋倫引用舍勒（Max Scheler）的主張，認爲人類與其他動物之不同，在於人類的「世界開放性」，不像其他動物一樣受限於特殊環境之中。[6]蓋倫引伸爲包括人類在內的所有生物，其生存條件，無不仰仗身體的器官或特質。蓋倫指出，相較於人類的其他動物，其身體的特質是特殊化的，因此有其特殊化的保護手段或器官，如毛髮、甲殼（外皮）、獠牙及鉤爪、特殊的遁走能力等，是與生俱來，可以迅速且正確的對應部分環境的身體裝置。也因此，勢必只因困於固有的環境，而無法於不同的環境行動，其行動能力可說是一種本能。

相較於一般動物，人類的身體特質並未特殊化，換句話說，人類一直保有「胎兒的生態」，可說是一種「遲延」（retardation），欠缺對身體的保護武器或手段，其本能較不確實，且是退化的、感覺機能也較爲貧弱。所以人類可稱之爲是「缺陷的生物」。[7]

蓋倫指出，相較於其他高等哺乳類，人無禦寒的皮毛，且須較長

---

[4]アルノルト・ゲーレン（Arnold Gehlen），《人間学の探究》，1979，94。

[5]「缺陷性的生物」乙詞，最早於1772年赫德（Johann Gottfried Herder）所著，《語言的起源》乙書中所用。其後，蓋倫引用並以生物學角度略作引伸，認為赫德對於人類器官的特殊化概念不清楚。長屋泰昭，〈ゲーレンの人間学とその経済社会へのひとつ応用〉，《人間科学論集》，20（大阪，1988.12）：43-72。

[6]舍勒（Max Scheler）於1928年發表《宇宙中人的地位》乙書中，認為人是精神的存在，不受環境世界的拘束，擺脫世界的自由，是「世界開放」的存在，亦即，人類是在無限制的開放世界中的行動者（X）。畠中和生，〈シェーラーの世界概念：人格と世界、身体と環境世界、ミクロコスモスとマクロコスモス〉，《広島大学大学院教育学研究科紀要》，58（広島，2008.12）：49-58。

[7]長屋泰昭，〈ゲーレンの人間学とその経済社会へのひとつ応用〉，1988，43-72。

心到劍到點到為止

資料來源：2017臺北世大運執委會提供。

的照顧與保護期間，才足以維持生命。人，實際上是生理上未成熟，
且有缺陷的存在。[8]認為人類只有與生俱來的身體與本能，仍然無法於
自然環境中生存，為了彌補缺陷，人類必須藉技術加工創造出合適的
代償世界——第二自然，也就是容忍人類身體器官裝置的世界。這種
技術加工，是其他動物所沒有的能力，卻是人類所不可或缺。這種足
以改變自然的能力基礎，即是人類的行動。對人類而言，這種行動即
是生物學的必然過程。[9]進一步說，蓋倫所論述的加工改變的自然——
第二自然，即是人類創造的文化領域。換句話說，經由人類行動對自
然的加工計畫，人類才有在極地或赤道以下，水上、陸地、森林、沼
澤生存的可能。

---

[8]アルノルト・ゲーレン（Arnold Gehlen），《人間－その本性および自然界にお
ける位置》（平野具男譯）（東京：法政大学出版局，1985），143-144。
[9]アルノルト・ゲーレン（Arnold Gehlen），《人間学の探究》，1979，92。

　　當然，蓋倫的論述，多少受生物學家包爾克（Louis Bolk）及波特曼（Adolf Portmann）的影響。[10]包爾克於1920年提倡「幼形成熟」（Neoteny）的理論，[11]認為人類之進化中，以幼兒的形態到性成熟，不過是猿胎兒的幼形成熟。其證據在於嬰兒一無能力可言，成人以後，體毛稀少。說明人類幼兒般長大成人，是劣於猿的身體裝置。而波特曼則認為，人在動物形態學上，是類猿人胎兒停止進化的缺陷動物，在生理學上，是「正常的早產兒」，「無能力」的原因，在於「生理上早產一年」。[12]出生後，經由與他者的接觸中，如家人的父母、兄弟、姊妹等的社會關係，才能獲取直立姿勢、言語的習得，以及技術性的思考與行動等三種能力的提升，逐步邁向人的特徵。這些能力並不存在於母親的胎內，且這些具備人類特徵的技術或能力，必得等到出生以後，經由富有社會特徵的社會接觸，才能圓滿。一旦缺乏這種與他者的關係，有如東印度的「狼女」一樣，成為無法完整展現上述三種能力。這些能力的文化手段，減少其缺陷的結果，即是教育意義之所在。[13]這與英國動物學家莫里斯（Desmond Morris）在其《人這種動物》乙書的前言所說，「人是動物，我們有時很可怕，有時很偉大，但總是動物。我們也許一廂情願自詡為墮落紅塵的天使，

---

[10]奧谷浩一，《哲学的人間学の系譜－シェーラー、プレスナー、ゲーレンの人間論》（松戶：梓出版社，2004）。

[11]包爾克（Louis Bolk）認為，幼小猿的形狀與人類多所相似，提出人類是猿的「幼形成熟」（Neoteny）理論。スティーヴン・ジェイ・グールド（Stephen Jay Gould），《ダーウィン以来－進化論への招待》（浦本昌紀、寺田鴻譯）（東京：早川書房，1995），58-60。

[12]「生理上早產一年」，由波特曼（Adolf Portmann）所主張，認為人類嬰兒，非常孱弱，若無保護者庇護，大概活不過三天，妊娠期間二十一個月出生，可達新生兒期許的發達水準，但因提前十一個月生產，即刻需要強力的保護。アドルフ・ポルトマン（Adolf Portmann），《人間はどこまで動物か－新しい人間像のために》（高木正孝譯）（東京：岩波新書，1961），83-89。

[13]佐藤臣彦，〈身体運動文化研究の学際性－人間における身体運動の文化性と自然性－〉，《身体運動文化学会学会誌》，10.1（神戸，2003.03），4-5。

但實際上，我們只是站直了身子的猴子」。[14]莫里斯舉例說，我們祖先原先直立站起身來的原因，是爲了眺望草原的遠方。這使得他們在搜索獵物或提防其他掠奪者時占了很大的優勢。其實，隨著人類的站立，肢體語言的複雜化，以及技術行動的發展，不只人際互動增加，活動空間擴大，慢慢形成不成文的規則，而積累了彼此共享的文化。

進一步說，「文化」（culture）乙詞，原有耕作與照顧大地的意思。人既由大地而來，生存於大地，也是大地的照顧者，開發適合於自己生存的環境，發展不同的生存技能，自屬必然。比如，從茹毛飲血，到鑽木取火；從穴居到聚落的形成；從原始狩獵，看天吃飯，到農耕、播種、採收、搬運到分配與儲存，經由不斷的嘗試與錯誤中，成就了自己的文化。

綜上所述，從身體的生物性發展看，從事於身體教育專業者，下列幾點，值得深思。

1. 人類的身體裝置遠不及其他動物的條件，更需要後天的訓練與教養，適足以累積生存經驗，彌補先天能力的不足。

2. 人類身體之可貴，在於因其未完全被確定，而有更多的可能，超越自己的限制，創發第二自然——文化領域，完成人類的歷史使命。

3. 人類身體的未完成性，不只說明持續學習的必要性，也表示持續成長的可能性，因人必須在持續學習中成長，才有可能邁向止於至善的境界。

4. 身體的生物性，無法超越生物衰亡的侷限性，因此，身體的改造，除延年益壽的期待外，更在意於生命永恆意義的落實。

---

[14]莫里斯（Desmond Morris），《人這種動物》（楊麗瓊譯）（臺北：商務，1999），1-9。

二、生命的圓滿

人的身體，因生命的展現，凸顯身體的存在意義，也面臨身體必然死亡的嚴肅課題。不過，從生命科技發展以來，人的生命即備受挑戰，比如從試管嬰兒，到器官移植；從基因修補到胚胎複製，無一不是對人自然生命的考驗。事實上，不論生命的起源是創造或演化，[15]人的本質，在於人生命的不可替代性，已為世人所共認。[16]進一步說，因其不可替代性，也說明了個人死亡的絕對性與面臨絕境的自我承擔。就此意義而言，個人如何在有限的生命歷程，營造有意義的生命，成為身體改造的首要課題，自不待言。

其實，就體育的角度看，談到人的生命，可從下列三個面向考慮，或許較能說得真切：

(一)生命的長度[17]

從身體特性看，體育的功能之一，在使經由設計的身體活動，達到身體的健康，滿足延年益壽，長命百歲的期待。

不過，值得注意的是，在生物科技突飛猛進的今天，藥物的發明以及基因工程的改造，使得絕大部分疾病都能預防或治療後，人類平均壽命的延長，已是稀鬆平常的事。另一方面，以意念改善身體機能

---

[15]人的起源，向來有創造說與演化論。前者認為人由神所創造，後者認為是自然淘汰，適者生存。

[16]人的不可替代性，除了說明死的絕對性外，一在說明個人的獨一無二，唯我獨尊的可能，一在顯示差異的事實，共生同榮的必要性。

[17]馬丁‧路德‧金恩有名的佈道中，曾有〈生命的三度空間〉之說法，係從宗教角度，認為人的生命，一如人生存於一個三角的一角，另一角為他人，頂角即為上帝，展開生命長度、廣度及高度之論述。本文從人自我的生物面、與他人關係的社會面及人終極價值的意義面看生命的三個面向略加詮釋。

的研究，以及能量醫學的方興未艾，[18]元氣產業大行其道之際，[19]體育專業人員，如何面對健康身體以及無法證實的特異功能問題，更顯得十分重要。具體來說，在東方傳統養生運動，如氣功、瑜伽、身心靈等，引起東西醫界重視以來，[20]素以西方身體運動為尚的體育取向，有否調整必要，勢必不能視若無睹。再說，基因調控的運動員一旦出現，[21]作為強化自身能耐的身體運動，如何同步精進，也值得重視。誠如《改頭換面的演化》乙書所指陳：「物種的演化億萬年來，都是

---

[18]一般而言，現代科學雖然對「氣」的本質，並未完全揭開謎底，但「氣」本身，確實含有一定「能量」（energy）的精微物質，卻也得到證實。橫澤喜久子，〈養生功的想法〉，《体育の科学》53.6（筑波，2003）：419。至於以身體為一個能量系統做基礎所發展出來用以增進健康、獲得康復與喜悅的方法，即稱之為「能量醫療」（energy medicine）。換句話說，能量醫療是促進身、心、靈整體健康的一門科學與藝術。它結合了對身體及環境能量的理性知識與直覺瞭解。唐娜‧伊頓（Donna Eden）、大衛‧費恩斯坦（David Feinstein），《能量醫療》（蔡孟璇譯）（臺北：琉璃光，2004），9-19。

[19]莊素玉、陳名君，〈科學解開身心健康密碼：元氣產業自然風〉，《天下雜誌》，312（臺北：天下雜誌，2004.12）：154-183；黃亦筠，〈身心必相連：冥想療法風行歐美〉，《天下雜誌》，312（臺北：天下雜誌，2004.12）：184-185；孫小萍，〈健康服務產業爆紅：元氣吧，日本！〉，《天下雜誌》，312（臺北：天下雜誌，2004.12）：185-186。

[20]日本號稱為世界最長壽的國家，普遍接受東洋運動之健康效果，除將其納為國民體適能健身運動項目外，《体育の科学》雜誌，並於2003年6月出版以《東洋的運動與健康》專輯。內容含：小林寬道，〈緩慢運動的意義〉；浅見高明，〈甚麼是腹式呼吸？〉；宮村實晴，〈就生理學看東洋的呼吸法〉；豐田一成，〈氣功心智訓練之應用〉；橫澤喜久子，〈養生功的想法〉；久保穎子，〈自強術技法之意義〉；山口順子，〈東洋的運動與自我控制～時空中的自我思考～〉；杉本清美‧澤井史穂，〈體適能項目中的東洋運動〉，三村俊英，〈活用東洋智慧（針灸）之訓練〉等，論述東洋運動之意義、效果及其研究結果，頗受關注。《体育の科学》，53.6（東京，2003）：393-443。

[21]賓州大學教授史溫尼，認為下一屆奧運終將出現做過基因調控的運動員。史溫尼的團隊已創造出一種「阿諾史瓦辛格鼠」，脖子比頭還寬，身體比例有如一頭公牛，不僅肌肉特別孔武有力，而且活得比較久，受傷後的癒合能力也比較強。預計這種技術，就將進軍競技場。Joel Garreau, *Radical Evolution: The Promise and Peril of Enhancing Our Minds, Our Bodies-and What It Means to Be Human* (New York: Broadway Books, 2006).

從攀岩學習冒險

資料來源：許安妮提供。

自然的產物，但隨著科技的發達，人類是不是有朝一日，將親自設計自己的演化」[22]一般，體育‧運動之於生命的增長，除了求之於自然的演化力量外，似乎也不能忽略人類自我的設計能耐。以這個觀點看，人體健康活動的自我創新與發展，使有益於生命的延長與品質的提升，應是個人所必須體悟與踐行的職責所在。

---

[22]喬埃‧蓋若（Joel Garreau）為華盛頓郵報記者，於2005年發表《改頭換面的演化：強化人類心智、身體的轉機與危機，以及人類的根本定位》乙書（2006再版），論述人類未來的演進，將由新興科技的進步，如：遺傳學、機器人、資訊和奈米科技，塑造我們的身體與頭腦，改變我們的思想、記憶、代謝、個性、後代及靈魂。

http:www.goodreads.com/book/show/83559.Radical_Evolution 2017.07.24檢索。

(二)生命的廣度

　　人不能離群索居，意味著人的群體關係，不只是個人成長過程的必要條件，也是人類進化的重要基礎。觀察嬰兒呱呱落地後，隨著身體的成長發育，從簡單的抓、握、拋、擲到七坐（七個月能坐）、八爬（八個月能爬），直至站立、走動等身體能力，基本上，除部分先天本能外，無一不是靠長期的努力、學習與模仿而來。這意味著嬰兒周遭的人、事、物等環境，無時不是嬰兒的模仿或學習對象，也無一不與嬰兒吸取經驗緊密相關，這樣的有形無形的聲、色、形、相空間，成為嬰兒初始階段的生命空間，說是嬰兒的生命廣度，亦未嘗不可。

　　事實上，人的生命歷程，何嘗不是不斷的學習或增進經驗的過程，所謂「活到老，學到老」，當指此意。引伸來說，人的生命廣度，應含三個面向：

◆人與自己的關係

　　人的視野見識就是人的生命廣度。開放或封閉、進取或退縮、信心或膽怯、保守或創新、廣博或狹隘的自我，都是衡量生命廣度的重要指標。舉例而言，以多元智慧的角度看，從1905年法國心理學家比奈（A. Binet）與西蒙（T. Simon）等人，發展出第一個智力測驗以來，認為語言、數學、空間推理能力，即為決定一個人智慧高下的標準。然而，1983年迦納（Howard Gardner）出版《心理架構——多元智慧理論》之後，不只駁斥傳統偏頗的說法，更指出，每一個人都具備有語言、邏輯‧數理、空間、肢體‧運作、音樂、人際及內省等

七種智慧，[23]且多數人都能在適當的情境中發展到一定的水準。顯見培養多元智慧的教育，不只有益於導正偏狹單向教育的缺失，尤有助於生命廣度的拓展。再以體育專業言，在競爭激烈的市場上，除了強化體育本業外，開發更寬廣、更多的專業，以免於狹隘的專業迷失，並提升競爭力，已為識者所共認。即以20世紀60年代的美國為例，體育專業的學科發展與屬性，備受爭議，因而有體育科系改弦易轍的主張，形成不同的專業取向，體育從業人員，自不能置若罔聞。[24]再就體育活動的身體操作能力看，從海、陸、空的運動種類，到團體或個人項目；從籃、排、足、棒等類別，到攀、爬、跑、跳的動作形態，可說琳瑯滿目，五花八門，包羅萬象，多采多姿，作為活動者的自身而言，當可開放身體的可能性，多重嘗試，多元體驗，以展現人自身海闊天空的生命廣度。

◆人與人（社會）的關係

人的生命廣度，可以從人與人的關係看，從家庭組織、到學校生活，以及踏入社會的群體，無一不是開展生命廣度的最佳情境。

---

[23]所謂多元智慧，係迦納（Howard Gardner）於1985年所創。迦納認為，七種智慧是：(1)語言智慧：指有效運用口頭語言或書寫文字的能力；(2)邏輯、數學能力：指有效運用數字和推理的能力；(3)空間智慧：指空間感覺的敏銳度及空間表現的能力；(4)肢體、運作智慧：指運用整體身體表達感覺與想法，以及運用雙手靈巧製作事物的能力；(5)音樂智慧：指感覺、辨識及表達音樂的能力；(6)人際智慧：指察覺並分辨他人情緒、意向、動機及感覺能力；(7)內省智慧：指個人自知之明的能力。吳清山和林天祐，〈多元智慧〉，ftp://sf.csj.ks.edu.tw/pub/exam-adm/B-%B1%D0%A8%7C%A6W%B5%FC%B8%D1%C4%C0/%A6W%B5%FC%B8%D1%C4%C008--%A6h%A4%B8%B4%BC%A4O.htm，2017.01.31檢索。

[24]1964年，Franklin Henny率先提出體育組織與研究的需求趨勢問題，至1974年Henny又在JOHPER發表文章指陳，體育的學科屬性，也就是體育的生存力問題，引起廣泛的注意，並在研究季刊展開了一系列的討論。之後，各領域陸續成立了各專屬的學會組織，拓展了各學科的研究課題與範圍，確立了各領域的學問屬性。

　　具體而言，作爲家庭成員，兄弟姊妹的和睦關係是一種廣度；在學校，筆硯相親，情同手足，也是一種廣度；甚至社會群體中，不只是「三人行，必有我師焉」，甚至以人人爲師，自求精進，更是一種廣度。

　　進一步說，體育活動素有人類共同語言的說法，在競賽場合中，藉助共同的身體活動，進行運動技術的較量，即使競爭激烈，勝負難分難解，卻能抱持所謂「君子無所爭。必也射乎！揖讓而升，下而飲，其爭也君子！」是何等恢弘的氣度。從奧運的宗旨看，不分性別、種族、膚色、宗教、政治等的不同立場，而剝奪其參加的權利，又是何等寬廣的生命寫照。

◆人與自然（環境）的關係

　　人的生命廣度，可以從人與自然的關係看，也可以說是人與環境的關係觀察。基本上，人是自然的一部分，不能也無法離開自然，也就是說，不論貧富貴賤，人必然受生存的環境所影響。

　　其實，人一直以來，都在適應自然，利用自然，改變自然，藉以創造財富，形成文明，並改造人類整體的生活樣貌與生命體驗。舉例來說，從農業社會、工業社會、資訊社會到創意社會，每一次的轉變，都帶來人類巨大的變化，其中，不只是勞動的工具、形態的不同，甚至效率的提升，品質的改善，對全體人類的全面影響，可說無遠弗屆。

　　具體來說，農業社會「日出而作，日入而息」、「做牛做馬」的生命經驗，與資訊社會「虛擬世界」中的體驗，自不能相提並論。再說資訊社會的數位化現象，自是早期工業社會所望塵莫及。

　　不過，人藉科技文明，拓展了生命的廣度，卻也面臨文明化的人類已然破壞了自然，造成不利人類生存的環境，比如污染、噪音等公

害，[25]甚且，文明的進步，使人更遠離了作為自然人的諸多本質，減低或弱化了人的適應或行動能力，[26]因此，體悟到天地共生與物我並存的生命智慧，正為人所樂道。

要而言之，人因自然而富有，自然也因人而改變，換句話說，自然塑造了人類，人類也在調塑自然，人與自然的唇齒相依，唯有共生共榮，生命才能更寬廣。

就體育觀點看，在健康意識抬頭，美容時尚勃興的今天，健康食品與藥物，五花八門，不只真偽難辨，造成自然身體的沉重負擔；身體加工，前仆後繼，風起雲湧之際，作為身體改造工程的體育，如何運用自然的身體活動，減少不當的人為介入，維護身體的自然發展，應是刻不容緩的重要課題。

(三)生命的深度

生命的深度，可以從生命的意義看，也可以從生命的價值看。所謂「生命不在長短，一秒也是永恆」，說明生命的意義，不是量的問題，而是質的感受。事實上，不同的生命情境，可以展現不同的生命意義。比如，著名的愛情戲劇「羅蜜歐與茱麗葉」，為愛而死，是真情至性的生命展現；舉世的民主鬥士，拋頭顱，灑熱血，不計犧牲生命，應驗了「生命誠可貴，愛情價更高，若為自由故，兩者皆可拋」的生命尊嚴；SARS肆虐期間，諸多醫護人員的視病如親，捨己救人的生命，令人動容；尤其，宗教家的救苦救難，普渡眾生的濟世精神，展現不分你我的生命關懷，由衷感佩。

---

[25] 許義雄，〈休閒生活中的公害性及其防止之道〉，《健康教育》，51（臺北，1983.06）：10-12。

[26] 文明化的結果，因機器代替了人力，坐式的勞動形式，影響了身體的活動機會，尤其工作內容的壓力，造成體力衰退，焦慮叢生，心肺功能及高血壓、糖尿等文明疾病屢見不鮮。

　　就體育場域而言，馬拉松賽事中，42.195公里的奮鬥歷程，堅忍不拔的意志，突破體能限制的堅持，所展現的生命意義，應不只是獎牌的有無而已。尤其，殘障運動員，素以追求人類極致精神爲夙志，不論是跑、跳、擲的項目，或自由車、輪椅籃球、桌球或游泳等項目，看到的，不只是輪椅、義肢或殘障，而是不向生命屈服的勇者畫像、是個人的信心與毅力的如實演出，是活生生體現跌倒了再爬起來的拚鬥者，是可以被打敗，而不能被毀滅的眞實生命。[27]

　　事實上，生命的深度，源之於生命的肯定，進一步說，生命的肯定，即是自我的肯定，也是身體的肯定。所謂：「身體髮膚，受之父母，不敢毀傷，孝之始也。」個人生命，始自父母的繁衍，盡到呵護身體的責任，是敬重生命的起點，是一種生命存在的肯定，一種生命意義的領會，一種尊貴、自足與喜悅的生命體認。因此，生命的肯定，即在肯定生命的價值，珍惜生命，尊重生命，進而展現生命的意義，所顯露的生命是開朗、爽快、積極與奮進的生命光輝。

　　舉例而言，家貧如洗的人，能以拾荒所得，傾囊義助興學，平凡的生命凸顯不凡的深度；重度傷殘者，口足彩繪爲生，卻能談笑自若，殘而不廢的身體，呈現紮實的生命韌力。既盲又聾的作家海倫凱勒（Helen Adams Keller），[28]突破官能障礙，學會說話，勤於寫作，奉獻一生，鼓勵殘障人士，發揮信心，肯定自己，激發國際正視殘障福利，生命的深刻體驗，舉世同欽。人道主義醫師史懷哲（Albert

---

[27]海明威（Ernest M. Hemingway）名著，《老人與海》乙書，描述老人在大海中搏鬥了八十四天，拖回唯一的魚獲，是一路被鯊魚群啃食過的魚骨頭，老人觸景有感而發，面對老之將至，乃興起人生可以被打敗，卻不能被摧毀的體悟。

[28]海倫凱勒（Helen Adams Keller），美國人，幼時因急性腦炎，失明失聰，後苦學勤學，成為人類史上第一位文學學位盲聾人，精通英、法、德、拉丁及希臘語，為舉世聞名的作家及教育家。入選美國《時代週刊》「人類十大偶像」之一。

Schweitzer），[29]刻苦自學，呼籲擁抱並接納所有生物，親往非洲，在蠻荒叢林中行醫五十餘年，其生命的深度，自異於常人。其實，人生苦短，以有限生命，克盡本分，利於眾生，都能使平凡的生命，有不同的深刻意義。不過，生命的肯定，常與生命的否定對比。生命的否定，不只視生命如草芥，甚至是自我的否定，如嗑藥、傷人、無惡不作、自殘或自殺等，表現的身體是萎靡不振、消極、頹廢與退縮，是否定作為人的條件，更是否定起碼的生命敬重，對生命的意義，自難有深入的領略與體會。

要而言之，生命的深度賴於生命的肯定，其中，不只不否定生命的存在意義，尤以敬重生命為前提，更以愛人如己，發揮眾生平等為要件，以慈悲為懷的態度，展現生命的燦爛與光彩。所謂「生命的意義，在創造宇宙繼起之生命」，無非說明生命雖有定限，卻不能放棄留芳千古，典範長存的生命深度。

第二節　身體技術的形成及其屬性

一、身體技術是勞動之源

如前文所述，人類的身體裝置，遠不及其他動物之能順應自然，因此必須創造身體技術，經身體勞動過程，以能利用自然並改造自

---

[29]史懷哲（Albert Schweitzer），德國人，擁有神學、音樂、哲學及醫學四個博士學位。從小嚮往服務與幫助他人，38歲與夫人海勒娜赴非行醫，至90歲辭世，在非洲叢林行醫五十年，有「非洲之父」的雅號。78歲時獲諾貝爾和平獎，捐獻獎金興建痲瘋病院，並不時遠赴歐洲為醫院募集捐款，一生倡導尊重生命，向生命致敬為準則。

然，開發有利的生存條件，滿足日常生活的需要，並維繫生命的延續。顯見身體技術的開發，不只是勞動的手段，更是勞動的重要工具。人類因身體技術的開發，不只改善了勞動工具，也提升了勞動效率，更提升了勞動成果。所以說，身體技術因勞動而更豐富，勞動因身體技術的提升，而獲至更高的效益。

(一)身體技術釋義

所謂身體技術，係指以身體為工具，為達目的所使用的方法而言，常泛指生活中所養成的身體操作能力或方法，不是明確的意識，而是在無意識中顯現，反應各族群或社會文化及價值觀。[30]毛斯（Marcel Mauss）指出，身體是人首要的與最自然的工具，更精確的說，人首要的與最自然的技術對象與技術手段，就是他的身體。所以，一方面，技術藉身體而展現開放性，一方面，身體藉技術表達身體的可塑性。前者意味著身體技術多元開發的可能性，後者說明，身體隱藏豐富的技術潛能。不過，因身體恆受歷史與文化的影響，所以，身體技術由文化或歷史所形塑，自是不言可喻。如走路、游泳、休息姿態或看護的方法等，無一不是文化或歷史的產物。[31]

廣義而言，身體某部分之協調或動作連鎖反應的總體，即為身體技術。如，走路技術，在日常生活中，看起來簡單的一腳向前，另一腳跟進的連續動作，其實，也是連鎖反應的身體技術。另外，誠如毛斯所說，一種有效的傳統行為，也是技術。進一步說，在不同文化背景下，歷經時間洗鍊的傳統民俗技藝，不只擁有共同的行為慣習

---

[30]馬塞爾‧毛斯（Marcel Mauss），《社會學與人類學》（佘碧平譯）（上海：藝文出版社，2004），301-307。

[31]馬塞爾‧毛斯（Marcel Mauss），《社會學與人類學》，2004，301-307。

跳水的美姿

資料來源：2017臺北世大運執委會提供。

（habitus）[32]，更保有共同的身體技術。換句話說，傳統民俗因其代代相傳，歷久不衰，且融入爲生活實踐的一部分，形成共享的身體經驗，自然成爲共同身體技術的重要組成部分。如東方傳統節慶文化的身體表達方式，與西方文化截然不同。這當然不只是對身體技術表達方式的不同，其對身體技術的文化意涵，更是大異其趣。如東方的氣

---

[32] 毛斯於1934年5月17日，在心理學會上的學術報告中，提出慣習（habitus）乙詞，有譯爲「習性」。依Mauss自己的講法，他喜歡保持這種有關「習性」的社會本性的概念。後來，法國社會學者布爾迪厄（Pierre Bourdieu）常用來描述無意識的性情傾向、分類策略以及個人對文化消費的品味感和喜好趨勢。根據布爾迪厄的說法，這些價值系統，並非來自每個人的氣質特性，而是源自他的社會地位、教育背景乃至階級身分。因此，不同的社會階級會有不同的「習性」，以及獨特的品味和生活風格。瑪莉塔·史特肯（Marita Sturken）、莉莎·卡萊特（Lisa Cartwright），《觀看的實踐——給所有影像世代的視覺文化導論》（陳品秀譯）（臺北：三言社，2009），402。

功、太極、拳術、養生法、靜坐、瑜伽、禪坐等，較多是從整體的身體內省、觀想出發的身體技術，而西方的亞歷山大技巧（Alexander Technique）、拉邦動作分析（Laban Movement Analysis）及蘿芙技巧（Rolfing-Structural Integration）等，[33]則以結構角度，或功能角度，或動作藝術角度，說明動作屬性，比較從個別的、分析的及殊異性，以科學合理性的立場，論述身體技術。

　　不過，隨著人類文化的演進，身體技術所體現的文化意涵，也慢慢從象徵與傳達的重視，注意到當前身體知識的開發，使得科技文明的進步，對身體技術的影響，無遠弗屆，以致身體技術的形成與發展，更是日新月異，不勝枚舉。具體來說，傳統身體技術的趨同性，在全球化的浪潮中，不只瀕臨嚴重的考驗，主流科技文明的力道，正以優勢的全球化聲勢，凸顯人類文化的秀異性，使得身體技術，突飛猛進，一日千里，奧運競賽場合的身體技術表達，即是明顯且具體的例子。

　　進一步說，消費社會隱然成形以來，車水馬龍的街道，熙來攘往的人群，五光十色的櫥窗，琳瑯滿目的產品，不只讓人應接不暇，更讓人瞠目結舌。從身體文化的整體看，作為文化的身體技術，除一般身體表現與象徵的身體操作技術與方法外，對於諸如身體感覺的嗅覺、味覺、觸覺、聽覺與視覺等個人或超越個人範圍的生活技術，似乎不能視若無睹，更不能置身度外。再說，社會的快速變遷，人際疏離，倫理規範今非昔比，和諧人際關係之維繫技術，允為社會身體文化所重視。

　　總而言之，身體技術，可以是身體為達目的所做的操作方法或技術，可以是日常生活中身體的應用技術，甚至是傳統民俗活動中，習

[33]劉美珠，〈身心學──身體覺察能力的探索與開發〉，《臺灣身體文化學會－身體文化講座》（臺北縣，2004.07.24），6-10。

穩紮穩打架勢十足

以爲常的共同身體動作行爲或地方民俗技藝，更可以是道具的創新，技術的改良，是一種身體文化的象徵與傳達，更是科技文明進步的明確的展現。同時，社會的變遷，消費導向的身體文化，感覺與知覺的身體技術，已然爲現代社會所重視。

(二)勞動造就了身體技術

就人類起源而言，達爾文「物競天擇，適者生存」的進化論，擺脫了亞當與夏娃的神造人的神話論述，開啓了猿是人類祖先的說法。[34]黑格爾掌握到，人是勞動的動物，人在勞動過程中成長、發

---

[34]莫里斯（Desmond Morris），《人這種動物》，1999，1-4。

展，製造自己成為人，這是有異於禽獸的人。[35]恩格斯更進一步以「勞動在從猿到人本身的轉變中的作用」，提出勞動創造了人本身的觀點，認為勞動對人的作用，在於兩腳站立、手的解放以及伴隨勞動的語言發生等，[36]都有一定的貢獻，值得重視。至少，揭開了神造人類的黑箱，更揭櫫勞動扮演成全身體技術的發展，創造人類文化的角色。

　　一般而言，所謂勞動，是人類為達生存目的，藉助身體，利用工具為媒介，面向自然討生活，改變環境以求安身立命的過程。如眾所知，在人與自然的交往過程中，人從四腳匍匐前進到兩腳的站立，增廣了視野，擴大了對外探索的領域；從兩手的解放，發揮了手的效能，雙手萬能成為可能；從工具的發明與使用，改變了食衣住行的生活形態，也豐富了飲食起居的生活內容；尤其從語言符號的運用，縮短了人際距離，增加了群體的凝聚機會；特別是思維的加速發展，也明顯激發了人類潛能更多的開發。這些人類的演進，是在勞動身體中啟動，也在身體勞動中成形。換句話說，是勞動的身體提供了平臺，也是身體的勞動完成了奠基的工程。具體的說，經由身體的勞動，改變了勞動身體的潛能，豐富了身體技術，奠定了生存的基礎，影響了生活的內容與形態，創造了人類的文化。

[35]洪鎌德，《馬克思的思想之生成與演變：略談對運動哲學的啟示》（臺北：五南圖書，2010），167。

[36]須藤泰秀，〈「サルのヒト化における労働の関与」を読む（上）－内在的弁証法－〉《立命館産業社会論集》，37.1（東京，2001）：107-127。

二、身體技術的形成及其結構[37]

(一)身體技術的形成及其意涵

◆身體技術的形成

身體技術是文化的象徵，也是文化所生產。可以說是身體在勞動過程中生產了技術，技術成全了身體勞動。從人類文化看，勞動過程中，獲得了生存工具，累積了生存經驗，更豐富了身體技術。如：

1. 生活本能的身體技術：從食不足以裹腹，衣不足以蔽體的洪荒時代，人類所面臨的是自然環境的挑戰，是人與天爭命，與獸爭食的基本的身體技術，是一種適應自然環境所產生的身體技術，可稱為第一類身體技術。

2. 互動的身體技術：聚落的形成，社會關係的複雜化，守望相助，同心協力的抵擋外來的侵犯，以及超越本能謀生技能的口耳相傳，甚或簡單的文字或符號的紀錄，自然有了更進一步的人際關係以及範圍更寬廣的社會互動，所生產的身體技術文化，展露了新面貌，可稱為第二類身體技術。

3. 生產與製造的身體技術：隨著人類知識文明的進步，科技的發

---

[37] 日人川田順造，從1973年起，進行一系列文化人類學的研究，探索有關人類身體技術的課題，就文化結構提出三個構面。即「適應自然環境生產之文化」、「人際關係及社會互動的文化」與「商業服務業之文化」。筆者嘗試就社會經濟發展階段，將商業與服務業分立，以滿足服務社會的到來，提出四個構面的身體技術文化的論述。神奈川大学21世紀COEプログラム研究推進会議，〈身体技法・感性・民具の資料化と体系化〉，《神奈川大学21世紀COEプログラム「人類文化研究のための非文字資料の体系化」研究成果報告書》（横浜，2008.03），95-256。

達，不只自然對人類的威脅相對減少，人類反而主宰著自然，開發自然，生產與製造滿足人類需求的各類產品，並意圖破壞自然、征服自然，身體的技術文化自不可同日而語，可說是第三類身體技術。

4.消費社會的身體技術：消費社會的形成，以客為尊，服務至上的企業精神及商場倫理的需要，更精緻的管理技術，以及更人性化的服務文化，於焉成形。加以資源有限，生態危機，以及環境倫理的重視，人類共存共榮，幸福快樂的生活美學，更是身體技術文化的新面向，或可稱之為第四類身體技術。

◆身體技術的意涵

不過，身體技術雖可依人類生活的演進，概略歸納為四個類別，惟其相互之間，難以完全切割，更非線性發展，其顯現的意涵，約有下列幾點：

1.身體技術之形成，從本能到創發，以生活實用性的身體技術為起點，經教育與訓練歷程，導向生產工具的開發與勞動手段的改良與精進。具體而言，身體技術從生物的自然性到文化的創造性，除本能外，均受模仿與教育的影響，如從牙牙學語到口沫橫飛，從匍匐前進，到「特立獨行」，無一不是在文化環境中學習完成（**圖6-1**）。

2.身體技術的習得，恆受生活環境及個人慣習所左右。個人一旦


```
身體的自然性←— — — — — — —→身體的文化性
                    ↑
        模仿‧教育←—→學習‧創發
```

圖6-1　身體技術與環境的關係

離開初生環境，因時間、空間改變，教育環境與內容不同，對身體技術的表達，均產生一定的影響。惟其程度之多寡，常不能一概而論。如「少小離家老大回，鄉音無改鬢毛衰」，說明根深蒂固的語言文化，歷經時日再久，總難磨滅舊有印痕；相對而言，洋人來華，學習本地方言，再如何貼近，其用字遣詞，總不無扞格不入之感，可見無意識的技術演出，總比有意識的技術表現，來得自然天成。

3. 就創造性的身體技術而言，如舞蹈、音樂、身體運動等的創造性演出，因有其文化底蘊為基礎，易引起各該文化族群的共鳴與感動，相對而言，不同族群遇到相異族群的身體技術，因缺乏共同的文化背景，較難有原汁原味的表達。這也就是，身體技術常是文化標記的象徵符號，更是族群認同的重要道理所在。

4. 從身體技術的表現看，感覺器官的影響，正備受重視。身體感覺與知覺在身體技術的表現上，牽涉更多的身體智慧，誠如布爾迪厄（Pierre Bourdieu）所說的是實踐的累積，經年累月的慣習展現。如身體動作的爐火純青，出神入化的演出，已不是理性知識所能完全分析，動作的順暢感覺，或時間差的掌握，全賴身體整體的感受經驗，以及更多體悟的身體技術。[38]

(二)身體技術結構及其內容

綜上所述，身體技術，常因時空環境而改變，因此，相異族群的身體技術，常有各異其趣的表達方式，也就不足為奇。如以簡單的搬運技術為例，非洲人的以頭頂搬運，以及日本人以背部架梯搬運，都

---

[38] 金子明友《スポーツ運動学－身体知の分析論》（東京：明和出版，2009），1-3。

是司空見慣的各有文化意涵的身體技術，值得重視。試就上述的四類身體技術，將其結構與內容，[39]列出如**表6-1**。

表6-1　身體技術文化之結構及其內容

環境	區分	I	II	III	IV
自然環境	結構	適應環境之身體技術文化	人際與社會互動之身體技術文化	生產與製造之身體技術文化	服務社會之身體技術文化
	動作性質與內容	1.身體之本能及反射動作。 2.身體直接需要之動作（如性交、分娩、哺乳、排便等） 3.基本身體運動等。	1.語言、符號之操作。 2.握手、擁抱、接吻、微笑等身體行為。 3.團體行為技術等。	1.思考、創造的技術。 2.工具、器械之操作技術。 3.自我管理技術等。	1.情緒管理的技術。 2.即時應變的技術。 3.語言傳播或表達技術等。 4.共生共榮的生活美學技術文化。

從**表6-1**所列內容，可以看出，越是身體本能的技術，越是接近反射性的直接行為，越類屬動物的基本生物性，自然越少後天的文化介入。至於互動的身體技術，概屬溝通技術，不只是顯現社經身分地位，更足以表露文化素養的水準，從衣著裝扮，到身體接觸的禮儀作法，甚至交談空間距離的拿捏，身體語言的表達，如表情、音調、說話速度、用字遣詞等，無一不是文化的鑿痕。[40]在生產與製造的身體技術，則需要更多的教育與訓練，尤其是理論的實際應用技術，可以說是此類技術的關鍵所在。換句話說，其不只是需要具備專業的理論知識，更多的是實踐知識的經驗技術。置言之，此類的身體技

---

[39] 川田順造，〈ヒトの全体像を求めて：身体とモノからの発想〉，《年報人類学研究》，1（名古屋，2011）：1-51。

[40] 朋尼維茲（Patrice Bonnewitz），《布赫迪厄社會學的第一課》（孫智綺譯）（臺北：麥田出版，2008），97-118。

術，除了學理上的理論知識（knowing that）外，實際操作方法的知識（knowing how），更不能置若罔聞，等閒視之。

至於消費社會的身體技術，當以自我情緒管理技術為首要，一方面，固然是服務取向，以客為尊的社會，不只要有笑臉常開的自我期許，更要有同生共榮的企業雅量，一方面，商場服務上，雖不一定要卑躬屈膝，委曲求全，至少保有「生意不成，情意在」的品牌堅持，以共創生活美學上的和諧社會，這些都需要一定的身體技術，才能克竟全功。

三、身體運動的類型及其技術屬性

就體育專業而言，有關身體運動技術的認識，不只有助於教育意義的取捨，更有利於身體運動效果的掌握。前者作為施教者，選擇教育材料的依據；後者則益於教育效果的掌握。不過，身體運動類型的分類，常因不同的角度而有不同的分法。其中，有從運動學的對象領域看，或從身體運動形態分，甚至從身體運動技術功能區別，都有其立論的基礎，都值得參考。如，國際運動科學權威，德國體育大學教授麥尼爾（Kurt Meinel）[41]將運動系統分為一般人體運動系統、勞動運動系統、表現運動系統、競技運動系統等四類，其後，與麥尼爾齊名的奧地利大學教授費茲（Friedrich Fetz）[42]區分身體運動系統為先天具有的運動體系（含反射運動體系及內因性—自動性運動體系），與後天習得的運動體系（含傳承的運動體系及創作的運動體系），其後，並統整麥尼爾的說法，分為日常運動、表現運動、勞動運動及一般身

---

[41] クルト・マイネル（Kurt Meinel），《マイネル・スポーツ運動学》（金子明友譯）（東京：大修館，1981），90-96。

[42] F.フェッツ（Friedrich Fetz），《体育運動学》（金子明友、朝岡正雄譯）（東京：不昧堂，1979），77-91。

體運動等四類。[43]丹麥艾希伯格（Henning Eichberg）[44]曾提出「追求業績的身體運動形態」、「以健康爲訴求的體適能運動形態」及「以身體經驗與互動爲訴求的運動形態」等三類，甚至，日本多數身體文化研究者，[45]將身體運動分爲競技體系、表現體系與冥想體系等，[46]不一而足。不過，綜合而言，發現分類容有不同，仍不無異中有同的可循脈絡，茲依作爲人類文化的身體技術觀點，試作歸納，介紹如下：

(一)日常運動

　　一般而言，日常生活中，抓、握、攀、爬、走、跑、跳、拋、擲等，都是身體技術的重要部分，甚至幼小兒童，聽到音樂節奏，不知不覺中，隨之舞動身體，符映節拍，是身體與環境溝通的重要技術，尤其，以視覺判斷空間距離、大小，以聽覺辨識對象，甚或以觸覺分辨物品性質，都是很好的身體經驗學習，都可積累不一樣的身體技術。其他如比手畫腳，運用豐富的身體語言，描述想像的故事，或興高采烈的參與活動；或共同合作，拖拉、搬運、堆疊的技術，簡易手工的製作，都可說是基本生活技術的體現，更是日後豐富身體技術的重要基礎。

---

[43]金子明友，《スポーツ運動学－身体知の分析論》，2009，25-26。

[44]張力可、黃東志，〈型構、三元辯證與能量──H. Eichberg論運動文化的認識基礎〉，《運動文化研究》，8（臺北，2009.03）：139-175。

[45]稻垣正浩，《身体論－スポーツ学的アプローチ》（東京：叢文社，2004），131-212。

[46]湯浅泰雄，《気‧修行‧身体》（東京：平和出版社，2002）。大学体育養生学研究会編，《からだの原点－21世紀養生学事始め－》（東京：市村出版，2003）。

(二)表現運動

一般提到身體表現，大多馬上想到舞蹈，雖不能算錯，卻也不盡然無懈可擊。雖然舞蹈是身體表現的重要場域，不過，身體表現卻不一定僅限於舞蹈。他如演劇、美術、音樂、工藝、技藝、遊藝等無一不是身體表現。具體來說，所謂運動表現，只要強調表達與再現，舉凡藉身體做出自己想要或想像中的動作，表達出來，即是身體表現。其中，或模仿他人的身體操作方式再作一次，或是舉一反三，從新詮釋動作表達方式，自創動作加以表現，也無損身體表現的意旨。事實上，身體表現也可以藉語言描繪，將動作過程，逐一說明，也是一種表達的方式。一個人的喜、怒、哀、樂，可以透過身體表達，當然，身體動作的誇張、細緻，也無一不能表達。

身體動作的學習，應該不是一味的模仿，照單全收，而是貴在自己的體會，就自己的體悟，揣摩動作要領，創發與眾不同的表現方式，應是學習者起碼的基本態度。

(三)勞動的身體運動

早期顧茲姆斯曾就勞動操作的運動，納入《青年體操》乙書，舉凡粗工、細活、園藝、家事等均納入訓練之類，[47]雖然時代變遷，社會分工精細，為勞動形式之身體操作能力，若能提早儲備，對日常生活之應對，應不無幫助。再說，以今天處處講求DIY的時代，訓練手腦並用，理論與實際兼修的身體勞動能力，應也值得重視。

---

[47]金子明友《スポーツ運動学－身体知の分析論》，2009，28。

(四)文化性的運動

一般對身體運動的分類，並未有一定的基準，日本學者佐藤臣彥就身體運動的類型，[48]提出不同的見解，不無獨到的見地，值得參考，說明如下：

佐藤認為，依身體運動的類型，可分兩大主軸：

1.將身體運動形式分為本質上的運動結構以及外在附加價值的運動過程等兩種類型。前者稱之為「自我開展型」，後者則為「價值媒介型」。

2.將身體運動形式分成為無自覺的反復式的，以習慣性的運動形式為基礎以及有目的意識的自覺，以技術改良為本質的運動形式。前者可稱為「反復習慣型」，後者則是「技術改良型」。

基於上述的類型劃分，則可導出身體運動的多種形式，且依兩個主軸的組合，構成身體運動形式的四個領域，如**表6-2**所示。

表6-2　文化性的運動形式分類表

	自我展開型	價值媒介型
反復習慣型	①基礎的運動形式	②符號的運動形式
技術改良型	③象徵的運動形式	④作業的運動形式

就**表6-2**的內容，試做下列說明：

領域①為基礎的運動形式，富自我展開並反復習慣的特性，如站、坐、走、跑、跳、投等，是伴隨人類直立姿勢之日常行動中的基

---

[48]佐藤臣彥，《身体教育を哲学する－体育哲学序説》（東京：北樹出版，1993），242-252。

礎運動，各運動形式均有其內在的身體技術。

　　領域②為符號的運動形式，係富有價值媒介且反復習慣的特性，一般稱之為身體語言。在日常生活中，手勢、禮儀作法等類皆屬此類的運動形式，其運動過程或結果，常含有一定的意義、信息，傳達一些媒介價值符號的功能。如「昂首闊步」、「卑躬屈膝」等身體技術，常有特殊的文化意涵。

　　領域③係指自我開展且是技術改良，意指不以習慣性且反復操作為滿足，而是不斷的以目的意識為導向，提升向上的運動形式。如競技運動、體操、舞蹈等運動形式，莫不以身體的潛能作極致的發揮。

　　領域④既是價值媒介又是技術改良的作業的運動形式。如用具與機械等物質器物的操作，創造出有價值的生產物的運動形式。其與領域③不同，在於本領域重在外在物質生產的價值，而非運動本身可能性的開展。

　　綜合而言，作為體育專業的運動形式，從基礎反復習慣性的運動形式，到追求卓越技術改良的象徵運動形式，從價值媒介到作業技術改良，創造物質價值的運動形式，各有特色，也各具功能，自宜有精確的認識與清楚的理解。

(五)冥想性運動

　　冥想性運動項目，以東方身體技術文化項目居多。一方面，古老東方，冥想作為向內觀照的修身養性，一方面，東方文化趨向保守，凡事反求諸己，順天應人者多，甚至強調天人合一，物我並存以及身心一如，與世無爭的達觀心境。身體技術文化自較含蓄消極，較少有冒險患難、橫衝直撞的野性。

　　不過，全球化興起之後，東西文化交流頻仍，尤其健康意識抬頭，能量醫學風起雲湧，身心靈並修的風氣，普遍為人所接受，元氣

產業，之能在西方漸露曙光，自可想像。因此，東方文化的功夫、氣功、武術（太極）、靜坐、瑜伽或禪修等，經由傳播媒體的宣揚，頗能引領風潮，備受矚目。

(六)傳統民俗技藝

傳統民俗技藝，與族群文化同興亡。可以說，有族群的生命，就有各該族群所屬的身體技藝文化。其中，或生活方式，或勞動操作技巧，或宗教儀式，或生命禮俗等習俗技藝，均為各該族群所珍惜。不過，當前世界弱小國家或曾被殖民族群，因先天資源短缺，經濟條件落後，社會發展緩慢，人民生活困苦，或遭逢戰亂，幾經列強壓榨剝削，強取豪奪之後，即連舊有傳統民俗文化，或被踐踏消滅，或被刻意遺忘，幾近蕩然無存，殊甚可惜。

基於人權平等的思維，以及人類共同文化資產的維護，不只國際組織及有識之士，正極力倡議，重建與復興固有族群傳統民俗技藝，尤其，弱小族群，在後殖民時代，除發憤圖強，勇於追求重建家園的可能外，更著重於傳統民俗技藝的復原，以尋找族群的自我認同與定位。

最近，臺灣的三太子風迷國際，舉國振奮，這是自1949年臺灣光復以來的特有景象。雖然，多年來，臺灣對民俗體育一向重視，如舞龍、舞獅、宋江陣（陣頭）、扯鈴、跳鼓、踢毽子等，先後組團巡迴國際演出，都有一定的績效，也深獲好評。這應是後殖民社會的正常投射，藉以喚醒族群意識，凝聚文化認同。進一步說，盱衡國際，就傳統民俗運動會正次第展開的現象觀察，如中國少數民族運動會、臺灣原住民族運動會，以及包括西班牙、英國、美國及歐洲等相關少數民族運動會的先後舉辦，其所顯現的意義，除蘊含對主流種族運動的

抗衡外，[49]企圖複製或再生產自己傳統固有文化的積極作為，都值得我們深入思考。

四、身體運動技術的精進與異化[50]

身體運動技術，從早期生活條件不足，勞動多於休閒的時代，自難有閒情逸致發展遠離勞動的技術範圍。不過，時代不同，社會環境丕變，生活態度更大相逕庭。具體而言，從三餐不繼到豐衣足食，不只物質生活的顯著不同，休閒生活更是多姿多彩，美不勝收。這一方面，看到身體技術從勞動技術轉化為休閒技術的蛻變，一方面，更看到，即使是休閒生活樣態，也由一般大眾化、普及化，轉向精銳化、拔尖化；更由集體化、通俗化，轉向個別化、秀異化，凸顯社會階層的分化，已逐步成形，異化現象，也就接踵而至。

一般而言，異化概念，應用於哲學、經濟、歷史及社會現象較多，常泛指人們所創事物（如商品、制度）離人而外化，並反過來支配人，以致使人失去人應有的本質，即為異化現象。[51]舉例而言，人創發「制度」以維持事務之運作，結果「制度」反而綁手綁腳，限制了人的自由發展，即為明顯的異化。事實上，更寬廣的說，人受到壓抑、屈從、變節、改造等，而失去人的主體性者，都可稱之為異化。

---

[49]寒川恆夫，〈スポーツとエスニシティ〉，《体育の科学》，48.3（筑波，1998）：180-183。

[50]所謂異化，有稱之為是一種疏離現象，常會以馬克斯的異化論為代表，即：(1)人與勞動過程的異化；(2)人與生產物的異化；(3)人與人的異化；(4)人與自己的異化。不過，也有認為，凡違己從眾，屈從眾人意志，即為異化，或就心理層面，認為與他人的衝突、糾葛與矛盾，也稱為異化。目前，社會人情淡薄，人際冷漠，常稱是人際關係疏離，應可說是一種社會異化現象。

[51]黒沢惟昭，〈疎外論の再審：生涯学習体系論への序章〉，《長野大学紀要》，31.1（長野，2009.06）：59-72。

　　進一步說，身體運動技術的精進與異化，約有下列的背景，值得重視：

(一)身體運動技術的精進

◆國家政策的引領

　　從1960年代，美國因戰力需要，推動體適能策略以來，運動與健康促進，幾成為國際風潮，[52]加以國際組織全民運動憲章的公布，促使國家政策大力挹注，形成運動中心的普遍設立，運動融入生活，獲得共鳴，頓使個人的身體運動技術，藉助國家的刻意經營，而顯著提升。

　　具體而言，國家政策的引導，使得青少年活動備受重視，全民運動的欲求增強，中老人的健康維護，獲得更多的關注，人人需要運動，不再只是口號，運動技術自是水漲船高。

◆科技助長競技水準

　　科技的進步，一方面以健康食品改善飲食習慣，換取健康，甚至以藥物飲用，改造身體，突破身體潛能的侷限，創造佳績，一方面利用科技研發服飾、器材、輔具等，以利人體超越環境的限制，如游泳、體操、田徑等，無一不能量身打造，協助技術演出，達到拔尖目的。

---

[52]1956年美國艾森豪總統，為提升美國青年之戰力，特別組織青年委員會研商對策，1961年甘迺迪（John Fitzgerald Kennedy）總統接任後，更擴大邀集專業人員，含體育、醫師及相關人員，組成直屬總統的諮詢委員會，發展至今，影響深遠。

◆商業行銷激發風氣

職業運動興起之後，不只帶動運動人口的急速攀升，更伴隨運動產品行銷全球，致使狂熱運動迷，橫掃大街小巷，各自認同的服飾、裝扮，爭奇鬥豔，令人側目。同時，新興運動項目，此起彼落，從水上風浪板、摩托車，到空中滑翔翼、飛行傘；從登峰攀頂、懸崖峭壁，到陸地定向越野、超馬、跑酷等，熱心愛好者，幾無時、空限制，樂而忘返，運動風氣，舉世風靡。

◆媒體營造氣勢

媒體的發達，不只即時轉播，營造賽事氣氛，鼓勵風潮，尤其運動英雄的塑造，更帶動運動迷的瘋狂，群起仿效，追星築夢，形成商業運動產品大發利市，運動產業，所向披靡。特別是媒體的多元進場，不只是平面、電子媒體走入家庭、社區，雲端科技的信息傳播，更是無遠弗屆，影響所及，難以想像。

(二)身體運動技術的異化

◆政治介入頓失主體

身體運動的功能，從運動中享受自由自在的樂趣，獲得快樂與健康，到倫理規範的講究，以及和睦相處的愉悅，一直為人所重視。不過，競賽成績的展現，除足以顯現對人類潛能的貢獻外，更可提升國家形象，凝聚民族意識，已是眾所共認的重要政治手段。因此，國力與體力劃上等號，實力雄厚的國家，以強大陣容，卓越表現，傲視群雄，宣揚國威，展現民族的優越性，即使弱小民族，也竭盡所能，力爭上游，擇項突破，一心一意，期待升起國旗，證明國家的存在。一旦輕鬆愉快的運動，成為背負沉重的負擔，運動已遠離了運動的本質，只作為達到目的的手段與工具，運動之異化，不言可喻。

◆過度競爭勝利至上

身體運動技術，需要磨練，也需要競爭。磨練，使技術更精進，競爭是技術較量，互相切磋琢磨，讓彼此技術截長補短，是相互成長的重要平臺。所以，競爭是上進的動力，更是自我實現的不二法門，殆無疑義。不過，運動競爭，常是零和競賽，在短兵相接，你爭我奪之餘，勝者為王，敗者為寇，已屬常態。尤其，國際競爭場合，不只奮力一搏，志在爭取升國旗的機會，尤其，拚死拚活，不只為背後的獎賞，更是爭取立千秋萬世的歷史定位。因此，奮不顧「身」，或以身試「法」變性、作假、藥物介入，為勝利而不擇手段者，所在多有，奇招伎倆，時有所聞，更不足為奇。賞心悅目的運動背後，潛藏如此眾多的陰影，應不是眾人所樂見。

綜合而言，身體技術，常泛指生活中所養成的身體操作能力或方法，除本能外，係由文化所形塑，常在無意識中顯現，反應各族群或社會文化及價值觀。

同時，身體技術的表現，牽涉更多的身體智慧，感覺器官的影響，備受重視，諸多身體技術，已非理性科學所能完全分析，值得深入探討。

其實，身體運動技術，類別繁多，惟常以日常運動、表現運動、勞動運動、身體運動、冥想運動及傳統民俗技藝等類，其中，冥想運動，係東方身體文化，強調身心靈並修，藉全球化光環，正風起雲湧，銳不可當。傳統民俗技藝，與族群文化同興亡。可以說，有族群的生命，就有各該族群所屬的身體技藝文化。其中，或生活方式，或勞動操作技巧，或宗教儀式，或生命禮俗等習俗技藝，均為各該族群所敬重。不過，身體技術的發展，從勞動技術轉化為休閒技術的蛻變，甚至，休閒生活技術，也由一般大眾化、普及化，轉向精銳化、拔尖化；更由集體化、通俗化，轉向個別化、秀異化，凸顯社會階層

的分化，已逐步成形，異化現象，也就接踵而至。

第三節　身體資本的類型及其轉化

　　身體，是生命的居所，更是無可替代的存在。同時，身體也是可利用的資源，[53]更是資本的載體，不論個人、社會或國家，常以身體的價值性或有用性，作為介入或改造的對象，而形成不同的資本。其實，一如前文所述，身體是整體呈現的個體，富個別性，也具社會性；有生物性，也有文化性；有物質性，也有精神性。所以，作為資源的身體，轉化為身體資本時，可以是綜合展現，也可能是個別顯露。

　　本文重在強調身體作為資源，積累身體資本的重要性。乃是基於下列幾個理由：

1. 傳統以來的體育，常從生物性的角度觀看身體，以塑造身強力壯的身體為已足。事實上，忽略了身體的多重性，較少轉換一個角度，看清身體的真面目，不無缺憾。

2. 身體的可改變性，說明身體資本的存量，有充分開採的空間，藉以揭露身體的可塑性。

3. 身體隱藏有象徵的資本，更有顯現的經濟資本、社會資本及文化資本，身體研究，方興未艾，宜更深入理解。

4. 身體從個人看是「樹木」，但從社會看是「森林」，所以對身體資本的掌握，是既要見樹，更要見森林。

　　本文即基此背景，擬分：(1)身體資本釋義；(2)身體資本概念之背

---

[53] 荻野美穗編，《身体をめぐるレッスン〈2〉資源としての身体》（東京：岩波書店，2006），7-14。

景：(3)身體資本之類型；(4)身體資本之轉換與累積等，分述如下。

一、身體資本釋義

(一)資本的意涵

資本乙詞，英文以capital標記。capital的語源，取自拉丁語caput乙語，係指家畜的「頭」數（pecus），轉化為pecuniary，表示貨幣或財產的意思。以家畜的頭數表示資本的大小，意指作為資本的家畜，因生產而自我增值，即為資本的原來意涵。[54]

一般而言，資源的消費，即資源的有效運用，可生產新資源，而使價值增加，亦即，因使用資源而生產新資源，則該最初的資源，可稱之為資本。相對而言，消費了資源，減少了資源的效用，而未能生產任何價值，則是資源的浪費。具體的說，資本是一種具有生產力的資源，因此，資本可以作如下的界定：[55]

1.資本須具有價值，是價值的存量。

2.資本須具有效能，帶來利潤。

3.資本須具有增值性，不能增值的資本，不算是資本。

不過，有關資本的類型，常因不同的觀點，而有不同的分類。傳統上，經濟學常將資本形式，區分為三類，即：

1.物質資本：意指財貨，如廠房、機器及建築物等的存量。

2.人力資本：泛指體現在人的技能和經驗為代表的資本存量，一

---

[54]多木浩二，《スポーツを考える－身体・資本・ナショナリズム》（東京：筑摩新書，1995），3-5。

[55]P. Bourdieu, *Practical Reason: On the Theory of Action* (Oxford: Polity Press, 1998), 5.

優雅品勢動靜自如

資料來源：2017臺北世大運執委會提供。

如物質資本，可以產出經濟價值。

3.自然資本：主要包含可再生資源、非再生資源及生態系統上的治理過程，都作為一種生產要素，構成為自然資本。

其實，隨著資本主義的擴展，以及環境永續發展的重視，有認為應加入文化資本，作為經濟資本的第四類型，不過，也有主張，除經濟資本外，諸如身體資本、社會資本、健康資本、語言資本、政治資本及制度資本等概念，也逐漸為人所討論。不過，因論述者眾，諸多概念尚待釐清，理論尚在摸索，加以經濟學概念，不斷湧入社會學領域，致使部分學者批判此一現象為「資本過多症」。[56]

---

[56]J. Baron & M. Hannan, "The Impact of Economics on Contemporary Sociology,"

總而言之，資本乙詞，概念相當複雜，惟以市場投資，期能獲得利潤爲核心概念，似較爲大家所接受。

(二)身體資本的概念

基於上述資本的界定，參酌布爾迪厄及相關專家學者的看法，有關身體資本的概念，說明如下：

◆身體的商品化

科技的發展，以及醫學的進步，直接將身體的物質資源作爲商品，已不是新聞。2003年，美國雜誌直接將器官買賣的價格，公諸於世。商品化的方法，約如**表6-3**。[57]

表6-3　人體商品化的方法

區分	事物種類	具體事例
物質性／身體的物體的商品化	人工製品 人體部品	血液販賣 有價提供器官
抽象物體的商品化	身體資訊 遺傳資訊	商業模式（藥物實驗）、廣告 個人遺傳資訊（研究）
身體服務的商品化	性產業 生殖服務等	賣春 代孕生產

當然，身體的商品化，應屬經濟資本，從器官移植、治療，藥品實驗，或研究與教育，常牽涉到倫理問題，部分國家，因國情不同，並不公開鼓勵，惟身體利用，在供需市場機制下，隨著科技的發展，已更細緻、更廣泛，其意義與價值，正反兩論，值得深思。

Journal of Economic Literature, 32 (Pittsburgh, PA, 1994): 1111-1146.
[57] 粥川準二，〈人体資源利用のエコノミー〉，《身体をめぐるレッスン〈2〉資源としての身体》（荻野美穂編）（東京：岩波書店，2006），133-158。

399

親子對練樂無窮

資料來源：許福昌提供。

◆身體勞動能力，是人力資本的基石

資本是勞動的累積，亦是勞動實踐能力的具體化，其中，有出賣體力者，也有以腦力為代價。關鍵所在，不只是力量的大小，也牽涉到勞力品質的高底，創造力的有無，以及情緒管理的好壞，因此，雖然職業無分貴賤，惟勞動價值常因勞動者的素質（職位、學歷及經驗等）而有不同的資本付出或獲利。

◆溝通的身體，厚植社會資本

身體是溝通的媒介，也是溝通的平臺。身體不只是形成社會的實質性基礎，更是塑造社會制度與規範的主體。換句話說，人透過與動物所共通的非語言的傳達機能，創發了語言為工具，藉語言傳達自己的思想，經由溝通而瞭解了他人的想法，形塑並傳承人類的文化。

進一步說，人類從個體生命的維持，到種族的繁延；從危機的傳達，到自我及疆域的保護；從覓食的通力合作，到求愛群聚；從勞動的效率與效果，到聚落集團的社會秩序的維持與位序的確立，無不經由身體實踐，不斷的溝通，表現自己的誠意與對手交涉，整理不同的想法，融合彼此的差異，解決共同的難題，而促成社會的循序運作，厚植了彼此信任的社會資本。

◆身體是符號系統，透露象徵資本的信息

人的身體，無論是自然的行住坐臥，舉手投足，抑或是刻意加工改造，美姿美容，無一不是充滿意義的象徵，所顯現的意義，可以是地位、權勢與身分認同；也可以是一種流行、喜好、風格、品味與品質的展示，都是身體資本高低的顯露。

身體的符號化，可以從語言的表述，如語氣聲調的大小、強弱、高低，快慢；身體的表情，如姿勢、眼神、動作、態度，以及身體的穿戴，如服飾的質料、裝扮的程度、飾品的品質等，充滿權力的運作，顯現文化水準、社會階層與個人財力的存量。

◆遊戲的身體，是文化資本的體現

「人是遊戲的人」，[58]不只有人說：「人只有在遊戲的時候，才是人。」[59]更有文化人類學家指陳：「人，惟其在遊戲中，超越現實的窒礙，跨過經濟與物質價值的羈絆，才能創造出五彩繽紛的文化。」[60]

具體而言，在功利主義盛行，社會氛圍強調有用知能的今天，人人忙於有形物質價值的追逐，遺忘了透過遊戲展現作為人的高貴精

---

[58]胡伊青加（Johan Huizinga），《遊戲人：對文化中遊戲因素的研究》（成窮譯）（新北：康德出版社，2013）。

[59]F. Schiller, *On the Aesthetic Education of Man in a Series of Letters* (New York: Meredith Publishing Co., 1962), 266.

[60]莫里斯（Desmond Morris），《人這種動物》，1999，5-6。

神,與勇於築夢與崇高的想像。

事實上,遊戲是文化的重要因素,是人的本質,是理想的象徵,講求的是,在競爭、時空限制與規則條件下,以嚴肅、認真的態度,體現精神靈性、知性、倫理與美德,形塑高雅的文化,累積文化資本,自是不言可喻。

一言以蔽之,身體資本,可以從生物的身體看,也可以從社會或文化的身體思考,因面向不同,自有不同的資本對象與資本內容,不只說明身體的多義性,更提醒身體的豐富性,所以對身體的投資,可以有多重的投入,自可以有多元的獲益。

二、身體資本概念之背景

理念之所以重要,不是因為它被提出,而是因為它能因應歷史的發展階段,提供迫切需要解決的答案。[61]資本理論的發展,也可以作如是觀。以大家耳熟能詳的布爾迪厄的資本理論為例,剛提出時,並未受到重視,且其有關「資本」的論述,並非布爾迪厄理論中的關鍵角色,而是因為「資本」是理論運作的動力邏輯,是勢力的來源,也是鬥爭的標的。[62]

布爾迪厄的資本觀念取自經濟學,他認為,所有資本皆以經濟資本為根基,而不同類型的資本,也可以從經濟資本中獲得。但資本最大的潛力,在於不同資本(經濟資本、文化資本、社會資本和象徵資本)之間的可轉換性,也是構成社會賽局策略的基礎,這些策略的目的,在於透過轉換以保證資本之再製,透過再製延續行動主體結構的

---

[61]Scott L. Mclean, David A Schultz, and Manfred B. Steger (ed.), *Social Capital: Critical Perspectives on Community and "Bowling Alone"* (New York: New York University Press, 2002), xi.

[62]邱天助,《布爾迪厄文化再製理論》(臺北:桂冠圖書,2002),129。

代代相傳。[63]

　　布爾迪厄最先關注的是文化資本問題。早在1964年，他擔任法國社會科學高等研究院教授，並創立歐洲社會學中心。當年他出版《繼承人》乙書，探討學生選擇的主修所潛藏的社會情境；並開始建構文化資本的概念，解釋進入高等教育是文化適應（acculturation）過程。[64]這樣的論述，可以說與他的成長背景有關，也與他的學術性格密切關連，更成全了他文化再製理論的創見。試就其背景，略述如下：

(一)農家出身，在意「階級」身分

　　布爾迪厄出生法國南部鄉下，祖父是農夫，父親是郵差。後經自己的努力，成功進入巴黎高等師範學院。常以自己奇蹟式的過程，略感適應不良。對自己鄉下的口音，受同學嘲笑的衝擊，一無反抗的餘地。常自感在學校這個「市場」，自己所發出的語言，是價值非常低的評價。[65]

　　這與布爾迪厄所指陳，社會空間，是由許多不同的「場域」組合而成，這些場域如同「市場」一般，所有涉入其中的行動主體，皆為持續占有特定的資本而鬥爭，而先前鬥爭所攫獲的資本，往往決定下一次鬥爭的成敗。[66]可說前後呼應，一脈相承。

---

[63]邱天助，《布爾迪厄文化再製理論》，2002，129-137。
[64]田口富久治，〈ピエール・ブルデューの社会学について〉，《政策科学》，3.1（東京，1995.06）：43-50。
[65]ピエール ブルデュー（Pierre Bourdieu），《ピエール・ブルデュー─超領域の人間学》（加藤晴久編）（東京：藤原書店，1990），10-15。
[66]ピエール ブルデュー（Pierre Bourdieu），《ピエール・ブルデュー─超領域の人間学》，1990，10。

(二)「慣習」（habitus）概念的出現

　　布爾迪厄1930年出生，1950年代正處哲學系學生時代。當時沙特存在主義思潮，正方興未艾。布爾迪厄對存在主義及現象學多所涉獵，曾自己表明深受海德格及胡塞爾哲學的影響，但因興趣廣泛，並未受其染色。[67]其後，因曾有社會田野調查經驗，體認到「主體決定」的主觀模式，並不一定適用於每一個人或社會，也就放棄了存在主義而就結構主義對事實的看法。

　　不過，不久之後，以具備鄉下體驗的布爾迪厄，仍然無法容忍結構主義者一種「貴族心態」的作法，[68]對觀察者與在地人，或學者及其對象（外行人）之間，認為可以絕對的區別與距離設定的態勢，而不表認同。其中，主要原因在於，布爾迪厄認為，就其與結構主義者一同進行的人類學調查，結構主義者僅憑極少數的信息，即作為客觀推論的依據，而布爾迪厄不排除外行人的意見、一見如故的親切感覺，以及其所提供的資訊。他認為，實際的情形，可能因人、因事，影響因素甚多，難以一概而論，而結構主義者根據調查結果，認為完美無缺的論述，實際上，無法反應現實。

　　布爾迪厄認為行動者，其行動取向，必然與目的相扣連。但絕非自由主體所決定，通常是在無意識中，調整適合社會各不同條件所規定的可能性。實際上，行為者是在所限的時間與資訊中行動，而觀察者則掌握有利的資訊，且對資訊應用自如，兩者根本是在不同的條件下行動。不過，即便是如此，行為者絕不是盲目的行動，只是在受

---

[67]布爾迪厄的認識論，為了突破客觀主義與主觀主義，而採「關係」的思考模式。具體而言，布爾迪厄一方面打破實體論（Substantialism）的思考模式，一方面進行建構主義的革命。邱天助，《布爾迪厄文化再製理論》，2002，52。

[68]意指志在維繫「巨型理論」，避免進入經驗研究。邱天助，《布爾迪厄文化再製理論》，2002，107。

限的時間、受限的情境中選擇適切的行爲。那也不是合理的判斷，更不是結構的力量，而是隱藏在身體無意識裡的行動意向，也就是「慣習」的力量所引導。

布爾迪厄認爲慣習是「結構化的結構」，同時也是「被結構化的結構」。[69]進一步說，從行爲者的角度看，在行爲者受限行動的同時，行爲者反而產生更多的行動自由。從慣習的立場看，引導行爲者朝一定方向行動之同時，行爲者的行動慣習本身，也常在作調整。[70]

以運動遊戲者爲例，係在一定的規則、一定的時間進行，同時，可以在很多適切的場合遊戲。遊戲者可在給定的結構中，配合自己的目的，調整合理的行動。卓越的遊戲者，能充分理解規則，更能遊戲得自由自在。換句話說，卓越的遊戲者，並不是無視於規則，而是因爲更瞭解規則，更投入，更專心，而使卓越的遊戲成爲可能。

布爾迪厄對結構主義與存在主義雙方所抱持的時間性、資訊的完全性的前提，提出批判，認爲那不是靜態的模式，而是內含結構與決定的動態模式。他將這樣的模式，在自己的社會學裡，稱之爲「發生論的結構主義」。[71]

(三)批判能力主義的菁英教育──不公平的遊戲

布爾迪厄對當時的能力主義的菁英教育，提出強烈的批判。當時

---

[69]布爾迪厄以遊戲爲例，旨在說明遊戲者，一方是在結構化的結構中進行遊戲（如規則限制），一方面又在被結構化的結構中自由發揮遊戲方法。

[70]慣習（habitus）乙詞，是布爾迪厄的核心概念，國內有譯爲生存心態或習性，本文以「慣習」的用法，因未有明確定義，一般常指爲：(1)慣習是經過培養的稟性與處事的方式；(2)慣習是種存有狀態，身體成爲根深蒂固稟性的貯藏器；(3)身體的習性是個人軀體長久性的組織，表現社會世界的部署（disposition）；(4)差異化的體現；(5)身體是歷史的產物，也再製歷史。許義雄，臺灣師範大學上課講議（2013），未發表。

[71]邱天助，《布爾迪厄文化再製理論》，2002，105。

的一般論述，認為能力主義是基於教育的平等性與普遍性兩大前提。教育的不平等，係經濟不平等所造成，只要導正好經濟，諸如給獎學金、提供無償教育制度等措施，至少在可容許的程度，可彌平不平等。置言之，這樣的作法，基本上是平等的競爭，個人不成功，是個人的努力不足，責任應由個人承擔。

布爾迪厄正面反對這種論調，認為機會端視階級的上下高低。越在上層的人，機會越多，越在下層的人，機會越少。布爾迪厄指出，統計資料毫無掩飾地暴露了能力主義的意識形態。

另一方面，布爾迪厄也對教育普遍性的前提，提出批判。他力陳，學問、藝術等，在不少場合看似中立、普遍的事物。談學問用真理的語言，說藝術以美的用語加以定義，這樣的觀念，毫無疑問的確實存在，且為眾人所共有。可是，深入觀察之後，布爾迪厄認為，無論是學問上的「真理」，抑或是藝術上的「美」，都與上流階級的「慣習」具有密切的因果關係。具體而言，布爾迪厄所要表達的是，論及普遍的真理、至高無上的美，這些被定義的觀念，都是支配階級所隱藏的支配道具，在不知不覺中，作為再生產的重要要素，代代相傳。

布爾迪厄所強調的文化資本的觀念，如審美的眼光、良好的嗜好、讀什麼書，可以增知識、可以有優雅的言談舉止，一般被忽略的事，事實上，對支配階級而言，卻是非常方便的規則。在家庭生活裡，從幼小時期開始，教育中所獲得的文化資本，都是社會區別的指標，內化為個人的慣習，讓其長大之後，在不知不覺中，確實發揮潛移默化的作用，進而作為階級的再生產。

進一步說，布爾迪厄對教育與社會的批判，旨在揭露不公平的事實，重在強調，比賽一開始，就由特定的人制訂了對自己有利的規則，這是徹頭徹尾的不公平比賽。

(四)社會的三度空間

　　如上文所述，布爾迪厄強調階級身分，也就是所處的「社會」位置。不過，他認爲「社會」是一個空洞的概念，所以用場域（field）或社會空間替代。[72]事實上，在布爾迪厄的思想裡，社會空間是一個差異的體系，也可說是權力體系。一般指的是個人或團體所占社會位置行爲的具體顯現，常與生活形態相重疊。

　　更確切的說，社會空間，應該是社會的時間與空間，由資本總量的大小、資本的分配結構及時間軸的變化等三個軸面構成。[73]換句話說，即由經濟資本與文化資本的總量，作爲縱軸，而其兩者的資本分配結構，作爲橫軸，在縱軸與橫軸的相交空間，則分布有不同階級，如支配或上流階級、中層階級、庶民或下層階級。階級的下位概念爲階層，可說是同一階級內的組成成員，特別是與資本分配的高低有關的不同成員，即構成階級內的不同階層。如支配階級內部，經濟資本量多，其資本分配結構，則爲經濟資本＋，文化資本－，表示是支配階級內的資產階級，相對而言，如知識份子，相對經濟資本小，則爲經濟資本－，文化資本＋，表示是支配階級內的受支配階級。[74]

　　至於與社會空間相重疊的生活形態空間，則構成兩者的複合體，其關係如**圖6-2**。[75]社會空間的第三軸面，即爲時間軸面，可順著時間的發展，將社會空間立體化，動態化，而看出社會差異體系的變化。從圖示中，不難看出，在資本總量上（縱軸），階級越高，所擁有的資本量越高，如大學教授或企業首長，但就資本結構看，則大學教授

---

[72]周新富，《布爾迪厄論學校教育與文化再製》（臺北：心理出版社，2005），53。
[73]田口富久治，〈ピエール・ブルデューの社会学について〉，1995，43-50。
[74]田口富久治，〈ピエール・ブルデューの社会学について〉，1995，43-50。
[75]P. Bourdieu, *Practical Reason: On the Theory of Action*, 1998, 5.

的文化資本較高（＋），經濟資本較少（－），相對的企業首長，則經濟資本高（＋），文化資本較低（－），餘類推。進一步說，資本的高低及其結構的內容，也會影響生活形態，如休閒生活項目的選擇、運動、遊戲或飲酒作樂的習慣。

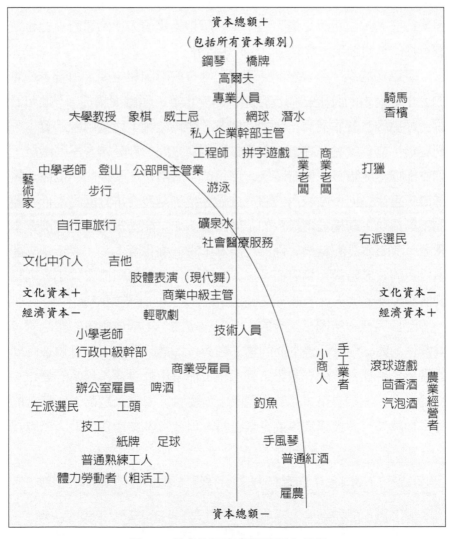

圖6-2 社會的三度空間與資本分布

三、身體資本之類型

本文以身體資本為標題，重在強調其內化為身體組成的一部分，有相對於客體化資本的指涉意涵。具體來說，布爾迪厄所強調的文化資本，即是身體化的文化資本，誠如他所一再論述的身體內化的慣習一樣。

進一步而言，語言、文字是文化；學歷、資格也是文化，甚至連價值觀、態度、修養，更是文化。其實，文化本身的內容，無法獨立自存，也就是說，文化強調的是，必與經濟、社會等保持密切的關係。廣義來說，透過教育的手段，習得文化的內容，生產經濟的利益，養成良好的社會關係，形成一種文化。更具體的說，學會語言、文字，若不能融入為自己能力的一部分，「讀聖賢書，所為何事？」若不能身體實踐力行，其實，也算不上是自己的文化資本。

有關資本的類型，布爾迪厄並未特別提出身體資本，只提出經濟資本、社會資本、文化資本及象徵資本等四類，事實上，從布爾迪厄的實踐理論，不難看出，資本形成離不開身體化的實踐理論，以超越主、客對立的思維邏輯。[76]茲就其資本類型，分述如下：

(一)經濟資本

一般定義經濟資本，等同於經濟學的「實體資本」，泛指個人的財富、物質資源及所擁有的生產工具（設備），可以輕易的轉變為其他形式的資本。如土地、工廠、勞動、貨幣、各種收入或各種經濟利益等，即為經濟資本。不過，布爾迪厄將經濟資本放在慣習與場域的

---

[76]P. Bourdieu, *Practical Reason: On the Theory of Action*, 1998, 5.

關係中討論，論述資本總量及其內容結構是個人的階級與階層的權力象徵。同時，他特別提出，實際經濟的實踐過程，也要考慮非經濟因素的投入，如：性情、傾向、習性、興趣、場域結構等，因其在經濟實踐活動中都發揮著作用。[77]具體而言，文化財即是經濟，而這種經濟具有獨自的邏輯。布爾迪厄的意思，並不是要還原文化實踐的狹義經濟的合理性，而是要強調，文化實踐的經濟合理性有待更進一步的分析與理解。

　　布爾迪厄指出，文化領域概念性的經濟化，是文化商品或文化性意義，必然有其支配生產、流通、消費的邏輯，而在其領域中被生產、流通、消費及使用。其邏輯是：(1)它參與生產、流通、消費的過程；(2)它達成社會再生產過程的重要任務。[78]

(二)文化資本

　　眾所周知，布爾迪厄是最先提出文化資本概念的人。不過，隨著消費社會的形成，以及經濟條件的改變，文化資本的論述，有了更趨多元的面向，尤其是文化的多樣性，自然生態永續發展的重視以及文化創意產業浪潮，此起彼落之後，文化資本的概念，有了更寬廣的意涵。約在西元2000年前後，文化經濟學者索羅斯比（David Throsby），開始探討「文化資本」乙詞的其他用法，認為，文化資本的概念，可能不只是意味著個人的文化資本存量，而要關心更多文化資本與自然資本的相似性問題，藉能回應人類與生態永續發展的新局面。[79]

---

[77]皮埃爾・布爾迪厄（P. Bourdieu）、華康得（L. J. D. Wacquant），《實踐與反思：反思社會學導引》（李猛、李康譯）（北京：中央編譯，1998），161。

[78]Philip Crang，〈文化論的転回と経済地理学の再構成〉（森正人譯）《空間・社會・地理思想》，9（大阪，2004）：54-71。

[79]David Throsby，《文化経済学入門－創造性の探究から都市再生まで》（中古武雄、後藤和子譯）（東京：日本経済新聞社，2009），91-118。

　　當然，布爾迪厄的論述，起了關鍵的作用。布爾迪厄認為，個人如在各該社會擁有較高地位的文化，而有充分的能力，則可視為擁有文化資本。而其形態有三：

1.身體化狀態（embodied state）：是身體內化的資本，也是慣習化的狀態。如個人身心長期的氣質、稟性、舉止、姿態、行為模式等，在日常生活的耳濡目染中積累而成。

2.客體化狀態（objectified state）：是物化或外化的資本，亦即文化資本轉化成繪畫、書籍、事典、道具與機械等文化財時，即為客體化或對象化資本。

3.制度化狀態（institutionalized form）：經合法制度所獲得的文化資本，如畢業證明書、文憑等，有一定程序取得的能力證明，具公證力的合法保障的資本。

　　不過，布爾迪厄特別強調，還是身體化的狀態最為重要，因為文化資本的財產，其根本狀態，幾無不與身體相扣連，係以身體化狀態所導出的資本。就此而言，難免引起質疑，認為布爾迪厄的文化資本概念，就重視個人的狀態而言，雖不能說是同質性太高，但與經濟學所言的人力資本的概念，卻不無重疊之處。[80]

　　因此，索羅斯比從文化價值的觀點，提出文化資本的概念。他認為，思考文化時，就是價值的思考，而價值的思考，就是一種價值的推估，認可、修正、確認或否定的過程，就是一種評價。他指出，我們無時無刻，不在作這種能動的、相互作用的意義思考，以思考價值的必要性。

　　索羅斯比認為文化資本形態可依文化價值的指標分類，而文化價

---

[80]王中天，〈社會資本（Social Capital）：概念、源起及現況〉，《問題與研究》，42.5（臺北，2003.09）：139-163。

值則有：[81]

1.美學價值：如作品之美、調和、形式等性質，構成文化價值的要素。

2.精神價值：如作品上顯現的宗教、族群或文化團體的信仰。

3.社會價值：作品促進彼此的瞭解，增加認同感，提供社會和諧場域。

4.歷史價值：藉作品瞭解當時生活狀態，喚醒鄉愁，建立歷史連帶感。

5.象徵價值：作品本身即為意義的儲藏庫及其傳播者。消費者從中得到啟發。

6.原物價值：是原始呈現，原物展示，只此一家，別無分號的價值。

至於文化資本的形態，則可依文化價值，分為有形與無形文化資本：

◆有形的文化資本

建築物、各種規模或單位的土地、繪畫、雕刻作品或工業品等形式的資本，當然也包含文化遺產。這些資本，從外觀的特性上，與物質或人工所形成的資本並無不同。換句話說，經由人類勞動所製作，保持一定的期間，不維護時即毀壞，持續時則產生服務的流量，經由資源的投入，則可擴大其製作，可以販賣，有可計量的金融上的價值，且可根據上列文化價值，建立評價指標。

---

[81]David Throsby，《文化経済学入門－創造性の探究から都市再生まで》，2009，52-57。

◆無形的文化資本

如團體共有的觀念、實踐、習俗、信仰和價值觀等形式的認同，是智慧的資本。這類資本放著不用，會減少其價值，常使用，價值自然增大，同時，持續時則產生服務的流量。現存智慧的資本保全，或智慧的資本創造，都需要資源的投入。

綜上所述，索羅斯比所提出的文化資本概念，有幾點啓示值得重視：

1. 文化資本是體現文化價值的資產存量。這種存量，可能存於有形或無形的資本，而具有文化和經濟的價值。
2. 文化價值可能會提升經濟價值，如個人願意為體現資產的文化內涵，支付高於實體的價格，如破舊的古董，富紀念意義的錢幣、變體郵票等。
3. 無形的文化資本，具有不同文化和經濟價值之間的關係。如文學和音樂，或文化習俗和信仰的存量，或語言的存量，具有巨大的文化價值，但因無法作為資產交易，自較少經濟價值。不過，因其實用功能，這些存量的服務流動，可以增加文化和經濟價值的產量。
4. 自然生態系統是實體經濟至關重要的基礎，在免於資源耗竭的願景下，文化資本，可能會大大有助於永續發展的認識。如人類有形與無形文化遺產的保護。

(三)社會資本

「社會資本」的議題，從個人研究，到跨國整合探討；從社會學、經濟學，到行政學、政治學；從實務鑽研到理論建構；從滅貧計畫到經濟發展；從社會建設到政治改革；從國內到國外；從企業到學界等，論述所涉領域之廣泛，內容之豐富，以及方法取徑之多元，可

以說是百家爭鳴，眾聲喧譁。

事實上，「社會資本」乙詞，於1916年由美國女性進步主義者漢妮芬（Lyda Hanifan）所創用，[82]意指生命中有比個人財產、金錢等有形物質更重要，且是日常生活不可少的東西，如善心（goodwill）、夥伴情誼（fellowship）、同情（sympathy）、社會交流（social intercourse）等。強調當時美國農村家庭孤立，社區停滯，傳統習俗日趨衰退，需要「社會資本」的投入，以更新社區及民主與發展，惜所提概念，並未受到應有的重視。

及至1970年代之後，布爾迪厄對社會資本的概念，才有較具體的彙整，可說是，對社會資本的概念，有較系統的分析，並作了具體的論述。布爾迪厄將社會資本與經濟資本及文化資本並立，提出不同資本間的轉換與輸送的概念，並在社會再製機制的論述中，認為社會資本是個人存取權力與資源的人脈網絡。[83]此網絡影響教育及僱用的機會，並與社會階級或階層分化相扣連。亦即，社會資本越多，升學、就業越為有利，且較能位居高位。他認為，社會資本是實際與潛在資源的聚合，此種聚合資源，有些關係到制度化的相互瞭解、獲得永續的關係網絡。換句話說，社會資本就是當事人獲得利益的網絡或人際關係的總體。[84]

不過，相對於布爾迪厄強調社會資本作為階級分化的社會網絡結構，美國社會學者柯爾曼（James Coleman）並不認同，柯爾曼從社

---

[82]江明修（計畫主持人），《充實社會資本之研究》（行政院經濟建設委員會委託，2004），8-17。

[83]長積仁、榎本悟、松田陽一，〈スポーツ振興とソーシャル・キャピタルの相互補完的関係：ソーシャル・キャピタル研究の視座と可能性〉，《德島大学総合科学部人間科学研究》，14（德島，2006）：23-46。

[84]長積仁、榎本悟、松田陽一，〈スポーツ振興とソーシャル・キャピタルの相互補完的関係：ソーシャル・キャピタル研究の視座と可能性〉，2006，14-22。

會的結構功能，認為社會資本是強化社會中個人的連結，促進明確行動，維持互動關係的投資行為。[85]柯爾曼指出，社會資本是內生於行動者之間的關係結構中，所以指涉許多不同的實體（entities），但都具有兩個特徵：一是這些實體都是由社會結構某些面向所構成，二是這些實體都具有協助該社會結構內的行動者達成某些特定的行動。柯爾曼並歸納其可能的形式如下：

1. 是義務、期待與信賴的結構：對社會環境的信賴及義務所含的實際範圍。
2. 是一種資訊管道：行動者藉目的取得維持社會關係的資訊。
3. 是規範與有效制度：規範促成以大局為重，是強有力的社會資本。
4. 是權威關係：願意授權於領導者，產生解決共同問題的社會資本。
5. 是多功能的社會組織：因目的需要而調整組織，資源靈活調整運用。
6. 是有宗旨的組織：社會資本由行動生產，所產生的公共財，全體共享。

其實，有關社會資本的議題，除社會學者關注之外，政治學界更不遑多讓，如普特南（Robert Putnam）即為代表人物之一。[86]普特南從1950年之後，長期關注美國社會發展，曾進行大規模調查。發現美國人幾十年來，由於過分個人主義的影響，已呈現一種關係的斷裂，從家庭、朋友、鄰居、社區和整個社會結構，彼此的關心減弱了，參

[85]James S. Coleman, "Social Capital in the Creation of Human Capital," *The American Journal of Sociology, 94*(Chicago, 1988): 95-120.
[86]江明修（計畫主持人），《充實社會資本之研究》，2004，9-10。

與各種公益社團的積極性，已大不如前。普特南認為，美國社會資本的存量下降了，公民精神也消失了。1993年普特南提出社會資本理論，受到極大迴響。2000年出版專書《孤單保齡球》，論述1980年到1993年之間，美國打保齡球的人口增加了10%，而參與保齡球社團的比率，卻下降了40%，顯示孤單打保齡球的人數相對增多。

普特南對社會資本的看法，認為：「社會組織的特徵，如信任、規範和網絡，能透過推動協調的行動來提高社會的效率。」他提出社會資本的概念，係由三個部分組成，即：道德義務與規範、社會價值和社會網絡。其中，他力陳，信任是社會資本不可或缺的組成要素，並強調，社會資本對於政治穩定、政府效率及經濟進步，要比物質資本與人力資本來得重要。

當然，在經濟學界方面，福山（Francis Fukuyama）的社會資本論述，也受到學界重視。[87]他於1995年及1999年，先後出版《信任》及《跨越斷層：人性與社會秩序重建》專書。《信任》乙書，重在探討文化因素對經濟發展的影響。他認為新古典經濟學雖然可以解釋百分之八十的經濟現象，卻留下百分之二十的缺憾，而這百分之二十，就是文化因素。他指出，信任影響效率，也影響經濟生活，而信任、團結等社會資本，是經濟繁榮的關鍵因素。

至於《跨越斷層：人性與社會秩序重建》，則強調社會資本對民主政治的重要作用，其中，並以統計數據，論證1960至1990年間社會秩序出現大斷裂，必須透過公民社會的發展，才能恢復彼此信任，建立社會資本，重建人性與社會秩序。

事實上，社會資本的議題，已由個人研究，發展到跨國跨界研究。如丹麥、英國、紐西蘭、澳洲、加拿大等國政府，都先後著手進行實質的測量調查，或評估，或建構指標，世界開發銀行，更積極探

---

[87]江明修（計畫主持人），《充實社會資本之研究》，2004，15。

討社會資本的途徑，藉能落實社會資本的制度角色，引導後進國家擺脫貧窮問題。即連「經濟合作暨發展組織」（OECD）也在各國的支援下，投入社會資本的實務研究，以謀求全球熱門議題之因應對策。

　　盱衡社會資本之發展趨勢，我國行政院經濟建設委員會，也於2004年10月，委請專家學者林明修專案研究，並完成《充實社會資本之研究》報告，重要結論認為：(1)社會資本可用以回應當代的社會危機；(2)社會資本可促進人類的集體行動與合作；(3)「政府信任度」是短期施政滿意度的測試，更是長期民主正當性的檢驗；(4)「社會信任度」是社會凝聚的象徵，更是國家競爭力的重要課題；(5)實證資料顯示，臺灣地區社會資本指數，成明顯下降。政府相關單位及其人員，自宜有所重視。

(四)象徵資本

　　布爾迪厄在其《實踐感覺1》乙書的第七章，論述〈象徵資本〉。[88]提及「所謂象徵，是缺乏具體的、物質的效果，亦即是無償（gratuit/free），不計損益，且是無益的意思。換句話說，有如『信用』、『威信』或『善意』等欠缺具體物質性的經濟價值。」[89]意味著，這些價值，是一種精神價值的意涵。不過，他進一步說：「象徵資本是一種信用，在廣泛的意義上，等同於一種重要的投資、票據貼現或債權的信用，只要在團體融入信用，則團體可賦予物質的、象徵性的最大極限的保證，人人若知此保證，則象徵資本的誇示作用，資本滾動資本的機轉，自是可想而知。」[90]

---

[88] ピエール・ブルデュ（P. Bourdieu），《実践感覚1》（今村仁司、港道隆譯）（東京：みすず書房，1988），186-215。
[89] ピエール・ブルデュ（P. Bourdieu），《実践感覚1》，1988，195。
[90] ピエール・ブルデュ（P. Bourdieu），《実践感覚1》，1988，198。

　　要而言之，象徵資本雖不具經濟的物質價值，卻扮演資本累積的媒介作用，自不能等閒視之。

◆象徵資本的機能

　　事實上，如衆所周知，布爾迪厄的核心理念，在權力鬥爭的機制，特別是慣習、社會空間（場域）及資本議題的論述，得到廣泛的注意。尤其喜歡從日常生活觀看社會現象，以資本存量及資本內容結構與時間軸面，論述生活風格。具體的說，他在討論象徵資本時，也一再提起，時間對象徵資本的重要意義。當然，如同客觀主義，或是結構主義的觀點，行為如不掺入時間因素，不只看不出驅使行動者的策略，更無法釐清「象徵的勞動」及其所生產的「象徵資本」。[91]所謂「『象徵的勞動』，是無關利害的交換。行動者自以為是的，將與親族或鄰居關係或勞動的無可迴避的關係（含利益），選擇將其轉變為互酬性的關係。更深層的說，就此任意的榨取關係（男對女、長子對次子、年長者對年幼者），因係自然設定，所以，改變其永續性的關係為目標的勞動，即為象徵的勞動。」[92]換句話說，即使是「榨取關係」，行動當事者，認真的自揣，「這是無損於己」的行為，也就是在這種「誤認」下，持續這種「榨取關係」。因此，默認這種男女間、兄弟間或世代間的榨取關係，視這種關係為理所當然，而彼此承認將損益置之度外的「善意」或「情愛」。

　　其實，顯而易見的是，這種「無損於己」或「自然不過的事」，抑或是「善意」或「情愛」等，作為「象徵資本」，可說是，支配人

[91]安田尚，〈ピエール・ブルデューの「実践感覚」を読む：（4）ブルデュー社会学における身体性と実践の論理〉，《幼児の教育》，102.1（東京：御茶ノ水大学，2003）：44-55。
[92]ピエール・ブルデュ（P. Bourdieu），《実践感覚1》，1988，185-186。

的權力運作機能。[93]

　　基此不難看出，象徵資本的作用，「與集團存在的經濟基礎再生產，可說等量齊觀，對集團的存在而言，必不可少的再生產勞動──祭典、儀式、贈與交換、訪問、禮儀，特別是婚姻的介入。」[94]進一步說，象徵勞動，與經濟性的再生產，不相上下，對集團的再生產的貢獻，不言可喻。這不只是「贈與交換為（平等性）互酬性的持續關係，也是提供支配永續關係的唯一手段。」置言之，贈與交換，不只是意味著對等平等性的互酬的交換，更因受贈者背負恩義、恩惠、義理等象徵價值，而產製出支配的關係。

◆象徵與隱藏[95]

　　在象徵資本的論述上，布爾迪厄提及古老經濟與資本主義經濟對象徵事物的不同觀點，雖然象徵資本非屬物質性的經濟，到底資本的議題，離不開經濟的基本範圍。

　　就早期古老經濟而言，自然並不是勞動的對象，而是「偶像崇拜」的對象。[96]同時，當時的「不動產擔保契約」，與資本主義經濟不同，在借款無法償還時，貸出人不能取走借貸人的土地抵償債務，因為「契約」是一種「扶助」性質。所以，古老經濟可稱之為「贈與經濟」或「善意的經濟」，不像資本主義經濟那樣，「赤裸的利害算計」。在那裡，「勞動或勞動價格」轉為「無償的贈與」，甚至以招待「膳食」或「事後請客」替代貨幣的支付。[97]尤其，在「善意經

---

[93]安田尚，〈ピエール・ブルデューの「実践感覚」を読む：（4）ブルデュー社会学における身体性と実践の論理〉，2003，44。

[94]ピエール・ブルデュ（P. Bourdieu），《実践感覚1》，1988，192。

[95]小原一馬，〈「純粋さ」という戦略：ブルデュー、ヴェブレン、ゴフマンの理論を中心に〉（京都：京都大学博士論文，2001），39-42。

[96]ピエール・ブルデュ（P. Bourdieu），《実践感覚1》，1988，188。

[97]ピエール・ブルデュ（P. Bourdieu），《実践感覚1》，1988，189。

濟」裡，親近關係的親族或同盟者，相互之間的流通或交換，幾乎不以貨幣介入的交易，相對而言，關係較遠的交換，則以「純粹的『經濟』交易」。這種善意的經濟，將「全面性信賴」的象徵資本，愼重其事，業務也植基於仲介者的信用或個人的權威，即連婚姻的場合，也莫不如此。亦即，通婚時，以具有較大威信的族親或同盟者介入，此時的威信即爲象徵資本的作用。[98]

不只是這樣的交流狀態，生產也一樣，因象徵而隱藏起來，壓抑下來。農民的「勞動」，就經濟而言，並未有正當的評價。工作「很辛苦」，卻不是對價的「勞動」。「人們理解到，自然依循著贈與交換的邏輯，農民的勞苦，是對自然的貢奉，只有奉獻者，才得到恩惠。」[99]同時，因爲勞動生產性偏低，爲了迴避自己勞動的無意義化，也不計較自己的勞動時間有多少。也就是說，「時間多的是，而財富遙不可及，農民致富的唯一作法，就是不計時間的支出，亦即，不得不更浪費時間。」[100]要而言之，在古老的經濟，並不存在資本主義意義的「勞動」。

在自然世界「除魅化」後，[101]「勞苦」轉向「勞動」，「贈與」轉爲「業務」，經濟的利益成了自己目的化的事。就這樣，資本主義以前的神聖活動，成爲純然的象徵行爲。所以，布爾迪厄定義象徵資本爲：「象徵資本，是正當的被承認＝被感謝，亦即被誤認爲資本，除了被否認的資本，什麼也不是，也許與宗教資本一樣，在不被承認爲經濟資本時，唯一可能累積的資本形態。」[102]意指象徵資本，是人

---

[98] ピエール・ブルデュ（P. Bourdieu），《実践感覚1》，1988，192。
[99] ピエール・ブルデュ（P. Bourdieu），《実践感覚1》，1988，193。
[100] ピエール・ブルデュ（P. Bourdieu），《実践感覚1》，1988，194。
[101] 安田尚，〈ピエール・ブルデューの「実践感覚」を読む：（4）ブルデュー社会学における身体性と実践の論理〉，2003，47。
[102] ピエール・ブルデュ（P. Bourdieu），《実践感覚1》，1988，195。

的認識行為，在承認與誤認之間形成。再說，承認的基礎，係對恩惠的感謝，自是象徵資本，且誤認為欠缺物質性的效果，無關得失，視同一無助益的資本，卻是可積累的資本形態。

基於上面的定義，發現象徵資本有兩層主要特徵，值得注意：[103]

1.通常不被看成資本，如文化資本、社會資本等的象徵資本，資本的性格被隱藏的資本。強調文化資本與社會資本，仍具象徵資本性格，構成相互轉換的基礎，但被隱藏。

2.資本性格被隱藏的象徵資本與資本性格未被隱藏的經濟資本之對立。

此兩個特徵，成為社會結構的基本軸面，而扮演隱藏的積極意義。進一步說，因這兩個特徵，可理解到，象徵資本被隱藏之資本性格，與「象徵暴力」、「象徵權力」等各概念，密切扣連。具體的說，社會世界裡的行動者，各自依資本、慣習、空間位置（場域），從關係之遠近，區分類別、階層、階級，其「隱藏」的「榨取關係」，仍是支配階級與被支配階級的持續對立，不斷的權力鬥爭。

◆象徵資本的特徵

象徵原係以具體之事物表達抽象性的思想或觀念，或藉有形的事物表現無形的主觀意象者。因此，象徵資本的特徵，可羅列如下幾點：

1.象徵資本是知識與承認的產物。象徵資本有其認知基礎，只有行動者理解並承認資本的價值，該資本始能發生作用。

2.象徵資本流向象徵資本。有如馬太效應，持有象徵資本的人，越會積累更多有利的象徵資本。如越是潔身自愛的人，越能愛

---

[103] 小原一馬，〈「純粋さ」という戦略：ブルデュー、ヴェブレン、ゴフマンの理論を中心に〉，2001。

惜羽毛。

3. 制度化的應用，常將經濟資本轉換爲象徵資本，以巧妙且隱蔽的方法，達到支配（或控制）的效果。如國家治理或學校制度，一般稱之爲象徵暴力。

4. 象徵資本具備資本轉換的媒介作用。如社會聲望高，象徵位高權重，一言九鼎，眾所景仰。

四、身體資本之轉換與累積

近幾十年來，從資本理論創發之後，無論先進國家，或開發中國家，無不投入更多心力，經營各類資本的開發、轉換與積累的政策與措施，期能使人民，獲有較高的所得，接受較好的教育，從事理想的工作，居住完善的環境，過著安居樂業的生活，達到自我實現的人生。即連龐大的聯合國相關國際組織，在目睹人類發展的瓶頸之後，也開始注意到全球暖化現象的威脅，戰爭的危害以及貧窮問題的嚴重性，迫使不得不面對人類永續發展的可能性，竭盡所能研擬對策，謀求因應。

具體來說，國家以經濟發展爲基礎，經濟以人才爲優先，所以，從人力資本到經濟資本，可說是不計任何代價，加強教育事業，無非是，期能發揮人盡其才，經世濟民的理想。同時，如眾所周知，國家的穩定發展，必須要有和諧的社會爲後盾。祥和的社會，雖不能達到「夜不閉戶」、「路不拾遺」的大同世界，至少安和樂利的社會，從「自立立人」到「己達達人」，從「幼吾幼，老吾老」到「鰥寡孤獨，皆有所養」，都應該是利他社會的最高境界。這些都需要社會資本的投入、積累與運用。

事實上，不同的階級資本，各有不同的存量，也各有不同的資本內容結構，各資本之間，常因階級流動，而改變其存量與結構。不過，無論有意識或無意識，不管資本如何改變，其重要功能都在創造

更多的財富或資源，以期能在社會世界裡，取得適切的位置，發揮階級再製的可能機會。尤其利用可行策略，讓資本互相轉換，使能借力使力，各取所需，累積更多資本，加速所處位置的改變，以有利於階級的更上層樓。

所謂物有本末，事有緩急。在開發、投資資本，轉換與積累資本之餘，自應衡量資本支配之策略，藉能因人因時因地，而有最好的獲益。茲就其資本類型及其轉換與積累略作說明，如**圖6-3**。

第一，資本轉換之可能，來自於資本類型之劃分，無法完全切割清楚，尤其，各資本均有象徵資本之媒介，更易誘發彼此間之轉換。如世界人類文化遺產，不論是物質文明，如古老建築，或非物質文明，如稀有音樂，不只有無價之寶的經濟價值，更是舉世無雙的人類歷史文化遺產。

第二，經濟資本是資本轉換的基礎，但不是唯一的決定因素。經濟資本可以立即且直接轉換現金，且財富是區分階級的重要指標，不只「財大氣粗」，握有廣泛的人際網絡，轉換為社會資本，更是易如反掌。又如雄厚財力，可隨時掌握高檔藝文資源，多國多種學位之取得，有如囊中取物，可視為經濟資本有益文化資本之落實。再說，因

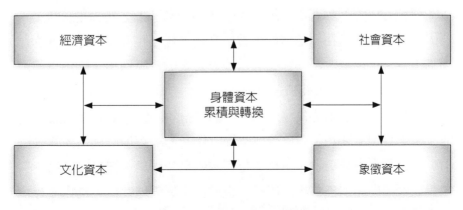

圖6-3　各類資本累積與轉換

廣結善緣，交遊廣闊，德高望重的象徵資本，自是水到渠成。惟經濟資本，以文化資本為烘托，展現溫文儒雅氣質，體現樂善好施，利他精神與人性關懷，則是經濟資本轉換為文化或社會資本的具體實例，不只得以揚棄為富不仁，洗刷無奸不成商之惡名，更能象徵富貴之尊榮，樹立「童叟無欺，取財有道之榜樣」。

第三，文化資本是軟實力，更是衡量國家進步之標的。從語言文字，到書法繪畫；從言談舉止，到行住坐臥；從資格證照，到學術品味；從穿著裝扮，到儀態容姿，無一不是文化資本的形式或內容。文化資本需要從小裝備，從家庭經學校到社會，落實於日常的生活實踐，是長久的孕育涵養，無法急功近利，求其速成。文化資本轉化為經濟資本，附加的象徵價值大於實際的物質價值，如名畫創意的價值，不在一張畫布的價格，而在獨一無二創意的天價。文化創意產業，是文化資本轉換經濟資本的重要典範，富而好禮，生活美學的追求，則是文化資本與社會資本相容的最佳寫照。

第四，社會資本是國家的安定力量，信任是社會的核心價值。社會充滿對立，不只因為人心不同，各如其面，更因背景互異，意識形態千差萬別，加以信任不足，彼此未能坦誠相見，致使社會失序，人心惶惶不可終日。

信任是人際互動基礎，鋪設網絡關係的黏著劑，無論親疏遠近，個人或團體，肝膽相照是信任，重然諾是信任。相互信任是團結的穩固基礎，大公無私，赴湯蹈火，是社會資本的最好體現，轉換為經濟資本，不只有益於微觀組織運作之效率，尤能提高宏觀經濟之成長。

當然，一個信任的社會，是一個和諧的社會。和諧不只設身處地，事事為別人著想，處處預留空間，保有伸縮餘地，則人生舞臺雖小，人人都有表演機會，應是文化資本的最佳積累。況且，和諧不只你我之間，即連宇宙萬物，都能一視同仁，則天地共生，萬物並存，自能同享幸福美滿，何樂不為。

第四節　身體智慧（體知）的形成與教養

　　體育學含學科與術科，其生產的知識，除理論知識外，還有實踐知識，也是大家耳熟能詳的事。換句話說，理論知識常由不同的學科生產相應的知識，以解釋諸多體育的學理或現象；而不同的術科，除植基於學理基礎，使身體動作有效的演出外，更因身體的不斷的演練，重複的操作，而累積不少身體的實踐知識。

　　具體來說，理論知識是對事實的認識或瞭解，是學習結果的掌握，是知道是非對錯的事實，是knowing that的問題，是明確的知識，趨向普遍化知識。而實踐知識，是知道如何操作的方法，是執行動作表達的知識，是knowing how的問題，因屬個人得心應手的操作，除技術應用道理外，有時難免只能意會而無法言傳，屬內隱的知識，所謂「神乎其技，妙不可傳」，即是最好的詮釋。[104]

一、體知[105]釋義

　　一般談身體智慧，有時用「體知」乙詞，常與體驗、體會、體

---

[104]Lesley J. M. Wright, "Practical Knowledge, Performance, and Physical Education," *Quest, 52*(3) (London, 2000): 273-283.

[105]「體知」乙詞，杜維明曾於1985年8月發表〈論儒家的「體知」——德性之知的涵義〉乙文，接著於1989年3月，以「身體與體知」為題，在《當代》雜誌發表文章。其後，1993年起至1994年間，杜維明曾與馮耀明有關「體知」的問題，起了論戰。1998年6月，杜維明在北京「儒學的人論」的國際研討會，以〈從體知看人的尊嚴〉為題，發表論文，顯見「體知」在華文世界，並不陌生，尤其，東方朔曾以〈心靈真切處的體知——杜維明先生的劉宗周思想〉為文，藉程伊川將體驗、體證之知稱之為「真知」（genuinely know/real know）破題，頗能耐人尋味。杜維明，〈論儒家的「體知」——德性之知的涵義〉，

手足情深以跆拳為樂

資料來源：黃玉涵提供。

味、體察、體證、體諒、體恤等面向互用，意指藉身體的實踐力行，所內化的「技能」，[106]通稱「體知」。換句話說，內化的身體技能，含有「身體知道」、「身體瞭解」或「身體記得」等所謂身體化的知識（embodied knowledge），有時也可稱之為「身體智慧」。舉例來說，對著鍵盤學打字，忙亂了一陣後，從一「指」神功，躍進到左右逢源，得心應手；或學騎自行車，從摔得頭破血流，到暢行無阻，甚或一路狂飆；或如學鋼琴、學外語，從雜亂無章，到理出頭緒，並攀登高峰等等，從不會到「會」，從不懂到「懂」，從記不得方法，到

《儒家倫理研討會論文集》（新加坡：東亞哲學研究所出版，1987.01）；杜維明，〈身體與體知〉，《當代》，35（臺北，1989.3）：46-52。

[106]一般而言，技術屬方法，技能屬能力。如以運動技術言，則指身體運動的方法，而運動技能則指身體操作運動技術的能力或技巧。運動技能又含身體能力，如肌力、耐力、瞬發力、協調力、柔軟性等，以及精神力，如意志力、判斷力、集中力、冷靜等。

「記得」了要領的身體經驗，就是「體知」，是一種經由身體實踐、體驗的眞智慧。

　　具體而言，面對不同任務，經由身體實際行動，將體會後所得，內化成身體的能力，隨時解決相類似的問題，即是體知。其實，「體知」不只是騎自行車、打鍵盤或彈鋼琴等等工具性的操作方法，其他如日常生活中的行、住、坐、臥的動作，甚至像打躬作揖的禮儀作法，及諸多個人手勢或互動的身體語言等，無一不都是「體知」的展現。當然，這種身體智慧，雖隨時可見，無處不有，卻常常無法用語言清晰或具體表達，而是在無意識中自然流露，可以說是一種只可意會不可言傳的實踐智慧。[107]

　　進一步說，「體知」乙詞，係指身體對新事物作適切判斷並解決的智慧。荷蘭現象學者貝添迪克（Frederik Jacobus Johannes Buytendijk）在其「人之姿勢與運動之一般理論」中略有論及。貝添迪克認爲，人體運動，是由時間與空間觀察，過去常以物質或物體的物理空間與物理時間，加以掌握。[108]然而，人是活生生的身體，運動時因有其主體性，不只與環境密切相關，且附有其意義、目的與價值判斷，其時間與空間的關係，應有別於物理時間與物理空間，而是體驗的時間與體驗的空間。身體運動之所以能連續不斷，順利進行，是身體知覺所統整完成，是動感身體中，自我內化的能力所使然。[109]

---

[107]波蘭尼曾於1958年提出「默會之知」的理論，認為這種「行動中的知識」，是內在於行動中的知識（knowledge in action），又稱「緘默知識」（tacit knowledge），與顯現知識有別。緘默知識難以編碼和度量，是存儲於人們頭腦中，屬於個人經驗、訣竅、靈感的那部分知識。顯現知識則常隱含於人的行動之中，屬隱性知識。後者主要透過書籍、報刊、光碟、資料庫等載體，能夠用語言、文字、數位元素和圖表清楚表達的知識。鄧線平，《波蘭尼與胡塞爾認識論思想比較研究》（北京：知識產權出版社，2008），47-70。

[108]朝岡正雄，〈運動モルフォロギーにおける類型學的考察の対象と方法〉，《スポーツ運動學研究》，192（筑波，2006.11）：1-11。

[109]金子明友，〈スポーツ運動學の今日的課題：日本スポーツ運動學学会「沿革」－〉，《設立10周年記念誌》（筑波，1997），12-14。

少年高爾夫氣勢不凡

資料來源：彭上哲提供。

舉例而言，走路時，不管走在平坦道路，或上斜坡，或下斜坡，或移步側走，雖然步行的形態有所不同，但走路的動感意識或形態，大同小異，這就是自己的動感身體內化的體知。所以體知，並非僅止於單純的知識，而是一種動態身體中形成的智慧。尤其，體知所討論的對象，也非單純生理學或物理學所指涉的物質性或物理性的身體，而是「生命的身體」，是當下活生生、動不停且可感受到的身體，換句話說，是動感的身體。生命身體所持有的運動能力，可稱之為「活生生的知識」，或稱之為動感身體知。[110]

事實上，體知所涉及的範圍甚廣，舉凡生活世界裡有關人的經驗

[110]金子明友，《身体知の形成（上）、（下）》（東京：明和出版，2005）。

問題，都與體知有關。小到運動學習、技能分析，大到空間認知、記憶、語言與思考、溝通、非語言行為、靈性（spirituality）等議題，無不與體知的概念相關連。

　　當然，有關身體內化的體知或身體性的知識，直到1990年代才逐漸受到重視。目前，雖然百家齊鳴，眾聲喧譁，惟理論與方法，並未十分確立。不過，相關領域競相投入鑽研，蔚為奇觀，也是不可否認的事實。其中，哲學（特別是現象學）[111]、心理學[112]、運動學[113]、神經科學[114]、復健[115]、認知科學[116]、人工智慧[117]、機器人[118]等範圍相當廣泛，顯見體知，是值得重視的科技整合的議題。

---

[111]哲學探討身體性知識的議題，可說由胡塞爾（Edmund Gustav Albrecht Husserl）現象學的意向性發其端，梅洛龐蒂（Maurice Merleau-Ponty）的《知覺現象學》繼其後，興起一陣身體知的研究熱潮。從身體運動的角度看，體知的分析，幾乎離不開身體知覺的探索。日本且成立「身體知研究會」（Research Meeting for Embodied Knowledge, RMEK），在學術基金會的贊助下定期開會，並發表研究成果。

[112]野村幸正，《熟達心理の構想－生の体験から行為の理論へ》（大阪：関西大学出版部。2009）。

[113]運動學（kinesiology）的研究，早期偏向生物力學等自然科學研究方法，因發現科學方法未能充分解決身體運動的認知議題，最近以來，採現象學分析的取徑，已大有人在，特別是日本筑波大學「スポーツ運動學」研究室團隊，受德國麥尼爾的力學研究，影響甚深，從金子明友以下，朝岡正雄等人的研究業績，已屬國際頂尖水準。目前學術團體每年定期開會，並發行期刊。

[114]Sandra Blakeslee & Matthew Blakeslee, *The Body Has a Mind of Its Own: How Body Maps in Your Brain Help You Do (Almost) Everything Better* (New York: Random House, 2007).

[115]宮本省三，《脳の中の身体－認知運動療法の挑戦》（東京：講談社，2008）。

[116]Raymond W. Gibbs Jr., *Embodiment and Cognitive Science* (Cambridge: Cambridge University Press, 2005).

[117]ロルフ・ファイファー（R. Pfeifer）、クリスチャン・シャイアー（C. Scheier），《知の創成－身体性認知科学への招待》（石黒章夫等譯）（東京：共立出版，2001）。

[118]伊藤宏司，《身体知システム論－ヒューマンロボティクスによる運動の学習と制御》（東京：共立出版，2005）。

二、體知的形成

體知既是身體性（embodiment）的智慧，則「身體性」乙詞，究係何所指，自宜有基本的認識，始能對體知的來龍去脈，能有較清楚的瞭解。

其實，身體性，就動詞embody而言，是身體化、具體化或體現化的意思；而就字意看，係指身體所持有的性質。引伸來說，身體性指涉的內容，不僅止於形體上的身體，而是泛指透過身體所衍生的感情、感覺或直接真切的感受，都屬身體性的內涵。換句話說，身體性是一個相當含混的概念，它不只指涉行動可見和可觸的軀體，也包含不可見的意識和心靈，甚至包括我們的身體所處的周遭環境，是一種完形（gestalt）狀態的體認。[119]因此，身體性是一個整體的概念，跨越任何身心二元對立的說法。具體的說，身體性不是將身體看成身體／心靈、內在／外在、精神／物質、身體／世界、肉體／意識、經驗／先驗、自在／自為、主觀／客觀、生理／心理等的互斥概念，而是跳脫二元對立，轉化為一整體的性質，也就是說，身體就是身體，回應到人有身體，人就是身體的概念，這就是身體性。比如，刻骨銘心的感受，就是身體性最好的例子。

這種整全的特性，特別體現在身體的最基本的知覺與行為，其中如感覺、知覺、意象與身體圖式等，都是身體性的呈現面向，可說是完形呈現的身體，分別說明如下：

---

[119]引自格式塔心理學的概念，意指整體大於它部分的總和。身體不只是看得到的形體或器官，而尚有引起作用的意識。意指身體的感知，是整體的體會，而非單純的心理或生理的問題。

(一)身體感覺

　　日人新潮學藝獎作家齋藤孝在其《喚醒身體的感覺》乙書中，痛陳21世紀60歲以下的日本人，所擁有的身體文化與身體智慧，比起70歲以上的日本人，其差異，真的是不可以道里計。齋藤指出，就以身體智慧與身體感覺而言，60歲以下的日本人，並未把70歲以上日本人的身體智慧作很好的繼承與發揮。齋藤認為，最近，日本人的存在感失落了，不只失去了中心感覺，也沒了距離感覺。[120]失落的原因，不只是心理層面的問題，而是對自己的身體感覺喪失了。他質疑，當前日本人能挺直腰桿說話的人，或腳踏實地，感覺到踏實感的人，已微乎其微。言下之意，認為振興日本精神，唯有喚醒身體感覺，恢復中心感覺與距離感覺，找回老一代的身體智慧，才是正道，且是事不宜遲，宜從小學開始，從身體感覺出發。[121]

　　從歷史發展的軌跡看，英國經驗主義始祖洛克及法國自然主義者盧梭，應是較早注意到身體感覺是教育重要領域的教育家。

　　如眾所知，洛克極力主張兒童如白紙，觀念由經驗得來，而非先天即有觀念。同時，認為外在的經驗靠感覺，內在的經驗靠反省。[122]雖則洛克並未特別強調感覺訓練的必要性，不過仍然促成其後繼者康迪耶克（Etienne Bonnot de Condillac）於1754年發表了著名的〈感覺論〉，補足洛克的說法，主張反省、意志、精神機能及一切觀念，終

---

[120]這裡所指涉的距離感覺，隱喻社會人際關係的冷漠。指出當前日本社會，不再像過去的知書達禮，謙沖為懷，相敬如賓。

[121]齋藤孝面對日本社會的亂象，有感而發，從日本頓時喪失生命意義的身體姿態，總括百年來日本怠忽職守的身體，著筆重點，旨在喚醒腰‧肚臍為軸心的日本身體文化，呼籲重視21世紀的身體動向。斎藤孝，《身体感覚を取り戻すー腰‧ハラ文化の再生》（東京：日本放送出版協会，2000），1-76。

[122]ウィリアム‧ボイド，《感覚教育の系譜ーロックからモンテッソーリへ》（中野善達等譯）（東京：日本文化科学社，1979），17。

究都起源於感覺；並認爲觸覺、視覺與聽覺學習的重要性，強調唯有感覺訓練之後，才能導入知識的教育。[123]

在英國康迪耶克的〈感覺論〉之後，法國盧梭對身體感覺訓練，也有了較系統性的論述，所以被稱爲是感覺教育的先驅者或開拓者。[124]盧梭在其1769年的名著《愛彌兒》中，提及人是帶著感覺出生；而且人最初形成的能力是感覺。因此，不能不及早開發身體的感覺。同時，盧梭認爲：感覺是知識的素材，人類融入知性的事事物物，都經由感覺而來。所以要教育小孩，應注意其順序；並說，我們一開始的老師，是我們的手、腳、眼睛，思考學習的優先順序，首先應該考慮訓練知性道具的手腳、感覺及身體各器官。他說，鍛鍊小孩身體，讓小孩直接接觸世界，讓他活動、讓他跑跑跳跳，嬉笑玩鬧，經常運動，身體自然健康，自然聰明懂事，知性自然發達。盧梭的自然主義教育方法，素爲世人所推崇。盧梭認爲，要教導兒童知道自己力量的使用方法，自己身體與周遭各種物體的關係，甚至自己的手所到之處，最適合自己以身體爲自然道具的使用方法。盧梭提到，人出生後，最早的自然行動，是嘗試用自己的力量去試探周圍的所有事物，也就是在他知覺各種事物的對象中，感受自己與所有關係的感覺性質，這也就是盧梭認爲的一種與自己存活相關連的實驗物理學。[125]

要而言之，盧梭之主張感覺教育的重要，並不只是強化個別視覺、聽覺的敏銳性，更重要的是，感覺足以增進知覺作用，基礎的推理能力，及開展綜合性的認知活動，也就是說，憑著感覺訓練，可以養成正確的判斷力，而避免誤判的情形。甚至，經由觸覺、視覺、聽

---

[123]Etienne Bonnot de Condillac，《感覺論（下）》（加藤周一等訳）（東京：創元社，1948），156。
[124]梅根悟，《ルソー「エミール」入門》（東京：明治図書，1971），84。
[125]梅根悟，《ルソー「エミール」入門》，1971，183。

覺、味覺、嗅覺，在其相互作用中，也可以培養想像力。[126]

　　另外，在體育專業裡，德國近代體育之父顧茲姆斯，在其汎愛派教育運動中，也特別強調感覺訓練的重要性。顧茲姆斯於1785年受沙爾曼之聘，擔任汎愛學校的國語、法語、地理、歷史教師，並於1786年秉持沙爾曼對身體教育的理念，擔任體育教師。爲教學方便，於1793年出版舉世聞名的《青年體操》乙書作爲教材。基本上，顧茲姆斯深受盧梭思想的影響，在《青年體操》書中，除強調身體各部位的全身性訓練外，特別設了專章討論感覺訓練的重要性。其中的部分論述，爲盧梭觀念的引伸，大半內容，則是顧茲姆斯獨特的洞見。[127]

　　顧茲姆斯指出，經由肉體訓練的刺激，富感受性的感覺，是個非常重要的教育領域，竟未被開發。顧茲姆斯提醒敏銳感覺與思考的密切關係。他指出，思考力的完整性，可等同於熟練的感覺能力。顧茲姆斯強調，有人熱心的訓練獵犬的敏銳感覺，竟然對自己的感覺能力放任不管，甚至有時還刻意抑制感覺，頗爲不解。更舉例說，沒有感覺訓練，一如有眼睛卻看不到東西，有耳朵卻聽不到聲音，這樣的人，其判斷力，有如以爲可到抓月亮的幼童，甚是幼稚。顧茲姆斯指出，人透過感覺的統整，形成直觀，同時有了悟性而成了概念。所以感覺（肉體）是思考的基本教師，只有感覺才能保證思考的材料。因此，人的教育，首先應從小訓練敏銳的感覺能力。

　　基上所述，就近代體育發展而言，從德國楊氏體操起，到今日競技運動的普及，在國族認同、體力提升及健康獲得等面向，雖不無一定程度的貢獻，惟處於所謂失落的時代，人際之間冷漠，社會關係疏離，身體感覺的喚醒，提倡有溫度的互動，加強身體智慧的涵養，實

---

[126]梅根悟，《ルソー「エミール」入門》，1971，239-258。
[127]山本德郎，〈感覚教育－グーツムーツの感覚訓練を中心に〉，《技術としての身体》（野村雅一編）（東京：大修館，1999），67-80。

值得深入探討。

(二)知覺

知覺（perception）涉及生理、心理、社會及哲學，範圍相當廣泛，理論也不少。一般常以生理角度，論述外在刺激，經由視覺、聽覺、嗅覺、味覺、觸覺、平衡覺等感覺器官的神經傳導，如樓層的高低、物質的輕重，以及速度的快慢等的感覺，加以選擇、推斷、組織，並作出解釋性的歷程，即為知覺。[128]進一步說，感覺是針對感覺器官的反應意識，屬初級、基礎性及主觀的體驗；而知覺則比感覺的層次高，其作用具有綜合性及客觀性的判斷內容。如光的刺激是單純的感覺，能分辨光的來源、類別、傷害的有無，甚至採取因應的對策，則屬知覺。換句話說，知覺不只有即時的反應，更有對外來刺激的迎拒過程與反應行為，而且起到一定的認知（cognition）作用。[129]不過，感覺雖比較無結構性的、直接的個別存在，而知覺則為綜合性的、具一定普遍性的存在，但兩者的關係，並不盡然是固定的切割，或完全的斷裂，一方面是感覺不斷生成、變化，意圖性對象的認識過程裡，感覺經由選擇後，成為普遍化，而轉化為知覺，誠如梅洛龐蒂的知覺現象學派所指陳，人是作為一個整體的知覺，本來就沒有以個別要素組成的純粹感覺。因此，感覺與知覺之間，常未作嚴密的區分。[130]

當然，知覺是一切認識活動的開始，也是認識活動的基礎，更是知覺主體對知覺對象的認識過程，從早期的哲學到當代認知科學，對知覺的起點及其形成，常因觀點不同，各有不同的論述，並有各自的

---

[128]菊地正編，《感覚知覚心理学（6）》（東京：朝倉書店，2008），32-35。

[129]種村完司，《知覚のリアリズム－現象主義・相対主義を超えて》（東京：勁草書房，1994.01）。

[130]樋口貴広、森岡周，《身体運動学－知覚・認知からのメッセージ》（東京：三輪書店，2008），2-3。

學術社群，試圖建構足以服眾的知覺理論。[131]

　　本文不在作知覺理論的探討，只就新興知覺論述的「生態學的視覺論」，[132]略作介紹，藉供參考。

　　近代直接知覺理論的創發人是美國心理學家吉布森（James J. Gibson），曾是飛機駕駛員，從飛機起降的觀察及其學術背景，試圖從生態心理學角度，解釋人與物之間的深層互動關係及其原理。他認為，個人或動物個體，可以直接知覺到所處環境所給出可供性（affordance）的有意義與價值的信息，且這種知覺具社會性，為知覺者間所共有。具體而言，吉布森主張，個人能夠從情境中的刺激結構特徵直接獲得訊息，而不需要經過間接解釋的歷程。這樣的解釋，當然與傳統的知覺論述，認為知覺是需要感覺材料的修正或補充的過程，有所不同。其根據如下：

◆網膜不再重要

　　傳統知覺理論，認為先有感覺作用，經處理後產生知覺，也就是視覺上的刺激，成為視網膜的圖像，經視神經傳導到腦部處理後，解讀所看到的物像。不過，吉布森推翻這種說法，他認為直接知覺，就像觀看尼加拉瀑布的經驗，跟看尼加拉瀑布的照片，兩者大有不同。前者是直接知覺，後者是藉由中介（照片）的經驗。環境的知覺是直接知覺，沒有網膜的圖像、神經的圖像或心理圖像的中介。[133]再說，人類以外的生物，如昆蟲的視覺，證明並無網膜圖像。顯見，知覺活

---

[131]トマス・J. ロンバード（Thomas Joseph Lombardo），《ギブソンの生態学的心理学－その哲学的科学史的背景》（古崎敬、境敦史譯）（東京：勁草書房，2000），15-84。

[132]ジェームズ・J. ギブソン（James J. Gibson），《生態学的視覺論－ヒトの知覺世界を探る》（古崎敬、古崎愛子譯）（東京：サイエンス社，1986）。

[133]ジェームズ・J. ギブソン（James J. Gibson），《生態学的視覺論－ヒトの知覺世界を探る》，1986，147。

動的視神經傳導的假設，並無必要，也不足採信。[134]

◆環境光陣與知覺

　　吉布森論及環境給出可供性信息的基本主張，係植基於生態光學（ecological optics）。他認為，扮演視覺重要任務的光，不是在網膜上成像，而是在環境中反射在無數的面，雜亂地充滿著周圍光（ambient light），如圖6-4。圍繞著知覺者的光，構成了環境光陣（ambient optic array），知覺者身體一有轉動或移動時，光陣的結構，即隨著改變，如頭部上下、左右擺動時，可看出構成環境光陣立體角度的改變，與不變的環境面區分開來。直接知覺即是從環境光陣的變化獲得信息的過程。進一步說，吉布森認為，直接知覺，即是知覺者在環視四周到處走動或凝視張望等等環境的探索過程中取得信息的過程。[135]

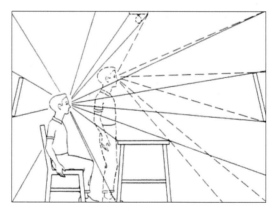

圖6-4　環境光陣及其變化

---

[134]ジェームズ・J. ギブソン（James J. Gibson），《生態学的視覚論－ヒトの知覚世界を探る》，1986，61。

[135]ジェームズ・J. ギブソン（James J. Gibson），《生態学的視覚論－ヒトの知覚世界を探る》，1986，147。

◆環境的可供性

　　可供性（affordance）乙詞，為吉布森所創用。據吉布森所說，其概念源自完形心理學科夫卡（Kurt Koffka）的要求特性（demand character），以及雷恩（Kurt Lewin）的誘發特性（invitation character）或誘發性（valence）的概念。[136]國人將affordance有譯成環境賦使、[137]承擔特質、能供性，或給予、提供、給出等，說明環境（物品）具有或提供讓知覺者知道該如何使用的特性。如門把，就是提供開門用；手機提供通訊用；米達尺可供丈量距離用等。換句話說，知覺者與物品之間，互為主體性。就知覺者的角度，看到的是顯現於外的物品的「形」，而物品除可看到顯露於外的「形」以外，還會給出或提供物品的「特性」，這種給出的特性，即是「可供性」。

　　一般定義可供性為：「有機體（人或動物）所生存的環境，提供有機體行為的可能性，稱之為可供性。」[138]比如，登山者，在山上，看到一棵被砍斷的大樹頭，光禿禿的挺在那裡，可作為椅子，坐下來休息，如果夠大，還可以躺下來，假寐一下，或作為擺放野餐的餐桌等，提供或給出樹頭的性質（用途）。碩大樹頭的形狀，是可以清楚看到的，而可以用來坐、躺臥、擺放野餐，甚至可以當建材、燃料或雕刻素材等，是樹頭可提供或給出的性質（用途）。這樣性質（用途）的提供，知覺者如何應用，則取決於知覺者的身體能力與經驗，亦即，大樹頭要用來作為椅子、躺臥、餐桌、建材或雕刻等用途，即知覺者面對大樹頭的可能行為，可因人而異。

---

[136]ジェームズ・J. ギブソン（James J. Gibson），《生態学的視覚論－ヒトの知覚世界を探る》，192-212。

[137]高雁翎、張智惠，〈環境賦使概念之探討〉，《大專體育》，92（臺北，2007）：94-103。

[138]三嶋博之，〈ギブソン知覚理論の根底：刺激情報、特定性、不変項、アフォーダンス〉，《システム・制御・情報》，46.1（東京，2002）：34-40。

具體而言，可供性的概念與原來認知心理學環境動物（有機體）的刺激與反應的概念略有不同。意指可供性不是因刺激而起的反應，可供性是存在於環境中的信息，動物（有機體）在生活環境裡，即在探索環境所提供的信息，擷取具意義與價值的信息。[139]吉布森提倡可供性的本意，在說明動物與物品間行為的相關性。比如：抽屜的把手，知覺者即有打開抽屜的可能行為，這種抽屜與知覺者可能性的存在關係，即是抽屜與知覺者間揭露可以打開的可能性。

攀登階梯，穿越夾縫，或是掌握距離等，顯示這些「階梯」、「夾縫」及「距離」等，提供了攀登、穿越及掌握的可能行為，即是affordance的最好說明。所以，可供性不是事物的物理性的性質，對有機體而言，可供性只能說是環境的性質。環境中任何存在的事物，都持有可供性，有機體可在環境中檢索存在事物的可供性。進一步說，可供性普遍存在於環境中，其價值與意義，不隨知覺者的主觀而改變，如椅子擺在那裡，不管知覺者累不累，坐不坐，椅子還是椅子，擺在那裡文風不動。這說明可供性的共同性，亦即，椅子所給出的性質，為不同知覺者所共同存有。

◆知覺是統合系統

吉布森的直接知覺理論源之於1940年代空中作戰能力的研究，認為知覺不是反映在網膜上的靜止影像，而是一如完形心理學的主張，知覺有異於感覺的總和，是多數感覺器官組織化的知覺系統。[140]舉例而言，閉著眼睛拿起重物，不只是手掌、手臂感覺接受器的壓力感覺，甚至面對重物刺激時，肌群收縮活動的緊張、重量的感受等，不是單一感覺器官的反應，而是多種感覺接受器的組合，擷取有意義或

---

[139]佐々木正人，《新版アフォーダンス》（東京：岩波書店，2015）。
[140]加藤孝義，〈認知の体制化について（2）－現代知覚諸理論〉，《Artes Liberales》，8（岩手，1972）：1-24。

價值的信息。換句話說，是經身體的五種感覺器官（聽覺、觸覺、嗅覺、味覺與視覺）的感覺樣態（modality），依各機能的注意模式，衍生不同刺激流動中的共振作用（resonance），進行信息擷取的統合運作系統，而產生知覺，亦即，信息的擷取是身體運作、經驗、機能的統合作用，即是所謂知覺系統。[141]

基於上述的背景，不難看出吉布森的知覺概念，具有下列的特點，值得參考：

1. 有機體（人或動物）的環境充滿信息，知覺是探索環境信息意義與價值的過程。
2. 知覺不只觀看其可見的「形」，更要觀看不可見的「流動」或「性質」。
3. 感知不只是單向賦予意義，也不是刺激的被動反應，而是主體與客體的互相敞開，相互交流。
4. 觀看是身體－對象物－背景所構成的整體觀看；行為是一個「完形」，是一種結構或形式，而非二元對立的思維。

總而言之，吉布森的直接知覺理論，不只引起知覺心理學、認知心理學、環境心理學、運動心理學等學科的廣泛注意，他如工業設計、藝術、科學、人機互動（HTC）、技術與社會（STS）、傳播學、教學設計等領域，更不遑多讓。[142]當然，直接知覺理論，並非無懈可擊，不過，以生態學觀點論述知覺系統，跳脫傳統刺激與反應的二元思考窠臼，主張人（動物）與環境的相互依存，環境給出的信息無所不在，激發知覺者探索信息的意義與價值，提供行為的可能性，

---

[141] ジェームズ・J. ギブソン（James J. Gibson），《生態学的知覚システム─感性をとらえなおす》（佐々木正人等譯）（東京：東京大学出版会，2011）。
[142] 川村久美子，〈アフォーダンス理論がもたらす革命〉，《武蔵工業大学環境情報学部情報メディアセンタージャーナル》，2（東京，2001）：1-11。

啓發更多的創意思考，值得重視。[143]

(三)身體圖式

　　身體圖式（body schema）的概念，原由神經學者黑德（H. Head）及霍梅斯（G. Holmes）所提出的體位圖式（postural schema）而來，意指對身體組織結構的內隱概念，如對自己身體的姿勢、各部位的位置及動作時各部位的機轉關係等，是一種直覺感知的潛在基準。通常，身體參照自己的身體圖式，認知到身體各部分的空間關係，掌握運動方向與運動量。[144]

　　其後，現象學家梅洛龐蒂（M. Merleau-Ponty）引申身體圖式的說法，認爲即使身體圖式是姿勢與運動的認知基準，身體內部並非封閉，而是向外部環境的具體行動，調整姿勢與運動的可能。換句話說，身體圖式即是身體與環境的關係中，調整身體部位、組織全身必要行動的隱藏機能。[145]

　　進一步說，身體運動時，身體姿勢的維持，身體各部分及其與周遭環境的空間的關係，是由身體認知架構所掌握，稱之爲身體圖式。如會騎自行車的人，一上自行車，手握住把手、臀部坐上坐墊、腳踏在踏板上等動作各就各位，腳力一蹬，自然上路，這就是身體會知道或會記得的身體圖式。具體而言，身體－道具－環境一體成形，身體運動或面臨特殊狀況時，身體各部位關係的自動調整，並統合運作，都是身體圖式的作用。

---

[143]エドワード・リード（Edward S. Reed），《伝記 ジェームズ・ギブソン―知覚理論の革命》（佐々木正人等譯）（東京：岩波書店，2006）。

[144]Head, H. and Holmes, G. Sensory disturbances from cerebral lesions. *Brain, 34*, 102-254 (1911).

[145]田中彰吾，〈心理的身体と身体知―身体図式を再考する〉，《人体科学》（東京：人体科学会，2009），18：1，1-12。

◆身體圖式有別於身體意象

1. 身體圖式為潛在機能，常在無意識狀態下出現；而身體意象常是意識上的產物。

2. 身體圖式越不在意目標，越能順暢表達動作；身體意象，常在意知覺、信念、態度等，亦即將自己對象化（太在意自己）。

3. 身體圖式與道具、周遭環境及其機能合而為一；身體意象明確的劃清邊界（壁壘分明）。

4. 身體圖式是自我的消失（坐忘），是一種意識前的狀態（非我所控制）；身體意象則由自我意識所主導。

綜上所述，身體圖式與身體意象之差異，可列表比較如**表6-4**。

表6-4　身體圖式與身體意象之比較

	身體圖式	身體意象
對象性	無意識對象	有意識對象
人稱	匿名（無我／忘我）	第一人稱（我的身體）
空間性	身體中心的空間座標	世界中心的座標

◆從身體圖式到體知

如上所述，身體圖式，係指身體各部分及其與周圍環境的認知架構，常因身體知覺與環境的改變而調整或更新，以維持身體行動的順利進行。試以運動學習為例，說明身體圖式與體知的關係如下：

第一，運動學習，常指一定的運動課題經練習後達成一定的成就表現而言。

練習時，環境世界並非只給出單一的刺激，而是一開始，環境裡即給出充滿「成功的可能性」，這時，即使沒有學習目標，環境已敞開運動的指向性，在練習過程中發現新動作，而產生自發的運動學

習。如手指夾著原子筆左右搖動時，原子筆即自發性旋轉起來，即是這種情形。

同時，設定新運動學習課題時，學習者絕不是胡亂的嘗試運動，而是，對應著環境的可能狀況，運動中產生自己的身體意象。如看到球，伸手一握，有多少重量，大概有個意象。看到棒子，揣測可以打多遠，應該也有意象。運動學習，即是從意象介入開始，導出一些預測而成立。

第二，實際運動時，不論動作的難易，常依回饋的結果，修正身體運動。這樣來回試做幾次之後，積累了運動模式，從最初動作的雜亂無章，經動作的控制，預測的作用，變成後來的得心應手。

以開車爲例，新手司機，開車在路上，看到紅燈要煞車，常算不準踩煞車器的時機。而有經驗的司機，會依其經驗，判斷車與紅燈的距離，腳含著煞車器，慢慢讓車與身體合而爲一，剛好在紅燈下的橫線煞住車。運動學習，亦可作如是觀。舉手投足，動見觀瞻，是身體圖式的掌握，更是身體智慧的展現。

第三，運動學習要懂得訣竅。所謂訣竅，是指身體在其附隨的動感意象情況中，選擇動作、判斷而執行的身體智慧。[146]訣竅的獲得是運動學習的重要轉捩點。因爲經過訣竅的把握，身體才開始知道運動或動作的方法。掌握了運動訣竅，即使不在意身體的意圖，身體也能朝執行其主體運動的狀態變化，這個狀態就稱之爲身體智慧，是一種「自動化階段」[147]。

訣竅的習得，是從身體意識下的身體運動狀態，朝向以身體圖式

---

[146] 金子明友，《身体知の形成（下）》，2005。

[147] 一般運動技能學習，可分三階段：第一階段，學得運動技能的基本知識與動作，屬認知及意識性階段；第二階段，經學習後，已具基本運動技能，較少大錯誤，惟動作尚未穩定，屬感覺與運動的聯合階段；第三階段，動作趨成熟，技能表現安定，即使本身不注意，仍能安定表達，爲自動化階段。

為準的全身運動狀態的質化改變。換句話說，學習中的身體，因對動作的陌生，身體各部位的動作，尚未有協調，動作難免雜亂，但經重複的練習後，動作慢慢成形，且逐漸順著運動的意象活動身體，在意圖與實際之間，動作瞬間達成。

進一步說，只在意手的動作、上身的結構及主軸腳等身體各部位的意識性的控制，無法領悟到訣竅，即使有意的動作控制，是必要的條件，卻不是充分條件。運動學習的本質，常伴隨偶然性的契機，也只有在意圖動作與實際動作瞬間一致時，「哇賽！做到了！」、「會了！」等明確的舒暢感覺，油然而生，驚喜與感動，也接踵而至。訣竅的掌握，是既存的身體圖式融入身體新的知覺，也就是身體圖式的重新組合，重做更新。

第四，身體圖式會隨身體知覺與環境的改變而更新，也就是說，身體遇到新情境，就會以新的作法，與環境相互作用，形成新行為。具體而言，以學習網球擊球為例，並不只意味著知覺到主軸腳的使用、展腰及手腕揮拍的動作，而是知道以各種速度迎接不同方向的來球，召喚著身體，迎向球瞬間落點的位置，做適切的反應。換句話說，以前不可能的事，因為環境知覺提供了學習的信息，而使知覺、行為與環境的關係有了新的面貌，採取新的反應。運動學習，不是由心理控制著身體，而是心理因身體與環境之間的關係而展開知覺的作用，使知覺─行為的循環，緊密地融合在一起，這就是身體圖式成就了身體智慧的最好說明。

總而言之，運動學習的訣竅，是經由身體行為，心向環境敞開，與自然相結合。理由固在於心不是身體內部封閉的黑箱，腦部的機能更不會被關閉，惟其身心相連，身體與環境的相互作用，訣竅的學習才能水到渠成。

三、體知的結構——以訣竅之體知為例

一般運動技術的學習,常要掌握動作的訣竅。訣竅的體知,是創發運動感覺能力的核心。一般認為,訣竅體知能力,約分四部分:[148]

(一)誘發性的能力:誘發性的體知

引發自己的感知或活動欲求,是一種想更詳細去探索,努力想瞭解的作用。日常的運動生活中,雖是不經意活動,誘發性的體知到處隱藏,卻不自知。只要有想那樣做,想做得更好的動機湧現,自己知道自己的動感與努力的意圖。這種支持努力的誘發性的能力,即是訣竅身體知。反復練習運動時,即會自我比較活動的感覺。動感差時的反復練習,會自我期待較佳動感形態的出現,因有期待感,會不憚其煩的練習。這不是機械式苦差事的反復,而是每次體知的相遇。

(二)價值感能力 (評價能力)

對於動感素材的紛然雜陳,理出一種井然有序的動感形態,這是一種類比作用的價值判斷。在自己運動練習中,自己知道動作感的優劣,瞭解到是舒暢感或不快感,這是動感意識的評價,這種評價,即由體知的評價作用所決定。

(三)共鳴化的能力 (流暢化能力、律動感能力)

在舒暢的動感素材中,出現一種新的律動感,是統一化作用的顯在化。這種新律動感的產生,是一種共鳴作用所引發,而共鳴之可

---

[148]金子明友,《身体知の形成(上)、(下)》,2005。

能，是因身體知的共鳴能力所使然。

(四)圖式化能力（去蕪存菁的能力）

在共鳴能力雜多的動感素材中，為使動感的調和，有賴體知的圖式化能力。亦即，因統覺化的身體知，使得動感與周遭環境關係能和諧的動作。

四、體知是一種教養

如上文所述，體知係指經由身體實踐力行，內化的經驗或知識，含有「身體知道」、「身體能夠」或「身體記得」等所謂身體化的知識，有時也可稱之為「身體智慧」。

具體來說，身體智慧，可以是顯現於外的身體操作技能，也可以是只可意會而無法言傳的生命智慧，是人生的基本教養，與生活起居，安身立命，息息相關。

論及教養，最通俗的用法，常有「有教養」與「無教養」的區分。前者意指具知識水準，文化品味高或品格高尚的人，後者則被指為粗俗、缺乏教育或修養欠佳。一般都認為，受教育就是提升教養的不二法門，甚至認為，教育程度越高，教養越好。

事實上，教育與教養不同。教育常受制於形式，以學歷有無為指標，一般在意科學、文化、知識及邏輯分析等能力表現；而教養，常指內在修為，體現在人性敦厚，中規中矩，不只獨善其身，還能兼善天下。傳統以來，常有萬般皆下品，唯有讀書高的想法，堅信讀書人的典範，在「為天地立心，為生民立命，為往聖繼絕學，為萬世開太平」。不過，「才高八斗，學富五車」，而行為不檢或為非作歹的人，所在多有。菜販陳樹菊讀書不多，卻因不凡的慷慨，獲獎無數，

並成爲美國《時代雜誌》百大人物之一。[149]所以，眞正的教育，不只強調學位或學問的高低，更要重視有益人群，貢獻社會的無形教養。

(一)教養是身體智慧的體現

現代社會，講求多元的教養，不只要有豐富的知識，還要有解決問題的能力，特別是應變與求變的技術與方法。這些都需要在身體的踐行中獲得經驗，也是身體智慧體現在日常生活中的最好說明。

舉例來說，面對幾近氾濫的資訊社會，具備收集資訊、活用資訊、數據推估等的基本教養，藉以精確掌握瞬息萬變的信息，釐出問題的癥結，研訂有效的因應策略，不只是迫切需要的能力，更是不可或缺的教養。

再說，交通便捷，網路發達，國際村已隱然成形，人際互動頻繁，空間不再是交流的侷限，文章製作與語言表達的教養，成爲確保有效信息傳遞的重要手段，更是發揮信息功能的重要基礎。所以，除自己國家的語言外，其他國家語言的教養，不只有益於時代脈動的主導，更有利於國際現勢的掌握。

尤其，個人主體意識抬頭，公民社會崛起，各種社會運動紛至沓來，或對抗經濟宰制和政治控制，或揭穿集體權威的黑箱機制，凸顯當代公民追求自主、平等與民主的決心，充分顯示當代生活基本人權的內涵。因此，思考、批判、分析及表達論述能力，以及包容異己，善於溝通，勇於接受失敗的風範，不只是當代所應具備的教養，更是融入日常生活的重要組成部分。

---

[149]劉永毅，《陳樹菊——不凡的慷慨》（臺北：寶瓶文化，2011）。

(二)身體智慧植基於習慣

無論技術的學習或行為的改變，都牽涉到良好習慣的養成。有一句俗話說「命好不如習慣好」，意指人的成功與否，繫於習慣之良窳，說明習慣影響個人一生命運好壞之關鍵。

具體來說，從幼小時期的家庭教養與衛生習慣，到長大以後的應對進退，為人處事的態度，都是日常生活經驗涓滴累積的行為習慣，都足以左右品格的養成，健康行為與人際關係的發展。

誠如杜威所說：「習慣對我們有影響力，因為習慣就是主體與環境經驗的統一。人的自我、主體、意志、理性等，都是習慣。」[150]他甚至主張，人性就是習慣的累積，或者是習慣的改變或更新。更進一步說，人的行為動力，在於人與環境產生交互作用，形成習慣，而見諸於行為。舉例而言，盲人拿著枴杖行進時，不是根據自己的身體及其客觀的空間，計算距離，而是以枴杖替代了身體，將枴杖的尾端轉化成了知覺，不斷的試探周遭的環境，而成了判斷的習慣。所以，習慣是經長時間反復練習，成了固定的行為，可以說，一經養成，並不容易改變。強調養成好習慣的重要，道理在此。

進一步說，身體因習慣而擴大，意指習慣經由身體的努力而獲得身體智慧。習慣的建立，也可以說是身體圖式的重組或更新，比如習慣於閱讀、美食或登山、游泳等，習慣給了身體更多的能力，去完成習慣的事物，一如習慣成了自己附屬的工具，擴大了自我的世界，改變自己的能力表現。這也是身體智慧之所以植基於習慣的重要理由。

---

[150]稻垣良典，《習慣の哲学》（東京：創文社，1981），222。

(三)教師的身體智慧

傳統以來，有句老生常談的話說：「經師易得，人師難求」，意指滿腹經綸，能教知識的教師，俯拾皆是，而能以身作則，重身教言教的教師，並不多見。隱含教師的職責，教人比教知識重要的邏輯。

事實上，時代改變，科技發達，網路學習空間無遠弗屆，教學形態千變萬化，自求精進的風氣，隱然成形，無師自通的案例，層出不窮，「傳道、授業、解惑」的角色，已不全然由教師主導。因此，在教知識與教人之間，在經師、人師與良師的選擇上，需要更多的智慧。

人師的重要，是以師生之間的身體互動為基礎，讓學習者學習教師的身體智慧，形塑自己，在潛移默化中，學習教師的言行舉止，修身養性，陶冶品格。

教師的身體智慧，體現於身體的一舉一動，昭然若揭，一目了然，是最直接，最明確的教育方法。同樣道理，教師看到學生的身體，是活潑生動的身體，而不是生冷的教材。學習者活生生的身體，熱烈的回應老師的問題，興高采烈地，在互動中，相互協助，專心探索，細心操作，各盡所能，達到相互的成就，滿足快樂成長與發展。

生冷而僵硬的教材，如單槓、跳箱、瑜伽或靜坐等，作為師生身體互動的媒介，不論是槓上的支撐、翻轉，或箱上的騰空或跨越；也不管是瑜伽的蓮花坐或扭背伸展，或靜坐的放空與呼吸，不只透過意識、視覺，而是五官的共同感覺，師生彼此匯通，身心靈的交融，在相互間模仿、想像與實際的操作過程，於嘗試錯誤間，尋求刻骨銘心的感動，不只自然表現可見的技術形態，更能記住內化於身體的意義或功能，轉化為身體智慧，運用於日常生活，累積為身體文化的重要內容。

　　總而言之，體知是實際操作後身體的眞智慧，有賴於身體的實踐與體驗，是實踐的身體智慧。國際上體知的研究風氣，方興未艾，風起雲湧，作爲身體教育的體育領域，不只不能忽視，尤應急起直追，迎頭趕上。

　　體知的形成從感覺出發，無論是日常生活情境，或是教育工作場域，隨時喚醒身體感覺，深化身體知覺，建構身體圖式，使身體得以運作自如，動作表達，得心應手，累積身體智慧自能水到渠成，指日可待。

　　時代進步，科技發達，網路無遠弗屆，「傳道、授業、解惑」不再是唯師是從，何況，「經師易得，人師難求」，在經師、人師與良師之間，需要有更多的智慧。

　　人師的重要，在教師的身體智慧，經師生之間的身體互動，以教材爲媒介，以教師的言行舉止的身體智慧爲本，在互動中，彼此交融，互相合作，共同構建成功的學習，尋求快樂成長與發展的機會。

　　身體智慧來自習慣，日常生活的飲食起居，行住坐臥，都是身體智慧的基礎，從應對進退的禮儀規範，到齊家治國的大道理，是身體智慧的體現，所以，身體智慧作爲必要教養，不只需要，更是刻不容緩。

本章問題討論

1. 人類素有缺陷的生物之稱，究係何所指？體育何以是身體的改造工程，試申其義。

2. 何謂身體技術？如何形成？結構及內容如何？如何精進？有何異化現象？是簡要說明之。

3. 何謂身體資本？身體資本的類型如何？體育在身體資本之累積與轉化有何角色？如何扮演？

4. 何謂體知（身體智慧）？如何形成？何以體知（身體智慧）是一種教養？如何體現與落實？

參考文獻

David Throsby，《文化経済学入門－創造性の探究から都市再生まで》（中古武雄、後藤和子譯）（東京：日本経済新聞社，2009）。

Etienne Bonnot de Condillac，《感覺論（下）》（加藤周一等訳）（東京：創元社，1948）。

F. Schiller, *On the Aesthetic Education of Man in a Series of Letters* (New York: Meredith Publishing Co., 1962), 266.

F.フェッツ（Friedrich Fetz），《体育運動学》（金子明友、朝岡正雄譯）（東京：不昧堂，1979）。

J. Baron & M. Hannan, "The Impact of Economics on Contemporary Sociology," *Journal of Economic Literature, 32*(Pittsburgh, PA, 1994): 1111-1146.

James S. Coleman, "Social Capital in the Creation of Human Capital," *The American Journal of Sociology, 94*(Chicago, 1988): 95-120.

Joel Garreau, *Radical Evolution: The Promise and Peril of Enhancing Our Minds, Our Bodies-and What It Means to Be Human* (New York: Broadway Books, 2006).

Lesley J. M. Wright, "Practical Knowledge, Performance, and Physical Education," *Quest, 52*(3) (London, 2000): 273-283.

P. Bourdieu, *Practical Reason: On the Theory of Action* (Oxford: Polity Press, 1998).

Philip Crang，〈文化論的転回と経済地理学の再構成〉（森正人譯）《空間・社会・地理思想》，9（大阪，2004）：54-71。

Raymond W. Gibbs Jr., *Embodiment and Cognitive Science* (Cambridge: Cambridge University Press, 2005).

Sandra Blakeslee & Matthew Blakeslee, *The Body Has a Mind of Its Own: How Body Maps in Your Brain Help You Do (Almost) Everything Better* (New

York: Random House, 2007).

Scott L. Mclean, David A Schultz, and Manfred B. Steger (ed.), *Social Capital: Critical Perspectives on Community and "Bowling Alone* (New York: New York University Press, 2002).

アドルフ・ポルトマン（Adolf Portmann），《人間はどこまで動物か―新しい人間像のために》（高木正孝譯）（東京：岩波新書，1961）。

アルノルト・ゲーレン（Arnold Gehlen），《人間学の探究》（亀井裕譯）（東京：紀伊国屋書店，1979）。

アルノルト・ゲーレン（Arnold Gehlen），《人間―その本性および自然界における位置》（平野具男譯）（東京：法政大学出版局，1985）。

ウィリアム・ボイド，《感覚教育の系譜―ロックからモンテッソーリへ》（中野善達等譯）（東京：日本文化科学社，1979）。

エドワード・リード（Edward S. Reed），《伝記 ジェームズ・ギブソン―知覚理論の革命》（佐々木正人等譯）（東京：岩波書店，2006）。

クルト・マイネル（Kurt Meinel），《マイネル・スポーツ運動学》（金子明友譯）（東京：大修館，1981）。

ジェームズ・J. ギブソン（James J. Gibson），《生態学的知覚システム―感性をとらえなおす》（佐々木正人等譯）（東京：東京大学出版会，2011）。

ジェームズ・J. ギブソン（James J. Gibson），《生態学的視覚論―ヒトの知覚世界を探る》（古崎敬、古崎愛子譯）（東京：サイエンス社，1986）。

スティーヴン・ジェイ・グールド（Stephen Jay Gould），《ダーウィン以来―進化論への招待》（浦本昌紀、寺田鴻譯）（東京：早川書房，1995）。

トマス・J. ロンバード（Thomas Joseph Lombardo），《ギブソンの生態学的心理学―その哲学的科学史的背景》（古崎敬、境敦史譯）（東京：勁草書房，2000）。

ピエール ブルデュー（Pierre Bourdieu），《ピエール・ブルデュー―超領域

の人間学》（加藤晴久編）（東京：藤原書店，1990）。

ピエール・ブルデュ（P. Bourdieu），《実践感覚 1》（今村仁司和港道隆譯）（東京：みすず書房，1988）。

ロルフ・ファイファー（R. Pfeifer）和クリスチャン・シャイアー（C. Scheier），《知の創成－身体性認知科学への招待》（石黒章夫等譯）（東京：共立出版，2001）。

三村俊英，〈活用東洋智慧（針灸）之訓練〉，《体育の科学》，53.6（東京，2003）：393-443。

三嶋博之，〈ギブソン知覚理論の根底：刺激情報、特定性、不変項、アフォーダンス〉，《システム・制御・情報》，46.1（東京，2002）：34-40。

久保穎子，〈自強術技法之意義〉，《体育の科学》，53.6（東京，2003）：393-443。

大学体育養生学研究会編，《からだの原点－21世紀養生学事始め－》（東京：市村出版，2003）。

小林寛道，〈緩慢運動的意義〉，《体育の科学》，53.6（東京，2003）：393-443。

小原一馬，〈「純粋さ」という戦略：ブルデュー、ヴェブレン、ゴフマンの理論を中心に〉（京都：京都大学博士論文，2001）。

山口順子，〈東洋的運動與自我控制～時空中的自我思考～〉，《体育の科学》，53.6（東京，2003）：393-443。

山本德郎，〈感覚教育－グーツムーツの感覚訓練を中心に〉，《技術としての身体》（野村雅一編）（東京：大修館，1999），67-80。

川田順造，〈ヒトの全体像を求めて：身体とモノからの発想〉，《年報人類学研究》，1（名古屋，2011）：1-51。

川村久美子，〈アフォーダンス理論がもたらす革命〉，《武蔵工業大学環境情報学部情報メディアセンタージャーナル》，2（東京，2001）：1-11。

王中天，〈社會資本（Social Capital）：概念、源起、及現況〉，《問題與研

究》，42.5（臺北，2003.09）：139-163。

加藤孝義，〈認知の体制化について（2）－現代知覚諸理論〉，《Artes Liberales》，8（岩手，1972）：1-24。

田口富久治，〈ピエール・ブルデューの社会学について〉，《政策科学》，3.1（東京，1995.06）43-50。

皮埃爾・布爾迪厄（P. Bourdieu）、華康得（L. J. D. Wacquant），《實踐與反思：反思社會學導引》（李猛、李康譯）（北京：中央編譯，1998）。

伊藤宏司，《身体知システム論－ヒューマンロボティクスによる運動の学習と制御》（東京：共立出版，2005）。

多木浩二，《スポーツを考える－身体・資本・ナショナリズム》（東京：筑摩新書，1995）。

安田尚，〈ピエール・ブルデューの「実践感覚」を読む：（4）ブルデュー社会学における身体性と実践の論理〉，《幼児の教育》，102.1（東京：御茶ノ水大学，2003）：44-55。

江明修（計畫主持人），《充實社會資本之研究》（行政院經濟建設委員會委託，2004）。

佐々木正人，《新版アフォーダンス》（東京：岩波書店，2015）。

佐藤臣彦，〈身体運動文化研究の学際性－人間における身体運動の文化性と自然性－〉，《身体運動文化学会学会誌》，10.1（神戸，2003.03），4-5。

佐藤臣彦，《身体教育を哲学する－体育哲学序説》（東京：北樹出版，1993）。

吳清山、林天祐，〈多元智慧〉，ftp://sf.csj.ks.edu.tw/pub/exam-adm/B-%B1%D0%A8%7C%A6W%B5%FC%B8%D1%C4%C0/%A6W%B5%FC%B8%D1%C4%C008--%A6h%A4%B8%B4%BC%A4O.htm，2017.01.31檢索。

杉本清美、澤井史穗，〈體適能項目中的東洋運動〉，《体育の科学》，53.6（東京，2003）：393-443。

杜維明，〈身體與體知〉，《當代》，35（臺北，1989.3），46-52。

杜維明，〈論儒家的「體知」——德性之知的涵義〉，《儒家◯◯研討會◯文集》（新加坡：東亞哲學研究所出版，1987.01）。

周新富，《布爾迪厄論學校教育與文化再製》（臺北：心理出版社，2005）。

朋尼維茲（Patrice Bonnewitz），《布赫迪厄社會學的第一課》（孫智綺譯）（臺北：麥田出版，2008）。

邱天助，《布爾迪厄文化再製理論》（臺北：桂冠圖書，2002）。

金子明友，〈スポーツ運動學の今日的課題：日本スポーツ運動学学会「沿革」－〉，《設立10周年記念誌》（筑波：日本スポーツ運動学学会1997），12-14。

金子明友，《身体知の形成（上）、（下）》（東京：明和出版，2005）。

金子明友《スポーツ運動学－身体知の分析論》（東京：明和出版，2009）。

長屋泰昭，〈ゲーレンの人間学とその経済社会へのひとつ応用〉，《人間科学論集》，20（大阪，1988.12）：43-72。

長積仁、榎本悟、松田陽一，〈スポーツ振興とソーシャル・キャピタルの相互補完的関係：ソーシャル・キャピタル研究の視座と可能性〉，《德島大学総合科学部人間科学研究》，14（德島，2006）：23-46。

洪鎌德，《馬克思的思想之生成與演變：略談對運動哲學的啓示》（臺北：五南圖書，2010）。

浅見高明，〈甚麼是腹式呼吸？〉，《体育の科学》，53.6（東京，2003）：393-443。

胡伊青加（Johan Huizinga），《遊戲人：對文化中遊戲因素的研究》（成窮譯）（新北：康德出版社，2013）。

唐娜・伊頓（Donna Eden）、大衛・費恩斯坦（David Feinstein），《能量醫療》（蔡孟璇譯）（臺北：琉璃光，2004）。

孫小萍，〈健康服務產業爆紅：元氣吧，日本！〉，《天下雜誌》，312（臺北：天下雜誌，2004.12）：185-186。

宮本省三，《脳の中の身体－認知運動療法の挑戦》（東京：講談社，

2008）。

宮村實晴，〈就生理學看東洋的呼吸法〉，《体育の科学》，53.6（東京，2003）：393-443。

畠中和生，〈シェーラーの世界概念：人格と世界、身体と環境世界，ミクロコスモスとマクロコスモス〉，《広島大学大学院教育学研究科紀要》，58（広島，2008.12）：49-58。

神奈川大学21世紀COEプログラム研究推進会議，〈身体技法・感性・民具の資料化と体系化〉，《神奈川大学21世紀COEプログラム「人類文化研究のための非文字資料の体系化」研究成果報告書》（横浜：神奈川大学，2008.03），95-256。

馬塞爾・毛斯（Marcel Mauss），《社會學與人類學》（佘碧平譯）（上海：藝文出版社，2004）。

高雁翎、張智惠，〈環境賦使概念之探討〉，《大專體育》，92（臺北，2007）：94-103。

張力可、黃東志，〈型構、三元辯證與能量——H. Eichberg論運動文化的認識基礎〉，《運動文化研究》，8（臺北，2009.03）：139-175。

斎藤孝，《身体感覚を取り戻す－腰・ハラ文化の再生》（東京：日本放送出版協会，2000）。

梅根悟，《ルソー「エミール」入門》（東京：明治図書，1971）。

荻野美穂編，《身体をめぐるレッスン〈2〉資源としての身体》（東京：岩波書店，2006）。

莊素玉、陳名君，〈科學解開身心健康密碼：元氣產業自然風〉，《天下雜誌》，312（臺北：天下雜誌，2004.12）：154-183。

莫里斯（Desmond Morris），《人這種動物》（楊麗瓊譯）（臺北：商務，1999）。

許義雄，〈休閒生活中的公害性及其防止之道〉，《健康教育》，51（臺北，1983.06）：10-12。

郭博文，〈赫德社會哲學研究〉，《歐美研究》29.4（臺北，1999.12）：1-47。

野村幸正，《熟達心理の構想－生の体験から行為の理論へ》（大阪：関西大学出版部。2009）。

黒沢惟昭，〈疎外論の再審：生涯学習体系論への序章〉，《長野大学紀要》，31.1（長野，2009.06）：59-72。

奥谷浩一，《哲学的人間学の系譜－シェーラー、プレスナー、ゲーレンの人間論》（松戸：梓出版社，2004）。

寒川恆夫，〈スポーツとエスニシティ〉，《体育の科学》，48.3（筑波，1998）：180-183。

朝岡正雄，〈運動モルフォロギーにおける類型学的考察の対象と方法〉，《スポーツ運動学研究》，192（筑波，2006.11）：1-11。

湯浅泰雄，《気・修行・身体》（東京：平和出版社，2002）。

粥川準二，〈人体資源利用のエコノミー－〉，《身体をめぐるレッスン〈2〉資源としての身体》（荻野美穂編）（東京：岩波書店，2006），133-158。

菊地正編，《感覚知覚心理学（6）》（東京：朝倉書店，2008）。

須藤泰秀，〈「サルのヒト化における労働の関与」を読む（上）－内在的弁証法 －〉《立命館産業社会論集》，37.1（東京，2001）：107-127。

黄亦筠，〈身心必相連：冥想療法風行歐美〉，《天下雜誌》，312（臺北：天下雜誌，2004.12）：184-185。

瑪莉塔・史特肯（Marita Sturken）、莉莎・卡萊特（Lisa Cartwright），《觀看的實踐──給所有影像世代的視覺文化導論》（陳品秀譯）（臺北：三言社，2009）。

種村完司，《知覚のリアリズム－現象主義・相対主義を超えて》（東京：勁草書房，1994.01）。

稲垣正浩，《身体論－スポーツ学的アプローチ》（東京：叢文社，2004）。

稲垣良典，《習慣の哲学》（東京：創文社，1981）。

劉永毅，《陳樹菊──不凡的慷慨》（臺北：寶瓶文化，2011）。

劉美珠，〈身心學──身體覺察能力的探索與開發〉，《臺灣身體文化學

會－身體文化講座》（臺北縣，2004.07.24），6-10。

樋口貴広、森岡周，《身体運動学－知覚・認知からのメッセージ》（東京：三輪書店，2008）。

鄧線平，《波蘭尼與胡塞爾認識論思想比較研究》（北京：知識產權出版社，2008）。

横澤喜久子，〈養生功的想法〉，《体育の科学》，53.6（東京，2003）：393-443。

豐田一成，〈氣功心智訓練之應用〉，《体育の科学》，53.6（東京，2003）。

現代體育學原理（上冊）

作　　者／許義雄
出 版 者／揚智文化事業股份有限公司
發 行 人／葉忠賢
總 編 輯／閻富萍
特約執編／鄭美珠
地　　址／新北市深坑區北深路三段 260 號 8 樓
電　　話／(02)8662-6826
傳　　真／(02)2664-7633
網　　址／http://www.ycrc.com.tw
 E-mail／service@ycrc.com.tw
　ISBN／978-986-298-270-9
初版一刷／2017 年 10 月
定　　價／新台幣 500 元

國家圖書館出版品預行編目資料

現代體育學原理. 上冊, 基本概念 / 許義雄
著. -- 初版. -- 新北市 : 揚智文化,
2017.10
面: 公分

ISBN 978-986-298-270-9（平裝）

1.體育 2.運動

528.901   106016022

Note...

Note...

Note...